समय-प्रबंधन नहीं, मन-प्रबंधन

समय-प्रबंधन नहीं, मन-प्रबंधन

डेविड केडेवी

SANAGE
PUBLISHING HOUSE

Paperback: 978-936205434-0
eBook: 978-936205768-6

Printed by:Manipal Technologies Limited, Manipal

Sanage Publishing House LLP
Mumbai, India

sanagepublishing@gmail.com

विषय-सूची

अध्याय – 1

समय-प्रबंधन नहीं, मन-प्रबंधन

"किसी कलाकृति को गढ़ना मुश्किल नहीं होता;
मुश्किल होता है खुद को उसे गढ़ने के लिए
ज़रूरी मनःस्थिति में लाना।"

—कॉन्स्टेंटिन ब्रेंक्सी

'दिनभर में कुल चौबीस घंटे होते हैं।' हम में से अधिकांश लोग इस बात से जो निष्कर्ष निकालेंगे वो यही होगा: 'हमारे पास केवल चौबीस घंटे हैं! कितना कम समय है हमारे पास! तब तो हमें हर एक घंटे का, बल्कि हर एक पल का अधिकाधिक दोहन करना चाहिए।' मतलब, समय-प्रबंधन अत्यंत महत्वपूर्ण है।

तो जब उपरोक्त निष्कर्ष के आधार पर आप अपने समय का प्रबंधन आरम्भ करते हैं तो शुरू-शुरू में आपको लगता है कि 'वाकई, मैं अब पहले से ज़्यादा काम कर पा रहा हूँ।' चूँकि अब आप कैलेंडर रखने लगे हैं, इसलिए अब आप कुछ भूलते नहीं। चूँकि अब आपने तरह-तरह से दिनचर्याएँ बनानी और अपनानी शुरू कर दी हैं, इसलिए अब दोहराव वाले काम जल्दी हो जाते हैं। जिन एप्स का आप रोज़ इस्तेमाल करते हैं, उनके लिए आप कीबोर्ड शॉर्टकट्स सीखने लगे हैं। यहाँ तक कि आपने अब कुछेक अवसरों को 'न' कहना भी शुरू कर दिया है, ताकि आप अपने समय का बेहतर उपयोग कर सकें।

लेकिन जैसे-जैसे समय बीतता है, आपके लिए अपने समय का पहले से अधिक दोहन कर पाना क्रमशः कठिन होता जाता है। आपका कैलेंडर हद से ज़्यादा भरा रहने लगता है। आप 'स्पीड रीडिंग' करने लगते हैं। ऑडियो बुक्स और पॉडकास्ट्स को तीन गुनी गति (3x स्पीड) पर देखने लगते हैं। आप उन गतिविधियों की छँटनी शुरू कर देते हैं, जिन्हें अब तक आप लक्ष्य-प्राप्ति में

सहायक मानते आए थे। दोस्तों के साथ खाने के लिए बाहर जाना बंद हो जाता है; आप काम करते-करते ही खाना खाने लगते हैं।

अगले चरण में आपको यह ज्ञान प्राप्त होता है कि यदि आप दो काम एक साथ करने का हुनर सीख लें तो अपने समय का और अधिक दोहन करने में कामयाब हो सकते हैं, इसलिए आप मल्टीटास्किंग शुरू कर देते हैं। अब आप दांत मांजते-मांजते ही ईमेल चेक करने लगते हैं। गाड़ी चलाकर दफ्तर जाते-जाते ही कॉन्फ्रेंस कॉल्स निपटाने लगते हैं।

अब आप कुछेक 'अतिरिक्त' पलों को ऐसे तलाशने लगते हैं जैसे बेहद गरीबी में जीने वाला व्यक्ति इस आशा से तमाम जेबों को बार-बार उलट-पलट कर देखता है कि शायद कहीं एकाध सिक्का ही दबा हुआ मिल जाए। पहले आप आठ घंटे सोते थे, अब से केवल पाँच घंटे सोएँगे। अब आप परिवार के साथ खाना खाते समय भी ईमेल्स चेक करने में लगे रहेंगे। सबके सोने के बाद भी आप लैपटॉप लेकर बैठे रहेंगे, ताकि थोड़ा और काम कर सकें।

अगले चरण में यह होगा कि आप हर समय थके हुए रहने लगेंगे। कई-कई कप कॉफ़ी भी आपके भीतर ऊर्जा का संचार करने में नाकाम रहेगी। चिंता और तनाव का स्तर आसमान छूने लगेगा और आप चीज़ें भूलने लगेंगे। आप अब हरदम हड़बड़ी में रहने लगेंगे।

समय के अधिकाधिक दोहन के लिए सीखी गई हर नई तकनीक, हर नए शॉर्टकट के साथ आपकी ज़िन्दगी पहले से भी अधिक 'लदी-फदी' मालूम होने लगेगी। आप अपना कुछ भार दूसरों के सर पर डालने का प्रयास करेंगे, लेकिन खुद को इतना अधिक व्यस्त और पस्त पाएँगे कि किसी को यह समझा पाना भी मुश्किल लगेगा कि आखिर आप इतने व्यस्त क्यों हैं। समय के अधिकाधिक दोहन की जितनी ज़्यादा कोशिश आप करेंगे, उतनी ही ज़्यादा समय की कमी आपको महसूस होने लगेगी। और यदि कभी आपके पास समय हुआ भी तो उस समय का कोई उपयोग करने लायक ऊर्जा नहीं होगी।

और फिर आएगी अंतिम अवस्था, जब आपको यह अहसास होगा कि : *'हमें दिन में केवल चौबीस घंटे मिलते हैं' इस वाक्य का जो अभिप्राय हमने पहले लगाया था वो शायद सही नहीं था।*

पहले हमने सोचा था कि इसका यही मतलब है कि हमें कम से कम समय में अधिक से अधिक कार्य-निष्पत्ति करनी चाहिए।

लेकिन अब हमें समझ आ रहा है कि यदि हमें दिन में केवल चौबीस घंटे ही मिलते हैं, तो इसका अर्थ है कि हर चीज़ की एक सीमा होती है।

हम इन चौबीस घंटों का एक सीमा तक ही दोहन कर सकते हैं। 'समय-प्रबंधन' वास्तव में पत्थर को निचोड़कर तेल निकालने जैसा काम है।

मेरी खुद की कहानी भी इससे कुछ अलग नहीं है। अपनी अब तक की वयस्क ज़िंदगी का अधिकांश हिस्सा मैंने समय का अधिकाधिक दोहन करने के जुनून में ही व्यतीत किया है, और इस काम के लिए समय-प्रबंधन मेरा पसंदीदा उपाय रहा है। इस जुनून की शुरुआत कॉलेज के दिनों में हुई थी। ग्राफ़िक डिज़ाइनिंग का विद्यार्थी होने के चलते मैंने फोटोशॉप के लिए तमाम कीबोर्ड शॉर्टकट्स सीखे। ट्रेनिंग सॉफ्टवेयर के उपयोग से मैंने तेजी से टाइप करना सीखा। कॉलेज ख़त्म होने के बाद जब मैं नौकरी में आया तब मुझ पर लगातार 'करने योग्य कामों की सूची' बनाने तथा 'कुशलतापूर्वक प्राथमिकताएँ तय करने' के नए-नए तरीकों को खोजने और उन्हें अमल में लाकर देखने का जुनून सवार रहने लगा। मैं अपने सहकर्मियों के साथ लगातार इस बात पर चर्चा करता पाया जाता था कि किस तरह अपने इनबॉक्स में आने वाले ईमेल्स की संख्या को कम से कम किया जाए। सिलिकॉन वैली में काम करना मुझे इसलिए भी बहुत पसंद था क्योंकि वहाँ ऐसे तकनीकी विशेषज्ञों की कोई कमी नहीं थी जिनके साथ मैं नए-नए प्रोडक्टिविटी एप्स को लेकर सुझावों का आदान-प्रदान कर सकता था।

आखिरकार वह समय भी आया जब समय के अधिकाधिक दोहन के नए-नए उपाय खोज पाना मेरे लिए नामुमकिन हो गया। इसी बात ने मुझे उस रोमांचक यात्रा पर निकलने के लिए प्रेरित किया जिसका वर्णन मैं इस पुस्तक में करने जा रहा हूँ।

चार साल पीछे जाऊँ तो मेरी याद्दाश्त मुझे उस दिन की ओर ले जाती है जब मैं शिकागो के अपने घर में नंगे फर्श पर बैठा हाथ में प्लास्टिक की चम्मच लिए डिब्बाबंद आहार के एक कंटेनर में से दोपहर का भोजन कर रहा था। घर पूरा खाली था – न कोई फर्नीचर था, न बर्तन, न कोई और सामान। अभी पंद्रह मिनट पहले ही मैं घर की आख़िरी कुर्सी बेचकर फुर्सत हुआ था।

मैं अपनी उत्पादकता बढ़ाने या समय के अधिकाधिक दोहन के संदर्भ में अब तक के सबसे साहसिक अभियान पर निकलने वाला था। बेहद ज़रूरी सामान से भरे तीन सूटकेसों के साथ मैं निकलने की तैयारी में था। पेंटर्स दीवारों पर से हर

उस निशान को मिटाने में व्यस्त थे जो मेरे सालों तक उस घर में रहने की चुगली करता था। इस समय मेरे मन में एक ही विचार चल रहा था – आज रात मैं एक नए देश में सो रहा होऊँगा - एक ऐसे देश में जिसका इतिहास स्याह और सफ़ेद दोनों तरह के रंगों से रंगा हुआ है और जहाँ के निवासियों की भाषा मुझे नहीं आती है। आने वाले समय में मैं एक विदेशी का जीवन जीऊँगा।

इस अभियान की नींव आज से छः साल पहले एक ईमेल से पड़ी थी। यह एक ऐसा ईमेल था जो अधिकांश स्पैम फिल्टर्स को चकमा दे सकता था। इसमें न तो सच्चे प्यार की पेशकश थी, न किसी गुमनाम से बैंक अकाउंट से लाखों डॉलर्स मिलने का झाँसा था, और न ही यौन-प्रदर्शन सुधारने के लिए किसी नए उत्पाद की कोई जानकारी थी। इस ईमेल के माध्यम से मुझे एक पुस्तक लिखने का प्रस्ताव दिया गया था।

मैंने कभी खुद को लेखक के तौर पर नहीं देखा था। बल्कि बचपन में तो मैं लिखने के नाम से भी नफरत करता था। लेकिन मुझे जो प्रस्ताव दिया गया था वह इतना आकर्षक था कि मैं राज़ी हो गया। हालाँकि 'हाँ' करने से पहले मैंने जितने भी लेखकों से इस बारे में बात की, सभी ने मुझे चेताते हुए यही कहा कि 'पुस्तक लिखना बहुत ही मुश्किल काम है और इसमें सफलता की संभावना बहुत कम होती है।' लेकिन मैंने खुद से पूछा, "आखिर कितना मुश्किल होगा?" जवाब मिला, "चाहे जितना भी मुश्किल हो, मैं कर लूँगा।" और इस तरह मैंने अपनी पहली पुस्तक का करार किया।

मुझे किताब लिखना नहीं आता था, लेकिन मेरे लिए इसका सबसे स्वाभाविक तरीका था – समय-प्रबंधन। मेरे विचार में मुझे बस यह सुनिश्चित करना था कि मेरे पास लिखने के लिए पर्याप्त समय हो।

किताब लिखकर देने की समय-सीमा अधिक दूर नहीं थी, इसलिए मैंने समय-प्रबंधन की हर वो तकनीक आज़मा ली जो मेरी जानकारी में थी या आई। मैंने लेखन-सत्रों को अपने कैलेंडर में दर्ज करना शुरू कर दिया। मैंने तय कर लिया कि सुबह जल्दी से जल्दी उठूँगा और उठते ही लिखने बैठ जाऊँगा। मैंने अन्य कामों से थोड़ा-थोड़ा समय बचाने की कोशिशें शुरू कर दीं।

लेकिन अभी भी समय पर्याप्त नहीं हो रहा था। मैंने कई सारे क्लाइंट्स छोड़ दिए। मैंने डेट्स कैंसिल करना शुरू कर दीं, पार्टी के आमंत्रणों को ठुकराना शुरू कर दिया। मैंने किराना खरीदकर लाना, खाना बनाना, और घर के बाकी काम भी दूसरों से करवाने शुरू कर दिए। जो काम खुद करने अनिवार्य थे उन कामों

को इकठ्ठा करके बीच-बीच में मिलने वाले थोड़े-थोड़े से समय-खण्डों में एक साथ करना शुरू कर दिया।

पुस्तक लिखना मेरा एकमात्र ध्येय बन गया। मैंने एक-एक मिनट की बचत करनी शुरू कर दी, हर ज़रूरी काम के समय में कटौती करनी शुरू कर दी ताकि लिखने के लिए समय कम न पड़े।

लेकिन अभी भी मुझे लिखने के लिए समय पर्याप्त मालूम नहीं हो रहा था। दिन का अधिकांश समय मैं लिखने की मेज़ पर कंप्यूटर के सामने बैठकर गुज़ार रहा था, लेकिन लिखा नहीं जा रहा था। मैं बुरी तरह बेचैन रहने लगा था। फलस्वरूप मुझे सचमुच पेट और सीने में दर्द रहने लगा। उंगलियाँ इस कदर अकड़ी हुईं महसूस होने लगीं जैसे मुर्दों की हो जाती हैं। एक वाक्य लिख पाना भी दुश्वार था। इतना सारा समय लगाने के बाद भी मैं कुछ लिख नहीं पा रहा था।

मेरा यह 'रचनात्मक अवरोध' (राइटर्स ब्लॉक) इतना ज़बरदस्त था कि इससे निकलने का कोई और रास्ता न पाकर मैंने दोस्तों का ऐन वक़्त पर दिया गया कोस्टा रिका घूमने जाने का प्रस्ताव स्वीकार कर लिया। दिमाग तो कह रहा था कि यह समय की बर्बादी के सिवा और कुछ नहीं है, पर मैंने सोचा कि शायद हवा-पानी बदलने से दिमाग के बंद दरवाज़े खुल जाएँ, इसलिए मैंने हामी भर दी।

लेकिन कोस्टा रिका में कुछ दिन बिताने के बाद मेरी चिंता और बेचैनी और भी ज़्यादा बढ़ गई। मेरे कॉन्ट्रैक्ट के मुताबिक़ यदि अगले कुछ हफ़्तों में मैं लगभग 25% पुस्तक नहीं लिख पाता तो कॉन्ट्रैक्ट रद्द हो जाता। और अभी तक तो मैंने एक शब्द भी नहीं लिखा था। अब तो कोई चमत्कार ही हो जाता तो बात अलग थी, अन्यथा तय था कि मुझे प्रकाशक से क्षमा माँगकर पेशगी की रकम लौटा देनी पड़ती। लेकिन इसके बाद मुझे दोस्तों, परिजनों तथा अपने ब्लॉग के पाठकों के समक्ष जो शर्मिंदगी झेलनी पड़ती उसके बारे में सोच-सोचकर मैं हलाकान हुआ जा रहा था। आप समझ पा रहे होंगे कि उस समय मैं किस कदर तनाव और दबाव महसूस कर रहा था।

यह सब सोच-सोचकर जब तनाव से मेरा सर फटने लगा तो मैं अकेले ही टहलने निकल पड़ा। हताशा के मारे मेरे पाँव ही नहीं उठ रहे थे। हारे हुए सिपाही की तरह मेरा सर लटका हुआ था और मैंने अपने हाथ सीने पर बाँध रखे थे। मैं खुद को कोस रहा था कि 'आखिर मैं इतनी बड़ी बेवक़ूफी कैसे कर गया? क्या सोचकर मैंने 50,000 शब्दों की किताब लिखने का प्रस्ताव स्वीकार कर लिया, जबकि

कुछेक ब्लॉग पोस्ट्स के अलावा मुझे लिखने का कोई अनुभव ही नहीं था?' इस चक्कर में मैं अपना कितना सारा समय और पैसा बर्बाद कर चुका था।

टहलते-टहलते अचानक मुझे किसी के पुकारने की आवाज़ सुनाई दी। मैंने सर उठाकर देखा तो पाया कि मैं अभी-अभी जिस दोराहे को पार करके आगे बढ़ा था, उसी दोराहे की मुझसे विपरीत सड़क के साथ लगी तार फेंसिंग के पीछे खड़ा एक व्यक्ति मेरी ओर देखकर अभिवादन की मुद्रा में हाथ हिला रहा था और वहाँ की स्थानीय भाषा में कुछ कह रहा था। वहाँ से गुज़रते हुए मैंने उसे वहाँ खड़े देखा तो था पर विशेष ध्यान दिए बिना आगे बढ़ गया था। उस समय वह व्यक्ति मस्ती में कुछ गुनगुना रहा था। मुझे उसके लिए थोड़ी शर्मिंदगी-सी महसूस हुई थी क्योंकि मुझे लगा था कि शायद उसे मेरे वहाँ होने का आभास नहीं था और इसलिए वह इस तरह सरेआम गुनगुना रहा था।

उस व्यक्ति ने मेरी ओर देखकर इशारे से पास आने का आग्रह किया। मैं असमंजस में था। मुझे लगा कि शायद वो किसी और को बुला रहा था। मैंने आसपास नज़र दौड़ाई, पर वहाँ मेरे और उसके अलावा कोई भी नहीं था। तब मुझे यकीन हो गया कि वह मुझ ही से मुखातिब है।

मेरे मन में पहला ख़याल यह आया कि उसके पास जाकर व्यर्थ समय बर्बाद करने से अच्छा है कि मैं जल्द से जल्द होटल लौट चलूँ और कुछ लिखने का प्रयास करूँ। लेकिन फिर मुझे लगा कि किसी के दोस्ताना आमंत्रण को यूँ नज़रअंदाज़ करके चले जाना सज्जनता नहीं होगी। अतः मैं मुड़कर उसकी ओर कदम बढ़ाने लगा।

इसके बाद हुआ यह कि ज़िन्दगी में पहली बार मैंने किसी से फुल स्पेनिश में संवाद किया। वैसे इसे 'संवाद' कहना पूरी तरह सही नहीं होगा, वास्तव में यह मेरे लिए स्पेनिश की क्लास ज़्यादा थी। उस व्यक्ति ने, जिसका कि नाम डिएगो था, मुझे बहुत सारी चीज़ों की स्पेनिश संज्ञाएँ सिखाईं, जैसे कि सूर्य की, बारिश की, समुद्र-तट की, समंदर की। डिएगो से बात करने के बाद मुझे समझ आया कि बातचीत के पीछे उसका कोई ख़ास मकसद नहीं था, वह बस किसी से गपशप करना चाहता था।

इस बातचीत ने मेरे दिमाग को एकदम तर-ओ-ताज़ा कर दिया। मेरे लिए यह एकदम नया अनुभव था कि कोई किसी अजनबी को बुलाकर उसके साथ यूँही गपशप करने का सोचे, क्योंकि शिकागो में रहते हुए तो मैंने यही देखा था कि लोग हमेशा अपने में ही सिमटे रहते हैं, किसी को किसी की तरफ देखने की भी फुर्सत

नहीं रहती। इस नए अनुभव ने अचानक मेरे मन-मस्तिष्क को पूरी तरह इत्मीनान से भर दिया था। मैं इतना रिलैक्स्ड हो गया था कि मुझे यह ध्यान ही नहीं रहा कि मैं दोराहे की डिएगो की साइड वाली सड़क पर ही चला जा रहा था, जबकि मुझे दूसरी ओर वाली सड़क पर जाना था। यह ख़याल आते ही मैं एक पल को तो घबरा गया कि कहीं इस अंजान देश में रास्ता न भटक जाऊँ, लेकिन फिर मैंने उस डर को मन से निकाल दिया और यह सोचकर उसी रास्ते पर आगे बढ़ने लगा कि जो होगा देखा जाएगा। लेकिन सबकुछ अच्छा ही हुआ और मैं सही-सलामत अपनी रिहाईश पर पहुँच गया।

डिएगो से हुई गपशप के बाद मुझे ऐसा लग रहा था, जैसे मेरे दिमाग का बंद दरवाज़ा खुल गया हो। मैं अपना लैपटॉप लेकर बालकनी में बैठ गया, जहाँ से सामने दूर तक हिलोरें मारता नीला-नीला प्रशांत महासागर दिखाई दे रहा था। मैंने लिखना शुरू किया, और घंटे भर तक लिखता रहा। पुस्तक का करार करने के बाद से पहली बार मैं लिखने में सफल हुआ था। इतने दिनों से जहाँ मेरे लिए एक वाक्य भी लिखना असंभव मालूम हो रहा था, वहीं अब बात की बात में मैंने लगभग एक अध्याय लिख डाला था। अब मेरे भीतर यह आत्मविश्वास भी जागने लगा था कि संभवतः मैं समय पर पुस्तक का काम पूरा कर लूँगा।

कोस्टा रिका की एक अंजान सड़क पर एक अंजान व्यक्ति के साथ हुए उस संवाद का ही कमाल था कि अंततः मैंने अपना सबकुछ बेचकर दक्षिण अमरीका चले जाने का निर्णय कर लिया।

मुझे समझ आ चुका था कि अपनी पहली पुस्तक पूरी करने के लिए मुझे अधिक समय देने की नहीं बल्कि सही मनोदशा में रहने की ज़रूरत थी। मुझे समझ आ चुका था कि आज हम जिस उत्पादकता के पीछे पागल हैं वह 'समय-प्रबंधन' से नहीं अपितु 'मन-प्रबंधन' से हासिल होती है।

रचनात्मक युग में आपका स्वागत है

हालाँकि यह बदलाव रातोंरात नहीं हुआ। पुस्तक पूरी करने तक मैं और भी कई बार रचनात्मक अवरोध का शिकार हुआ। लेकिन धीरे-धीरे यह बात भली-भाँति स्पष्ट होती गई कि समय-प्रबंधन की बजाय मन-प्रबंधन वाला तरीका ही बेहतर है। मैंने जाना कि मन-प्रबंधन के माध्यम से कम समय में और खुद को कम तकलीफ देकर अपेक्षानुरूप उत्पादकता प्राप्त करना संभव है।

आप खुद सोचिए कि जब मैं समय-प्रबंधन के रास्ते पर चल रहा था तब दिन के बारह घंटे खर्च करने के बाद भी मैं एक वाक्य नहीं लिख पा रहा था, लेकिन जैसे ही मैंने मन-प्रबंधन का दामन थामा वैसे ही सिर्फ एक घंटे में पूरा एक अध्याय लिखा गया, और वो भी बिना किसी सिरदर्द के। मन-प्रबंधन को अपनाते हुए कई बार ऐसा हुआ कि मैंने सिर्फ पंद्रह मिनट में उतना लिखा डाला जितना अन्यथा मैं दिन भर में लिखता था। शुरू में इसमें एकमात्र समस्या यह थी कि मुझे नहीं पता होता था कि वे पंद्रह मिनट कब आएँगे और इसलिए उनके इंतज़ार में मुझे दिन भर कंप्यूटर पर बैठे रहना पड़ता था।

इसलिए मैं हमेशा सोचा करता था कि कितना अच्छा होता यदि ये पंद्रह मिनट मेरी मर्ज़ी से आ पाते, तब मैं सिर्फ पंद्रह के लिए बैठता, काम पूरा करता, और फिर दिन भर मौज करता।

मुझे यकीन है कि आपने भी इस बात को अनुभव किया होगा कि कभी-कभी किसी काम (मसलन किताब लिखना, या कोई भाषा सीखना, या कोई कठिन निर्णय लेना) को करने की बहुत कोशिश करने और बहुत समय लगाने के बाद भी आप रत्ती भर भी कामयाब नहीं हो रहे थे। लाख कोशिशों के बाद भी कुछ हो ही नहीं रहा था। ऐसा लग रहा था जैसे आपका दिमाग कुछ सोचने-समझने को तैयार ही नहीं है। कई बार आपने यह सोचकर काम करना छोड़ दिया कि 'छोड़ो यार, ये नहीं होगा।' लेकिन जैसे ही आप थक-हार कर फाइनली इसे छोड़ने को हुए कि अचानक पता नहीं कैसे अवरोध हट गया, दिमाग के जाले झड़ गए और काम होने लगा। अचानक से आपके दिमाग में विचार आने लगे और आप घंटे भर तक लिखते चले गए। अचानक से आपको भाषा की वे बारीकियाँ समझ आने लगीं जो अब तक आपके लिए 'डरावना रहस्य' थीं। अचानक से आपको वह निर्णय बेहद आसान लगने लगा जिसने पहले आपके दिमाग को बुरी तरह उलझा रखा था।

मेरे लिए अपनी पहली किताब लिखना एक रचनात्मक प्रेशर कुकर बनने जैसा काम था। और इसी से मुझे यह समझ आया कि मुझे समय को नहीं बल्कि अपने मन को साधने की ज़रूरत है। साथ ही मुझे यह भी समझ आया कि यह बात केवल पुस्तक लेखन पर ही नहीं अपितु जीवन के हर आयाम पर लागू होती है। डिज़ाइनर के तौर पर काम करते हुए मेरे साथ कईयों बार ऐसा हो चुका था कि किसी समस्या को सुलझाने के लिए मैं हफ़्तों से जीतोड़ प्रयास कर रहा होता था मगर कुछ सूझता ही नहीं था, और जब थक-हार कर मैं मस्तिष्क-मंथन बंद कर देता था, खुद को ढीला छोड़ देता था तो अचानक ही पता नहीं कहाँ से वो समाधान

सूझ जाता था। एक उद्यमी के तौर पर कई बार ऐसा हुआ है कि कोई महत्वपूर्ण निर्णय लेते समय लाख सर खपाने के बाद भी मुझे समझ नहीं आ रहा होता कि किस दिशा में आगे बढ़ूँ, लेकिन जैसे ही मैं अपने दिमाग को तनाव और दबाव से मुक्त करता हूँ, अचानक से सर्वश्रेष्ठ विकल्प सामने आ जाता है। सालसा, गिटार, या स्पेनिश सीखने जैसे शौकिया कामों से लेकर जीवन के बड़े-बड़े निर्णयों तक में मुझे इसी तरह के अनुभव हुए हैं।

'उत्पादकता' का क्या अर्थ है? अधिकांश लोगों के मुताबिक़ 'किसी चीज़ को अधिकाधिक मात्रा में निर्मित करने की क्षमता' ही उत्पादकता है। मतलब, बहुत काम करना। कैसा काम? एक निश्चित प्रक्रिया के तहत होने वाला काम। मतलब ऐसा काम जिसको करने के कुछ निर्धारित चरण हैं; उन चरणों को पूरा कीजिए और काम हो गया। इसी प्रक्रिया को बारम्बार दोहराते रहिए, ज़्यादा से ज़्यादा काम करते रहिए तो आप अधिकाधिक उत्पादक कहलाएँगे। *लेकिन उत्पादकता की यह परिभाषा गलत है।*

मेरा सोचना यह है कि इस तरह के दोहराव वाले (या कहें कि गैर-रचनात्मक) कामों के लिए मनुष्यों को खपने की क्या आवश्यकता है, ये काम तो मशीनों तथा कृत्रिम बुद्धिमत्ता के माध्यम से कहीं अधिक कुशलता से किए जा सकते हैं। और अगले एक या दो दशकों में ऐसा होने भी लगेगा। कृत्रिम बुद्धिमत्ता तथा स्वचालित उपकरणों के प्रचलन के चलते अगले दो-एक दशकों में 40-50% नौकरियाँ ख़त्म हो जाएँगी। और इन 40-50% में सबसे ज़्यादा नौकरियाँ वे ही होंगी जिनमें दोहराव वाले काम करने होते हैं। कृत्रिम बुद्धिमत्ता विशेषज्ञ काई-फू ली का भी यही कहना है कि सबसे पहले वे ही नौकरियाँ जाएँगी जो ऑप्टिमाइज़ेशन-आधारित हैं, अर्थात जिनमें एक पूर्व-निर्धारित चरण-बद्ध प्रक्रिया का पालन करके काम किया जाता है। ऋण जोखिम आकलन करना, ग्राहक सेवा प्रतिनिधि का काम, किसी बीमा किश्त के लिए ब्याज दर निकालना, टैक्स रिफंड को मैक्सीमाइज़ करना, किसी बीमारी का निदान करना, यहाँ तक कि रेडियोलॉजिस्ट का काम भी इसी श्रेणी में आता है। जिन नौकरियों में उपलब्ध सूचनाओं के आधार पर नतीजे निकालने का काम होता है, वे सबसे पहले जाएँगी।

तो फिर वे कौन सी नौकरियाँ हैं जो अप्रभावित रहेंगी? ली के मुताबिक़, वे सभी नौकरियाँ जिनमें रचनात्मकता की आवश्यकता होती है।

अधिकांश लोगों के लिए रचनात्मकता का अर्थ है चित्रकला, मूर्तिकला, कसीदाकारी, लेखन वगैरह-वगैरह। लेकिन यह रचनात्मकता की बेहद संकुचित

समझ है; रचनात्मकता का दायरा कहीं अधिक बड़ा है। रचनात्मकता का अध्ययन करने वाले वैज्ञानिकों के मुताबिक़, ऐसा कोई भी काम जिसमें 'नवीनता' तथा 'उपयोगिता' इन दोनों बातों का समावेश हो उसे रचनात्मक काम माना जाएगा।

ली के मुताबिक़, ऐसे काम जिनमें भिन्न-भिन्न विषयों पर विचार करना हो, जिनमें काम का वातावरण 'असंरचित' हो (मतलब, जहाँ किसी पूर्व-निर्धारित चरणबद्ध प्रक्रिया का अभाव हो), या जिनके परिणामों को मापना कठिन हो, वे सभी काम पूरी तरह सुरक्षित हैं।

इसलिए अब वे मानसिक कार्य महत्वपूर्ण नहीं रह गए हैं जिनमें किसी पूर्व-निर्धारित चरणबद्ध प्रक्रिया का पालन करना होता है। अब केवल उन्हीं कार्यों का महत्व है, जिनमें आपको कोई ऐसा समाधान तलाशना हो जो मौलिक होने के साथ-साथ उपयोगी भी हो।

हर साल नवम्बर के महीने में एक कार्यक्रम आयोजित किया जाता है जिसे 'नेशनल नॉवेल राइटिंग मंथ' (राष्ट्रीय उपन्यास लेखन माह) कहा जाता है। संक्षिप्त में इसे NaNoWriMo कहा जाता है। इस कार्यक्रम में भाग लेने वाले 'लेखक बनने के तमन्नाई' लोगों के सामने एक महीने के भीतर एक उपन्यास लिखने की चुनौती होती है। सन 2013 से इसी के समानांतर एक और कार्यक्रम आयोजित होने लगा है, जिसे कहते हैं 'नेशनल नॉवेल जनरेशन मंथ' (राष्ट्रीय उपन्यास उत्पादन माह)। संक्षेप में NaNoGenMo। इस कार्यक्रम में लेखक नहीं बल्कि कंप्यूटर प्रोग्रामर्स भाग लेते हैं जो कोडिंग के माध्यम से उपन्यास तैयार करने का प्रयास करते हैं।

सन 2019 के NaNoGenMo आयोजन में एक ऐसे AI मॉडल के द्वारा कुछ उपन्यास लिखे गए थे जिसे एक समय इतना खतरनाक माना जाता था कि उसे आम जनता के लिए जारी करने की मनाही थी। लेकिन इस अत्याधुनिक AI मॉडल द्वारा लिखे गए उपन्यासों में एक भी वाक्य ऐसा नहीं था जिसका कोई सही अर्थ निकलता हो। इस पर कृत्रिम बुद्धिमत्ता विशेषज्ञ जेनेल शेन ने ट्वीट किया, "क्या आपको अपने उपन्यास का पहला वाक्य लिखने में मुश्किल हो रही है? आपको यह जानकर ख़ुशी होगी कि कृत्रिम बुद्धिमत्ता के लिए यह काम और भी ज़्यादा मुश्किल साबित हो रहा है।"

यह सही है कि आपको 50,000 शब्द टाइप करने में दिन भर लग जाएगा, जबकि कंप्यूटर यह काम पलक झपकते कर देगा। लेकिन बात जब 50,000

मौलिक तथा सारगर्भित शब्द सोचने या रचने की हो तो आप तो इस काम को एक महीने में कर लेंगे लेकिन दुनिया का सर्वाधिक विकसित कंप्यूटर भी इस काम को कर ही नहीं पाएगा।

मनुष्य के तौर पर आपकी विशिष्टता किसी काम को तेज़ी से करने में निहित नहीं है। आप चाहे जितनी तेज़ी दिखा लें, किसी कंप्यूटर को नहीं पछाड़ पाएँगे। मनुष्य के तौर पर आपकी विशिष्टता उस रचनात्मक चिंतन-मनन में निहित है जिसकी बदौलत कंप्यूटर का आविष्कार संभव हुआ। किसी भी काम को मौलिक तरीके से करने के लिए जिस रचनात्मक चिंतन की आवश्यकता होती है वो केवल मनुष्य के मस्तिष्क द्वारा ही संभव है। इसीलिए उद्यमी तथा निवेशक नवल रविकांत ने कहा है, "कमाने के लिए समय नहीं वरन दिमाग खर्च करें।"

उपन्यास के सारगर्भित शब्दों का स्रोत यही रचनात्मक चिंतन होता है। नए कौशल अर्जित करने के लिए भी इसी की आवश्यकता पड़ती है। किसी उद्यमी के द्वारा खड़े किए गए अत्यंत सफल व क्रांतिकारी स्टार्ट-अप्स की नींव में भी रचनात्मक चिंतन होता है। किसी सामाजिक कार्यकर्ता द्वारा किसी अभावग्रस्त परिवार को उसके वृद्ध सदस्यों की देखभाल के लिए आवश्यक सरकारी मदद उपलब्ध करवाने में भी इसी का हाथ होता है।

दुर्भाग्य से हम में से अधिकांश लोग उत्पादकता की इस सही परिभाषा से अंजान हैं। उनके लिए अभी भी उत्पादकता का अर्थ है किसी काम को करने की गति। मतलब, आप कितने कम समय में कितना ज़्यादा काम कर सकते हैं। रचनात्मक चिंतन से उन्हें कोई सरोकार नहीं। उनकी यह अनभिज्ञता भविष्य में उनके लिए बहुत बड़ा खतरा पैदा करने वाली है।

उत्पादकता की वर्तमान भ्रामक समझ लोगों के दिमाग में डालने का श्रेय फ्रेडरिक टेलर को जाता है। लगभग एक सदी पहले फ्रेडरिक टेलर ने ही उत्पादकता को काम की गति से जोड़ा था। आज वही भ्रामक समझ हमारी उत्पादकता को बर्बाद करने में लगी है।

समय-प्रबंधन का अंत

उन्नीसवीं और बीसवीं सदी की मिलन बेला में फ्रेडरिक टेलर को एक नया प्रयोग सूझा। उसने एक श्रमिक को चुना और हाथ में एक स्टॉपवॉच लेकर उसके बगल में खड़ा रहने लगा – काम की शुरुआत से लेकर अंत तक। पहले-पहल उसने वहाँ

खड़े रहकर उस श्रमिक के विभिन्न कार्यों को करने में लगने वाले समय को नोट करना शुरू किया। फिर उसने उसे उन्हीं कार्यों को अलग तरह से करना सिखाना शुरू किया- इस तरह से कि उन कामों को करने में पहले की तुलना में कम समय लगने लगा। उसका उद्देश्य था कार्य करने की प्रक्रिया में एक भी सेकंड की बर्बादी को रोकना। वह लगातार प्रयोग करता रहा और धीरे-धीरे उसने उस श्रमिक द्वारा किए जाने वाले हर एक काम को करने के ऐसे तरीके विकसित कर लिए जिनके चलते उसकी कार्यक्षमता या उत्पादकता पहले की तुलना में बहुत अधिक बढ़ गई।

इसके बाद टेलर ने बेथलहम स्टील में काम करने वाले सारे श्रमिकों को कहा कि वे भी इन तरीकों को सीखकर इसी प्रकार काम करें। जैसे लोग कंप्यूटर्स को प्रोग्राम करते हैं, वैसे टेलर ने श्रमिकों को प्रोग्राम करना शुरू कर दिया। परिणाम यह हुआ कि सभी श्रमिकों की कार्यक्षमता या उत्पादकता बहुत अधिक बढ़ गई। लगभग चार गुनी हो गई! 'वैज्ञानिक प्रबंधन' उर्फ़ 'टेलरिज्म' अस्तित्व में आ चुका था।

जल्दी ही पूरा औद्योगिक जगत 'टेलरिज्म' का मुरीद हो गया और इसकी मदद से सभी औद्योगिक देशों की उत्पादकता आसमान की ऊँचाइयाँ छूने लगी।

आज हम जिस 'समय-प्रबंधन' की बात करते हैं वो वास्तव में 'टेलरिज्म' की ही उपज है। 'टेलरिज्म' की खोज से पहले तक श्रमिक समय देखकर काम नहीं करते थे। चूँकि उस समय अधिकांश लोग खेतों में काम करते थे इसलिए उन्हें घड़ी देखकर यह तय नहीं करना होता था कि कब क्या करें। उन्हें कब क्या करना है यह इस बात से तय होता था कि सूरज कब उगता है और कब अस्त होता है, बारिश कब होती है, या पहला पाला कब पड़ता है। और यह भी कि कब फसल घुटनों जितनी ऊँची होती है, कब कमर जितनी और कब गर्दन जितनी। और ये सारी घटनाएँ सेकण्डों में या मिनटों में या घंटों में नहीं घटती थीं, ये तो दिनों में, हफ़्तों में, महीनों में, सालों में घटित होती थीं। और इसीलिए अक्सर दिन के अधिकांश वक़्त अधिकांश लोगों को पता ही नहीं होता था कि समय क्या हो रहा है।

टेलर का उत्पादकता में एक बड़ा योगदान यह था कि उसने समय को एक 'उत्पादन इकाई' के रूप में देखना शुरू किया। उसने यह सिद्ध किया कि 'ज़्यादा समय लगाओ, ज़्यादा उत्पादन पाओ', तथा यह भी कि 'उतने ही समय में पहले से ज़्यादा काम करवाओ, ज़्यादा उत्पादन पाओ।' उतने ही समय में पहले से ज़्यादा काम के लिए ही टेलर ने काम करने के सर्वाधिक कार्यक्षम तरीकों की खोज की और यह सुनिश्चित किया कि कोई भी श्रमिक एक सेकंड भी बर्बाद न करे। और इससे उत्पादकता में वृद्धि हुई।

आज भी हम समय को एक 'उत्पादन इकाई' के रूप में ही देख रहे हैं। यह विश्वास हमारी संस्कृति में इस कदर रच-बस गया है कि हमें इस बात का भान भी नहीं होता कि हम इस से संचालित हो रहे हैं। यह वो 'पानी' हो गया है जिसमें मछलीरूपी हम तैर रहे हैं। हम अब घड़ी के अलार्म के सहारे जागते हैं और अलार्म हम ऐसा सेट करते हैं कि ज़्यादा से ज़्यादा देर तक सो भी लें और दफ्तर पहुँचने में देर भी न हो। जब हम काम पर निकलते हैं तो हमारी कार का नेविगेशन सिस्टम पहले हेई इस बात का हिसाब लगाकर (ट्रैफिक की स्थिति के अनुसार) बता देता है कि हमें दफ्तर पहुँचने में कितना समय लगेगा। दफ्तर पहुँचकर हम एक-एक सेकंड का हिसाब रखने लगते हैं ताकि हमारा नियोक्ता अपने क्लाइंट्स को हमारे कार्य-समय के हिसाब से बिल दे सके। यदि आप इस पुस्तक को ई-रीडर पर पढ़ रहे हैं तो पूरी संभावना है कि स्क्रीन पर सबसे नीचे यह लिखा आ रहा होगा कि इस अध्याय को पूरा करने में आपको लगभग कितना समय लगने वाला है। हमारी दिनचर्या की हर एक गतिविधि और हमारे आसपास मौजूद हर एक चीज़ हमें इस बात का अहसास कराती है कि समय बेहद कीमती है, और इस बात का भी कि भले आपका लक्ष्य कुछ भी हो, यदि आप उसे अपेक्षा से कम समय में प्राप्त कर लेते हैं तो यह एक सराहनीय उपलब्धि मानी जाएगी। हमें लगातार इस बात का अहसास कराया जाता है कि यदि हमने किसी काम में समय लगाया है तो इसका अर्थ है कि हमने एक मूल्यवान सेवा उपलब्ध कराई है। इसी के चलते लोग समय को पैसा मानने लगे हैं।

लेकिन समय को 'पैसा' या 'उत्पादन इकाई' मानकर चलने में एक बड़ी समस्या है, और जल्दी ही टेलर को भी इस सच्चाई का पता चल गया था। परेशानी यह है कि हर समयरूपी 'उत्पादन इकाई' की अपनी सीमाएँ हैं। समय ही नहीं अपितु किसी भी संसाधन का एक सीमा तक ही दोहन किया जा सकता है, उसके बाद आपको उससे लाभ मिलना बंद हो जाता है।

टेलर अपने श्रमिकों के हर एक सेकंड का भरपूर दोहन चाहता था, लेकिन उसने देखा कि ऐसा करने पर वह परिणाम नहीं मिल रहा जो मिलना चाहिए। मतलब, उसने हिसाब लगा रखा था कि अगर मेरे बताए तरीके से काम किया जाए तो एक मिनट या एक घंटे में इतना उत्पादन होगा। इसी हिसाब को वह श्रमिकों के पूरे कार्य-मिनटों या घंटों पर लागू करके यह तय करता था कि प्रत्येक श्रमिक को दिन भर में कितना उत्पादन करना चाहिए। लेकिन उसे कभी भी उतना उत्पादन नहीं मिला। कारण भी उसकी समझ में आ गया कि कोई भी इंसान बिना आराम के

लगातार अपनी पूरी क्षमता से काम करता नहीं रह सकता। मतलब, आप चाहकर भी कार्य-दिवस के एक-एक सेकंड या मिनट का दोहन नहीं कर सकते, आपको कुछ समय खाली छोड़ना ही पड़ेगा।

अर्थशास्त्र में एक अवधारणा है, जिसे 'ह्रासमान प्रतिफल बिंदु' (दि पॉइंट ऑफ़ डिमिनिशिंग रिटर्न्स) कहा जाता है। इसका अर्थ है कि एक सीमा के बाद हर अगली उत्पादन इकाई आपको उतना उत्पादन नहीं देती जितना उससे पहले वाली ने दिया था। उदाहरण के तौर पर, किसी श्रमिक ने पहले दस मिनिट में लोहे के पाँच खम्बे ढोए। तो क्या अगले दस मिनिट में भी वह इतने ही ढोएगा? नहीं, अगले दस मिनट में वह चार ही ढो पाएगा। स्पष्ट है कि पहले दस मिनट के काम से श्रमिक थोड़ा थक गया, जिसके चलते उसकी अगले दस मिनट की कार्यक्षमता थोड़ी घट गई। उसके बाद हर अगले दस मिनट की कार्यक्षमता इसी हिसाब से लगातार घटती जाएगी।

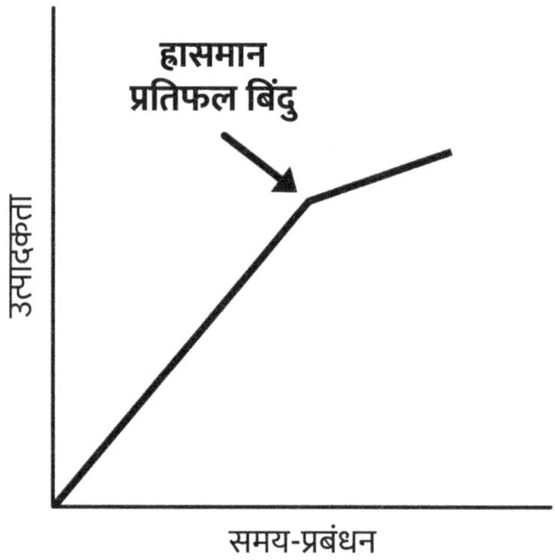

अर्थशास्त्र में 'ह्रासमान प्रतिफल बिंदु' से आगे भी एक अवधारणा है जिसे 'नकारात्मक प्रतिफल बिंदु' (दि पॉइंट ऑफ़ निगेटिव रिटर्न्स) अवधारणा कहा जाता है। यह वह बिंदु होता है जिसके बाद आपके द्वारा जोड़ी गई हर अगली उत्पादन इकाई न केवल पिछली वाली इकाई की तुलना में कम उत्पादन देती है बल्कि यह आपके कुल उत्पादन (तब जबकि आपने इस इकाई को न जोड़ा होता)

को भी कम कर देती है। मान लीजिए किसी कारखाने में कोई नया लालची बॉस आ गया और उसने आदेश निकाल दिया कि अबसे हर श्रमिक को दस मिनट में आठ छड़ें ढोनी होंगी। नतीजा यह निकला कि एक घंटे इस गति से काम करने के बाद अधिकांश श्रमिक बेहोश होकर गिर पड़े। मतलब, अब उतना उत्पादन भी नहीं होगा जितना पहले दस मिनट में पाँच छड़ें ढोकर हो रहा था।

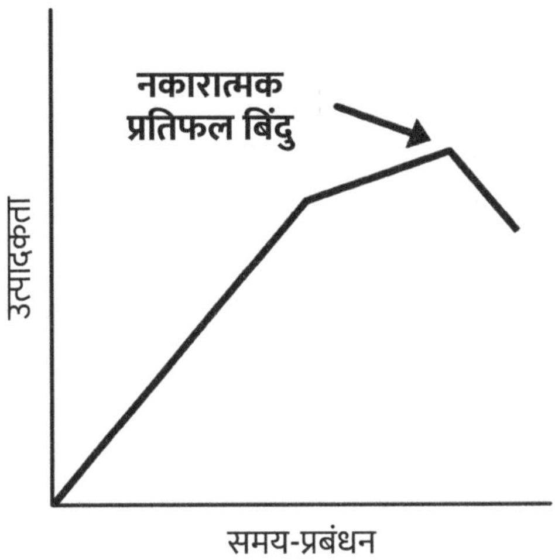

जब हम एक पूर्व-निर्धारित चरणबद्ध प्रक्रिया का अनुसरण करते हैं तब समय का अधिक कुशलतापूर्वक उपयोग करना अपेक्षाकृत सरल रहता है। आप इस प्रक्रिया के विभिन्न चरणों को उपलब्ध कार्यघंटों में समायोजित करने के लिए प्रयोग करके देखिए, जल्द ही आपको काम और आराम का सही अनुपात मिल जाएगा।

लेकिन आजकल की कामकाजी दुनिया में, जहाँ उत्पादकता रचनात्मक चिंतन पर अधिक निर्भर करने लगी है, सिर्फ 'कम से कम समय में अधिकाधिक काम' करके उत्पादन नहीं बढ़ाया जा सकता।

पर विडंबना यह है कि आजकल की गलाकाट प्रतिस्पर्धा वाली हरदम दौड़ती-भागती दुनिया में जीने का और कोई विकल्प दिखाई ही नहीं पड़ता। ऐसा लगता है कि अपनी दिनचर्या को कामों से ठूँस-ठूँसकर भरने, हरदम मल्टीटास्किंग करते रहने, और हमेशा जल्दी में रहने के अलावा हमारे पास कोई और चारा ही नहीं है। और इसलिए हम ऐसे हर उपाय को लपकने के लिए तत्पर रहते हैं जो इस

बात का दावा करती हो कि वो हमें हर काम जल्दी से भी जल्दी करने में सक्षम बना देगी और हमें किसी भी काम के लिए ज़रा भी रुकना नहीं पड़ेगा, या यह कि उसकी मदद से 'एक तीर से दो शिकार' करना संभव हो सकता है।

इसी मानसिकता ने हमें 'समय का पुजारी' बना दिया है।

समय की पूजा

समय हमारा नया भगवान है और भगवान के प्रति आस्था को हम बाकी सभी चीज़ों से ऊपर रखते हैं। लेखक मार्क मैनसन का यह कहना बिल्कुल सही है कि भगवान के प्रति आस्था ही वह लेंस है, जिससे हम बाकी सभी चीज़ों को देखते हैं। यह आस्था ही हमारे बाकी सभी विश्वासों का निर्धारण करती है। इसके आधार पर ही हमारी पसंद-नापसंद तथा प्राथमिकताएँ तय होती हैं।

समय के पुजारियों के तौर पर, हमें आराम या अवकाश के समय को खाली रहकर बिताना भगवान का अपमान मालूम होता है, और इसलिए इस समय में रखी गई किसी मीटिंग के लिए हाँ कहने में हमें कोई हिचक नहीं होती। हमें लगता है कि कम से कम समय में ज़्यादा से ज़्यादा चीज़ें करना ही इस नए भगवान की सबसे अच्छी उपासना पद्धति है, और इसलिए आराम के समय में खाली रहने का सोचकर हमें डर लगता है कि कहीं भगवान क्रोधित होकर श्राप न दे दें।

समय के पुजारियों के तौर पर, फटाफट पढ़ना (स्पीड रीडिंग) सीखने की जद्दोजहद हमारे लिए उतनी ही स्वीकार्य होती है जितनी भगवान की भक्ति करने में होने वाले कष्ट। हमें अपनी दृष्टि को कम समय में ज़्यादा से ज़्यादा शब्दों पर से गुज़ारना ज़्यादा अच्छा लगता है और ज़्यादा समय लगाकर कम शब्द पढ़ने वाले लोग हमें नास्तिकों जैसे लगते हैं। चूँकि हम समय के पुजारी हैं, इसलिए हमें इस बात से कोई फर्क नहीं पड़ता कि फ़टाफ़ट पढ़ने की प्रक्रिया में हमें पढ़ा हुआ कुछ भी याद नहीं रहता, पढ़े हुए को हम जीवन में उतार नहीं पाते, और उस आनंद से भी वंचित रहते हैं जो समय की पूजा शुरू करने से पहले वाले दौर में हमें पढ़कर महसूस होता था।

समय के पुजारियों के तौर पर, हम जब मल्टीटास्किंग करते हैं और हमें ऐसा महसूस होता है कि हम कम समय में ज़्यादा चीज़ें कर पा रहे हैं, तब हम वैसे ही प्रसन्न होते हैं जैसे भगवान से वरदान प्राप्त करके कोई तपस्वी होता है। चूँकि हम

समय के पुजारी हैं इसलिए हमें इस बात की कोई परवाह नहीं रहती कि लगभग सारे ही शोध यह बताते हैं कि मल्टीटास्किंग करने वाले वास्तव में समय एवं ऊर्जा का अपव्यय करते हैं और किसी भी काम को ठीक तरह नहीं कर पाते।

समय के प्रति भक्ति-भाव समय की बचत के नाम पर हमसे अजीब-अजीब काम करवाता है। 'एक्ज़िट स्ट्रैटेजी' नाम का एक ऐप है जो न्यूयॉर्क शहर के रहवासियों की मेट्रो में सफ़र करते समय की बचत करने में मदद करती है। यह ऐप आपको बताती है कि आपको कौन सी मेट्रो ट्रेन में सफ़र करना चाहिए ताकि गंतव्य पर पहुँचने के बाद आप जल्दी से जल्दी स्टेशन से बाहर निकल सकें! अगर यह सुविधा (!) आपको भी अजीब या बेमतलब मालूम होती हो तो यह आपकी समस्या है क्योंकि इस ऐप को बनाने वाले तो आज करोड़ों में खेल रहे हैं।

कॉलेज के दिनों में मैं छात्रावास में रहा करता था। मेरे बगल के कमरे में जो लड़का रहता था उसे मैंने कभी भी चलते हुए नहीं देखा था; वह जब भी दिखा दौड़ते हुए ही दिखा। पहली बार जब मैंने उसे देखा तो मुझे लगा कि वो जल्दी में होगा, इसलिए दौड़कर जा रहा था। लेकिन जब 3-4 महीनों तक लगातार ऐसा ही होता रहा तो मुझे जिज्ञासा हुई इसकी वजह जानने की। आखिरकार एक दिन किस्मत से जब वह ठहरा हुआ मिला तो मैंने उससे पूछ ही लिया कि वह हरदम दौड़ता क्यों रहता है? इस पर उसने कहा, "इससे समय की बचत होती है।" कोई आश्चर्य नहीं कि उसने इंजीनियरिंग को मेजर के तौर पर लिया हुआ था।

लेकिन मुझे कोई हक़ नहीं है दूसरों की अजीबोगरीब आदतों के बारे में कुछ भी कहने का, क्योंकि मैं खुद भी इस मामले में कभी किसी से पीछे नहीं रहा। ऐसा एक कारनामा बताऊँ? मेरी बिल्डिंग में जो लिफ्ट है उसमें घुसते ही सामने की दीवार पर एक शीशा लगा है। काफी मेहनत के बाद मैंने यह हुनर विकसित कर लिया है कि लिफ्ट में घुसते ही मैं बिना मुड़े अपने फ्लोर का बटन दबा देता हूँ (सामने लगे शीशे में देखकर)। इससे मैं मुड़ने में लगने वाला समय बचा लेता हूँ, भले ही वो समय कुछ मिलीसेकंड्स का ही क्यों न हो।

समय की बचत के फेर में लगे लोगों का सिद्धांत वाक्य है – 'बूँद-बूँद से ही तो आखिर घड़ा भरता है'। एक्ज़िट स्ट्रैटेजी प्रचारित करती है कि इस ऐप का उपयोग करके आप हर यात्रा में 'कुछ मिनटों' का समय बचा सकते हैं। मैंने भी

हिसाब लगाकर देखा है कि लिफ्ट में बिना मुड़े बटन दबाने की कलाकारी के चलते मैं हर सप्ताह 'दो सेकंड्स' की बचत कर लेता हूँ! इस हिसाब से मुझे लगता है कि छात्रावास में मेरा पड़ोसी लड़का तो काफी सारा समय बचा लेता होगा, और साथ में उसकी कसरत भी हो जाती होगी। लेकिन अगर रास्ते में उसका कोई दोस्त मिल जाता होगा, तब वह क्या करता होगा? यह सोचकर भागना जारी रखता होगा कि रुककर एक मिनट बात करना समय की बर्बादी होगी?

ऐसी कहानियों का कोई अंत नहीं है क्योंकि समय की पूजा अमरीकी संस्कृति का अभिन्न अंग बन चुकी है। आप चाहे जितनी कोशिश कर लें समय की चिंता न करने की, लेकिन आपके आसपास मौजूद लोग आपको ऐसा करने ही नहीं देंगे। जैसे कि आपका वह दोस्त जो हमेशा हर जगह देरी से पहुँचता है क्योंकि वह औरों से पहले आकर अपना समय बर्बाद करने का जोखिम उठाने को तैयार नहीं है! जैसे कि वह वेटर जो आपके खाना ख़तम कर पाने से पहले ही बिल लाकर आपकी टेबल पर रख देता है और फिर बेचैनी से आसपास मंडराता रहता है! जैसे कि सुपरमार्केट में भुगतान की लाइन में आपके पीछे खड़ी वह महिला जो सिर्फ इसलिए लाल-पीली होने लगती है क्योंकि आपके हाथ से क्रेडिट कार्ड गिर जाने के चलते उसके तीन बेशकीमती सेकण्ड्स बर्बाद हो गए! इन सारी बेवकूफियों का मूल कारण है गलत भगवान की पूजा। जी हाँ, समय को भगवान मानना हमारी सबसे बड़ी बेवकूफी है।

जब हम किसी चीज़ को भगवान मानकर चलने लगते हैं तो फिर हमारे सारे निर्णय उसी चीज़ के अनुरूप होने लगते हैं, उसके लिए हम बाकी सब चीज़ों को कुर्बान करने को तैयार हो जाते हैं। सोच कर देखिए कि यदि किसी मेट्रो स्टेशन से निकलते समय आप अतिरिक्त जल्दी न मचाएँ तो आप कितनी ही अन्य महत्वपूर्ण चीज़ों के बारे में सोच सकते हैं या उन्हें कर सकते हैं। सोच कर देखिए कि मेरे छात्रावास के पड़ौसी लड़के ने ज़रा सा समय बचाने के चक्कर में कितने सारे दोस्त खो दिए होंगे, दोस्तों के साथ की कितनी खुशनुमा यादों से वह वंचित रह गया होगा। मैं खुद भी यह सोचता हूँ कि यदि मैं लिफ्ट में बिना देखे बटन दबाने वाला मूर्खतापूर्ण कृत्य नहीं करता होता तो मेरे बहुत सारे पड़ौसी मुझे अपने यहाँ होने वाली पार्टियों में आमंत्रित करने से हिचकिचाते नहीं।

शरीर को स्वस्थ व चुस्त-दुरुस्त रखने के लिए भोजन से कुछ कैलोरीज़ कम करना अच्छी बात है, लेकिन इतनी कम कर देना कि शरीर सूखकर काँटा

हो जाए, बेवकूफी होगी। इसी तरह एक सफल व उत्पादक जीवन जीने के उद्देश्य से समय की बचत करना अच्छी बात है, लेकिन समय की बचत को लेकर इस हद तक चले जाना कि जीने के लिए ही समय न बचे, बेवकूफी है। वर्तमान में तकरीबन 30% कामकाजी अमरीकियों के पास समय की इतनी कमी है कि वे रात को छः घंटे भी नहीं सो पा रहे हैं, जबकि सारे विशेषज्ञ इस बात पर एकमत हैं कि स्वस्थ रहने के लिए कम से कम आठ घंटे सोना ज़रूरी है। नींद के घंटों में यह कटौती न केवल उनकी रचनात्मकता कम कर रही है वरन उनके उच्च रक्तचाप, मधुमेह, मोटापा, कैंसर, तथा और भी अनेक घातक बीमारियों का शिकार बनने का खतरा भी बढ़ा रही है। जब आप भरपूर नींद नहीं लेते तो काम के समय आपका दिमाग पूरी तरह सचेत नहीं रहता, जिसके चलते आप हद से ज़्यादा कैफीन लेने के लिए मजबूर हो जाते हैं। हद से ज़्यादा कैफीन का सेवन आपको अनिद्रा का शिकार बना देता है, आपको हरदम बेचैनी रहने लगती है, आप चीज़ें भूलने लगते हैं, तथा और भी कई सारी स्वास्थ्य-संबंधी समस्याएँ आपको घेरने लगती हैं।

बचाए हुए समय को बचाकर रखें

कम से कम समय में ज़्यादा से ज़्यादा हासिल करने को लेकर हम लोग जिस कदर बेताब रहते हैं उसे देखते हुए यह बात बड़ी हैरान करती है कि हमारी संस्कृति में समय का ज़रा-सा भी सम्मान नहीं किया जाता। यदि आप अपने समय को अनियोजित, अप्रयुक्त या ख़ाली छोड़ दें तो लोग नाराज़ हो जाते हैं। जो लोग अपनी रुचियों या मनपसंद कामों में समय खर्चते हैं उनके ऊपर कटाक्ष करते हुए हम कहते हैं कि "उनके पास तो टाइम ही टाइम है।" हमें लगता है कि वे समय जैसी कीमती चीज़ को बेकार के कामों में बर्बाद कर रहे हैं जबकि उन्हें तो एक-एक पल का भरपूर दोहन करने पर ध्यान देना चाहिए, समय के साथ जंग छेड़कर रखनी चाहिए।

लेकिन जैसे ही किसी को हमारा खाली समय चुराने का मौका मिलता है, उनका सुर बदल जाता है। हम में इतना गुर्दा है कि हम 'अप्रयुक्त' समय को 'फ्री टाइम' या 'मुफ्त का समय' मानकर चलते हैं। पर क्या हम अपने अप्रयुक्त धन को भी 'फ्री मनी' या 'मुफ्त का पैसा' मानते हैं? नहीं! समय को पैसा मानने वाली दुनिया में यह विचित्र विरोधाभास है।

असल में आपका समय तब पैसे का पर्याय होता है, जब उसका उपयोग आपका बॉस करे। लेकिन जैसे ही उसके उपयोग का अधिकार आपके पास आता है वैसे ही वह 'फ्री टाइम' में बदल जाता है। अधिकांश कंपनियाँ सहकर्मियों को एक-दूसरे का कैलेंडर देखने की अनुमति देती हैं ताकि उन्हें एक-दूसरे के पास उपलब्ध अप्रयुक्त समय का पता रहे और वे उस समय को चुराने की जुगत लगा सकें। मतलब, उस समय को मीटिंग वगैरह करने में उपयोग कर सकें। उद्यमी और लेखक जेसन फ्राइड बड़ी चतुराई से इसे 'कैलेंडर टेट्रिस' कहते हैं। दूसरे का अप्रयुक्त समय हमें हमेशा 'फ्री टाइम' मालूम होता है और हम हमेशा उसे किसी अपने लिए उत्पादक गतिविधि से भरने का मौका ढूँढते रहते हैं। यह चलन इतना अधिक बढ़ चुका है और लोग इससे इतने अधिक त्रस्त हो चुके हैं कि मोबाइल ऐप बनाने वाली एक कम्पनी को इसमें एक बड़ा अवसर दिखाई पड़ गया और उसने 'लुक बिज़ी' नाम से एक ऐसी ऐप बना डाली जो आपके कैलेंडर में उपलब्ध खाली समय को नकली घटनाओं से भरा हुआ दिखाती है ताकि आपके सहकर्मी उस समय को चुरा न सकें।

दूसरों के समय के प्रति अपनाए जाने वाले इस गलत रवैये को हवा देने में 'समय को वाणिज्यिक वस्तु' मानने वाली मानसिकता का बहुत बड़ा हाथ है। समय-प्रबंधन का ज्ञान आपको बताता है कि बीता हुआ समय लौटकर नहीं आता। एक बार समय गँवा दिया तो फिर ज़िन्दगी भर हाथ मलते रहोगे।

लेकिन इस मानसिकता को चुनौती देने वाली एक दूसरी अवधारणा भी है जो कहती है : *आज बिताया जाने वाला 'अप्रयुक्त समय' एक प्रकार का निवेश है जो भविष्य में लाभ देता है।* अगर आपको यकीन न हो रहा हो तो मैं आपको याद दिला दूँ कि बिल गेट्स के मन में माइक्रोसॉफ्ट का पहला वेब ब्राउज़र विकसित करने का जो ख़याल आया था वह एक तन्हा केबिन में बिताए जा रहे एक 'चिंतन सप्ताह' के दौरान ही आया था। और हाँ, गूगल के जो सबसे अच्छे उत्पाद हैं (जीमेल और एडसेन्स सहित) वे उस 20% समय के दौरान ही आविष्कृत हुए हैं जब उनके इंजिनियरों को मनचाहा काम करने की छूट रहती है।

यदि उपरोक्त उदाहरणों के बारे में आपको लगता हो कि वे हद से ज़्यादा मेहनतकश लोगों की कहानियाँ हैं तो मैं आपको स्टीफन किंग की नए उपन्यासकारों को दी गई इस सलाह की याद दिलाना चाहूँगा : *पहला ड्राफ्ट तैयार करने के बाद उसे कम से कम छः सप्ताह के लिए ताले में बंद करके रख दो, उसके बाद ही*

उसका रिव्यु करने का सोचो। एलिज़ाबेथ बिशप इतने लम्बे-लम्बे ब्रेक (खाली समय) लेती थीं कि उनकी एक कविता को तो पूरा होने में लगभग 20 वर्ष लग गए थे। इसी तरह मैल्कम ग्लैडवेल कहते हैं, *"किसी भी लेखक के लिए सबसे पहला और ज़रूरी काम होता है लेखन को उभरने देने के लिए अपने भीतर पर्याप्त खालीपन पैदा करना और उसे पर्याप्त समय तक के लिए बनाए रखना।"* 'कैच 22' के लेखक जोसेफ हेलर इसके लेखन के दौरान अक्सर दिन-दिन भर लेटे रहकर कल्पना-जगत में विचरते रहते थे, तब कहीं जाकर कुछ पंक्तियाँ या पृष्ठ लिखते थे। जॉर्ज कार्लिन का भी यही मानना था कि हम सभी को दिन में कुछ समय खाली बैठकर अपनी कल्पना के घोड़ों को स्वच्छंद विचरण करने देना चाहिए। उनके शब्दों में, "खिड़की के सामने बैठ जाओ और अपनी दृष्टि बादलों पर टिका दो। इससे तुम्हें बहुत-से लाभ होंगे।" यही वो काम है जिसे वे नियमित रूप से करते थे और जिसकी बदौलत आज हर कोई उन्हें सर्वकालिक महान स्टैंडअप कॉमेडियंस में से एक मानता है। सुविख्यात अमरीकी शिल्पकार मैरिसोल शिल्प गढ़ते समय घंटों तक एक ही मुद्रा में बिना हिले-डुले इस कदर स्थिर होकर बैठी रहती थीं कि देखने वाले के लिए यह तय करना मुश्किल हो जाता था कि वे शिल्पकार हैं या खुद एक शिल्प हैं, और कहा जाता है कि अक्सर मकड़ी उनके हाथ और शरीर के बीच जाले तक बना लेती थी! 'द कलर पर्पल' की लेखिका ऐलिस वॉकर के शब्दों में, *"यदि आप किसी मेहमान को (रचनात्मकता भी एक मेहमान ही है) अपने घर बुलाना चाहते हैं तो पहले आपको घर में उसके लिए जगह तो बनानी पड़ेगी।"*

जब हमारे पास अतिरिक्त धनराशि होती है तो हम उसे किसी ऐसी जगह रखते या लगाते हैं जिससे हमें उस पर ब्याज मिले और समय के साथ उसके मूल्य में वृद्धि होती रहे। जैसा कि उपरोक्त उदाहरणों से स्पष्ट है, समय के साथ भी ऐसा ही होता है। आज हम जिस समय को अप्रयुक्त या खाली छोड़ते हैं वह भविष्य में हमें कई गुना लाभ दिलाता है। इसलिए मैंने कहा कि यदि आपने समय की बचत की है तो उसे बचा कर रखिए।

इसमें कोई संदेह नहीं है कि समय-प्रबंधन का हमारा उपयोग न केवल 'ह्रासमान प्रतिफल बिंदु' वरन 'नकारात्मक प्रतिफल बिंदु' को भी पार कर चुका है। आज की कामकाजी दुनिया में हमें जिस रचनात्मक चिंतन की आवश्यकता है उसके लिए हमें काम के अपने वर्तमान तरीके को बदलना पड़ेगा।

समय-प्रबंधन की फैलाई हुई दो मिथ्या धारणाएँ

समय-प्रबंधन ने दो ऐसी मिथ्या धारणाएँ पैदा की हैं जो उत्पादकता की उस परिभाषा से मेल नहीं खातीं जो आज की कामकाजी दुनिया में प्रचलित है।

पहली मिथ्या धारणा तो यही है कि समय एक वाणिज्यिक वस्तु है। अक्सर लोग कहते हैं, "सभी को समान रूप से दिन में 24 घंटे ही मिलते हैं।" लेकिन क्या सभी के 24 घंटे एक समान होते हैं? या क्या किसी के भी 24 घंटे एक समान होते हैं? क्या समय की प्रत्येक इकाई हर मामले में बिल्कुल एक बराबर होती है? क्या आपके दिन के 24 घंटे 1-1 रुपये के 24 सिक्कों की तरह होते हैं – आकार-प्रकार और मूल्य में बिल्कुल एक बराबर? नहीं।

अपनी पहली किताब पूरी करने के कुछ सालों बाद मेरा एक प्रोजेक्ट के सिलसिले में व्यवहार विज्ञानी तथा 'प्रिडिक्टेबली इर्रेशनल' पुस्तक के लेखक डैन एरीली के साथ काम करने का संयोग बना। दरअसल डैन मानव-व्यवहार विज्ञान के अपने ज्ञान के आधार पर एक प्रॉडक्टिविटी ऐप तैयार करना चाहते थे और चाहते थे कि मैं मन-प्रबंधन की अपनी संकल्पनाओं वा अनुभवों के आधार पर इस काम में उनकी सहायता करूँ। (बाद में हमने इस ऐप को गूगल को बेच दिया था जिसने आगे चलकर इसके कुछ फ़ीचर्स को अपनी कैलेण्डर ऐप में उपयोग किया।)

बहरहाल, उस ऐप को बनाते समय एक बात हमें स्पष्ट तौर पर समझ आई कि किसी के भी दिन के 24 घंटे एक समान नहीं होते। बल्कि कहना चाहिए कि वे एक-दूसरे से बहुत भिन्न होते हैं। क्यों भिन्न होते हैं? क्योंकि हमारे तन-मन में उठने वाली तरंगें, हमारी शारीरिक-मानसिक अवस्थाएँ, तथा हमारे चारों ओर उपस्थित भौतिक जगत का वातावरण या उसके स्पंदन दिन के अलग-अलग घंटों में अलग-अलग होते हैं। इसीलिए दिन के कुछ घंटे तार्किक चिंतन के लिए अधिक उपयुक्त होते हैं तो कुछ घंटे रचनात्मक चिंतन के लिए। जैसा कि मैं आगे आने वाले अध्यायों में बताऊँगा, सभी घंटे समान नहीं बनाए गए हैं।

समय-प्रबंधन ने जो दूसरी मिथ्या धारणा प्रचलित की है वो यह है कि उत्पादक होने का अर्थ है 'कम से कम समय में अधिकाधिक उत्पादन करना'।

लेकिन व्यवहार में हम देखते हैं कि समय की किसी एक इकाई में आप जो उत्पादन करते हैं उसकी प्रभावोत्पादकता किसी दूसरी इकाई में किए गए उत्पादन की प्रभावोत्पादकता से बहुत भिन्न हो सकती है। इन अलग-अलग इकाइयों में

उत्पादित किए गए उत्पादों की प्रभावोत्पादकता में रात और दिन का फर्क हो सकता है।

हो सकता है कि आपके लिखे किसी उपन्यास की एक भी प्रति न बिके, जबकि आप ही का लिखा कोई अन्य उपन्यास लाखों प्रतियों की बिक्री के साथ बेस्टसेलर हो जाए। हो सकता है कि आपके द्वारा शुरू किया कोई व्यवसाय बुरी तरह असफल हो जाए, जबकि कोई अन्य व्यवसाय इतना सफल हो कि दुनिया की रीति-नीति ही बदल दे। हो सकता है कि आपकी बनाई कोई मार्केटिंग योजना एक सुई तक न बेच पाए, जबकि आपकी ही बनाई हुई कोई दूसरी योजना आपके उत्पादों को राष्ट्रीय-अंतरराष्ट्रीय स्तर पर लोकप्रिय बना दे।

संभव है कि आपने दोनों उपन्यासों/व्यवसायों/मार्केटिंग योजनाओं पर एक बराबर समय खर्च किया हो, एक बराबर परिश्रम किया हो। संभव है कि आपने दोनों उपन्यासों/व्यवसायों/मार्केटिंग योजनाओं को लिखने/चलाने/बनाने में समान रूप से सभी सावधानियाँ बरती हों। तो फिर दोनों की प्रभावोत्पादकता में इतना अंतर कैसे? यह अंतर पैदा होता है रचनात्मकता की कमी या अधिकता से, विचारों की गुणवत्ता से।

काम यदि लोहे के खम्बों को उठाकर एक जगह से दूसरी जगह रखने का हो तब तो आप आसानी से यह अनुमान लगा सकते हैं कि इतने समय में इतना काम होगा। लेकिन बात जब रचनात्मक विचार या समाधान प्राप्त करने की हो तब उन विचारों या समाधानों की गुणवत्ता इस बात पर निर्भर नहीं करेगी कि उन्हें प्राप्त करने में कितना समय लगाया गया है। सफल और असफल दोनों उपन्यासों को टाइप करने में लगने वाला समय भले बराबर हो, लेकिन दोनों में प्रस्तुत विचारों को लेकर ऐसी कोई तुलना नहीं की जा सकती। लाखों प्रतियों की बिक्री वाली पुस्तक में आप जो लिखेंगे उसे आपके दिमाग में आने में कितना समय लगेगा यह आपको भी नहीं पता होता; वह एक पल में भी आ सकता है और उसमें एक दिन, हफ्ता या महीना भी लग सकता है। और यदि आप यह तय करके चलेंगे कि इतने समय में इतने पेज लिखे ही जाने चाहिए, तब फिर पूरी संभावना है कि आप एक असफल उपन्यास तैयार करेंगे।

तंत्रिका विज्ञानियों ने इस विषय में कई दिलचस्प प्रयोग किए हैं। इस तरह के प्रयोगों में वे लोगों को कोई रचनात्मक पहेली देते हैं सुलझाने के लिए। उन्होंने पाया कि अधिकांश लोग समाधान खोज लेते हैं, लेकिन इसमें लगने वाला समय निश्चित नहीं होता। कभी किसी को तुरंत सूझ जाता है तो कभी कुछ देर या

काफी देर सोचने के बाद। लेकिन चाहे जब भी सूझे, सूझता अचानक ही है। कई बार लोग घंटों माथा-पच्ची करते रहते हैं पर कुछ सूझता नहीं, फिर अचानक जैसे उनके ज़ेहन में कोई बिजली कौंधती है और समाधान सामने आ जाता है। लेकिन वास्तव में यह अचानक नहीं होता, इसके पीछे इसके सामने आने से पहले (कभी-कभी तो काफी पहले) किए गए रचनात्मक चिंतन या अभ्यास का हाथ होता है। ओपेरा गायिका मैरियन एंडरसन इस बात की तस्दीक करती हैं। संगीत-सृजन के संदर्भ में बात करते हुए वह कहती हैं, “कई बार होता है कि मैं कई-कई दिनों तक सुर-लय-ताल के नए-नए संयोजनों के बारे में सोचती रहती हूँ, सोच-सोचकर थक जाती हूँ, पर कुछ जमता नहीं, ऐसा लगता है कि सारी कवायद बेकार गई। लेकिन फिर अचानक पता नहीं कैसे और कहाँ से वो सूझ जाता है जिसकी तलाश थी और निरर्थक मालूम होती कवायद एक सफल खोज में बदल जाती है। हालाँकि यह पक्का नहीं होता कि सफलता का यह पल कब आएगा। यह तत्काल भी आ सकता है और एक लम्बा इंतज़ार भी करवा सकता है।”

इसीलिए जब बात रचनात्मक कार्यों की आती है तो उनमें लगने वाले समय तथा श्रम का परिणाम से कोई सीधा संबंध स्थापित कर पाना मुश्किल होता है। संभव है कि कभी कोई रचनात्मक विचार आपके दिमाग में तत्काल आ जाए, क्योंकि आप अभी पिछले हफ्ते या महीने अपनी मनपसंद जगह छुट्टी बिताकर लौटे हैं और इसीलिए आपका मन-मस्तिष्क एकदम तरोताज़ा है। या फिर इसलिए क्योंकि आपने अभी दो दिन पहले ही शानदार मसाज का आनंद लिया है, जिसके चलते आपका तन-मन पूरी तरह तनाव-मुक्त है। या यह भी हो सकता है कि जब आप सोचने बैठे तभी आपके सामने से एक महिला गुज़री जिसने एक अलग-सा दिखने वाला, विचित्र किस्म का हैट पहना हुआ था, जिसे देखते ही अचानक आपके ज़ेहन में वो आईडिया कौंध गया जिसकी आपको ज़रूरत थी। लेकिन यह भी हो सकता है कि उपरोक्त किसी भी तरीके से प्राप्त होने वाले विचार या समाधान का मूल स्रोत वह कहानी हो, जो आपने बचपन में अपनी दादी से सुनी थी। हमें भले ही यह लगता हो कि रचनात्मक विचार या समाधान अचानक से कौंधते हैं पर वास्तव में यह अचानक नहीं होता, इसके पीछे अतीत में हमारे द्वारा जानी, पढ़ी या सुनी गईं बातों, अपने व दूसरों के अनुभवों, तथा सही मनःस्थिति का हाथ होता है। इन्हीं सब बातों का योग रचनात्मक विचारों के आगमन हेतु मंच तैयार करता है। महान शिल्पकार कॉन्स्टेंटिन ब्रांकुसी के शब्दों में – “किसी

कलाकृति को गढ़ना मुश्किल नहीं होता; मुश्किल होता है खुद को उसे गढ़ने के लिए आवश्यक मनःस्थिति में लाना।”

आज के समय में उत्पादक होने का अर्थ टाइपिंग की गति बढ़ाकर कम से कम समय में अधिक से अधिक शब्द टाइप करना या कम से कम समय में ज़्यादा से ज़्यादा मीटिंग्स करना हरगिज़ नहीं है। तो फिर क्या है? जिस प्रकार किसी बीज को अंकुरित करने के लिए हम उसे पोषक-तत्वों से युक्त मिट्टी में गढ़ाते हैं, फिर उसे नियमित रूप से खाद-पानी देते हैं और उसके लिए पर्याप्त सूर्य-प्रकाश की व्यवस्था करते हैं, उसी प्रकार अपने मन-मस्तिष्क में इस प्रकार की उपजाऊ परिस्थितियाँ उत्पन्न करना, जिनमें रचनात्मक और मूल्यवान विचार अंकुरित हो सकें, यह आज के समय में रचनात्मकता का पर्याय है। आज के समय में उत्पादक होने का अर्थ समय-प्रबंधन में नहीं बल्कि मन-प्रबंधन में माहिर होना है।

समय-प्रबंधन से इतर

खुशखबर यह है कि समय-प्रबंधन की मिथ्या धारणाओं पर आधारित उत्पादकता विशेषज्ञों से इतर कुछ ऐसे विशेषज्ञ भी मौजूद हैं जिन्होंने इस बात को समझ लिया है कि हमारा पूरा समय एक जैसा नहीं होता और हम दो अलग-अलग कामों में एक बराबर समय लगाकर भी एक जैसे परिणाम प्राप्त नहीं कर सकते। जिन विशेषज्ञों ने इस बात को समझा है उन्होंने समय-प्रबंधन के पारंपरिक तौर-तरीकों से इतर कुछ नए सिद्धांत प्रतिपादित किए हैं। उदाहरण के लिए, स्टीवन कोवे की पुस्तक ‘अत्यधिक प्रभावी लोगों की की 7 आदतें’ में वर्णित की गई ‘आइज़नहावर विधि’ को अपनाकर आप यह तय कर सकते हैं कि आपको किन कामों पर समय खर्चना चाहिए और किन पर नहीं। यह विधि हमें ‘अत्यावश्यक किन्तु महत्वपूर्ण नहीं’ किस्म के कामों को छोड़कर ‘अत्यावश्यक नहीं किन्तु महत्वपूर्ण’ किस्म के कामों को चुनने में मदद करती है। इसी तरह आप टिम फेरिस की पुस्तक ‘दि 4-अवर वर्क वीक’ से प्रसिद्द हुए ‘80:20 नियम’ या ‘पेरेटो सिद्धांत’ को अपनाकर उन कुछेक कामों को ही सबसे अधिक समय देने का विकल्प चुन सकते हैं जिनसे आपको अधिकांश परिणाम प्राप्त होते हैं। इसी प्रकार ग्रेग मैकिओवन की ‘इसेंशियालिज्म’ आपको उन सभी कामों की सूची बनाने में मदद करती है जो ‘बुनियादी’ की श्रेणी में नहीं आते। इसकी मदद से आप केवल उन कामों में समय खर्चने का विकल्प चुन सकते हैं, जो आपके जीवन के लिए मूलभूत और बुनियादी महत्व के हैं।

इसके अलावा कुछ विशेषज्ञ ऐसे भी हैं, जिन्होंने मन-प्रबंधन की ओर बढ़ना शुरू भी कर दिया है। इन लोगों ने भी अपनी कुछ विधियाँ सामने रखी हैं। इनमें से जो मेरी पसंदीदा विधि है, वो है डेविड एलन द्वारा प्रतिपादित उत्पादकता प्रणाली 'गेटिंग थिंग्स डन', जिसकी मदद से आप अपनी सभी गतिविधियों को (जिनमें आप समय तथा ऊर्जा लगाते हैं) को एक 'विश्वसनीय प्रणाली' में रखकर अपनी रचनात्मक ऊर्जा का अपव्यय रोक सकते हैं और उसे मनचाहे कामों में लगाकार अपनी उत्पादकता बढ़ा सकते हैं। मौरा थॉमस इसी को 'अटेंशन मैनेजमेंट' या 'ध्यान प्रबंधन' कहती हैं। हाल ही में कैल न्यूपोर्ट ने यह निष्कर्ष प्रतिपादित किया है कि व्यवधानों की प्रचुरता वाले इस दौर में वही व्यक्ति सफल हो सकता है जो किसी भी काम को डूबकर करने की क्षमता रखता है। यह निष्कर्ष भी डेविड एलन के ही सिद्धांत का समर्थन करता है।

उत्पादकता को लेकर ये सभी विचार अपनी-अपनी तरह से कीमती हैं। बल्कि कुछ हद तक तो समय-प्रबंधन भी मूल्यवान है। लेकिन इन विचारों का दायरा जहाँ ख़त्म होता है, मन-प्रबंधन वहाँ से शुरू होता है। समय-प्रबंधन समय रूपी संसाधन के अधिकतम दोहन की बात करता है, जबकि मन-प्रबंधन रचनात्मक ऊर्जा के अधिकतम दोहन की।

यहाँ मैं आपको एलन कॉल्स की पुस्तक 'गेटिंग थिंग्स डन' का एक पैराग्राफ पढ़वाना चाहूँगा। इस पैराग्राफ में जो बात कही गई है उसे एलन 'दि फोर क्राइटेरिया मॉडल फॉर चूज़िंग एक्शंस इन दि मोमेंट' कहते हैं। यानी कि 'अभी इस पल में क्या करना चाहिए यह तय करने की चार मापदण्डों वाली विधि'। "बुधवार को 3:22 बजे आपको क्या करना चाहिए या अच्छे से अच्छा क्या किया जा सकता है, यह आप कैसे तय करेंगे? इसके लिए आप चार मापदण्डों का उपयोग कर सकते हैं : संदर्भ, उपलब्ध समय, उपलब्ध ऊर्जा, और प्राथमिकता। इन मापदण्डों को इसी क्रम में लागू करना है।"

ठीक बात है, कब क्या किया जाना चाहिए इसके निर्धारण में सबसे पहले 'संदर्भ' पर ही विचार होना चाहिए। मसलन कुछ कामों के लिए कंप्यूटर की ज़रूरत होती है, जबकि कुछ काम आप किसी और काम के लिए कतार में खड़े-खड़े अपने फोन पर भी कर सकते हैं। किस समय क्या किया जाना चाहिए इसके निर्धारण में जो दूसरा विचारणीय कारक है वो है आपके पास उपलब्ध समय। इसके अलावा कामों की प्राथमिकता भी विचारणीय होती है।

पर इन सब के साथ-साथ इस बात को भी संज्ञान में लेना ज़रूरी होता है कि आपके पास अभी किस तरह का और कितना काम करने की ऊर्जा है। हमारा शरीर और दिमाग हर समय हर तरह का काम करने के लिए तैयार नहीं होता। कभी हम रचनात्मक चिंतन के अनुकूल मनःस्थिति में होते हैं, तो कभी तार्किक या विश्लेष्णात्मक चिंतन के। कभी हमारे लिए शोधकार्य अधिक सहज होते हैं तो कभी रोज़मर्रा के समस्या-समाधान वाले कार्य।

सभी अच्छे खिलाड़ी मैच खेलने जाने से पहले वॉर्मअप करते हैं क्योंकि वे जानते हैं कि उनका शरीर और मन कोई मशीन नहीं है कि बटन दबाया और वो अपनी पूरी क्षमता से काम करने लगे। उन्हें मनचाहे काम के लिए तैयार करना पड़ता है। लेकिन हम में से अधिकांश लोग अपनी कार्य-सूचियाँ इस तरह बनाते हैं जैसे कोई भी काम कभी भी किया जा सकता है - बटन दबाते ही। कैसा रहे यदि आपको यह तय करने की माथापच्ची न रहे कि बुधवार को 3:22 बजे क्या करना है? कैसा रहे यदि आप अपनी रचनात्मक ऊर्जा को इतनी अच्छी तरह मैनेज कर पाएँ कि हैरान-परेशान अपनी कार्य-सूची के साथ उलझे रहने की बजाए आपके भीतर यह सहजबोध रहे कि इस समय क्या करना बेहतर होगा? इस तरह की महारत केवल मन-प्रबंधन से हासिल हो सकती है।

मन-प्रबंधन का उपयोग कैसे किया जाता है इसकी एक झलक यदि आपको पानी हो तो मैं आपको एक छोटा सा अभ्यास सुझाए देता हूँ। अगली बार जब भी आप उत्पादक होने का निश्चय करें तो खुद से पूछें कि 'अभी इस समय मैं किस तरह के मूड में हूँ?' फिर अगला सवाल यह पूछें कि 'इस मूड में कौन सा काम किया जा सकता है?'

लेकिन अधिकांश लोग इसका उल्टा करते हैं। वे पहले यह तय करते हैं कि उन्हें किस समय क्या करना है (कार्य-सूचियाँ बनाकर) और फिर खुद के साथ ज़बरदस्ती करते हैं उस समय उस काम को करने के लिए, बिना यह देखे कि उस समय वे उस काम को करने के लिए आदर्श मनःस्थिति में हैं या नहीं। इसीलिए अक्सर यह होता है कि हमारे पास अपने कामों के लिए समय तो पर्याप्त होता है लेकिन आवश्यक ऊर्जा नहीं होती। ऊर्जा तब आती है जब मनःस्थिति और काम एक-दूसरे से मेल खाते हों। तब मुश्किल से मुश्किल काम भी बेहद आसान लगने लगता है। फिर वे सारी अड़चनें खुद-ब-खुद गायब होने लगती हैं जिनका बहाना बनाकर पहले हम काम को टालते जा रहे थे। मुझे यकीन है कि आप लोगों ने भी कभी न कभी मनःस्थिति और काम के एकात्म और उसके सकारात्मक प्रभाव को

अवश्य ही महसूस किया होगा। धाराप्रवाह ढंग से काम कर पाने के लिए ज़रूरी है कि पहले हम धारा के साथ प्रवाहित होना सीखें।

लेकिन कभी-कभी (या कहें कि अक्सर) मजबूरी हो जाती है कि अमुक काम को अमुक समय पर करना ही है, कोई और विकल्प नहीं है। आप उस काम के अनुकूल मनःस्थिति में आने की प्रतीक्षा नहीं कर सकते। ऐसी स्थिति में आपको खुद से पूछना चाहिए कि 'इस काम के सर्वाधिक अनुकूल मनःस्थिति कौन सी है?' इसके बाद पूछिए कि 'पिछली बार मैं कब उस मनःस्थिति में था?' अब पूछिए कि 'किन परिस्थितियों/चीज़ों/बातों के चलते मैं उस मनःस्थिति में था?' अब आपको बस यह करना है कि उन्हीं परिस्थितियों को दोहराना है, ताकि आप पुनः उसी मनःस्थिति में आ जाएँ। पहलेपहल आपको लगेगा कि यह कैसे संभव है, लेकिन अभ्यास से सब संभव हो जाता है। जिस तरह अभ्यास से कोई वादक आँखें बंद करके गिटार के विभिन्न कॉर्ड्स बजाने में सिद्धहस्त हो जाता है, उसी तरह अभ्यास से आप मनचाही मनःस्थिति में आने में सिद्धहस्त हो सकते हैं। इसके लिए आपको किन-किन उपायों का उपयोग करना चाहिए यह मैं पुस्तक के आगे के पन्नों में आपको बताऊँगा।

क्यों मैं दूसरे महाद्वीप रहने चला गया

जब मैं अपनी पहली पुस्तक लिख रहा था उस समय मेरे मन में बारम्बार मनःस्थिति और काम के बीच अंतर्संबंध से जुड़े प्रश्न उठते रहते थे। जैसे-जैसे मैं इन प्रश्नों के उत्तर तलाशने के प्रति संजीदा होता गया वैसे-वैसे मुझे इस अंतर्संबंध का ताना-बाना नज़र आने लगा। मैंने गौर किया कि दिन के अलग-अलग पलों में मैं अलग-अलग तरह के कामों के लिए अनुकूल मनःस्थितियों में होता था। या कहूँ कि एक ख़ास समय में किसी ख़ास तरह के काम को करने के मूड में होता था। धीरे-धीरे मैंने यह समझना भी शुरू कर दिया कि एक विशिष्ट प्रकार की दिनचर्या, वातावरण या गतिविधियों को अपनाकर मैं अपनी मनःस्थिति में बदलाव कर सकता था। इसके अलावा, मुझे अपनी सोच की छिपी हुईं सीमाएँ भी नज़र आने लगीं। कई सारे काम जो पहले मुझे एक ही काम मालूम होते थे, अब स्पष्ट रूप से अलग-अलग नज़र आने लगे और यह भी समझ आने लगा कि उन सभी को करने के लिए अलग-अलग मनःस्थितियों की आवश्यकता थी।

पुस्तक पूरी करने के बाद जब मैंने उसे लिखे जाने के दौरान अपनाई गई प्रक्रिया पर गौर किया तो पाया कि जो प्रक्रिया मैंने अपनी अंतर्दृष्टियों के आधार

पर तैयार की थी उस प्रक्रिया का अधिकांश हिस्सा रचनात्मकता के क्षेत्र में हुए आधुनिकतम शोध-निष्कर्षों से मेल खाता था। तब मैंने तंत्रिका-विज्ञान तथा मनोविज्ञान के क्षेत्र में किए गए तमाम शोध-कार्यों तथा महत्वपूर्ण पुस्तकों का अध्ययन करना आरम्भ किया। मैंने पाया कि इन सभी में वर्णित निष्कर्ष लगभग एक समान थे और मेरे अपने अनुभवों से भी पूरी तरह मेल खाते थे। मुझे लगा कि मैं रचनात्मकता की एक विश्वसनीय किन्तु लचीली प्रणाली की शुरुआत के रास्ते पर था।

लेकिन जब मैंने इस सारे जाने-सीखे और फिर अपने निजी एवं कामकाजी जीवन में अपनाकर देखे गए ज्ञान को औपचारिक रूप देने का प्रयास किया तो मुझे अहसास हुआ कि यदि मैं मन-प्रबंधन के क्षेत्र में कुछ उल्लेखनीय करना चाहता हूँ तो मुझे अपने जीवन में एक बड़ा बदलाव करना होगा।

एक दिन मैं शिकागो के अपने घर-कम-कार्यालय में बैठा कुछ लिखने की कोशिश कर रहा था। मैं जो लिख रहा था उसमें मुझे अपने ही एक पुराने लेख को संदर्भित करने की आवश्यकता महसूस हो रही थी, इसलिए मैं अपने उस पुराने लेख को पढ़ने बैठ गया। यद्यपि मुझे पता था कि लेख के किस हिस्से को संदर्भित करना है तथापि मैंने जो पढ़ना शुरू किया तो पढ़ता ही गया। तकरीबन दस मिनट बाद मुझे ध्यान आया कि मैं लिखना भूलकर अभी तक उस लेख को पढ़ने में ही व्यस्त था। यह असाधारण बात थी, क्योंकि बतौर लेखक मैंने यह महसूस किया है कि कोई भी लेखक खुद की रचनाओं को दोबारा पढ़ना पसंद नहीं करता। हाँ, यदि आपने कुछ बहुत ही अच्छा लिखा हो तो फिर बात अलग है, फिर तो आप उसे बारम्बार पढ़ने को मजबूर हो जाते हैं। मेरे साथ भी तब यही हो रहा था। मैं अपने ही लिखे उस लेख को बेहद तल्लीनता से पढ़ रहा था। और जैसे-जैसे मैं पढ़ता जा रहा था, वैसे-वैसे यह सवाल मुझे परेशान कर रहा था कि 'अब मैं ऐसा क्यों नहीं लिख पा रहा हूँ?'

उसके कुछ दिनों बाद मैं अपना एक अन्य पुराना लेख पढ़ने बैठा तो फिर से वही सवाल मेरे ज़ेहन में गूँज उठा। अब मैंने अपनी याद्दाश्त पर ज़ोर डालकर यह जानने का प्रयास शुरू किया कि इन दो लेखों में आपस में क्या समानता है और वो कौन सी बात है जो मेरे इन दोनों लेखों को मेरी बाकी रचनाओं से अलग करती है। मुझे ध्यान आया कि मैं अपना अधिकांश लेखन यहीं (शिकागो स्थित अपने घर-कम-कार्यालय में) बैठकर ही करता हूँ, लेकिन वे दोनों लेख मैंने यहाँ बैठकर नहीं लिखे थे। ये लेख मैंने तब लिखे थे जब मैं दक्षिणी अमेरिका में था। अब मैंने

अपनी पिछले कुछ वर्षों की सर्वश्रेष्ठ रचनाओं पर गौर किया तो पाया कि उन सभी को मैंने तब लिखा था जब मैं कोलंबिया में था।

पिछली तीनों सर्दियों में मैंने तकरीबन 2-2 महीने मेडेलिन में गुज़ारे थे। मैं जानता हूँ कि अतीत में मेडेलिन की पहचान मादक पदार्थों के धंधे के बेताज किन्तु कुख्यात बादशाह पाब्लो एस्कोबर के गढ़ और दुनिया की 'हत्या राजधानी' (मर्डर कैपिटल) के तौर पर रही है। लेकिन अब हालात बदल चुके हैं, अब वहाँ अपराध-दर बहुत कम हो गई है, और इसलिए अब मेडेलिन 'डिजिटल घुमंतुओं' (वे लोग जो ऑनलाइन काम करते हैं और किसी भी जगह कुछेक महीनों से अधिक टिककर नहीं रहते) की पसंदीदा जगहों में से एक हो गई है। हालाँकि मेरा मेडेलिन जाना डिजिटल घुमंतुपन के कारण नहीं था, मैं तो शिकागो की हाड़तोड़ सर्दी से बचने के लिए वहाँ चला जाता था।

मुझे यह तो पता चल गया था कि मेडेलिन में बैठकर मैंने जो काम किया था वो मेरा सबसे अच्छा काम था, पर अभी यह पता लगाना बाकी था कि ऐसा हुआ क्यों? मेडेलिन में ऐसा क्या ख़ास था जो शिकागो में नहीं था, यह जानना मेरे लिए बहुत ज़रूरी हो गया था क्योंकि मेरी पहली पहली पुस्तक (डिज़ाइन फॉर हैकर्स) को प्रकाशित हुए कई वर्ष हो चुके थे और इस बीच मैं लगातार अगली पुस्तक लिखने के लिए प्रयासरत था, पर कामयाब नहीं हो पा रहा था।

अपनी पहली पुस्तक पूरी करने के बाद मुझे एक साथ दो तरह की अनुभूतियाँ हुई थीं : अत्यधिक संतोष और अत्यधिक भय। संतोष इस बात का कि जो काम हाथ में लिया था उसे पूरा कर दिखाया था। यह एक बड़ा लक्ष्य था और इसलिए इसे हासिल करने पर उपलब्धि महसूस होना स्वाभाविक था। और भय इसलिए क्योंकि मेरे दिमाग में यह बिल्कुल स्पष्ट था कि अब मुझे एक और किताब लिखनी है। पहली किताब लिखने की प्रक्रिया में मैं अकेलेपन, अवसाद तथा रिश्तों की उपेक्षा के जिस दौर से गुज़रा था उसके दोहराव का विचार मेरे मन में भय उत्पन्न कर रहा था।

मैं पुनः उस दौर से गुज़रने को मानसिक रूप से तैयार नहीं था, लेकिन एक और पुस्तक लिखने की इच्छा भी इतनी प्रबल थी कि दबाए नहीं दब रही थी। माया एंजेलो ने ठीक ही कहा है कि "अपने भीतर घुमड़ रही किसी अनकही कहानी को भीतर ही दबाए रखने से बड़ी कोई पीड़ा नहीं है।" पर बात तो नाज़ियों के हाथों यातना शिविरों में नर्क भोग चुके विक्टर फ्रैंकल की भी गलत नहीं है। वह नीत्शे को उद्धृत करते हुए कहते हैं कि "जिसका अपने भीतर मौजूद रचनात्मकता के

स्रोत से परिचय हो जाता है उसे समझ आ जाता है कि वह क्यों जन्मा है, और वह इस रचनात्मकता को बाहर लाने के लिए कैसी भी पीड़ा सहन करने को तत्पर हो जाता है।"

दुर्घटनावश ही सही पर मैं यह तो जान चुका था कि मैं 'क्यों' जन्मा हूँ – लेखक बनने के लिए। लेकिन ऐसा कर पाने का जो एक तरीका मैंने अब तक जाना था वो बेहद पीड़ादायक तथा आत्मघाती था, उसे दोहराना किसी भी तरह फायदेमंद साबित नहीं हो सकता था। मैंने सोचा कि यदि मैं अपनी ज़िन्दगी हँसी-ख़ुशी गुज़ारना चाहता हूँ और चाहता हूँ कि कुछ याद रखे जाने लायक काम कर सकूँ तो मुझे अपनी लेखन-प्रक्रिया में कुछ बदलाव करना पड़ेगा।

और तब मैंने अपनी रचनात्मक ऊर्जा का अधिकतम सदुपयोग करने का निश्चय किया। और ऐसा कर पाने के लिए मेरा दूसरे महाद्वीप में जाकर बसना ज़रूरी था।

समय-प्रबंधन आधारित दुनिया से मन-प्रबंधन आधारित दुनिया की ओर

इस पुस्तक में मैंने रचनात्मक ऊर्जा के प्रबंधन हेतु एक सुसंगत एवं लचीली प्रणाली प्रस्तुत की है। इस प्रणाली के माध्यम से मैं समस्त मानवता को यह समझाना चाहता हूँ कि समय के अधिकाधिक दोहन या प्रबंधन का प्रयास व्यर्थ है, इससे कुछ भी हासिल नहीं होगा। इसकी बजाए हमें चाहिए कि हम अपने मन-मस्तिष्क के अधिकतम दोहन या प्रबंधन का प्रयास करें।

अगले अध्याय में हम इसी दिशा में आगे बढ़ेंगे और सबसे पहले जानेंगे रचनात्मक चिंतन की सबसे मूलभूत इकाई – अंतर्दृष्टि – के बारे में। यदि हम यह समझ लें कि रचनात्मक अंतर्दृष्टि क्या होती है और अंतर्दृष्टि-आधारित चिंतन तार्किक मस्तिष्क आधारित चिंतन से किस प्रकार भिन्न होता है तो हम यह भी जान सकेंगे कि रचनात्मक अंतर्दृष्टियों के उत्पन्न होने के लिए आवश्यक परिस्थितियाँ कैसे निर्मित की जाएँ। हम यह भी पता कर सकेंगे कि आपका 'क्रिएटिव स्वीट स्पॉट' (रचनात्मकता के लिए सर्वाधिक उपजाऊ समय व मनःस्थिति) क्या है, ताकि आप अनुकूल समय का भरपूर लाभ उठा सकें और बेहतर से बेहतर रचनात्मक चिंतन कर सकें।

फिर हम रचनात्मक प्रक्रिया के बाकी चरणों के बारे में जानेंगे। रचनात्मक कार्य बेहद अप्रत्याशित होते हैं क्योंकि रचनात्मक चिंतन की प्रक्रिया नाक की सीध में आगे नहीं बढ़ती। समस्त रचनात्मक कार्य रचनात्मक-प्रक्रिया के चार चरणों से गुज़रकर ही संपन्न होते हैं। यदि हम जान लें कि ये चरण कौन से हैं और खुद को इनसे कैसे गुज़ारा जा सकता है तो हमारे लिए रचनात्मक समाधानों तक पहुँचना बेहद आसान हो जाएगा; समाधान खुद-ब-खुद हम तक आने लगेंगे।

इसके बाद हम बात करेंगे विभिन्न मानसिक अवस्थाओं की। जिस तरह हमारे 24 घंटे एक जैसे न होकर अलग-अलग तरह के होते हैं, उसी तरह हमारा मन-मस्तिष्क भी हर दम एक जैसी अवस्था में नहीं रहता। मैंने 7 ऐसी मानसिक अवस्थाओं की पहचान की है जिनकी मदद से रचनात्मक प्रक्रिया को निर्विघ्न संपन्न किया जा सकता है। मैं आपको इन मानसिक अवस्थाओं से परिचित कराऊँगा, साथ ही यह भी बताऊँगा कि अपनी मानसिक अवस्था और हाथ में लिए हुए काम को एक-दूसरे के अनुकूल कैसे बनाया जा सकता है।

इसके बाद हम सीखेंगे कि रचनात्मक चक्रों (क्रिएटिव साइकल्स) की शक्ति का लाभ कैसे उठाया जाए। आप रचनात्मक प्रक्रिया में आने वाले स्वाभाविक उतार-चढ़ाव देखना सीखेंगे, अपनी स्वयं की रचनात्मक ऊर्जा में आने वाले स्वाभाविक उतार-चढ़ाव देखना सीखेंगे, साथ ही अपने आसपास की दुनिया में आने वाले स्वाभाविक उतार-चढ़ाव देखना भी सीखेंगे। अपने प्रयासों को रचनात्मक चक्रों से समायोजित करके आप कम मेहनत में अधिक परिणाम प्राप्त करना सीखेंगे।

इसके बाद हम उपरोक्त सभी बातों को आपस में गूँथकर रचनात्मक प्रणालियाँ (क्रिएटिव सिस्टम्स) तैयार करेंगे। ये रचनात्मक प्रणालियाँ आपकी रचनात्मक परियोजनाओं को ऐसी दोहराने योग्य प्रणालियों में बदल देती हैं जो पर्याप्त रूप से लचीली होती हैं और जिनमें रचनात्मक चिंतन के अनिश्चित चरित्र को समायोजित करने की पर्याप्त गुंजाइश होती है। आप ऐसी रचनात्मक प्रणालियाँ विकसित करना सीखेंगे जिनकी मदद से आप सक्रिय रूप से चिंतन न करते हुए भी सर्वश्रेष्ठ रचनात्मक विचार या समाधान प्राप्त कर सकेंगे। मतलब आपको सर्वाधिक रचनात्मक विचार उसी समय आएँगे जबकि आप सोचने का काम कर ही नहीं रहे होंगे।

आप चाहे कितनी भी अच्छी प्रणाली विकसित कर लें पर यह तब तक किसी काम न आएगी जब तक कि यह जीवन की अनिश्चितता, अप्रत्याशितता तथा

अनियोजितता को झेलने में सक्षम न हो। इसीलिए अंतिम अध्याय में आप सीखेंगे कि जब चीज़ें मन-मुताबिक़ न हो रही हों, जब ज़िन्दगी में भारी अस्त-व्यस्तता व उथल-पुथल मची हो, जब भीतर और बाहर अराजकता का वातावरण हो, तब भी रचनात्मक-प्रक्रिया को अबाधित कैसे रखें। न केवल अबाधित रखें बल्कि इस अस्त-व्यस्तता, उथल-पुथल या अराजकता में छिपे रचनात्मक अवसरों को भी पहचान सकें। न केवल पहचान सकें बल्कि उन्हें इस तरह भुना सकें कि अगली बार जब आपको रचनात्मक विचार पाने के लिए मशक्क़त करनी पड़े तो उन्हें काम में लाया जा सके।

मैं किसी विश्व-विख्यात विश्वविद्यालय का प्राध्यापक नहीं हूँ। न ही मैं कोई उत्पादकता सलाहकार हूँ। मैं किसी नामी-गिरामी अखबार का पत्रकार भी नहीं हूँ। और न ही मैं इनमें से कुछ भी बनना चाहता हूँ। मैं तो आप ही की तरह एक रचनात्मक व्यक्ति हूँ जिसकी बस इतनी सी इच्छा है कि मरने से पहले अपने विचारों को साकार रूप दे सकूँ। अपनी पिछली सभी पुस्तकों की तरह ही इस पुस्तक को लिखने के पीछे भी मेरा एक उद्देश्य यही है कि जो बातें मैं आपको बता रहा हूँ उनको मैं अपने दिमाग में भी अच्छी तरह बैठा सकूँ और इनको अमल में लाने के अपने अनुभवों को आपके लिए मददगार बना सकूँ।

और इसीलिए मैं ये सभी बातें आपको उसी तरह बताऊँगा जिस तरह मैंने इन्हें जाना है – अपने खुद के अनुभवों से। मैं आपको शिकागो से कोलम्बिया और कोलम्बिया से एरिज़ोना तक की अपनी यात्रा का सहयात्री बनाऊँगा। इस यात्रा में आने वाले सभी सुख-दुखों व उतार-चढ़ावों से भी आपको परिचित कराऊँगा। मुझे पूरी उम्मीद है कि जो अनुभव आपको मेरे साथ यात्रा करके मिलेगा वो आपके द्वारा इससे पहले पढ़ी गई किसी भी अन्य उत्पादकता विषयक पुस्तक से भिन्न होगा। यह अनुभव आपको हँसाएगा भी और रुलाएगा भी, क्योंकि इसे लिखते समय मैं भी कभी हँसा हूँ और कभी रोया हूँ।

अच्छी बात यह है कि इस पुस्तक को पढ़ते हुए आप मेरे साथ मन-प्रबंधन की यात्रा तो करेंगे, पर उसके लिए आपको सच में बोरिया-बिस्तर बाँधकर किसी दूसरे महाद्वीप जाने की आवश्यकता नहीं पड़ेगी। आपको इस यात्रा के सारे लाभ मिलेंगे, पर आपको इसमें मिले कष्टों से नहीं गुज़रना पड़ेगा। यदि मैंने स्थान-परिवर्तन न किया होता तो मैं इस रचनात्मक-प्रणाली को विकसित कर ही नहीं पाता, क्योंकि इसे विकसित करने की प्रक्रिया में मैंने जो कुछ भी जाना-समझा है उसे जीवन में उतारना या उसके मुताबिक़ जीना एक आम अमरीकी के लिए

लगभग नामुमकिन है। यदि आप अपनी रचनात्मकता को नष्ट करना चाहते हैं तो : रात में केवल पाँच घंटे की नींद लें, घर से दफ्तर और दफ्तर से घर आने-जाने के लिए दो घंटे ट्रैफिक से जूझें, और खुद को जगाए रखने के लिए लगातार चाय, कॉफ़ी, सिगरेट इत्यादि का सहारा लेते रहें। दुर्भाग्य से आज अधिकांश अमरीकी इसी तरह जी रहे हैं।

संभव है कि जो भी बातें मैं आपको बताने जा रहा हूँ उनमें से कई आपको आज की समय-प्रबंधन वाली दुनिया में नामुमकिन मालूम हों। और इसीलिए मैं कहूँगा कि आप इस पुस्तक को भविष्य की दुनिया के खाके के तौर पर देखें। यह पुस्तक आपको वर्तमान समय की समय-प्रबंधन आधारित दुनिया को छोड़कर भविष्य की मन-प्रबंधन आधारित दुनिया की ओर बढ़ने के लिए प्रेरित करेगी। लेकिन यह बदलाव एकदम से नहीं होगा। एक-एक कदम आगे बढ़ना होगा। इसीलिए इस पुस्तक में सुझाए गए सभी बदलावों को एक साथ अमल में लाने की कोई शर्त नहीं है, एक-एक करके करिए। मुझे पूरा यकीन है कि एक न एक दिन ऐसा समय ज़रूर आएगा जब सभी कार्यस्थल, विद्यालय तथा सार्वजनिक स्थल 'कम से कम समय में अधिक से अधिक काम' वाले विचार के आधार पर नहीं वरन 'काम तथा मानसिक अवस्था के समायोजन' के विचार के अनुरूप काम करेंगे। मुझे पूरा यकीन है कि एक न एक दिन ऐसा समय ज़रूर आएगा जब हम अपने बच्चों को सुबह-सुबह आधी-अधूरी नींद से जगाकर (जबकि उनकी जैविक घड़ी चाहती है कि वे अभी कुछ देर और सोते रहें) ज़बरदस्ती स्कूल भेजना बंद कर देंगे। मुझे पूरा यकीन है कि एक न एक दिन ऐसा समय ज़रूर आएगा जब हम समय की पूजा करना छोड़ देंगे और समय के अधिकतम दोहन के आधार पर निर्णय लेने के बजाए अपनी रचनात्मक ऊर्जा के रचनात्मक प्रबंधन के आधार पर निर्णय लेने लगेंगे। मुझे पूरा यकीन है कि एक न एक दिन ऐसा समय ज़रूर आएगा जब नियोक्ता अपने कर्मचारियों पर शोरगुल से भरे खुले कार्यस्थलों पर कार्य करने का दवाब डालना बंद कर देंगे और उन्हें काम करने के लिए ऐसा वातावरण उपलब्ध कराएँगे जहाँ वे एकाग्रचित्त होकर रचनात्मक ढंग से काम कर सकें। मुझे पूरा यकीन है कि एक न एक दिन ऐसा समय ज़रूर आएगा जब हम रचनात्मक ऊर्जा रूपी अमूल्य संसाधन के प्रति सम्मान प्रकट करना शुरू करेंगे।

चलिए अब मेरे उस प्रयोग की शुरुआत पर वापस चलते हैं जो मैंने समय की बजाए अपनी रचनात्मक ऊर्जा के प्रबंधन के माध्यम से अपने जीवन को एक नई

दिशा देने के लिए शुरू किया था। रचनात्मकता को सबसे ऊपर रखने के लिए ज़रूरी था कि पहले मैं गहराई से यह समझूँ कि वास्तव में रचनात्मकता है क्या, और यह पता लगाऊँ कि मैं किस समय या किस जगह या किन परिस्थितियों में सबसे ज़्यादा रचनात्मक होता हूँ। मतलब, मैं अपना क्रिएटिव स्वीट स्पॉट (रचनात्मकता के लिए आदर्शतम परिस्थितियाँ) खोजूँ। कोलंबिया स्थानांतरित होने के बाद ही मुझे समझ आया कि क्यों मन-प्रबंधन की दृष्टि से वह जगह मेरे लिए सर्वश्रेष्ठ थी।

अध्याय – 2

क्रिएटिव स्वीट स्पॉट

(रचनात्मक कार्य के लिए आदर्शतम समय)

"दिन में सिर्फ चार घंटे रचनात्मक होकर काम करना पर्याप्त है।"

—जी. एच. हार्डी

मैं देर रात कोलंबिया पहुँचा। अँधेरे में दूर से दिखाई पड़तीं मेडेलिन शहर की रोशनियाँ मुझे अपने स्वागत में जगमगाते प्रकाश-स्तम्भ सी मालूम हो रही थीं। जिस इमारत में मैंने मकान किराए पर लिया था उसमें सुख-सुविधाएँ तो सब एकदम आधुनिक किस्म की थीं किन्तु देखने में वह बेहद 'नाज़ुक' मालूम होती थी, बिल्कुल वैसी जैसे प्रयोगशालाओं में चूहों को रखने के लिए इस्तेमाल होने वाले काँच के बक्से होते हैं। मैंने चौकीदार से अपने मकान की चाबियाँ लीं और लिफ्ट में सवार होकर उस माले पर पहुँचा जहाँ मेरा फ्लैट था – एक बेडरूम वाला छोटा सा फ्लैट।

अपना सामान अन्दर ले जाकर मैंने सोफा पर रखा और फिर चारों ओर निगाह दौड़ाई। मेरी दाईं ओर एक डाइनिंग टेबल थी, जिसका टॉप काँच का था। उसके साथ उसी की मैचिंग की कुर्सियाँ थीं, जो कहीं-कहीं से थोड़ी टूटी-सी दिख रही थीं। दीवारों पर दो अजीब-सी ऑइल पेंटिंग्स टँगी हुई थीं। फर्श पर चमकदार सेरेमिक टाइल्स लगे हुए थे।

इसमें कोई शक नहीं कि यहाँ जो फर्नीचर था वो मेरे शिकागो वाले घर में मौजूद कबाड़ किस्म के फर्नीचर से भी ज़्यादा खराब था। लेकिन शिकागो छोड़ने से पहले अपना सबकुछ बेच-बाचकर फुर्सत होने की महीने भर लम्बी प्रक्रिया से गुजरने के बाद मानो बेजान चीज़ों से मेरा मोह ही ख़त्म हो गया था, इसलिए मुझे अब इस बात से कोई फर्क नहीं पड़ रहा था कि इस नए घर में मौजूद चीज़ें कैसी

थीं। उल्टा मुझे तो यह सोचकर बड़ी राहत महसूस हो रही थी कि जब मैं इस घर को छोड़ूँगा तो मुझे इस सामान को ठिकाने लगाने की जद्दोजहद नहीं करनी पड़ेगी।

यह फ्लैट मैंने एक ऐसी रेंटल कम्पनी से लिया था जो छुट्टियाँ मनाने आने वाले लोगों को कुछ महीनों के लिए फ्लैट किराए पर देती थी। मुझे हर महीने अपने क्रेडिट कार्ड से उस कम्पनी को एक निश्चित धनराशि का भुगतान करना था, जिसमें पानी, बिजली, इन्टरनेट सहित सभी तरह की सुविधाओं का किराया शामिल था। हर हफ्ते साफ़-सफाई का भी मैंने बंदोबस्त कर लिया था। यहाँ का पूरा मेंटेनेंस कम्पनी के ज़िम्मे था, मुझे अपने हाथ से लाइट बल्ब बदलने की भी ज़रूरत नहीं थी। और सबसे अच्छी बात यह थी कि इस सब के लिए मुझे हर माह जो रकम खर्च करनी पड़ रही थी वह शिकागो में खर्च होने वाली रकम से तकरीबन 30% कम थी।

रहना-खाना सस्ते में हो जाए यह एक लेखक के लिए बड़ी राहत की बात होती है। और ऊपर से मैं तो अभी बतौर लेखक स्थापित हुआ भी नहीं था, इसलिए कमाई का अभी कुछ ठिकाना नहीं था। वो तो अच्छा हुआ था कि गूगल को 'टाइमफुल' ऐप बेचने पर मिली रकम को मैंने खर्च करने के स्थान पर बचा कर रख लिया था, अब वही पैसा मेरा सहारा था। हालाँकि बचत को खर्च करना अच्छा तो नहीं लग रहा था, पर कुछ पाने के लिए कुछ खोना तो पड़ता ही है।

स्टीफन कोवे ने अपनी पुस्तक 'फर्स्ट थिंग्स फर्स्ट' में उस बिज़नेस लेक्चरर (व्यवसाय व्याख्याता) का किस्सा बयाँ किया है जो एक सेमीनार में एक खाली मर्तबान लेकर पहुँचा था। लेक्चर शुरू करते हुए उसने उस मर्तबान में कुछ 'बड़े पत्थर' डाले और उसे छात्रों को दिखाते हुए पूछा, "क्या मर्तबान भरा है?" सभी ने कहा कि हाँ भरा है। अब उसने मोटी बजरी उठाई और उसे भी मर्तबान में डाल दिया। बजरी बड़े पत्थरों के बीच मौजूद खाली जगहों में भर गई। उसने फिर छात्रों से पूछा, "क्या मर्तबान भरा है?" सबको दिख रहा था कि भरा है, पर पिछले अनुभव के चलते सभी थोड़े संशय में थे। लेकिन अंततः सभी ने सर्व-सहमति से कहा कि 'हाँ, भरा है।' अब उस लेक्चरर ने बारीक वाली रेत ली और उसे भी मर्तबान में डाल दिया। रेत के बारीक कण बजरी के मोटे कंकड़ों के बीच मौजूद खाली जगहों में जाकर जम गए। उसने फिर पूछा, "क्या मर्तबान भरा है?" छात्रों ने सोचा कि अब तो कोई गुंजाइश बची नहीं, इसलिए निःशंक कहा कि 'हाँ, भरा है।' अबकी बार लेक्चरर महोदय ने पानी की बोतल उठाई और मर्तबान में उंडेल दी। बहुत सारा पानी समा गया। लेक्चरर महोदय ने कहा, "अब हम कह सकते हैं कि यह पूरी तरह भरा हुआ है।"

"इससे क्या साबित होता है?" लेक्चरर महोदय ने छात्रों से पूछा। उन्हें वही जवाब मिला जो समय के उपासकों से अपेक्षित था : *आपको अपना शिड्यूल चाहे जितना भी भरा दिखाई दे, पर उसे थोड़ा और भरे जाने की गुंजाइश हमेशा रहती है।*

लेकिन वास्तव में लेक्चरर महोदय का उद्देश्य यह दिखाना नहीं था कि उस मर्तबान में अलग-अलग किस्म की कितनी चीज़ें भरी जा सकती थीं, उनका उद्देश्य था यह दिखाना कि चीज़ों को सही क्रम में भरा जाना कितना महत्वपूर्ण होता है। यदि उन्होंने पहले बारीक रेत भरी होती तो मोटी बजरी के लिए जगह ही नहीं बनती, और बड़े पत्थरों के आने का तो सवाल ही नहीं उठता। लेक्चरर महोदय इस प्रयोग के माध्यम से यह सिखाना चाहते थे कि यदि आप अपने जीवन को पहले महत्वपूर्ण चीज़ों (बड़े पत्थर) से नहीं भरेंगे तो बाद में उनके लिए जगह बचेगी ही नहीं और आपका जीवन कम महत्वपूर्ण चीज़ों में ही कट जाएगा। इसीलिए जो सबसे महत्वपूर्ण है उसे सबसे पहले करें। फर्स्ट थिंग्स फर्स्ट।

मेरे लिए अब लेखन ही 'फर्स्ट थिंग' बन चुकी है और मैं उसे ही केंद्र में रखकर जीने का निश्चय कर चुका हूँ। इस काम में कोई अड़चन न आए इसलिए मैंने अपना सारा साज-ओ-सामान बेच डाला और अधिकांश उत्तरदायित्वों से भी मुक्ति पा ली। जब मैं अपनी पहली किताब लिख रहा था उस समय मेरी कोशिश थी कि मैं अपना अधिकांश समय इस काम के लिए आरक्षित रखूँ और इसलिए मैंने हरसंभव जगह से समय की कटौती की थी। लेकिन मेरी वह कवायद कभी भी 'संतोषप्रद' या 'पर्याप्त' सिद्ध नहीं हुई। इतना समय लगाने के बाद भी उस पुस्तक को लिखने की प्रक्रिया में मैंने बहुत अधिक मानसिक यंत्रणा भोगी। इसीलिए इस पुस्तक को लिखते समय मेरी कोशिश थी कि मैं समय को भूलकर मानसिक ऊर्जा की बचत करूँ। यथासंभव। अधिकाधिक। और इसलिए मैंने तय किया कि जब तक यह पुस्तक पूरी नहीं हो जाती तब तक मैं 'मानसिक ऊर्जा के बेहतर से बेहतर प्रबंधन' के अतिरिक्त किसी और बात के बारे में नहीं सोचूँगा।

किसी लेखक के लिए लेखन हेतु किसी विशिष्ट परिवेश (मनमुताबिक वातावरण) की खोज करना कोई नई बात नहीं है। थोरेयु के पास वाल्डेन तालाब था। माया एंजेलो ने अपने घर के करीब स्थित एक होटल में एक कमरा किराए पर लिया हुआ था। उस कमरे को वह एकदम खाली चाहती थीं, इसलिए उन्होंने उसकी दीवारों पर टँगी कलाकृतियाँ तक हटवा दी थीं। मेरे लिए तो परिवेश स्वयं प्रोजेक्ट (लेखन) का हिस्सा था, ठीक वैसे ही जैसे कि थोरेयु के लिए था।

मेडेलिन में मैं जिस तरह का जीवन जीने वाला था उसे आप चार साल बाद दुनिया भर के लोगों द्वारा कोरोना वायरस के प्रकोप के चलते भोगे गए क्वेरंटाइन के अनुभव के समतुल्य मानकर चलिए। और इसके लिए मेडेलिन आदर्श जगह थी। मेडेलिन में यह सुविधा है कि आप हर चीज़ घर बैठे मँगा सकते हैं, यहाँ तक कि डॉक्टर और नाई भी घर-पहुँच सेवाएँ देते हैं। मतलब, आपको किसी भी चीज़ के लिए बाहर निकलने की ज़रूरत ही नहीं है। मेरा जो भी काम था वो इन्टरनेट के माध्यम से होना था और मैं अपने निजी एवं व्यावसायिक संबंधों का निर्वाह भी इसी माध्यम से करने वाला था। कुल मिलाकर, मैंने तय किया था कि मैं यथासंभव अपने इस घर-कम-प्रयोगशाला में ही रहूँगा और यहीं से अपने शब्द दुनिया तक पहुँचाऊँगा। दोस्तों तथा परिजनों से बातचीत के लिए नियमित रूप से वीडियो-चैट का सहारा लेने का भी निश्चय मैंने किया था।

कोस्टा रिका की एक सड़क पर डिएगो के साथ हुई उस संक्षिप्त मुलाक़ात ने मुझे यह बात समझा दी थी कि रचनात्मक कार्य करने के लिए सबसे ज़रूरी चीज़ होती है कार्य के अनुकूल मनःस्थिति में होना। चूँकि मेरे लिए यह रचनात्मक काम 'लेखन' था, इसलिए मैंने तय किया कि मैं ऐसी आदर्श परिस्थितियाँ निर्मित करूँगा जो मेरे मस्तिष्क को लिखने के लिए प्रेरित कर सकें। बाकी सभी चीज़ें इन्हीं परिस्थितियों के आधार पर तय होंगी।

अपसारी चिंतन तथा अभिसारी चिंतन

सबसे पहले मुझे यह तय करना था कि मुझे अपने मस्तिष्क को किस तरह के चिंतन के लिए तैयार करने की आवश्यकता होगी। लेखन जैसे रचनात्मक काम के लिए अपसारी और अभिसारी दोनों तरह के चिंतन की ज़रूरत पड़ती है। चूँकि इन दोनों तरह के चिंतनों की प्रकृति एक-दूसरे के बिल्कुल विपरीत होती है, इसलिए दोनों को एक साथ साधना कठिन चुनौती थी।

अपसारी चिंतन का अर्थ होता है अपनी सोच के घोड़ों को हर संभावित दिशा में दौड़ाकर नए-नए विकल्प और संभावनाएँ एकत्रित करना। अपनी बुद्धि को फैलाना। इस तरह के चिंतन में आप भिन्न-भिन्न पहलुओं को ख़याल में लेते हैं, और फिर उन सब की आपसी तुलना से नए-नए विचारों का सृजन करते हैं। कवि रॉबर्ट फ्रॉस्ट के शब्दों में, "कोई भी विचार भिन्न-भिन्न पहलुओं की मिली-जुली उपज होता है।"

नए-नए विचारों की उत्पत्ति के लिए अपसारी चिंतन की आवश्यकता पड़ती है, लेकिन उन विचारों की सहायता से किसी उपयोगी निष्कर्ष तक पहुँचने के लिए अभिसारी चिंतन की ज़रूरत होती है। अभिसारी चिंतन का अर्थ होता है अपनी बुद्धि को सिकोड़ते हुए एक बिंदु पर केन्द्रित करना। अपसारी चिंतन के माध्यम से हम बहुत सारा डाटा इकट्ठा कर लेते हैं, बहुत सारे विकल्प सोच लेते हैं। अब इन विकल्पों में से सर्वश्रेष्ठ विकल्प का चुनाव करने के लिए या एक सटीक समाधान या निष्कर्ष तक पहुँचने के लिए हमें अभिसारी चिंतन की ज़रूरत पड़ती है। अब हमें अपनी सोच को क्रमशः सीमित करते जाने की आवश्यकता होती है।

लेखन-प्रक्रिया की शुरुआत यह सोचने से होती है कि हम जो बात कहना चाह रहे हैं उसे किन-किन तरीकों से कहा जा सकता है, रोचकता एवं प्रभावोत्पादकता की दृष्टि से उसकी किस-किस तरह की अभिव्यक्तियाँ संभव हो सकती हैं। कितने अलग-अलग तरीकों से आप वाक्य बना सकते हैं। कौन-कौन से नए शब्द आप उपयोग कर सकते हैं। कौन-कौन सी लेखन शैलियाँ अपनाई जा सकती हैं। सोचने-विचारने का यह सब काम अपसारी चिंतन के माध्यम से होता है।

इसके बाद बारी आती है इन सब सोचे गए विकल्पों में से किसी एक विकल्प का चयन करने की। अब हमें तय करना होता है कि कौन सी लेखन-शैली सर्वाधिक उपयुक्त होगी, किस तरह का वाक्य-विन्यास सर्वाधिक प्रभावशाली होगा, व्याकरण तथा वर्तनी के किन नियमों का उपयोग होगा, इत्यादि। कई सारे विकल्पों में से एक अंतिम निष्कर्ष या विकल्प तक पहुँचना अभिसारी चिंतन-प्रक्रिया के माध्यम से ही संभव होता है।

अपसारी चिंतन में हम अपने मस्तिष्क को खुला छोड़ते हैं अनगिनत चीज़ों के बारे में सोचने के लिए – बिना किसी दिशा-निर्देशन के। जबकि अभिसारी चिंतन में हम उसे किसी एक चीज़ पर केन्द्रित करते हैं, एक निश्चित दिशा में बढ़ने के लिए निर्देशित करते हैं।

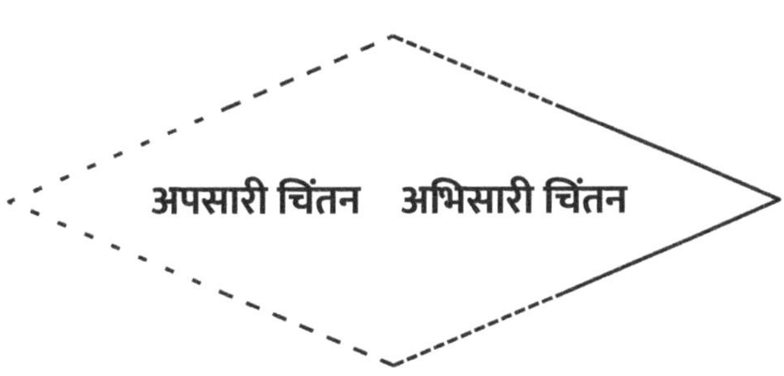

यही वजह है कि ज़्यादा से ज़्यादा और अच्छे से अच्छा लिखने (या किसी भी अन्य रचनात्मक कार्य) की राह में सबसे बड़ी चुनौती होती है अपसारी एवं अभिसारी चिंतन के बीच संतुलन कायम करना। बेशक लेखन में भिन्न-भिन्न विचारों की आवश्यकता होती है, लेकिन वह लेखन रोचक तथा प्रभावोत्पादक तभी हो सकता है जबकि उन भिन्न-भिन्न विचारों में से सर्वश्रेष्ठ विचारों को चुनकर उन्हीं पर ध्यान केन्द्रित किया जाए। कोई भी उत्पाद बिना काँट-छाँट के अंतिम उत्पाद की शक्ल नहीं लेता।

लेकिन यदि दूसरी तरफ से देखें तो आपका अंतिम उत्पाद तब तक अच्छा नहीं हो सकता जब तक कि आपके पास छाँटने के लिए अच्छे विचार न हों। एकत्र की गईं संभावनाओं का अभिसारी चिंतन के माध्यम से काँट-छाँट निश्चय ही महत्वपूर्ण है, पर इस प्रक्रिया की शुरुआत तो अपसारी चिंतन के माध्यम से संभावनाओं के एकत्रीकरण से ही होती है।

अतः मुझे सबसे पहले तो यही सोचना था कि मैं अपनी दिनचर्या और अपने आसपास की चीज़ों में ऐसे क्या बदलाव करूँ, जिनसे मुझे अच्छे विकल्पों और संभावनाओं को एकत्र करने में आसानी हो। दूसरे शब्दों में कहूँ तो मुझे अपना 'क्रिएटिव स्वीट स्पॉट' खोजना था।

क्रिएटिव स्वीट स्पॉट का अर्थ है वे आदर्शतम परिस्थितयाँ (समय, स्थान, वातावरण इत्यादि) जिनकी मौजूदगी में आप सबसे अच्छा और सबसे ज़्यादा काम कर पाते हैं। आपका क्रिएटिव स्वीट स्पॉट मर्तबान में सबसे पहले डाले जाने वाले वे बड़े पत्थर हैं जिनके हिसाब से आप अपनी बाकी की दिनचर्या तथा कामकाज तय करते हैं। अपनी रचनात्मक ऊर्जा के प्रबंधन का सबसे अच्छा तरीका यही है कि सबसे पहले तो आप अपनी रचनात्मक ऊर्जा के चरम स्तर को तलाशें, और फिर उसका भरपूर दोहन करें।

रचनात्मकता की संरचना

अब सवाल आता है कि अपना क्रिएटिव स्वीट स्पॉट (रचनात्मक कार्य के लिए आदर्शतम समय) खोजा कैसे जाए। इसके लिए हमें रचनात्मक चिंतन की संरचना को समझना पड़ेगा, यह जानना पड़ेगा कि इसका आधारभूत तत्व क्या है। वैज्ञानिक जब रचनात्मकता का अध्ययन करते हैं तो वे अक्सर 'रिमोट एसोसिएट्स टेस्ट' नामक बेंचमार्क परीक्षण को काम में लेते हैं। इस परीक्षण को सरल शब्दों में

'शब्द-त्रयी पहेली' कहते हैं। 'शब्द-त्रयी पहेली' बेहद सरल किस्म की पहेलियाँ होती हैं जिन्हें बूझने के लिए प्रायः अपसारी चिंतन की आवश्यकता पड़ती है। यदि आप इन पहेलियों को बूझने के लिए काम में ली जाने वाली मानसिक प्रक्रिया से परिचित हैं तो आपको रचनात्मक चिंतन को समझने में भी दिक्कत नहीं होगी।

पहले मैं आपको 'शब्द-त्रयी पहेली' का एक उदाहरण दूँगा और उसका हल भी बताऊँगा। उसके बाद एक दूसरी पहेली आपके सामने रखूँगा, जिसे हम मिलकर बूझेंगे।

'शब्द-त्रयी पहेली' तीन ऐसे शब्दों से मिलकर बनी होती है जो किसी चौथे शब्द की ओर संकेत करते हैं। पहेली के तीनों शब्दों का आपस में कोई संबंध नहीं होता वरन वे सब उस चौथे शब्द से सम्बद्ध होते हैं जो कि इस पहेली का हल है। उदाहरण के लिए, एक 'शब्द-त्रयी पहेली' के तीन शब्द हैं – क्रीम, स्केट तथा वॉटर। इस पहेली का हल, यानी कि चौथा शब्द होगा 'आइस'। 'आइस' शब्द इन तीनों शब्दों के साथ जुड़कर नई संज्ञाएँ बनाता है : आइस क्रीम, आइस स्केट, आइस वॉटर।

यह पहेली तो एकदम सरल थी, पर जो अगली पहेली मैं सामने रखने जा रहा हूँ वो थोड़ी कठिन है। इस पहेली को आप ही को सुलझाना है और ऐसा करने में मैं आपका पूरा-पूरा मार्गदर्शन करूँगा। इसका उत्तर भी मैं आपको बताऊँगा, पर कुछ पैराग्राफ्स बाद।

आप तैयार हैं? तो बताइए कि वह चौथा शब्द कौन सा है जो इन तीनों शब्दों से जुड़ा हुआ है : पाइन, क्रेब तथा सॉस।

चलिए अब स्लो मोशन में देखते हैं कि इस पहेली को सुलझाते समय आपके दिमाग में क्या होता है। यह कार्य हाथ में आते ही आपके मस्तिष्क में अपसारी चिंतन-प्रक्रिया शुरू हो जाती है। आप इन तीनों में से किसी भी एक शब्द को चुनते हैं और उससे जुड़े अधिकाधिक शब्द याद करने की कोशिश करने लगते हैं। यही सबसे अच्छा तरीका है सही हल तक पहुँचने का।

तो चलिए देखते हैं कि क्रेब शब्द से जुड़े कौन-कौन से शब्द हमें ध्यान आते हैं। 'ग्रास' एक शब्द है, जो क्रेब के साथ मिलकर 'क्रेबग्रास' शब्द बनाता है। इसके अलावा 'स्नो' है, जो 'स्नो क्रेब' बनाता है। इसके अलावा केक, किंग, लेग्स, तथा क्लॉ भी ऐसे ही शब्द हैं।

जब आप इन शब्दों के बारे में सोचते हैं तो आपका मस्तिष्क इन शब्दों के 'क्रेब' शब्द से सम्बद्ध होने या न होने का परीक्षण करता चलता है। वह यह भी देखता है कि कौन सा शब्द कितनी अच्छी तरह सम्बद्ध है।

रचनात्मक चिंतन की इस प्रक्रिया को समझने के लिए क्या हम इसकी तुलना किसी भौतिक प्रक्रिया से कर सकते हैं? ठीक-ठीक तो नहीं, पर हम इसे 'किसी भूल-भुलैया से बाहर निकलने का रास्ता तलाशने की कवायद' की तरह देख सकते हैं। लेकिन आप देखेंगे कि जैसे-जैसे यह प्रक्रिया आगे बढ़ेगी, इन दोनों प्रक्रियाओं की समानता धुंधली पड़ने लगेगी।

'क्रेब' से संबंधित शब्दों की खोज करते समय कभी-कभी कोई ऐसा शब्द हमारे ज़ेहन में आता है जिसके 'क्रेब' से संबंध को लेकर हम पूरी तरह आश्वस्त नहीं होते। जैसे कि शब्द आया ज़ेहन में 'ट्री'। तो हमारा दिमाग सोचने लगता है कि 'क्या 'क्रेब ट्री' जैसी कोई चीज़ होती है? क्या यह उस किरदार का नाम नहीं था जो फलाँ-फलाँ कार्टून सीरीज़ में था? क्या किसी किरदार का नाम पहेली के हल के तौर पर मान्य है?'

जब 'क्रेब' से जुड़े और शब्द ज़ेहन में आने बंद हो जाते हैं तब हम शब्द-त्रयी का कोई दूसरा शब्द उठाते हैं। मसलन, आपने लिया 'पाइन'।

इस अवस्था तक आकर अब यह प्रक्रिया भूल-भुलैया नहीं बल्कि बिजली के छोटे-छोटे बल्बों की कोई झालर अधिक मालूम होने लगती है। इस झालर में सभी बल्ब एक तार के माध्यम से आपस में जुड़े हुए हैं। हमारे ज़ेहन में आए सभी शब्द बिजली के बल्ब हैं जो एक तार की मदद से आपस में जुड़े हुए हैं। कुछ मोटे तार से जुड़े हैं, तो कुछ बेहद पतले तार से।

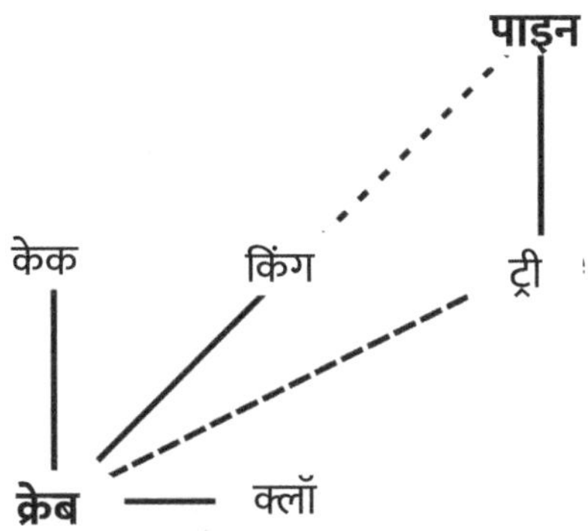

'पाइन' के बारे में सोचना शुरू करते ही सबसे पहले जो शब्द आपके ज़ेहन में आता है वो है 'ट्री'। पाइन और ट्री के बीच का संबंध बेहद स्पष्ट तथा स्वाभाविक है, इसीलिए हम कह सकते हैं कि ये दोनों आपस में बेहद मोटे तार से जुड़े हुए हैं। अब आपको याद आता है कि जब आप 'क्रेब' के बारे में सोच रहे थे तब भी 'ट्री' शब्द आपके ज़ेहन में आया था। लेकिन चूँकि आप 'क्रेब ट्री' के अस्तित्व को लेकर पूरी तरह आश्वस्त नहीं थे, इसलिए हम मानेंगे कि ये दोनों आपस में बहुत पतले तार से जुड़े हुए हैं।

जब आप शब्द-त्रयी के तीसरे शब्द से जुड़े शब्दों पर विचार करने लगते हैं तब आपके दिमाग में स्पष्टता आनी शुरू हो जाती है। अब जब भी कोई नया शब्द आपके ज़ेहन में आता है तो आप यह देखने लगते हैं कि इसका पहले दो शब्दों से भी कोई संबंध है अथवा नहीं। जब आप देखते हैं कि 'ट्री' और 'पाइन' के बीच तो स्पष्ट संबंध है परन्तु 'ट्री' और 'क्रेब' के बीच संबंध सुनिश्चित नहीं है, तब आप यह देखने लगते हैं कि 'ट्री' का पहेली के तीसरे संकेत शब्द 'सॉस' से कोई सुनिश्चित संबंध है अथवा नहीं। आपको याद नहीं पड़ता कि आपने 'ट्री सॉस' जैसी कोई संज्ञा कभी सुनी हो। इससे आपका मस्तिष्क इस नतीजे पर पहुँच जाता है कि 'ट्री' शब्द पहेली का हल नहीं है।

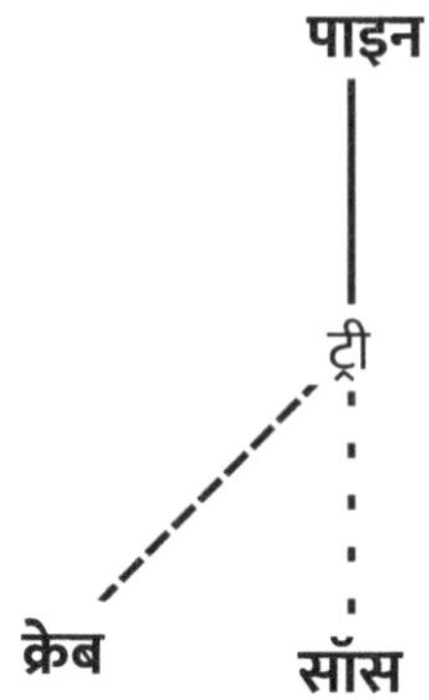

आपका मस्तिष्क एक बार फिर 'क्रेब' के साथ जुड़ाव वाले शब्दों के समूह में से उस शब्द की खोज में लग जाता है जिसका 'पाइन' शब्द से कोई स्पष्ट संबंध मालूम होता हो। इस श्रृंखला में 'किंग' शब्द को 'पाइन' शब्द से जोड़ने वाला तार भी बेहद कमज़ोर मालूम पड़ता है। हो सकता है कि पाइन के किन्हीं घने जंगलों में कहीं कोई किंग हो, पर इसकी संभावना बहुत क्षीण है।

(अगले पैराग्राफ के आखिर में मैं इस पहेली का हल बताने वाला हूँ, इसलिए यदि आप इसे खुद ही हल करने के लिए प्रतिबद्ध हों तो फिलहाल आगे न पढ़ें।)

ज़रूरी नहीं है कि आपके दिमाग में यह प्रक्रिया बिल्कुल वैसी ही चली हो जैसी मैं बता रहा हूँ। यह केवल एक वैचारिक उदाहरण है। यदि आपने किसी और तरीके से सोचकर इस पहेली को हल कर लिया हो तो मेरी बधाई स्वीकार कीजिए। ज़रूरी नहीं कि आपका दिमाग इसको हल करने के लिए इसी तरह चरणबद्ध तरीके से काम करे। ज़रूरी नहीं कि वह तीनों संकेत शब्दों से संबंधित शब्दों को एक-एक करके तलाशे; वह तीनों से जुड़े शब्दों के बारे में एक साथ भी सोच सकता है। वह किसी प्रक्रिया का पालन किए बिना भी हल तलाश सकता है। प्रत्येक मानव-मस्तिष्क सोचने-विचारने तथा समस्याओं के हल तलाशने के अपने मौलिक तरीके विकसित कर सकता है। बहरहाल, पहेली का हल है 'एप्पल': पाइनएप्पल, क्रेब एप्पल, तथा एप्पल-सॉस।

अंतर्दृष्टि की 'आकस्मिक' प्रकृति

तंत्रिका विज्ञानी जॉन कूनियोस ने इस तरह के बहुत सारे प्रयोग किए हैं जिनमें वे प्रतिभागियों को कोई शब्द-त्रयी पहेली दे देते हैं हल करने के लिए। फिर हल करते

समय उन प्रतिभागियों के मस्तिष्कों में होने वाली गतिविधियों का अध्ययन करते हैं। उन्होंने पाया है कि अधिकांश मौकों पर प्रतिभागी इस पहेली को एक अनूठी चिंतन-प्रक्रिया के माध्यम से हल करते हैं, जिसे उन्होंने नाम दिया है – अंतर्दृष्टि। डॉक्टर कूनियोस के मुताबिक़, “अंतर्दृष्टि एकाएक पैदा होने वाली समझ, या दृष्टिकोण में होने वाला एकाएक परिवर्तन, या एकाएक सूझने वाली कोई तरकीब होती है। चाहे समझ का पैदा होना हो, दृष्टिकोण का बदलना हो, तरकीब का सूझना हो, या किसी विचार का उत्पन्न होना हो, जो भी होता है 'एकाएक' ही होता है। अचानक बिजली सी कौंधती है और बल्ब जल उठता है।”

ऐसा नहीं है कि अंतर्दृष्टियाँ अपने आप आ जाती हैं। अंतर्दृष्टियों के माध्यम से पहेलियों के हल पाने वाले लोग भी पहले उसी प्रकार की चिंतन-प्रक्रिया से होकर गुज़रते हैं जिसकी अभी हमने चर्चा की है। वे भी हर संकेत शब्द के लिए कई-कई सारे सम्बद्ध शब्द सोचते हैं और उनका तीनों संकेत शब्दों के साथ मिलान करके देखते चलते हैं। फिर अचानक पता नहीं कहाँ से और कैसे उनके दिमाग में बिजली सी कौंधती है और उन्हें हल मिल जाता है। इसीलिए यहाँ 'एकाएक' शब्द पर इतना ज़ोर दिया गया है।

एकाएक बिजली कौंधने (अंतर्दृष्टि उत्पन्न होने) के इस पल के ढेरों जगप्रसिद्ध उदाहरण मौजूद हैं। अलग-अलग उदाहरणों में इन्हें अलग-अलग नामों से संबोधित किया गया है। जैसे कि वैज्ञानिक आर्किमिडीज़ की कहानी में इस पल को 'यूरेका पल' कहा गया। संभवतः आर्किमिडीज़ से जुड़ा यह किस्सा आपने भी सुना हो। आर्किमिडीज़ को उसके देश के राजा ने यह पता लगाने का काम सौंपा था कि उसका मुकुट विशुद्ध सोने का बना था या नहीं। यानी कि उसमें किसी और धातु की मिलावट थी या नहीं। आर्किमिडीज़ ने हर तरह से सोच-विचारकर देख लिया था पर कोई हल सूझ नहीं रहा था। एक दिन इसी पहेली पर विचार करते-करते जब वह नहाने के लिए कपड़े उतारकर बाथटब में लेटने लगा तो उसने देखा कि उसके टब में घुसते ही टब में पानी का स्तर ऊँचा उठने लगा। इसे देखते ही अचानक उसके दिमाग में उस समस्या का हल सूझ गया जो इतने लम्बे समय से उसे परेशान किए हुए थी। टब में पानी के ऊपर उठने को उसके दिमाग ने संकेत की तरह लिया और एकाएक समाधान पर पहुँच गया। उसे समझ आ गया कि राजा के मुकुट को पानी से भरे बर्तन में डालकर और बाहर छलकने वाले पानी की मात्रा को मापकर वह मुकुट का घनत्व और उसकी शुद्धता मालूम कर सकता था। किस्से के मुताबिक़, जैसे ही आर्किमिडीज़ के मस्तिष्क में यह अंतर्दृष्टि उत्पन्न

हुई, वह इस कदर उत्साहित हो उठा कि तत्काल टब से निकलकर 'यूरेका! यूरेका!' चिल्लाता राजा के महल की ओर दौड़ पड़ा। उसे यह भी ख़याल नहीं रहा कि वह पूर्णतः निर्वस्त्र था।

इन 'यूरेका' पलों को हम 'आहा!' पल भी कहते हैं। अक्सर कोई ज़बरदस्त आईडिया सूझने को हम 'दिमाग की बत्ती' जल जाने की उपमा देते हैं। इसी को हम अंतर्दृष्टि उत्पन्न होना कहते हैं। कोई ताज्जुब नहीं कि जॉन कूनियोस तथा उनके शोध साझीदार मार्क बीमन ने जब-जब शब्द-त्रयी पहेलियों को हल करने वाले प्रतिभागियों के मस्तिष्कों का अध्ययन किया तो अंतर्दृष्टि उत्पन्न होने की घटना उन्हें एकाएक कैमरे का फ़्लैश चमकने या बिजली का बल्ब जल उठने जैसी ही मालूम हुई। अपनी पुस्तक 'दि यूरेका फैक्टर: अहा मोमेंट्स, क्रिएटिव इनसाइट, एण्ड दि ब्रेन' में उन्होंने इस घटना का उल्लेख करते हुए लिखा है कि जब भी किसी के मस्तिष्क में अंतर्दृष्टि के रूप में पहेली का हल कौंधता था तो मस्तिष्क के दाहिने हिस्से में अचानक से कैमरा फ़्लैश जैसी एक चमक देखने को मिलती थी।

अंतर्दृष्टि की इस 'अचानक उत्पन्न होने वाली' प्रकृति के चलते ही भौतिक संसार में रचनात्मक चिंतन-प्रक्रिया से मिलती-जुलती कोई प्रक्रिया खोज पाना इतना मुश्किल है। आपको याद होगा कि कुछ पैराग्राफ्स पहले हमने अंतर्दृष्टि के माध्यम से शब्द-त्रयी पहेली हल करने की तुलना किसी भूल-भुलैया से बाहर निकलने का रास्ता खोजने की कवायद से की थी। लेकिन अंतर्दृष्टि के माध्यम से पहेली हल करना आम भूल-भुलैया से बाहर निकलने की कवायद नहीं है। आम भूल-भुलैया में बाहर निकलने का एक ही दरवाज़ा होता है और उस दरवाज़े तक पहुँचने का एक ही रास्ता होता है। लेकिन अंतर्दृष्टि प्राप्त करना एक ऐसी भूल-भुलैया से बाहर निकलने की कवायद होती है जिसमें हर एक 'बंद सिरे' पर एक दरवाज़ा खुल सकने की संभावना होती है। इसलिए आपको हर एक बंद सिरे पर एक साथ मौजूद रहना पड़ता है क्योंकि 'अचानक' उनमें से कोई भी सिरा दरवाज़े में बदल सकता है। सिर्फ एप्पल शब्द सोचने से आपके भीतर अंतर्दृष्टि नहीं कौंधती, वह तब कौंधती है जब एप्पल शब्द सोचने के साथ-साथ आप उसकी तीनों संकेत शब्दों से सम्बद्धता पर भी विचार कर रहे होते हैं।

वो देखना जो सीधे तौर पर नहीं दिखता

लेकिन कोई अंतर्दृष्टि प्राप्त कर लेना इस बात की गारण्टी नहीं होता कि आपने कोई शानदार आईडिया खोज लिया है। आपको याद होगा कि पिछले अध्याय

में हमने चर्चा की थी कि शानदार आईडिया वही होता है जो नवीन भी हो और उपयोगी भी। डॉक्टर कूनियोस ने अंतर्दृष्टियों को 'नवीन' या 'मौलिक' तो कहा है पर उनके उपयोगी होने के विषय में कोई बात नहीं कही। नई-नई अंतर्दृष्टियाँ तथा नए-नए आईडियाज़ उत्पन्न करना अपसारी चिंतन प्रक्रिया का हिस्सा है। लेकिन उन अंतर्दृष्टियों तथा आईडियाज़ की मदद से किसी उपयोगी निष्कर्ष तक पहुँचना अभिसारी चिंतन-प्रक्रिया से संभव होता है।

नए आईडियाज़ को उपयोगी आईडियाज़ में कैसे बदला जाता है इस पर हम आने वाले अध्यायों में विस्तार से बात करेंगे। अभी तो हम यह जानने का प्रयास करते हैं कि नए-नए आईडियाज़ हासिल करने के लिए हमारा दिमाग किस तरह काम करता है। इस जानकारी से हमें अपना क्रिएटिव स्वीट स्पॉट खोजने में बहुत मदद मिलेगी।

'रीसे'स पीनट बटर कप' एक ऐसा ही आईडिया है, जो मौलिक होने के साथ-साथ उपयोगी भी है। जब तक यह उत्पाद बाज़ार में नहीं आया था तब तक किसी ने भी पीनट बटर और चॉकलेट को एक साथ खाने या खिलाने के बारे में नहीं सोचा था। ऐसा कोई कॉम्बिनेशन तब तक प्रचलन में नहीं था। ये दोनों चीज़ें प्रकृति में काफी अलग हैं, इसलिए भी इनको साथ-साथ उपयोग करना कभी किसी के दिमाग में नहीं आया। कमरे के तापमान पर चॉकलेट ठोस रहती है जबकि पीनट बटर पिघला हुआ, ऐसे में यदि इन दोनों को मिलाना हो तो किस रूप में मिलाया जाए यह किसी को सूझता नहीं था। रीसे कम्पनी ने इसका एक मौलिक तरीका खोज निकाला। उन्होंने चॉकलेट को एक छोटे से कप का आकार दिया और उसमें पीनट बटर भर दिया। यह कप न केवल एक नया विचार था वरन खाने में बेहद स्वादिष्ट भी था, इसलिए यह उपयोगी भी सिद्ध हुआ। और जब नए तथा उपयोगी का मिलन हुआ तो फिर 'रीसे'स पीनट बटर कप' को दुनिया भर में प्रसिद्ध होने से कोई रोक नहीं पाया।

अब सवाल यह उठता है कि पीनट बटर को चॉकलेट के कप के अन्दर भरने जैसा नया और उपयोगी विचार दिमाग में आए कैसे? इसका जो जवाब है उससे आपको रचनात्मक चिंतन के लिए आवश्यक आदर्श परिस्थितियों के बारे में बहुत कुछ जानने को मिल सकता है। अगर आपको याद हो तो कुछ देर पहले हमने अपने मस्तिष्क की शब्द-त्रयी पहेली सुलझाने की कवायद की तुलना छोटे-छोटे बल्बों की झालर से की थी। उसमें हमने कहा था कि दिमाग में उपजने वाला हर नया शब्द, विचार या संकल्पना एक बल्ब की तरह है जो एक मोटे या पतले तार

की मदद से अन्य शब्दों, विचारों या संकल्पनाओं से जुड़ा होता है। जब भी हम किसी संकल्पना के बारे में सोचते हैं तो हम उसके प्रतिनिधि बल्ब में करंट भेजकर इसे आलोकित कर देते हैं। पर चूँकि वह बल्ब तारों के माध्यम से अन्य बल्बों से भी जुड़ा हुआ है, इसलिए उस बल्ब को मिलने वाला करंट बाकी बल्बों तक भी पहुँच जाता है और वे सब भी आलोकित हो उठते हैं।

जब लोगों से उन चीज़ों के बारे में सोचने को कहा जाता है जिनका पीनट बटर से कोई संबंध है तो अधिकांश लोगों के दिमाग में 'जेली' तथा 'ब्रेड' आता है, क्योंकि इन तीनों की मदद से पीनट बटर और जेली सैंडविच बनता है। चूँकि ये सैंडविच बेहद प्रचलित हैं, इसलिए सभी के दिमाग में पीनट बटर और जेली तथा ब्रेड बहुत मज़बूती से आपस में जुड़े हुए हैं। मोटे तारों के माध्यम से जुड़े हुए हैं। इसीलिए जब आप अपने दिमाग में पीनट बटर का बल्ब जलाते हैं तो करंट जेली और ब्रेड के बल्बों तक भी पहुँच जाता है और वे भी जल उठते हैं।

इस बात को तो मानना ही पड़ेगा कि पीनट बटर बल्ब चॉकलेट बल्ब से भी जुड़ा है, लेकिन बहुत ही पतले तार के माध्यम से। इन दोनों चीज़ों का आपस में संबंध है तो, पर उतने सीधे तौर पर नहीं है जितना जेली और ब्रेड से है। इसीलिए पीनट बटर से बहुत थोड़ा सा करंट ही चॉकलेट बल्ब तक पहुँचता है जो इसे आलोकित करने के लिए पर्याप्त नहीं होता। या फिर यह बहुत ही मद्धम-सा जलता है।

तो जब हम पीनट बटर के बारे में सोचते हैं तो जेली और ब्रेड बल्ब भी इतनी ज़ोर से जगमगाने लगते हैं कि उनके तीव्र प्रकाश में हमें चॉकलेट बल्ब का मद्धम-सा प्रकाश नज़र ही नहीं आ पाता। कुछ समझे आप? जो सहज-स्वाभाविक या सीधे तौर पर नज़र आने वाले संबंध होते हैं वही मौलिक विचारों की राह में सबसे बड़ी बाधा बनते हैं। याद है जब हम लोग संकेत शब्द 'पाइन' से जुड़े शब्दों के बारे में सोचने बैठे थे तो सबसे पहले हमारे दिमाग में आया था 'ट्री'? ऐसा इसलिए क्योंकि यह सबसे अधिक स्वाभाविक या 'पाइन' से सीधे तौर पर जुड़ा शब्द था। लेकिन इस सीधे तौर पर जुड़े शब्द के दिमाग में आने के चलते हमारे लिए कम सीधे तौर पर जुड़े शब्द 'एप्पल' के बारे में सोचना कठिन हो गया था।

लब्बोलुआब यह कि यदि अधिक सीधे तौर पर जुड़े शब्दों या चीज़ों के बारे में सोचना कम करके कम सीधे तौर पर जुड़े शब्दों या चीज़ों के बारे में अधिक सोचना संभव हो जाए तो अचानक से हमारे दिमाग में नए विचारों की आवक बहुत

बढ़ जाएगी। और जितने अधिक आईडिया आपके पास होंगे उतनी ही अधिक संभावना होगी उपयोगी विचारों की संख्या बढ़ने की।

अपना क्रिएटिव स्वीट स्पॉट तलाशने में सबसे बड़ी चुनौती है वह समय तथा स्थान तलाशना जब और जहाँ आपके दिमाग में कम सीधे तौर पर जुड़े शब्दों या चीज़ों के आने की संभावना बहुत बढ़ जाए। खुशखबरी यह है कि अधिक सीधे तौर पर जुड़े शब्द, विचार या चीज़ें हमेशा ही अधिक करंट नहीं खींचते।

सभी घंटे एक बराबर नहीं होते

'टाइमफुल' एप पर काम करते समय मैंने जो सबसे महत्वपूर्ण बातें सीखीं उनमें से एक यह भी थी कि दिन के चौबीसों घंटे एक जैसे नहीं होते। यदि आप हर दिन एक घंटा लेखन-कार्य को दें तो साल भर में एक किताब तैयार हो जाएगी। लेकिन यदि आप चाहें कि लगातार 365 घंटे लिखकर किताब तैयार कर लें तो ऐसा नहीं हो पाएगा। बिना रुके लगातार कुछ घंटे लिखने के बाद आप थकने लगेंगे और हर गुज़रते घंटे के साथ आपकी कार्यक्षमता घटती जाएगी। और जल्दी ही आप इतने अधिक थक जाएँगे कि आपके लिए एक शब्द भी और लिखना नामुमकिन हो जाएगा।

एक बराबर न होने के साथ-साथ घंटों की एक विशेषता यह भी है कि ये आपस में परिवर्तनीय भी नहीं होते। मतलब, किसी एक घंटे को किसी दूसरे घंटे से प्रतिस्थापित भी नहीं किया जा सकता। आप सब ने गोल्डन गेट ब्रिज तो देखा ही होगा, संभवतः उस पर से गुज़रे भी हों। वह 1.6 किलोमीटर लम्बा है। यदि इस 1.6 किमी की लम्बाई में से बीच से 1 इंच लम्बाई का एक टुकड़ा काट लिया जाए तो पुल की लम्बाई कितनी बचेगी? जब पुल ही नहीं बचेगा तो लम्बाई बचने का सवाल ही कहाँ उठता है। पुल के बीच से एक इंच का भी हिस्सा तोड़ने से पूरा पुल ही टूट जाएगा।

लेकिन यदि आप पुल की सतह को ऊपर-ऊपर थोड़ा खोदकर एक पतली परत निकाल लें तो आपके पास उतना ही मलबा होगा जितना लम्बाई में एक इंच का टुकड़ा काटने पर निकलता, लेकिन इससे पुल की सेहत पर कोई फर्क नहीं पड़ेगा। समय भी इसी तरह काम करता है। कोई काम कितना समय लेता है केवल यही महत्वपूर्ण नहीं होता। यह भी उतना ही महत्वपूर्ण होता है कि वह समय कहाँ से लिया गया। वह समय जहाँ से लिया जाता है वह आपके शिड्यूल के केवल उसी

हिस्से को प्रभावित नहीं करता वरन इससे आपका पूरा शिड्यूल, पूरा कामकाज, और पूरा जीवन प्रभावित होता है, ठीक वैसे ही जैसे कि पानी में एक जगह उठने वाली भँवर पूरे जलाशय में फ़ैल जाती है।

हम पहले से ही समय का मोटा-मोटा मानसिक हिसाब-किताब रखने के आदी हैं। हम जानते हैं कि यदि हमें काम के खाते में अधिक समय डालना है तो वह समय किसी और खाते से निकालना होगा – नींद के खाते से, या फिर परिवार के खाते से।

लेकिन हम में से कितने लोग हैं जो समय के ऊर्जा के साथ संबंध का हिसाब-किताब रखते हैं? दिन के चौबीसों घंटे हमारा शरीर एक बराबर ऊर्जावान नहीं रहता। हमारा शरीर मानव-निर्मित घड़ी के मुताबिक़ नहीं वरन प्रकृति-निर्मित जैविक घड़ी के मुताबिक़ चलता है। इस घड़ी के मुताबिक़ ही दिन के अलग-अलग घंटों में हमारी ऊर्जा घटती-बढ़ती रहती है।

उदाहरण के लिए, आपने कभी इस बात पर गौर किया है कि दोपहर 12-1 बजे से लेकर 3-4 बजे के बीच आपको थकान, आलस्य, तथा उनींदापन क्यों महसूस होता है? कई लोग सोचते हैं कि दोपहर का भोजन ज़्यादा कर लेने की वजह से ऐसा होता है। कई सारे लोग इसी वजह से इस समय को चाय-कॉफ़ी के ब्रेक के तौर पर उपयोग करते हैं। मुझे याद है कि एक एनर्जी ड्रिंक के विज्ञापन में दोपहर को ऊर्जा में आने वाली इस गिरावट को 'वह 2.30 वाला अहसास' कहकर संबोधित किया गया था।

यह '2.30 वाला अहसास' वास्तव में दो भिन्न जैविक प्रणालियों के एक-दूसरे को पार करने वाला समय है। इनमें से एक प्रणाली को हम कहते हैं 'सरकेडियन प्रणाली' (जैविक घड़ी), जबकि दूसरे का नाम है 'निद्रा ऋण प्रणाली' (नींद की कमी का तन-मन पर पड़ने वाला प्रभाव)। सूर्योदय के साथ सरकेडियन प्रणाली सक्रिय हो उठती है और जैसे-जैसे सूरज चढ़ता जाता है वैसे-वैसे सरकेडियन प्रणाली की सक्रियता भी बढ़ती जाती है, जिसके चलते हम अधिकाधिक सजग होते जाते हैं। इसकी सक्रियता सूरज ढलने के साथ कम होनी शुरू होती है और सोने का समय आते-आते एकदम कम हो जाती है। दूसरी ओर जो 'निद्रा ऋण' प्रणाली है, यानी कि नींद की कमी का जो बोझ है वो आपको निष्क्रियता की ओर धकेलता है, आपकी ऊर्जा को कम करने में लगा रहता है। (यदि आपने रात में भरपूर नींद ली है तो आपका दिन बहुत कम निद्रा ऋण के साथ शुरू होगा। जैसे-जैसे दिन बीतेगा, निद्रा ऋण इकट्ठा होने लगेगा। और जैसे-जैसे निद्रा ऋण

बढ़ता जाएगा वैसे-वैसे और उसी अनुपात में आपकी ऊर्जा कम होती जाएगी।) सरकेडियन प्रणाली की घटती हुई सक्रियता और निद्रा ऋण का बढ़ता हुआ ग्राफ दिन के किस समय एक-दूसरे को पार करते हैं? दोपहर के लगभग 2.30 बजे।

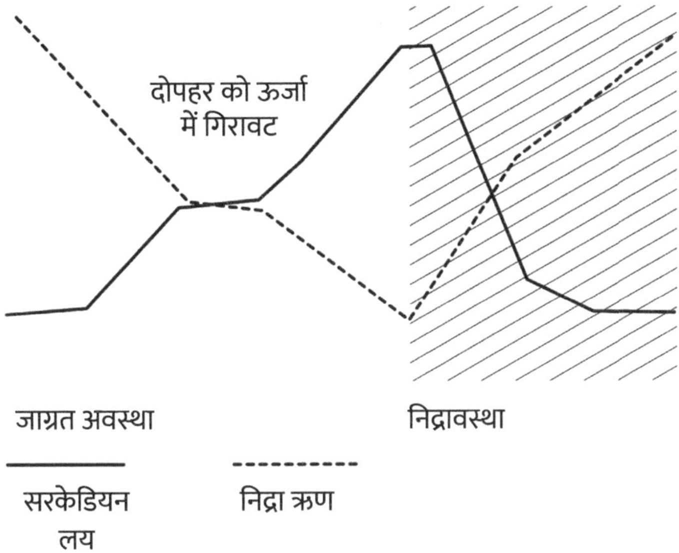

इस तरह सरकेडियन प्रणाली की घटती हुई सक्रियता और बढ़ता हुआ निद्रा ऋण दोपहर लगभग 2.30 बजे जब एक-दूसरे को पार करते हैं तब हमें सबसे अधिक थकान, आलस्य, तथा उनींदापन महसूस होता है।

(क्रेट्ज़मैन की 'द रिदम्स ऑफ लाइफ' से साभार लिया गया)

यही वजह है कि आज भी कुछ कुछेक संस्कृतियों में 'सिएस्टा', यानी कि दोपहर को भोजन के बाद कामकाज बंद करके थोड़ी देर के लिए आराम करने या एक झपकी ले लेने की प्रथा कायम है।

विभिन्न शोधों में यह भी सामने आया है कि दोपहर 2.30 के बाद ऐसा काम करना उत्तरोत्तर कठिन होता जाता है जिसमें बहुत अधिक एकाग्रता की आवश्यकता

होती है। एंडर्स एरिक्सन ने जब विश्व स्तरीय वायलिन वादकों की दैनिक अभ्यास-चर्या का अध्ययन किया तो उन्होंने पाया कि जो सबसे अच्छे वादक थे उन सभी की अभ्यास-चर्याओं में एक बात समान थी : वे सभी सुबह के समय 2-4 घंटे पूरी एकाग्रता के साथ कड़ा अभ्यास करते थे। जबकि दिन के शेष समय उनकी अभ्यास-चर्या कुछ ख़ास नहीं होती थी। मतलब, कभी मन हुआ तो कर लिया, नहीं हुआ तो नहीं किया। किया भी तो हल्का-फुल्का।

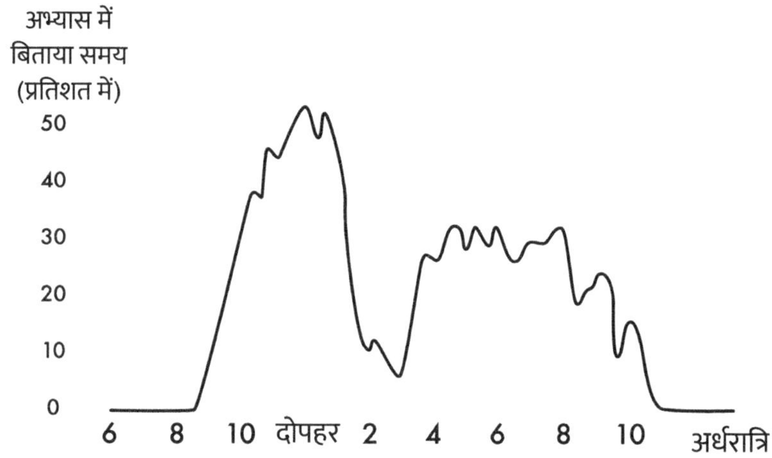

सबसे कुशल वायलिन वादकों की अभ्यास-चर्याएँ इस मायने में एक जैसी हैं कि वे सभी सुबह के समय 2-4 घंटे पूरी एकाग्रता के साथ गहन अभ्यास अवश्य करते हैं, जबकि दिन के बाकी समय उनका कोई निश्चित कार्यक्रम नहीं होता। (एरिक्सन तथा साथियों (1993) के 'दि रोल ऑफ़ डेलिबिरेट प्रैक्टिस इन दि एक्वीज़ीशन ऑफ़ एक्सपर्ट परफॉरमेंस' से साभार)

सुबह के समय पूरी एकाग्रता के साथ गहन अभ्यास की आदत इतने अधिक लेखकों तथा अन्य सृजनकर्ताओं की दिनचर्या में शामिल पाई गई है कि उन सभी के उदाहरण यहाँ गिना पाना मुमकिन नहीं है, पर एडिथ व्हार्टन, जोसेफ हेलर, वर्जीनिया वुल्फ, फ्रांसिस ट्रोलोपजो तथा एंथोनी ट्रोलोपजो जैसे सुप्रसिद्ध लेखकों के नामों का उल्लेख तो किया ही जा सकता है। इसके अलावा संगीतकार चार्लोट ब्रे

और इगोर स्ट्राविंस्की, कलाकार जोसेफिन मेकसेपर, तथा मनोवैज्ञानिक बी.एफ. ट्रैक्टर जैसे नाम भी इस सूची में शामिल हैं।

ऐसे सृजनकर्ता कम हैं जो सुबह की बजाए किसी और समय सृजन-कर्म करना पसंद करते रहे हों। फ्रांसीसी उपन्यासकार कोलेट दोपहर में लिखना पसंद करते थे, जबकि टिम फेरिस रात में लिखना पसंद करते हैं। कुछ सृजनकार ऐसे भी हैं जो इतने लम्बे-लम्बे सत्रों में काम करते हैं कि उनके लिए घंटों की भिन्नता बेमानी-सी हो जाती है। उदाहरण के लिए, अमरीकी लेखिका सुसेन अठारह-अठारह घंटों के बेहद लम्बे सत्रों में लिखने के लिए जानी जाती थीं, जबकि अमरीकी कवियत्री एवं नाटककार एडना सेंट विंसेंट मिलय का कहना था कि अपनी एक किताब पर काम करते समय वे 'हर समय' लिखती रही थीं।

बतौर लेखक शुरुआती दौर में मेरी लिखने की कोई तयशुदा दिनचर्या नहीं होती थी। महान रचनाकारों में से शायद ही कोई हो जो इस तरह काम करने का आदी रहा हो। काम करने के इस 'दुर्लभ' तरीके के कारण ही मैं इतना परेशान रहा शुरू में; इसी के चलते पहली किताब लिखने का मेरा अनुभव इतना त्रासद तथा कष्टकारी रहा कि मैं उसे दोहराने के ख़याल से भी घबराता था। और इसी के चलते मैं आज दक्षिण अमरीका में हूँ।

अपने क्रिएटिव स्वीट स्पॉट को तलाशने के लिए ज़रूरी है कि मैं दिन के चौबीस घंटों में से उन घंटों का पता लगाऊँ जिनके दौरान मुझमें लिखने के लिए सर्वाधिक ऊर्जा तो हो ही, साथ ही मेरा मस्तिष्क अपसारी चिंतन के लिए भी पूरी तरह तैयार हो।

अपने मस्तिष्क के सीईओ (मुख्य कार्यकारी अधिकारी) को बर्खास्त कर दें

सहज रूप से ऐसा मालूम होता है कि अच्छे से काम करने के लिए हमारा अधिकाधिक सचेत रहना ज़रूरी है। लेकिन सभी तरह के कामों के लिए नहीं। यदि हम फोर्कलिफ्ट चला रहे हैं या कोई सर्जरी कर रहे हैं, तब तो सचेत रहना ज़रूरी होता है। लेकिन रचनात्मक काम इस श्रेणी में नहीं आता। बल्कि रचनात्मक काम के साथ तो बिल्कुल उल्टा होता है। हम जितनी अधिक सजग अवस्था में रहते हैं उतना ही हमारे लिए अपसारी चिंतन करना कठिन होता है, और अपसारी चिंतन के बिना अंतर्दृष्टियाँ प्राप्त नहीं हो सकतीं।

हमारे मस्तिष्क का सबसे उन्नत भाग है प्रीफ्रंटल कॉर्टेक्स। मस्तिष्क के अग्रभाग में मौजूद मस्तिष्कीय ऊतकों की यह पतली परत उस तरह के चिंतन के लिए उत्तरदाई है जो मानव को मानव बनाता है। इसी भाग की मदद से हम दीर्घकालिक योजनाएँ बनाते हैं, प्राथमिकताओं का चयन करते हैं, और अपनी स्वाभाविक लालसाओं का दमन करते हैं। आपके मस्तिष्क का यही वो हिस्सा है जो डाइटिंग के वक्त आपको 'बस एक और रसगुल्ला' खाने से रोकता है, या यह समझाता है कि यदि हवाई घूमने जाने के लिए पैसे जमा करने हैं तो रात का खाना घर पर ही बनाना ठीक रहेगा।

तंत्रिका विज्ञानी अक्सर प्रीफ्रंटल कॉर्टेक्स को 'मस्तिष्क का सीईओ' कहते हैं। यह प्रीफ्रंटल कॉर्टेक्स दिन भर बॉस की कुर्सी पर बैठकर मस्तिष्क के अन्य भागों के कामों की निगरानी करता है और ठीक तरह काम करने के लिए उन्हें सुझाव देता रहता है। मस्तिष्क की सभी गतिविधियों के कुशलतापूर्वक संचालन की ज़िम्मेदारी इसी की होती है। लेकिन बात जब रचनात्मकता की आती है तब यही प्रीफ्रंटल कॉर्टेक्स सबसे बड़ी बाधा के रूप में सामने आता है।

कल्पना कीजिए कि आपका मस्तिष्क एक रैकेटबॉल कोर्ट है, जिसमें ढेर सारी नीली गेंदें यहाँ-वहाँ उचक रही हैं। हर एक गेंद मस्तिष्क में घूम रहे किसी विचार या संकल्पना का प्रतीक है। ये गेंदें आगे-पीछे तथा अगल-बगल की दीवारों तथा छत से टकरा-टकरा कर हर दिशा में विचरण कर रही हैं। हर थोड़ी देर में दो या अधिक गेंदें आपस में टकरा जाती हैं (जैसे कि अंतर्दृष्टियाँ उत्पन्न होती हैं) और उनसे एक नए विचार या आईडिया का निर्माण होता है।

लेकिन प्रीफ्रंटल कॉर्टेक्स इस में अड़चन खड़ी करता है। प्रीफ्रंटल कॉर्टेक्स सोचता है कि खेल नियमों के मुताबिक़ ही खेला जाना चाहिए। और नियम यह है कि गेंद के ज़मीन पर एक बार टप्पा खाते ही उसे दुबारा सामने वाली दीवार पर मार दिया जाना चाहिए; किसी भी गेंद को ज़मीन पर एक बार से अधिक टप्पा नहीं खाना चाहिए। इस नियम का पालन सुनिश्चित करने के लिए वह खुद रैकेट लेकर कोर्ट पर उतर आता है और सभी गेंदों को एक बार टप्पा खाते ही सामने वाली दीवार पर मारने लगता है। नतीजा यह होता है कि गेंदों को आपस में टकराने का बहुत कम मौका मिल पाता है। फलस्वरूप बहुत कम अंतर्दृष्टियाँ उत्पन्न होती हैं।

अंतर्दृष्टियाँ उत्पन्न हों इसके लिए अपसारी चिंतन आवश्यक है, और अपसारी चिंतन हो सके इसके लिए प्रीफ्रंटल कॉर्टेक्स के दखल को यथासंभव कम किया जाना ज़रूरी है। प्रीफ्रंटल कॉर्टेक्स अंतर्दृष्टिपूर्ण चिंतन की राह में कितना

अधिक बाधक है इसका प्रमाण इस बात से मिलता है कि जो लोग अंतर्दृष्टियों पर आधारित पहेलियाँ सुलझाने में सर्वाधिक माहिर होते हैं उनका प्रीफ्रंटल कॉर्टेक्स प्रायः क्षतिग्रस्त होता है। मतलब, उनका प्रीफ्रंटल कॉर्टेक्स रैकेट लेकर कोर्ट में उतरने की स्थिति में ही नहीं होता, जिसके चलते उनके रैकेटबॉल कोर्ट में उन्मुक्त विचरण कर रहीं नीली गेंदें बारम्बार आपस में टकराकर अधिकाधिक अंतर्दृष्टियाँ उत्पन्न करती हैं।

लेकिन रुकिए, इसका यह अर्थ बिल्कुल नहीं है कि आप एक पेंचकस लेकर अपना दिमाग खोलने बैठ जाएँ और अपने प्रीफ्रंटल कॉर्टेक्स को क्षतिग्रस्त करने लगें। उसकी कोई ज़रूरत नहीं है। जैसा कि मैंने आपको पहले बताया था, केवल अंतर्दृष्टियाँ प्राप्त होने से यह सुनिश्चित नहीं हो जाता कि आप कोई नया व उपयोगी विचार विकसित कर पाएँगे। क्यों? क्योंकि ढेर सारी अंतर्दृष्टियों में से सबसे अच्छी या अपने काम की अंतर्दृष्टियाँ छाँटना और उनके संयोजन से कोई नया व उपयोगी विचार, निष्कर्ष या उत्पाद तैयार करना अभिसारी चिंतन का काम होता है, और अभिसारी चिंतन प्रीफ्रंटल कॉर्टेक्स की मदद से होता है। इसके अलावा, कोई भी विचार कितना भी नवीन व उपयोगी क्यों हो वो तब तक बेकार है जब तक कि उसकी पालना (एग्जीक्यूशन) न हो, और यह काम प्रीफ्रंटल कॉर्टेक्स की मदद के बिना संभव नहीं है। इसीलिए प्रीफ्रंटल कॉर्टेक्स का सही-सलामत रहना भी ज़रूरी है। लेकिन चिंता की कोई बात नहीं है क्योंकि हम बीच का रास्ता निकाल सकते हैं। बीच का रास्ता यह है कि हम रचनात्मक चिंतन का काम उस समय करें जब हमारा प्रीफ्रंटल कॉर्टेक्स उतना सक्रिय न हो जितना वो अमूमन रहता है। प्रीफ्रंटल कॉर्टेक्स की कम सक्रियता वाला यह समय ही आपका क्रिएटिव स्वीट स्पॉट है।

अंतर्दृष्टियों के जन्म के लिए समुचित परिस्थितियाँ

अधिकांश लोगों के लिए सुबह सोकर उठने के फ़ौरन बाद का समय ही प्रीफ्रंटल कॉर्टेक्स की सबसे कम सक्रियता वाला समय होता है। हम में से अधिकांश लोग सोकर उठने के फ़ौरन बाद थोड़े उनींदे रहते हैं। दुर्भाग्य से अधिकांश लोग इस उनींदेपन को समस्या की तरह लेते हैं, और इससे बाहर निकलने के लिए ही दिन की शुरुआत चाय-कॉफ़ी जैसी चीज़ों से करते हैं।

मैं ऐसे सभी लोगों को बताना चाहूँगा कि सुबह-सुबह का यह उनींदापन कोई समस्या नहीं वरन कुदरत का दिया हुआ एक रचनात्मक उपहार है। चाय-कॉफ़ी

पीकर इसे दूर भगाने की बजाए इसका भरपूर दोहन कीजिए। इस समय में आप अपना सर्वश्रेष्ठ रचनात्मक चिंतन कर सकते हैं। यही वजह है कि जब से मैंने लेखन को ही अपने जीवन का मुख्य ध्येय बनाया है तब से मेरा यह नियम बन गया है कि मैं सुबह सोकर उठते ही लिखने बैठ जाता हूँ। न चाय-कॉफ़ी, न नाश्ता, सबसे पहले लेखन।

सुबह सोकर उठने के तुरंत बाद लिखना शुरू करने से मुझे अधिकाधिक अंतर्दृष्टियाँ तो प्राप्त होंगी, परन्तु सुबह के इन लेखन-सत्रों को सही मायनों में अपना क्रिएटिव स्वीट स्पॉट बनाने के लिए मुझे और भी कुछ करना पड़ेगा। प्रीफ्रंटल कॉर्टेक्स के उनींदे रहते समय काम करने का सबसे बड़ा नुकसान यह है कि आप उन सभी अच्छी चीज़ों से वंचित रहते हैं जो प्रीफ्रंटल कॉर्टेक्स आपके लिए करता है।

मेडेलिन के अपने अपार्टमेंट में आकर बसने के बाद मैंने जो सुबह-सुबह लिखना शुरू करने का नियम बनाया है उसके परिणाम अच्छे तो हैं पर बहुत अच्छे नहीं हैं। मेरे दिमाग में अच्छे-अच्छे विचार तो आते हैं, पर मैं अधिक देर तक एकाग्र नहीं रह पाता हूँ; जल्दी ही मेरा ध्यान भटकने लगता है। यदि लिखना शुरू करने के कुछ मिनटों के भीतर ही कोई अच्छा विचार आ गया तब तो ठीक है, तब तो मैं काफी समय तक लिखता रहता हूँ। लेकिन यदि ऐसा न हो पाए तो फिर मेरा ध्यान भटकने लगता है और मैं खिड़की से बाहर नज़र आने वाली दुनिया में विचरण करने लगता हूँ। उस समय मेरा प्रीफ्रंटल कॉर्टेक्स मुझे एकाग्र बनाए रखने की स्थिति में नहीं होता।

अब क्या किया जाए? मैं सोच रहा हूँ कि फर्नीचर की जमावट बदल कर देखा जाए। वैसे तो मैं शिकागो से यह तय करके चला था कि मेडेलिन में कम से कम सामान में गुज़ारा करूँगा और इसीलिए केवल तीन सूटकेस भर बेहद ज़रूरी सामान ही लेकर आया था। लेकिन अब मैं सोच रहा हूँ कि अपवाद स्वरूप एक बड़ा सामान और ले आऊँ। अभी फिलहाल मैं रसोई में रखी खाने की मेज़ पर बैठकर लिखता हूँ जो कि खिड़की के पास रखी है, उससे मेरा ध्यान भटकता है। तो मैं पास की एक फर्नीचर की दुकान में गया और एक सस्ती-सी, छोटी-सी राइटिंग डेस्क खरीद ली। मेरे लिए भले वह डेस्क छोटी थी पर मेडेलिन में चलने वालीं छोटी-छोटी, खिलौनों जैसी टैक्सियों की पिछली सीट के हिसाब से तो फिर भी बड़ी थी। बड़ी मुश्किल से मैं उसे घर ला पाया।

जब मैंने उस डेस्क को रखने के लिए उपयुक्त जगह तलाशने को कमरे में चारों ओर नज़र दौड़ाई तो मुझे वो कोना उपयुक्त लगा जहाँ फिलहाल मेरी पुस्तकों की अलमारी रखी थी। मैंने उस अलमारी को वहाँ से हटाकर पास वाली दीवार से सटा दिया। इस चक्कर में मुझे पहले अलमारी को खाली करना पड़ा और फिर दुबारा से किताबें उसमें जमानी पड़ीं। अच्छी-खासी मशक्कत हो गई। फिर मैंने अपनी नई डेस्क को उस कोने में जमाया। वो एकदम बराबर फिट हुई थी वहाँ। लिखने की मेरी नई जगह तैयार थी। तीन ओर से सफ़ेद दीवारों से घिरी हुई। शिकागो के मेरे घर में मेरी जो राइटिंग डेस्क थी वह हमेशा बेहद अस्त-व्यस्त रहती थी, दुनियाभर की चीज़ें उस पर फ़ैली रहती थीं। लेकिन यह नई डेस्क इतनी छोटी थी कि इस पर कुछ और रखने की जगह ही नहीं थी।

बेशक तमाम तरह के शोध यह बताते हैं कि रचनात्मक चिंतन के लिए बड़ी और खुली-खुली जगहें अधिक उपयुक्त होती हैं (इस बारे में हम अध्याय-4 में विस्तार से बात करेंगे), लेकिन मेरे मामले में तीन ओर सफ़ेद दीवारों से घिरे एक कोने में रखी यह छोटी सी डेस्क बढ़िया काम कर रही थी।

अब भी जब मैं सुबह-सुबह उठकर लिखने बैठता हूँ तो पर्याप्त रूप से उनींदा होता हूँ, जिसके चलते मुझे अच्छे रचनात्मक विचार आने लगते हैं। पर इस नई जगह की सबसे अच्छी बात यह है कि यहाँ मेरी कल्पना की उड़ान को लेखन से भटकाकर बाहरी संसार की ओर ले जाने के लिए कोई खुली खिड़की नहीं है। यहाँ मेरे सामने और अगल-बगल सिर्फ सफ़ेद दीवारें हैं, बेजान नीरस दीवारें।

लिखते वक़्त जब भी मेरी नज़र सामने की सफ़ेद दीवार पर जाती है तो मैं सोचने लगता हूँ कि मैं जो लिख रहा हूँ वो इस सफ़ेद दीवार से कहीं अधिक दिलचस्प है। इसलिए मेरा मन पुनः लेखन की ओर लौट आता है। तो सुबह-सुबह का उनींदापन जहाँ मुझे अपसारी चिंतन के लिए आदर्श स्थिति उपलब्ध कराता है, वहीं लिखने की यह नई जगह मेरे विचारों को दूसरी चीज़ों में उलझने से बचाकर थोड़े से अभिसारी चिंतन की भी गुंजाइश बना देती है।

लेकिन अभी भी एक समस्या बाकी है। मैं जो कुछ भी लिखता हूँ वो मुझे बेजान सफ़ेद दीवार की तुलना में तो अधिक दिलचस्प मालूम होता है लेकिन उन बहुत सारी चीज़ों की तुलना में नहीं जो मैं अपने कंप्यूटर पर कर सकता हूँ (लेखन के अतिरिक्त)। तो होता यह है कि जैसे ही मेरे विचारों की श्रृंखला टूटती है (जो कि उनींदेपन के चलते स्वाभाविक है) वैसे ही मेरा ध्यान तुरंत चला जाता है ईमेल चेक करने पर, सोशल मीडिया के संदेशों को देखने-पढ़ने पर, या फिर कंप्यूटर पर

जो भी काम उस समय दिमाग में आया उस पर। चूँकि मेरा प्रीफ्रंटल कॉर्टेक्स अभी ऊँघ रहा होता है, इसलिए वो भटकाव की इस चाह को दबाने का अपना नैसर्गिक काम नहीं कर पाता।

पहले घंटे का नियम

मुझे अपना क्रिएटिव स्वीट स्पॉट तकरीबन मिल गया है। मुझे वो समय पता चल गया है जब मैं देर तक लगातार रचनात्मक बना रहता हूँ, और मुझे वो जगह भी पता चल गई है जहाँ बैठकर मैं खुद को इतना अनुशासित रख पाता हूँ कि अपने ज़ेहन में आ रहीं अंतर्दृष्टियों या नूतन विचारों को अंतिम उत्पादों में बदल सकूँ। लेकिन अभी भी एक और बदलाव बाकी है, तभी सुबह के लेखन-सत्रों का पूरा लाभ मैं ले पाऊँगा। उसी बदलाव को लाने के लिए मैंने इस 'पहले घंटे के नियम' का पालन शुरू किया है।

पहले घंटे का नियम कहता है : अपने दिन का पहला घंटा केवल और केवल उस काम में लगाओ जो तुम्हारे लिए सर्वाधिक महत्वपूर्ण है।

सुनने में यह नियम इतना अधिक सीधा-सरल लगता है कि इसकी प्रभावोत्पादकता पर यकीन करना मुश्किल है। यह नियम भला कैसे काम करेगा जबकि मुझसे न तो इन्टरनेट से दूर रहने के लिए कहा जा रहा है, न वाई-फाई बंद करने के लिए, और न ही किन्हीं ख़ास वेबसाइट्स को ब्लॉक करने के लिए! कहा जा रहा है तो केवल इतना कि मैं सोकर उठने के बाद का कम से कम एक घंटा सिर्फ लिखने में लगाऊँ।

अनुभवी यात्री इस तथ्य से भली-भाँति परिचित होते हैं कि यदि आप ऐसी फ्लाइट से यात्रा करना चाहते हैं जिसके समय से आने की पूरी-पूरी संभावना हो तो सुबह की फ्लाइट ही चुनें। यदि आप दिन में किसी और समय की फ्लाइट चुनेंगे तो पूरी संभावना होगी कि आपको प्रतीक्षालय में बैठकर देर तक प्रतीक्षा करनी पड़ेगी।

पर ऐसा होता क्यों है? क्योंकि सुबह में जितनी जल्दी आप फ्लाइट पकड़ते हैं उतनी ही कम संभावना होती है कुछ गड़बड़ होने की। पिछली रात की देरी वाली फ्लाइट्स आ चुकी होती हैं, क्रू के सदस्य आराम करके तरोताज़ा हो चुके होते हैं, और हवाईजहाज़ों की तकनीकी या मशीनी खराबियों को ठीक कर लिया गया होता है। सुबह की पहली फ्लाइट के वक़्त हर हवाईअड्डा सोकर उठने के बाद वाली ताज़गी से भरा होता है।

ज़िन्दगी भी हवाईअड्डे जैसी ही है। आप जब दिन शुरू करते हैं तो आपके भीतर कोई तनाव नहीं होता, कोई हड़बड़ी नहीं होती। आप पूरी तरह इत्मीनान और खुशमिज़ाजी से भरे होते हैं। पर जैसे-जैसे दिन आगे बढ़ता है, वैसे-वैसे समय के साथ आपकी होड़ शुरू हो जाती है। एक काम में हुई देरी बाद वाले कामों को भी लेट करने लगती है, और बात अंततः कुछेक कामों को रद्द करने तक पहुँच जाती है। दिन के आखिर में मालूम चलता है कि आपको डिनर में फ़ास्टफ़ूड से पेट भरना पड़ा और आप नीचे फर्श पर सो रहे हैं।

यदि आप दिन की शुरुआत सर्वाधिक महत्वपूर्ण काम से करते हैं तो अन्य कामों के अड़चन पैदा करने की संभावना बहुत कम रह जाती है। इसलिए सुबह-सुबह के समय को सोशल मीडिया पर आवारागर्दी करने या ईमेल चेक करने में बर्बाद न करें बल्कि सीधे उस काम में लग जाएँ जो आपके लिए उस समय सबसे ज़्यादा महत्वपूर्ण है। इसे नियम बना लें, धीरे-धीरे यह आपकी आदत बन जाएगा।

दिन के शुरुआती हिस्से में आप अपनी ऊर्जा को किस तरह उपयोग करते हैं इसका प्रभाव दिन के बाकी हिस्से पर भी पड़ता है, बिल्कुल वैसे ही जैसे तालाब के किसी एक हिस्से में बनी भँवर फैलकर पूरे तालाब को आगोश में ले लेती है। पहले घंटे का नियम भी इसका अपवाद नहीं है। इस नियम पर अमल करने से आपके दिन की शानदार शुरुआत होती है क्योंकि आप दिन के पहले हिस्से में ही अपना सबसे महत्वपूर्ण काम पूरा कर चुके होते हैं, इसलिए दिन के बाकी हिस्से में आपको किसी तरह की हड़बड़ी या तनाव नहीं रहता।

दिन की शुरुआत करना लट्टू नचाने जैसा होता है। यदि लट्टू की कील (धुरी) ज़मीन पर सीधी पड़ती है (ज़मीन से 90 अंश का कोण बनाती हुई) तब तो लट्टू संतुलित गति से देर तक घूमता रहता है। लेकिन यदि कील थोड़ी टेढ़ी रही तो लट्टू जल्दी ही असंतुलित होकर रुक जाता है। इसी तरह यदि आप भी अपने दिन की शुरुआत अपनी धुरी पर सीधा घूमने से करते हैं तो फिर आप दिन भर संतुलित गति से घूमते रह सकते हैं। 'पहले घंटे के नियम' को अमल में लाना लट्टू को उसकी धुरी पर सीधा घुमाने जैसा ही है।

इसके अलावा, पहले घंटे का नियम आपके मस्तिष्क को एकाग्र होने के लिए प्रशिक्षित करता है। जब मैंने पहले घंटे के नियम का अभ्यास शुरू किया तो शुरू के दो-एक हफ्ते तो बड़ी दिक्कत हुई। लेकिन तंत्रिका विज्ञान में एक कहावत है – 'जो न्यूरॉन्स बारम्बार एक साथ सक्रिय किए जाते हैं, वे एक समूह बन जाते हैं।' मतलब, जब भी किसी बात को बारम्बार दोहराया जाता है तो वह हमारी आदत में

शामिल हो जाती है। इसीलिए जैसे-जैसे मेरा यह अभ्यास आगे बढ़ता गया, वैसे-वैसे मेरे लिए खुद को दिन के पहले घंटे में ईमेल चेक करने से रोकना आसान होता चला गया। पहले तो मेरे लिए दिन के पहले घंटे में ही एकाग्रचित्त होना मुश्किल होता था, लेकिन धीरे-धीरे मैं दिन भर एकाग्रचित्त रहने का आदी हो गया।

उनींदेपन का उपहार

यह बात आपको सोचने पर मजबूर कर सकती है : यदि उनींदी अवस्था में हमारी रचनात्मकता बढ़ जाती है, तो फिर हम सुबह की बजाए रात को अधिक रचनात्मक क्यों नहीं होते? हमारा क्रिएटिव स्वीट स्पॉट रात में क्यों नहीं होता? और यदि वाकई उनींदेपन का संबंध रचनात्मकता से है तब क्या खुद को ज़्यादा से ज़्यादा जगाए रखकर हम रचनात्मकता की मशीन नहीं बन सकते? नहीं बन सकते। क्यों? हमारा क्रिएटिव स्वीट स्पॉट रात में नहीं बल्कि सुबह-सुबह होता है क्यों रात को हम 'उनींदे' नहीं होते, रात को हम 'निद्रालु' होते हैं। इन दोनों बातों में फर्क है।

उनींदापन धीरे-धीरे नींद से बाहर आने की अवस्था है, जबकि निद्रालुपन क्रमशः नींद में जाने की अवस्था है। उनींदेपन का अर्थ होता है कि आपकी चेतना क्रमशः निष्क्रिय अवस्था से जाग्रत अवस्था में आ रही है। आप जागने की ओर जा रहे हैं क्योंकि नींद की आपकी ज़रूरत पूरी हो चुकी है। जबकि निद्रालु अवस्था में हम जाग्रत से सुप्त अवस्था में जा रहे होते हैं क्योंकि रात तक आते-आते हमारा तन-मन थक चुका होता है, हमारा निद्रा ऋण काफी बढ़ चुका होता है, इसलिए हमें विश्राम की आवश्यकता होती है। यदि आप रात को पर्याप्त नींद ले चुके हैं तो सुबह उठने के बाद आप निद्रालु नहीं होंगे, पर कुछ देर के लिए उनींदे अवश्य रहेंगे।

हम पहले ही चर्चा कर चुके हैं कि रचनात्मक कामों में अपसारी एवं अभिसारी दोनों तरह के चिन्तनों की अपनी-अपनी भूमिका होती है। सुबह का जो उनींदापन होता है वह अपसारी चिंतन के लिए आदर्श परिस्थिति निर्मित करता है। और सुबह-सुबह ऊर्जा का उच्च स्तर (निद्रा ऋण के कम होने के चलते) अभिसारी चिंतन के लिए अनुकूल होता है। यही वजह है कि अधिकांश लोगों की संज्ञानात्मक क्षमताएँ सोकर उठने के दो-एक घंटे बाद चरम पर होती हैं। इस हिसाब से देखें तो आपको चाहिए कि पहले घंटे के नियम पर अमल करते हुए उठने के बाद एक

घंटा काम के अपसारी चिंतन वाले भाग पर केन्द्रित कर लीजिए और उसके बाद का समय अभिसारी चिंतन वाले भाग पर।

इस प्रोजेक्ट की शुरुआत मैंने इसी रणनीति के साथ की है। हर सुबह उठने के बाद का पहला घंटा मैं एक ब्लॉग पोस्ट लिखते हुए बिताता हूँ। इसके बाद का आधा घंटा मैं उस ब्लॉग पोस्ट को संपादित व प्रकाशित करने में लगाता हूँ। इस तरह मैं दिन के पहले घंटे में मौजूद अपसारी चिंतन के अनुकूल वातावरण का और उसके बाद बनने वाले अभिसारी चिंतन वाले वातावरण का पूरा-पूरा लाभ ले लेता हूँ। और चूँकि दिन की शुरुआत में ही मेरा सबसे महत्वपूर्ण काम निपट चुका होता है, इसलिए बाकी का पूरा दिन मैं बेफिक्र रहता हूँ, जिसके चलते मेरी कार्यक्षमता बढ़ जाती है और मैं कहीं ज़्यादा काम कर लेता हूँ।

इसमें तो कोई शक नहीं कि रात को भरपूर नींद लेने के बाद जब सुबह हम उठते हैं तो रचनात्मक काम के लिए बहुत 'उपजाऊ' होते हैं, लेकिन यदि रात को नींद पूरी तरह पूरी न हुई हो तब? तब आप सुबह और भी अधिक रचनात्मक होते हैं। जी हाँ, विभिन्न शोध यह दर्शाते हैं (और मैंने खुद भी महसूस किया है) कि सुबह थोड़ी-सी नींद की कमी के साथ उठने पर हम भरपूर नींद लेकर उठने की तुलना में अधिक रचनात्मक होते हैं। ऐसा क्यों? क्योंकि नींद की कमी वाली सुबह सोकर उठने पर हमारा प्रीफ्रंटल कॉर्टेक्स बड़ी देर तक ऊँघते रहने को मजबूर होता है।

लेकिन मैं कभी भी जानबूझकर नींद में कमी नहीं करता। माना कि नींद की कमी वाली सुबह उठने पर आपको और दिनों की अपेक्षा अधिक अंतर्दृष्टियाँ प्राप्त हो सकती हैं, लेकिन यह मत भूलिए कि नींद की कमी याद्दाश्त पर बुरा असर डालती है। यदि आपको अंतर्दृष्टियाँ याद ही नहीं रहेंगी तो आप उनको आपस में जोड़कर उपयोगी विचारों, संकल्पनाओं और निष्कर्षों में कैसे बदल पाएँगे। (इस विषय में हम अगले अध्याय में विस्तार से बात करेंगे।) भरपूर नींद हमारे मस्तिष्क को चीज़ों को अच्छी तरह याद रखने की क्षमता प्रदान करती है।

लेकिन कभी-कभी, न चाहते हुए भी ऐसी परिस्थितियाँ बन जाती हैं कि मुझे नींद की कमी का सामना करना पड़ जाता है। ऐसे अवसरों पर मैं नींद की कमी से बढ़ने वाली रचनात्मक क्षमता का पूरा-पूरा दोहन करने की कोशिश करता हूँ। चूँकि नींद की कमी से मस्तिष्क की संज्ञानात्मक क्षमताओं पर बुरा असर पड़ता है, इसलिए ऐसे समय में मैं खुद से भली-भाँति संपादित तथा प्रकाशन के लिए

तैयार लेख लिखने की अपेक्षा नहीं करता हूँ। ऐसे समय में मैं कुछ अलग तरह का रचनात्मक चिंतन करता हूँ। जॉन कूनियोस के शब्दों में, "जब आप नींद की कमी से ग्रस्त हों तब बारीकी एवं सजगता की आवश्यकता वाले विस्तृत विश्लेषणात्मक कार्यों की बजाए नए-नए विचारों का सृजन अधिक उत्पादक कार्य होता है।"

दूसरे शब्दों में कहें तो यह उच्च-स्तरीय विचार-मंथन (जिसके बारे में हम आगे विस्तार से बात करेंगे) करने के लिए अच्छा समय होता है। इन विचार-मंथन सत्रों के दौरान जो भी अंतर्दृष्टियाँ या रचनात्मक समाधान या अनूठे विचार मेरे ज़ेहन में आते हैं उन्हें मैं बिना किसी रोक-टोक या तर्क-वितर्क के आने देता हूँ। उनके सही-गलत होने या तार्किक-अतार्किक होने या व्यावहारिक-अव्यावहारिक होने का निर्णय मैं उस समय नहीं करता हूँ। यह काम मैं बाद के लिए रखता हूँ। (इस बारे में हम अध्याय 3 में विस्तार से बात करेंगे।) यह समय 'अन्वेषण' वाली मनःस्थिति में जाने के लिए भी बहुत उपयुक्त होता है। (इस विषय में हम अध्याय-4 में बात करेंगे।) इसके अलावा, यह रचनात्मक अवसरों की तलाश के लिए 'अज्ञात और अप्रत्याशित' को खंगालने का भी उपयुक्त अवसर होता है। (इस बारे में हम अध्याय-7 में विस्तार से बात करेंगे।) मैं एक बार फिर कह रहा हूँ कि जानबूझकर नींद की कमी से ग्रस्त होने के पक्ष में मैं नहीं हूँ, लेकिन मजबूरीवश कभी ऐसा हो जाए तो मैं इस आपदा को अवसर में बदलने से नहीं चूकता हूँ।

मेडेलिन में रहना शुरू करने के शुरुआती कुछ हफ़्तों में ही मुझे अपना क्रिएटिव स्वीट स्पॉट मिल चुका था : सुबह सोकर उठने के बाद का पहला घंटा; तीन ओर से सफ़ेद दीवारों से घिरे कोने में रखी छोटी सी राइटिंग डेस्क पर बैठकर। लेकिन अभी भी मैं यह सोच-सोचकर हैरान था कि आखिर मेडेलिन में ऐसी क्या बात थी कि यहाँ आकर मेरा मन-मस्तिष्क अपना सर्वश्रेष्ठ प्रदर्शन करने लगता है? क्यों मैं सारी दुनिया को छोड़कर इसी जगह की ओर आकर्षित हुआ? ठीक तीन सप्ताह बाद कुछ ऐसा हुआ जिसने मुझे इस बाबत स्पष्ट संकेत दिए।

समय के चलन में बदलाव से दो-चार होना

जैसा कि आप जानते हैं कि मैं पहले भी कई बार मेडेलिन आ चुका था। हर बार तकरीबन दो माह के लिए। और हर बार मैंने एक ख़ास चीज़ ज़रूर नोट की। और यह ख़ास चीज़ हर बार लगभग तीन हफ़्तों के बाद ही घटित हुई।

शिकागो की तुलना में मेडेलिन में ज़िन्दगी की रफ़्तार धीमी है। यहाँ लोग आराम से बात करते हैं, आराम से चलते हैं, आराम से खाते-पीते हैं। हमारे यहाँ

अमरीका में यह नियम है कि एस्केलेटर पर सभी लोग दाईं ओर ही खड़े होते हैं, ताकि यदि किसी को चढ़ना-उतरना हो तो वो बाईं ओर से निकल सके। लेकिन मेडेलिन में ऐसा कोई नियम नहीं है। यहाँ लोग दाएँ, बाएँ, बीच में; कहीं भी खड़े हो जाते हैं। हालाँकि यह कोई समस्या वाली बात नहीं है क्योंकि प्रायः चलते हुए एस्केलेटर में सीढ़ियाँ चढ़ने-उतरने की आवश्यकता होती ही नहीं है।

जब-जब भी मैं मेडेलिन आया हूँ, मेरे साथ चीज़ें इसी तरह हुई हैं : पहले हफ्ते के दौरान यहाँ की धीमी रफ़्तार मुझे ताज़ा हवा के झोंके की तरह सुखद और स्वागत-योग्य बदलाव मालूम होती है। दूसरे सप्ताह के दौरान, जब कि मैं एक नियमित दिनचर्या के मुताबिक़ रहना और काम करना शुरू कर रहा होता हूँ, मुझे उसी धीमी रफ़्तार से असुविधा महसूस होना शुरू हो जाती है। किराने की दुकान पर 20-30 मिनट लाइन में खड़े रहना अखरने लगता है। जिम का बिना किसी पूर्व-सूचना के अचानक बंद हो जाना (मरम्मत के लिए) खिजाने लगता है। और तीसरा हफ्ता ख़त्म होते-होते तो कोई न कोई ऐसा बड़ा काण्ड ज़रूर होता है जिससे मेरा धैर्य पूरी तरह चुक जाता है। लेकिन धैर्य चुकने के उस पल में ही मेरे भीतर एक बड़ा भारी बदलाव आता है।

इस बार जब मैं स्थाई रूप से बसने के लिए मेडेलिन आया, तब भी चीज़ें इसी तरह हुईं। इस बार तीसरे हफ्ते के आखिर में जो बड़ा काण्ड हुआ वो एक कॉन्सर्ट से जुड़ा था। मैं एक कॉन्सर्ट देखने के लिए थिएटर पहुँचा तो पाया कि गेट पर ताला लटका हुआ था। सीढ़ियों पर मौजूद एक बिल्ली के अलावा वहाँ और कोई नहीं था। मैं हकबका गया। मैंने फोन पर उस कॉन्सर्ट की वेबसाइट चेक की। दिन भी सही था, जगह भी सही थी, और समय भी सही था। वेबसाइट पर कैंसिल का कोई नोटिस पोस्ट नहीं किया गया था। 'ऐसा तो नहीं कि यह थिएटर का पिछला दरवाज़ा हो?' मैंने मन ही मन सोचा। मैं घूमकर थिएटर के दूसरी ओर गया तो वहाँ मुझे एक चौकीदार दिखाई दिया। उसने बताया कि कॉन्सर्ट रद्द हो गया था। क्यों? क्योंकि थिएटर में कुछ टूट-फूट हो गई थी, जिसे ठीक कराए बिना कॉन्सर्ट नहीं हो सकता था।

मेरा दिमाग घूम गया। और क्यों न हो, कॉन्सर्ट के टिकट खरीदने के लिए मुझे अच्छी-खासी मशक्क़त करनी पड़ी थी। चूँकि कॉन्सर्ट की वेबसाइट पर मेरा विदेशी क्रेडिट कार्ड एक्सेप्ट नहीं किया जा रहा था, इसलिए मुझे एक टिकट कीओस्क तक जाना पड़ा। वहाँ पहुँचा तो पता चला कि सिस्टम डाउन है। अगले दिन मैं फिर गया। तब भी सिस्टम डाउन था। (कल से ही डाउन नहीं था, आज

फिर डाउन हो गया था।) मुझसे कहा गया कि थोड़ी देर इंतज़ार कर लें। यह थोड़ी देर पूरे पैंतालीस मिनट चली। तब कहीं जाकर मुझे टिकट मिला।

लेकिन थिएटर पहुँचने पर पता चला कि कॉन्सर्ट कैंसिल हो चुका था। अपनी हताशा को नियंत्रित करते हुए मैं टिकट का पैसा वापस लेने टिकट खिड़की पर गया। लेकिन किसी तकनीकी खराबी की वजह से वहाँ मौजूद स्टाफ ऐसा करने में नाकाम रहा। मुझसे शहर के दूसरे छोर पर मौजूद एक अन्य टिकट कीओस्क पर जाने के लिए कह दिया गया। मैं वहाँ पहुँचा तो मालूम हुआ कि उस दिन वह बंद था। मुझे अगले दिन आने के लिए कह दिया गया।

अगले दिन दोपहर के अपने सब काम छोड़-छाड़कर मैं पैसे वापस लेने पहुँचा। आधे घंटे तक लाइन में खड़ा रखने के बाद मुझसे कहा गया कि चूँकि मेरे पास विदेशी क्रेडिट कार्ड है इसलिए उस पर रीफंड नहीं हो सकता। तो फिर? तो मुझे एक फॉर्म भरकर देना होगा, जिसे वे लोग होम ऑफिस भेजेंगे। इसके बाद तकरीबन दो हफ्ते लगेंगे मुझे मेरे पैसे वापस मिलने में। मैंने हर तरह से उन्हें समझाने-मनाने की कोशिश की, लेकिन वे हाथोंहाथ पैसे लौटाने को राज़ी नहीं हुए तो नहीं ही हुए।

मैं गुस्से से उबल रहा था, पर कोई और चारा न देखकर मैंने फॉर्म भरकर दे दिया और बाहर आ गया। मैं बुरी तरह भन्नाया हुआ था। इस कॉन्सर्ट को लेकर शुरू से आखिर तक कुछ भी सही नहीं हुआ था। टिकट खरीदने में झंझट, टिकट वापस करने में झंझट, और कॉन्सर्ट तो खैर हुआ ही नहीं। इतना पैसा खर्च करने के बाद मुझे क्या मिला? दर-दर भटकना। (मैं मन ही मन सोचने लगा कि कहीं ऐसा न हो कि अपना पैसा वापस पाने के लिए मुझे अमेरिकन एक्सप्रेस को फ़ोन करके चार्जबुक की दरख्वास्त करनी पड़े। और आखिर में वाकई मुझे यही करना पड़ा!)

मेडेलिन में इस तरह के काण्डों से दो-चार होने की मुझे आदत पड़ चुकी थी, इसलिए मुझे ज़्यादा हैरानी नहीं थी और मैं आगे आने वाली दिक्कतों का सटीक अनुमान लगा पा रहा था। लेकिन यह बात मुझे बराबर हैरान कर रही थी कि इस बार भी यह काण्ड ठीक तीन हफ्ते बाद हुआ था!

टिकट कीओस्क से बाहर निकलकर जब मैं फुटपाथ पर पहुँचा तो गुस्से और हताशा से भरा हुआ था। मैं खुद को इस कदर असहाय महसूस कर रहा था कि न तो आपे में रह पा रहा था और न ही खुलकर फट पा रहा था। लेकिन थोड़ी देर बाद अपने आप मेरे भीतर अथाह शांति छा गई। इतने हफ़्तों से भीतर जमा हो रही झल्लाहट, चिढ़चिढ़ाहट और कुढ़न एकाएक छूमंतर हो गई। ऐसा लगा जैसे

इतने दिनों से भीतर चल रहा संघर्ष एकाएक थम गया; अचानक से युद्ध-विराम हो गया। मेरी पीठ, गर्दन तथा कन्धों की मांसपेशियाँ इस तरह रिलैक्स्ड हो गईं मानो महीनों से उनमें जमा हो रहा तनाव एकाएक हट गया हो। मैं खुद को बहुत ही हल्का महसूस करने लगा। बंधन-मुक्त। बेहद खुश, बेहद उत्साहित।

यह अनुभव मुझे अपने हर मेडेलिन प्रवास के दौरान हुआ था। और मैं अकेला नहीं था जिसे यह अनुभव हो रहा था, मैंने इस बारे में वहाँ रह रहे जितने भी अप्रवासियों से बात की थी उन सबको भी यह अनुभव हुआ था। सबके साथ यही होता था कि कुछ समय मेडेलिन में रहने के बाद कोई ऐसा काण्ड होता था जिससे वे बुरी तरह आप खो देते थे, लेकिन उसके बाद अचानक उनके भीतर ऐसा आश्चर्यजनक बदलाव आता था कि लगता था जैसे वे किसी और ही दुनिया में पहुँच गए हो; जैसे उनका सम्पूर्ण कायापलट हो गया हो। इस बदलाव को मैं 'समय के चलन में बदलाव के प्रति अनुकूलन' का नाम देता हूँ।

यहाँ हफ्ते में आठ दिन क्यों होते हैं?

सामाजिक मनोविज्ञानी रॉबर्ट लेविन ने दुनिया भर में समय के प्रति दृष्टिकोण का अध्ययन किया है। उन्हें स्पष्ट रूप से समय के प्रति दो परस्पर भिन्न प्रकार के दृष्टिकोण दिखाई दिए। पहला है समय का घड़ी-आधारित दृष्टिकोण। और दूसरा है समय का घटना-आधारित दृष्टिकोण। विश्व की कुछ संस्कृतियों में लोग घड़ी को समय का सूचक मानते हैं। वे हर काम घड़ी देखकर करते हैं। जब घड़ी में इतने बजेंगे तो नाश्ता करेंगे, उतने बजेंगे तो लंच करेंगे; इतने बजेंगे तो ये मीटिंग करेंगे, उतने बजेंगे तो वो मीटिंग करेंगे। लेकिन कुछ अन्य संस्कृतियाँ हैं जो घड़ी को नहीं वरन घटनाओं को समय का सूचक मानती हैं। जब भूख लगेगी तब खाना खाएँगे। अमुक मीटिंग दोपहर के भोजन के बाद करेंगे। मीटिंग तब तक चलेगी जब तक कि उसका उद्देश्य पूरा नहीं हो जाता। यदि तब तक दुबारा भूख नहीं लग आई तो अगली मीटिंग भी तभी कर लेंगे।

चूँकि मैं घड़ी-आधारित दृष्टिकोण वाली संस्कृति में पैदा हुआ और पला-बढ़ा हूँ, इसलिए समय के घटना-आधारित दृष्टिकोण से परिचय होने के बाद भी मुझे इसे समझने और इसके मुताबिक़ सोचने का आदी होने में थोड़ा समय लगा। इस दृष्टिकोण को समझने का सबसे अच्छा तरीका है यह जानना कि कोलंबिया में (तथा उन सभी देशों में जहाँ लोग समय के घटना-आधारित दृष्टिकोण को अपनाए हुए हैं) लोग सम्पूर्ण विश्व में प्रचलित सात-दिवसीय सप्ताह को किस तरह देखते हैं।

यदि आप किसी कोलंबियाई के साथ आज से एक हफ्ते बाद मुलाक़ात का समय तय करें तो वह कहेगा कि मुलाक़ात आठ दिन बाद है।

पहली बार जब मैंने यह सुना तो बुरी तरह चकरा गया। *'आज बुधवार है, तो आठ दिन मतलब अगले गुरुवार?'* मैंने मन ही मन सोचा। घड़ी-आधारित दृष्टिकोण का अनुकरण करने वाली संस्कृति के लोगों के लिए तो यह मुलाक़ात सात दिन बाद होनी चाहिए, क्योंकि आज के दिन से मुलाक़ात के दिन के बीच धरती अपनी धुरी पर सात बार ही घूमेगी। लेकिन घटना-आधारित दृष्टिकोण वाले लोगों के मुताबिक़ ये सात नहीं बल्कि आठ दिन होंगे, क्योंकि आज का दिन भी एक घटना है जो कि अभी समाप्त नहीं हुई है। तो आज के दिन और मुलाक़ात के दिन के बीच छः दिन और हैं, यानी कि छः घटनाएँ और हैं। जिस दिन मुलाक़ात होनी है वो भी एक घटना है। तो इस तरह 'एक + छः + एक = आठ'। मतलब, आज के दिन से एक सप्ताह आठ दिन बाद हुआ। इसीलिए मुलाक़ात आठ दिन बाद होगी।

लेकिन आठ दिन के इस सप्ताह का बीटल्स के 'ऐट डेज़ ए वीक' गीत से कोई लेना-देना नहीं है। वह गीत तो एक लिमोज़िन चालक के पॉल मेकार्टनी को लक्ष्य करके की गई इस उद्घोषणा से प्रेरित था कि 'ज़रा इस बात की ओर भी ध्यान दीजिए कि मुझे कितना अधिक काम करना पड़ रहा है'। उस वाहन चालक के 'सप्ताह में आठ दिन काम करने' का आशय यह बताना था कि 'मैं अपना 110% दे रहा हूँ'। पर समय के घटना-आधारित दृष्टिकोण वाली संस्कृतियाँ जब सप्ताह में आठ दिन गिनती हैं तो उसके पीछे यही वजह होती है कि वे हर दिन को एक स्वतंत्र घटना के रूप में देखती हैं। यह वाकई एक नया और अनूठा दृष्टिकोण है जिसमें आज को भी गिना जाता है।

लेकिन घड़ी-आधारित दृष्टिकोण के आदी लोगों के लिए यह नया दृष्टिकोण अक्सर भ्रमित करने तथा कभी-कभी खिजाने वाला साबित होता है। वे जब देखते हैं कि केवल एक एवोकेडो खरीदने के लिए भी बीस मिनट लाइन में खड़ा होना पड़ेगा तो उनका दिमाग इसे सच मानने को तैयार ही नहीं होता। जबकि लाइन में उनके आगे-पीछे खड़े लोगों के लिए यह एक सहज-स्वाभाविक बात होती है और वे कहते हैं, *"इसमें परेशानी की क्या बात है? जब नंबर आएगा तब आएगा।"*

आपको याद होगा कि कुछ पैराग्राफ्स पहले मैंने मेडेलिन में लगभग तीन सप्ताह बिता लेने के बाद एक बड़े काण्ड का शिकार होने, बुरी तरह आपा खो देने, और उसके बाद एकाएक अपने भीतर आने वाले एक आश्चर्यजनक बदलाव का ज़िक्र किया था। वह बदलाव वास्तव में 'समय के घड़ी-आधारित दृष्टिकोण को

तजकर घटना-आधारित दृष्टिकोण के समक्ष समर्पण कर देने' की घटना थी। जब यह बदलाव घटता है तो मेरा आंतरिक संवाद बदल जाता है। मैं खुद से कहने लगता हूँ, "चीज़ें एक बार में न भी हों तो क्या हर्ज़ है; देर-सवेर सही, पर हो तो जाती ही हैं।" कोलम्बियाई लोग अक्सर कहते हैं, "नो पासा नादा', जिसका हिंदी में मतलब होता है, "कुछ नहीं होगा।" असल में वे कहना चाहते हैं, *"क्यों चिंता करते हो, चिंता करने से कुछ नहीं होगा, जिस काम को जब होना होगा तब हो जाएगा।"* इस शाही फलसफे के मुताबिक़ जीने वाले लोगों को किसी काम में होने वाली देर-सवेर परेशान नहीं करती, बल्कि वे इस बात की चिंता करना ही छोड़ देते हैं कि किसी काम में कितना समय लगेगा। लेकिन घड़ी-आधारित दृष्टिकोण वाले लोग यह सब देखकर अपना आपा खो बैठते हैं। उनके लिए यह सोच-सोचकर इस फलसफे को हज़म करना बहुत मुश्किल हो जाता है कि यदि इसके मुताबिक़ चले तो एक भी काम तय समय पर नहीं होगा।

हो सकता है कि समय को लेकर इन दोनों परस्पर विपरीत दृष्टिकोणों के संदर्भ में मैंने जो कुछ भी कहा है वो राजनीतिक रूप से आपको गलतबयानी मालूम हो। यदि आपको यह गलत लगता है तो कृपया खुद से पूछें : क्या ऐसा इसलिए लग रहा है क्योंकि आप किसी एक दृष्टिकोण को दूसरे की तुलना में श्रेष्ठ मानते हैं? समस्या यहीं है।

टैमर एवनेट तथा ऐनी-लॉर सेलियर ने अपने एक अध्ययन में पाया है कि घड़ी-आधारित और घटना-आधारित दोनों दृष्टिकोणों को अपनाकर अच्छे परिणाम पाए जा सकते हैं। कब कौन सा दृष्टिकोण अच्छे परिणाम देगा यह इस बात पर निर्भर करता है कि आप करना क्या चाहते हैं।

रचनात्मकता एक भूलभुलैया है, कोई सीधा-सपाट रास्ता नहीं

यदि आप मात्रात्मक रूप से (क्वांटिटेटिव) अधिक उत्पादक होना चाह रहे हैं तो आपको घड़ी-आधारित दृष्टिकोण अपनाना चाहिए। यदि आपको ईंटों की चुनाई करके दीवार खड़ी करनी है तो फ्रेडरिक टेलर के हर गतिविधि को नाप-तौल कर किए जाने वाले तरीके से आप ज़्यादा जल्दी दीवार खड़ी करने में सफल रहेंगे। यह घड़ी-आधारित तरीका है। लेकिन यदि आप गुणात्मक रूप से (क्वालिटेटिव) अधिक उत्पादक होना चाह रहे हैं तो आपको घटना-आधारित दृष्टिकोण अपनाना

चाहिए। यदि आपको यह तय करना हो कि शादी की सालगिरह के मौके पर अपने साथी को क्या उपहार दें तो यहाँ 'सही' उपहार का चयन अधिक महत्वपूर्ण होगा बनिस्बत 'जल्दी' तय किए गए उपहार के।

एवनेट और सेलियर का अध्ययन यह भी दर्शाता है कि ये दोनों दृष्टिकोण पूरी तरह से संस्कृति-आधारित नहीं हैं। हम में से अधिकांश लोग आवश्यकतानुसार कभी इस तो कभी उस दृष्टिकोण को अमल में लाते रहते हैं।

जब आप अपने क्रिएटिव स्वीट स्पॉट की तलाश कर रहे हों तब घटना-आधारित दृष्टिकोण ज़्यादा अच्छा चुनाव होता है। क्यों? क्योंकि रचनात्मकता निर्भर करती है अंतर्दृष्टियों पर, और अंतर्दृष्टियों के आने का कोई निश्चित समय नहीं होता। वे किसी भी पल कौंध सकती हैं। लेकिन वो पल कब आएगा इसकी कोई गारंटी नहीं होती। इसीलिए तो जॉन कूनियोस ने अंतर्दृष्टियों की बात करते समय 'अचानक' पर ज़ोर दिया है।

जब हम कोई शब्द-त्रयी पहेली सुलझाने का प्रयास करते हैं तो हम अपसारी चिंतन का आश्रय लेते हैं। अपसारी चिंतन करते हुए हम उन सभी शब्दों के बारे में सोचते हैं जिनका तीनों संकेत-शब्दों से पास या दूर का संबंध मालूम पड़ता है। इस प्रक्रिया में अनेक बार हम इस नतीजे पर पहुँचते हैं कि अमुक-अमुक शब्द पहेली का हल नहीं है। इसे हम भूल-भुलैया से बाहर आने का मार्ग तलाशते समय बंद सिरों पर पहुँचना कहते हैं, यानी कि ऐसे मार्गों को पकड़ना जो अपने अंतिम छोर पर बंद हैं।

'पाइन, क्रेब तथा सॉस' शब्द-त्रयी पहेली को सुलझाते समय आपके मस्तिष्क की स्थिति कुछ इस तरह दिखाई पड़ती है :

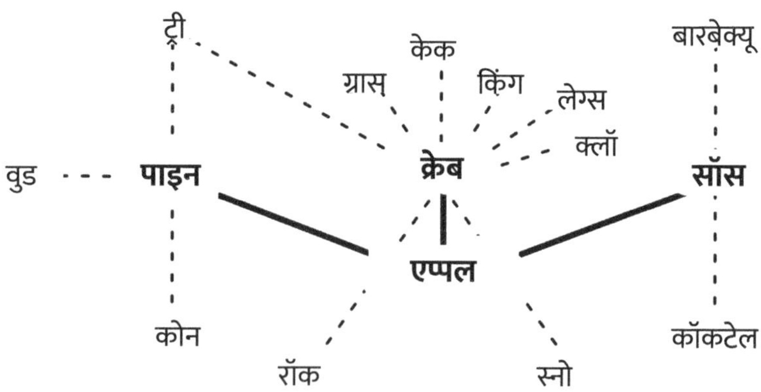

यद्यपि अधिकांश लोग इन शब्द-त्रयी पहेलियों को अंतर्दृष्टियों के माध्यम से ही हल करते हैं, परन्तु हर व्यक्ति ऐसा ही करता हो यह सच नहीं है। कुछ लोग बताते हैं कि वे तार्किक व विश्लेषणात्मक चिंतन के माध्यम से सही हल तक पहुँचते हैं, और जब ऐसे लोगों के मस्तिष्क का अध्ययन किया जाता है तो वहाँ होने वाली गतिविधियों से इस बात की पुष्टि होती है।

शब्द-त्रयी पहेलियों को हल करने की प्रक्रिया रचनात्मक चिंतन (अपसारी + अभिसारी) का अच्छा उदाहरण है। पर जो विशुद्ध तार्किक समस्याएँ होती हैं उन्हें हल करने की प्रक्रिया इन पहेलियों को हल करने की प्रक्रिया से भिन्न होती है। और इन दोनों प्रक्रियाओं के बीच जो भिन्नता है उससे यह समझा जा सकता है कि क्यों रचनात्मक चिंतन के लिहाज़ से समय का घटना-आधारित दृष्टिकोण अधिक कारगर होता है।

यदि आप किसी शब्द-त्रयी पहेली को तार्किक व विश्लेषणात्मक प्रक्रिया के माध्यम से हल करने की कोशिश करें तो उसकी प्रक्रिया उसी सुविचारित व क्रमिक प्रक्रिया जैसी होगी जिसके बारे में हम पिछले पन्नों पर चर्चा कर चुके हैं। मतलब कि आपने पहले एक ऐसा शब्द सोचा जो 'पाइन' से अच्छी तरह जुड़ाव रखता हो। वह शब्द था 'एप्पल'। फिर आपने सुविचारित ढंग से आगे बढ़ते हुए 'एप्पल' की अन्य दो संकेत शब्दों – 'क्रेब' तथा 'सॉस' - के साथ सम्बद्धता की जाँच की। और इस तरह आप हल तक पहुँच गए। यह हुई तार्किक व विश्लेषणात्मक चिंतन प्रक्रिया। इस प्रक्रिया का एक और रूप भी संभव है। आप प्रत्येक संकेत शब्द के लिए अधिकाधिक ऐसे शब्द सोचेंगे जिनकी उन संकेत शब्दों के साथ मज़बूत सम्बद्धता हो, फिर उन सभी शब्दों की अन्य दो संकेत शब्दों के साथ सम्बद्धता जाँचेंगे, और इस तरह हल तक पहुँच जाएँगे।

पर कुछ समस्याएँ ऐसी होती हैं कि उन्हें अंतर्दृष्टियों के माध्यम से हल करना नामुमकिन होता है। उन्हें विश्लेषण के माध्यम से ही सुलझाया जा सकता है। यदि मैं आपसे ताश की गड्डी में से कोई पत्ता खींचे जाने पर उसके बादशाह और बेगम वाला पत्ता होने की प्रायिकता पता करने के लिए कहूँ तो यह काम आप अंतर्दृष्टि के माध्यम से नहीं करेंगे। इसके लिए तो आप तार्किक व विश्लेषणात्मक चिंतन प्रक्रिया ही अपनाएँगे। सबसे पहले आप ताश की गड्डी में बादशाह और बेगम वाले पत्तों की कुल संख्या पता करेंगे। फिर आप यह गिनेंगे कि ताश की गड्डी में कुल कितने पत्ते हैं। इसके बाद आप बादशाह और बेगम वाले पत्तों की संख्या को गड्डी के कुल पत्तों की संख्या से भाग देकर प्रायिकता पता कर लेंगे।

यदि गणित के मामले में आपका दिमाग बहुत अच्छा है तो संभव है कि बिना उपरोक्त प्रक्रिया से गुज़रे ही आपका दिमाग बादशाह और बेगम वाले पत्तों की प्रायिकता तक पहुँच जाए, लेकिन इसे अंतर्दृष्टि नहीं बल्कि इन्ट्यूशन कहा जाएगा। इसके पीछे गणितीय समस्याओं को सुलझाने के आपके गहन अनुभव का हाथ होता है।

अब आप समझ गए होंगे कि विशुद्ध तार्किक व विश्लेषणात्मक समस्या को सुलझाने की प्रक्रिया किसी अंतर्दृष्टि-आधारित समस्या को सुलझाने की प्रक्रिया से किस प्रकार भिन्न होती है। विशुद्ध तार्किक व विश्लेषणात्मक समस्या के समाधान के लिए आप एक चरणबद्ध प्रक्रिया का अनुसरण करते हैं। हर चरण के साथ आप समाधान के और करीब पहुँचते जाते हैं। किसी तार्किक व विश्लेषणात्मक समस्या को आप कई पालियों (शिफ्ट्स) में भी बाँट सकते हैं। मसलन, आपने गड्डी में बादशाह और बेगम वाले पत्तों की कुल संख्या गिनी, फिर उस गड्डी को रात की पाली में काम करने वाले कामगार को सौंप दिया। उसने गड्डी के कुल पत्तों की संख्या गिनी। फिर सुबह आकर आपने प्रायिकता की गणना कर ली।

यह प्रक्रिया सीधी रेखा में चलती है : आप गिनते हैं कि गड्डी में चार पत्ते बादशाह के और चार बेगम के हैं, यानी कि कुल आठ पत्ते हैं। इस संख्या को आप गड्डी के पत्तों की कुल संख्या, यानी कि बावन से भाग दे देते हैं। इस प्रकार आपको पता चल जाता है कि ताश के पत्तों की एक मानक गड्डी में से बादशाह एवं बेगम के पत्तों के निकलने की प्रायिकता पंद्रह प्रतिशत होगी।

4 (राजा) → **+** → **4** (रानियाँ) → **=** → **8** → **÷** → **52** → **=** → **15%**

यह प्रक्रिया शब्द-त्रयी पहेली को सुलझाने के लिए अपनाई गई उस प्रक्रिया से भिन्न है जिसमें हमें कई बंद सिरे मिलते हैं, कई सारे रास्तों से हमें खाली हाथ लौटना पड़ता है। अंतर्दृष्टि के माध्यम से किसी समस्या को सुलझाने की प्रक्रिया में हमें बहुत सारे अलग-अलग रास्तों पर निकलना पड़ता है और हमें नहीं पता होता कि उनमें से कौन सा रास्ता हमें समाधान तक पहुँचाएगा। हम हर एक रास्ते पर आगे बढ़ते हैं और बहुत सारे रास्तों से खाली हाथ लौटने के बाद किसी एक रास्ते के माध्यम से समाधान तक पहुँचते हैं। लेकिन तार्किक विश्लेषण के माध्यम से किसी समस्या का समाधान करते समय हम एक ही रास्ता पकड़ते हैं और उस पर

कदम-दर-कदम आगे बढ़ते हैं। अंतर्दृष्टि-आधारित रचनात्मक चिंतन जहाँ रास्तों के एक भूल-भुलैया की तरह होता है, वहीं तार्किक व विश्लेषणात्मक चिंतन सीधे सपाट रास्ते की तरह।

अब आप समझ सकते हैं कि क्यों और कैसे समय का घड़ी-आधारित दृष्टिकोण तार्किक व विश्लेषणात्मक चिंतन के अधिक अनुकूल ठहरता है। तार्किक व विश्लेषणात्मक चिंतन की प्रक्रिया सीधे सपाट रास्ते पर कदम-दर-कदम आगे बढ़ने जैसी होती है। चूँकि रास्ता सीधा-सपाट है, इसलिए आप इस बात का सटीक अनुमान लगा सकते हैं कि हर एक कदम बढ़ने में कितना समय लगेगा। इसी तरह आप यह भी समझ सकते हैं कि क्यों और कैसे समय का घटना-आधारित दृष्टिकोण अंतर्दृष्टि-आधारित चिंतन के अधिक अनुकूल ठहरता है। अंतर्दृष्टि-आधारित चिंतन के माध्यम से भूल-भुलैया वाली पहेलियाँ हल करने के लिए हमें एक-एक करके कई सारे रास्तों पर चलकर देखना पड़ता है, जिनमें से एक को छोड़कर बाकी सभी पर हमें नाकामी हाथ लगती है। आखिर में हम उस एक सही रास्ते के माध्यम से सही समाधान तक पहुँचते हैं। पर उस सही रास्ते का मिलना और उसके माध्यम से सही समाधान तक पहुँचना 'अचानक' होता है। एकाएक हमारे ज़ेहन में बिजली-सी कौंधती है और हमें समाधान सूझ जाता है। लेकिन यह 'अचानक' कब घटित होगा, इसकी कोई गारंटी नहीं होती।

विभिन्न शोध अध्ययनों से एक यह दिलचस्प बात भी सामने आई है कि समय का घटना-आधारित दृष्टिकोण सकारात्मक मनःस्थिति निर्मित करता है। यानी कि इस दृष्टिकोण को अपनाने वाले लोगों का मूड ज़्यादा अच्छा रहता है। और यह बात भी स्थापित सत्य है कि जब हम सकारात्मक मनःस्थिति में, मतलब अच्छे मूड में होते हैं तब हमें अधिक आसानी से अंतर्दृष्टियाँ प्राप्त होती हैं। एवनेट और सेलियर का 'घटना-आधारित दृष्टिकोण अपनाने वाले लोगों बनाम घड़ी-आधारित दृष्टिकोण अपनाने वाले लोगों' पर किए गए शोध-अध्ययन का निष्कर्ष कहता है कि घड़ी-आधारित दृष्टिकोण अपनाने वाले लोगों की तुलना में घटना-आधारित दृष्टिकोण अपनाने वाले लोग कहीं अधिक सकारात्मक भावनाओं से भरे होते हैं। ऐसा इसलिए क्योंकि वे हर दम घड़ी की ओर देख-देखकर और यह सोच-सोचकर हलाकान नहीं होते रहते कि 'कब कितने बजे क्या करना है'। इसके चलते वे समय की कमी या समय से पिछड़ने के अहसास के चलते उत्पन्न होने वाले तनाव एवं नकारात्मक भावनाओं से मुक्त रहते हैं। वे पूरी तरह वर्तमान में जीते हैं। सरल शब्दों में कहें तो घटना-आधारित दृष्टिकोण लोगों को अधिक प्रसन्नचित्त

बनाता है, और मेडेलिन के निवासियों का आम तौर पर जिस तरह का मूड रहता है उससे इस बात की पुष्टि होती है। मैंने यहाँ आने वाले बहुत सारे अमरीकियों को यह कहते पाया है कि यहाँ के लोग हमेशा बड़े अच्छे मूड में रहते हैं। 'लाइफहैक बूटकैंप' वाले डेमिर बेंटले भी यही कहते हैं। उनके शब्दों में, "मुझे मेडेलिन में रहना इसलिए भी पसंद है क्योंकि यहाँ मुझे और जगहों की तुलना में कहीं अधिक खुश चेहरे दिखाई पड़ते हैं।"

कई सारी कम्पनियों की कार्य-संस्कृति ऐसी है कि वहाँ रचनात्मकता की कोई गुंजाइश ही नहीं बचती। वहाँ हर काम को पूरा करने के लिए समय-सीमाएँ तय कर दी जाती हैं और इन समय-सीमाओं में किसी भी तरह की ज़रा-सी भी ढील या रद्दोबदल मंज़ूर नहीं की जाती। इसके चलते कर्मचारियों की एक नज़र घड़ी पर ही टिकी रहती है। वे हरदम इस तनाव से भरे रहते हैं कि समय तेज़ी से बीत रहा है और उनके पास काम पूरा करने के लिए पर्याप्त समय नहीं है। इसे वैज्ञानिक भाषा में 'टाइम प्रेशर' या 'समय का दबाव', जबकि आम बोलचाल की भाषा में 'व्यस्त होना' कहते हैं। इसके चलते व्यक्ति काम की रचनात्मक गुणवत्ता पर ध्यान ही नहीं दे पाता।

उधार के समय की ऊँची ब्याज-दर

हार्वर्ड के एक अध्ययन में पाया गया है कि ज्ञान-आधारित कामों में लगे कर्मचारी जितने अधिक व्यस्त होते हैं, उनकी रचनात्मकता में उतनी ही अधिक कमी देखने को मिलती है। इस अध्ययन के मुताबिक़ कर्मचारियों की व्यस्तता जितनी बढ़ती जाती है, उसी अनुपात में उनकी रचनात्मक चिंतन संबंधी गतिविधियों (मसलन विचार-मंथन) में संलग्नता कम होती जाती है। व्यस्तता बढ़ने के साथ उनके मस्तिष्क में अंतर्दृष्टियाँ उत्पन्न होने की दर कम होती जाती है, और उनके सहकर्मी भी यह महसूस करने लगते हैं कि उनके काम की रचनात्मक गुणवत्ता कम हो रही है।

रचनात्मकता पर व्यस्तता का यह नकारात्मक प्रभाव एक जैसी दर से बढ़ता हो ऐसा नहीं है। उपरोक्त अध्ययन में पाया गया कि थोड़ा व्यस्त होने पर जहाँ कर्मचारियों की रचनात्मकता में लगभग 19% की कमी आई, वहीं अत्यधिक व्यस्त होने पर रचनात्मकता में यह गिरावट एकदम से बढ़कर 45% पर पहुँच गई!

हमने पिछले अध्याय में देखा था कि पारंपरिक सोच से उत्पन्न हुआ 'समय ही धन है' का रूपक केवल उस समय पर लागू होता है जिसे हम किसी काम में लगा रहे हैं। 'अप्रयुक्त' समय पर यह लागू नहीं होता। पारंपरिक सोच यह मानती है कि जो समय बिना कुछ किए बीत गया वो समझो बेकार गया, क्योंकि गुज़रे हुए समय का पुनः उपयोग तो किया ही नहीं जा सकता, जबकि 'अप्रयुक्त' धन पर तो ब्याज मिलता है। लेकिन यह सोच सरासर गलत है क्योंकि अप्रयुक्त समय हमारी रचनात्मकता बढ़ाता है, जिसके चलते हमारे कामों की गुणवत्ता बढ़ जाती है।

हार्वर्ड के उपरोक्त अध्ययन के परिणामों ने 'समय ही धन है' वाली बात को एक नए संदर्भ में सामने रखा है। जब आपके पास धन की कमी होती है तो आप धन उधार लेते हैं, जिस पर आपको ब्याज देना पड़ता है। ब्याज की यह रकम भविष्य की आपकी आय में कटौती करती है। इसी तरह अत्यधिक व्यस्तता के चलते जब आपके पास समय की भारी कमी हो जाती है तब आप समय उधार लेते हैं। इस उधारी का ब्याज आपको रचनात्मकता के खाते से चुकाना पड़ता है। यदि आप थोड़े से ही व्यस्त हैं तब तो फिर भी ठीक है क्योंकि 19% ब्याज तो क्रेडिट कार्ड पर भी हम चुकाते ही हैं, उससे हम पर कुछ ज़्यादा बोझ नहीं पड़ता। लेकिन जब 45% ब्याज चुकाना पड़े तब? तब तो दीवालिया होने से कोई नहीं बचा सकता।

चक्रवृद्धि ब्याज संसार की सबसे ज़्यादा हैरतअंगेज़ चीज़ों में से एक है। केवल 1% प्रतिदिन के मामूली चक्रवृद्धि ब्याज से आपकी रकम महज़ दो महीनों में दोगुनी हो जाती है। और इसी तरह का ब्याज जब उधार लिए गए समय पर लगता है तो वह उधारी भी इसी रफ़्तार से बढ़ती जाती है और चुकाए-चुकाए नहीं चुकती। यदि अत्यधिक व्यस्तता के चलते आपको अपनी रचनात्मकता के भविष्य खाते से लगातार उधार लेना पड़ रहा है तो यकीन जानिए कि इसका परिणाम विनाशकारी हो सकता है। उधार तो आप आज लेते हैं लेकिन उसका ब्याज आपको कल चुकाना पड़ता है।

उपरोक्त अध्ययन में पाया गया है कि अत्यधिक व्यस्तता आपकी सिर्फ आज की रचनात्मक गुणवत्ता पर ही असर डालती हो ऐसा नहीं है। इसका असर कल की गुणवत्ता पर भी पड़ेगा। परसों की गुणवत्ता पर भी पड़ेगा। जब तक आप वर्तमान प्रोजेक्ट पर काम करते रहेंगे तब तक पड़ता रहेगा। यह असर वास्तव में चक्रवृद्धि ब्याज की तरह बढ़ता जाता है और इस तरह आपको अत्यधिक व्यस्तता की बहुत भारी कीमत चुकानी पड़ती है।

मेरे लिए समय के चलन में बदलाव के हिसाब से ढलना तब तक संभव नहीं हो पाया था जब तक कि मैं उस बड़े काण्ड का शिकार होकर खुद को पूरी तरह असहाय महसूस करने की कगार पर नहीं पहुँच गया। गुस्से और असहायता के उस तूफ़ान के गुज़र जाने के बाद ही मेरे लिए घड़ी-आधारित दृष्टिकोण को छोड़कर घटना-आधारित दृष्टिकोण के पाले में आना संभव हो पाया था। यह बदलाव तभी आ पाया जबकि आखिरकार मेरे मन-मस्तिष्क ने यह स्वीकार कर लिया कि यदि यहाँ रहना है तो एक सुनिश्चित दैनिक कार्यक्रम के मुताबिक़ जीने की आदत छोड़नी पड़ेगी क्योंकि मेरे आसपास मौजूद लोगों में से कोई भी हर काम समय पर करने का आग्रही नहीं है; क्योंकि वे सभी घटना-आधारित दृष्टिकोण वाले लोग हैं।

यहाँ आपके लिए यह समझना ज़रूरी है कि हर समय किसी एक ही दृष्टिकोण को बेहतर मानकर नहीं चला जा सकता, क्योंकि दिन के अलग-अलग घंटों में हमें अलग-अलग तरह के काम करने होते हैं। यदि हमें किसी मीटिंग में समय से पहुँचना है तो ज़रूरी है कि फ्लाइट समय पर आए और समय से गंतव्य पर पहुँचे। इसके लिए हम चाहेंगे कि एयरलाइन का स्टाफ घड़ी-आधारित दृष्टिकोण के साथ काम करने वाला हो। लेकिन यदि हमें रचनात्मक चिंतन करना है तब हम निश्चय ही घटना-आधारित दृष्टिकोण अपनाना चाहेंगे।

लेकिन याद रखिएगा कि रचनात्मक चिंतन के लिए अपसारी और अभिसारी दोनों तरह के चिन्तनों की आवश्यकता होती है। घटना-आधारित दृष्टिकोण अपसारी चिंतन के लिए अनुकूल वातावरण तैयार करता है, जबकि घड़ी-आधारित दृष्टिकोण हमें अभिसारी चिंतन के लिए आवश्यक मनःस्थिति में लाता है।

यदि घड़ी-आधारित दृष्टिकोण मात्रात्मक दृष्टि से अधिक उत्पादक है और घटना-आधारित दृष्टिकोण गुणात्मक दृष्टि से, तो दोनों के बीच संतुलन कैसे बनाया जाए?

समय हमसे है, हम समय से नहीं हैं

यह याद रखना ज़रूरी है कि समय को लेकर हमारा जो वर्तमान दृष्टिकोण है, वह अपेक्षाकृत नया है और मुख्यतः फ्रेडरिक टेलर के वैज्ञानिक प्रबंधन से उपजा है।

सच बात तो यह है कि समय का विचार ही अप्राकृतिक है। समय वास्तव में मानव-निर्मित है। दिन को चौबीस घंटों में, हर घंटे को साठ मिनटों में, और हर मिनट को साठ सेकण्डों में बाँटने जैसी कोई भी व्यवस्था प्राकृतिक जगत में

नहीं है। क्यों नहीं है? क्योंकि प्राकृतिक रूप से जीवन-यापन के लिए इसकी कोई आवश्यकता नहीं है। यह व्यवस्था तो महज़ 4000 साल पहले बेबीलोनिया के निवासियों द्वारा तैयार की गई संख्या प्रणाली की देन है। यह व्यवस्था हमने अपनी सुविधा के लिए खड़ी की है।

यहाँ तक कि सूर्यघड़ियों के दौर में भी घंटे की माप साल के हर समय एक बराबर नहीं होती थी। तब एक घंटा दिन को उपलब्ध सूर्यप्रकाश का एक अंश होता था। इसीलिए गर्मियों में घंटे लम्बे होते थे जबकि सर्दियों में छोटे। एक घंटे को साठ मिनटों की निश्चित माप में बाँधने का काम किया सोलहवीं शताब्दी में अस्तित्व में आई मशीनी घड़ी ने। इसके एक सदी बाद एक मिनट को भी साठ सेकण्डों की माप में बाँध दिया गया। अभी मैं जो सदियों की बात कर रहा हूँ तो बता दूँ कि समय को सदियों में बाँधने का चलन भी बहुत पुराना नहीं है, आधुनिक कैलेंडर जब से शुरू हुआ है उससे पहले भी लाखों सालों से मनुष्य इस धरती पर रह रहे थे – बिना समय को मापे।

इंसान ने अब तक समय मापने का जो सबसे सटीक उपकरण बनाया है वो है परमाणु घड़ी। यह घड़ी सीज़ियम-133 परमाणु में हर बार 9,192,631,770 विकिरण-चक्रों के पूरा होने पर एक सेकंड की गणना करती है। सीज़ियम-133 परमाणु में विकिरण की यह लय प्रकृति में पाई जाने वाली सर्वाधिक विश्वसनीय लयों में से एक है। रेत घड़ियों में रेत के गिरने की लय या फिर क्वार्ट्ज़ क्रिस्टल के कम्पनों से तो यह हर हाल में अधिक विश्वसनीय है ही।

फिर भी 'लीप सेकण्ड्स' अस्तित्व में हैं। अभी भी हमें हर एक दशक में लगभग आठ बार एक अतिरिक्त सेकंड जोड़कर परमाणु घड़ी के समय-मापन में संशोधन करना पड़ता है। क्यों? क्योंकि जिस चीज़ को हमने समय का आधार माना है वही गैर-भरोसेमंद है। जी हाँ, धरती के प्रत्येक परिक्रमण या घूर्णन की लम्बाई साल भर बदलती रहती है। इसी तरह 'लीप ईयर' का भी अस्तित्व है। अपने कैलेंडरों को खगोलीय घटनाओं के साथ समायोजित बनाए रखने के लिए हम हर चौथे साल मानक वर्ष में एक दिन जोड़ते हैं। लेकिन तब भी यह इतना सीधा-सरल नहीं है। हर 400 सालों में हम अपने कैलेंडरों से तीन 'लीप दिन' कम करते हैं। अगली बार यह काम सन 2100 में होगा।

अभी क्या समय हुआ है यह जानना बेशक उपयोगी है। आज कौन सा दिन है यह जानकारी कई तरह से हमारे काम आती है। मानव का जीवन-काल लगभग कितने वर्षों का होता है यह जानना और उसके मुताबिक़ योजनाबद्ध ढंग

से जीने का प्रयास करना भी उपयोगी है। जब तक बात उपयोग की थी तब तक कोई समस्या नहीं थी, समस्या तब हुई जब समय का हिसाब रखना उपयोग की नहीं वरन आदत की बात हो गई। हम अब इसके इस कदर आदी हो गए हैं कि इसके औचित्य-अनौचित्य पर विचार ही नहीं करते। हमने समय का हिसाब रखना इसलिए शुरू नहीं किया था ताकि हम एक निश्चित समय-खंड में ज़्यादा से ज़्यादा चीज़ें करने की कोशिश करके अपना जीना हराम कर लें। समय का हिसाब रखना इसलिए शुरू किया गया था ताकि इसकी मदद से हम एक भरापूरा संतुष्टिदायक जीवन जी सकें।

ऊपरी तौर पर देखें तो 'पहले घंटे के नियम' जैसे तरीकों पर अमल करना घटना-आधारित दृष्टिकोण के मुताबिक़ जीने व काम करने के विचार का विरोध मालूम होता है। लेकिन वास्तव में ऐसा है नहीं। यदि आप गौर करें तो पहले घंटे के नियम में इस बात का कोई बंधन नहीं है कि इस एक घंटे में आपको क्या करना है और कितना करना है। कई दिनों तक अपने शरीर और मन-मस्तिष्क पर बारीकी से नज़र रखने के बाद मैंने पाया कि सोकर उठने के बाद का पहला घंटा वास्तव में मेरे लिए मेरा क्रिएटिव स्वीट स्पॉट है, और इसलिए मैंने तय किया कि मैं इस एक घंटे का अधिकाधिक सदुपयोग करूँगा। लेकिन मैंने इस बात को लेकर कभी कोई शर्त नहीं रखी कि इस एक घंटे में मुझे कितना काम करना है। अगर मैंने ऐसा किया होता तो फिर यह घंटा एक साधारण घंटा बन जाता, मेरा क्रिएटिव स्वीट स्पॉट नहीं रहता। यदि मैं इस एक घंटे में पूरे किए जाने वाले काम की कोई सीमा तय करके चलता तो मुझ पर समय का दबाव हावी रहता, जिसके चलते मेरी रचनात्मकता समाप्त हो जाती।

रचनात्मक चिंतन के मामले में समय निर्देशात्मक नहीं बल्कि वर्णनात्मक होना चाहिए। मतलब, रचनात्मक कार्यों के लिए समय-सीमाएँ बाध्यकारी नहीं होनी चाहिए, यह नहीं होना चाहिए कि इतने-इतने समय में यह काम पूरा करना ही पड़ेगा। इसकी बजाए समय का एक मोटा-मोटा अनुमान लगाकर चलना चाहिए, ताकि हम एकदम लापरवाह भी न हो जाएँ और समय का दबाव भी न महसूस करें। हमें पूरा समय एक ही काम में लगाने की बजाए 'थोड़ा ये तो थोड़ा वो' वाला तरीका अपनाना चाहिए। यदि आप हर दिन एक घंटा लिखने की आदत अपनाते हैं तो हर गुज़रते दिन के साथ आपका लेखन बेहतर होता जाएगा। यदि आप हर दिन एक घंटा पढ़ने की आदत अपनाते हैं तो हर गुज़रते दिन के साथ आपके द्वारा पढ़ी गईं पुस्तकों की संख्या बढ़ती जाएगी। यदि आप हर दिन पंद्रह मिनट ध्यान

करने की आदत अपनाते हैं तो हर गुज़रते दिन के साथ आपकी आत्म-सजगता बढ़ती जाएगी। लेकिन यदि आप चाहें कि एक निश्चित समय-सीमा के भीतर कोई किताब लिख डालें, खूब सारी किताब पढ़ डालें, या आत्म-सजगता के उच्चतम शिखर को छू लें तो यह तो मुमकिन नहीं हो सकेगा। समझदारी समय के साथ चलने में है, समय से होड़ लगाने में नहीं।

अपनी रचनात्मक उत्पादकता को चौगुना करना

कई हफ़्तों तक पहले घंटे के नियम पर चलने के बाद अब मैंने अपनी लय पा ली थी। मुझे अपना क्रिएटिव स्वीट स्पॉट मिल गया था, और घटना-आधारित दृष्टिकोण को अपना लेने के चलते चूँकि मैं भीतर से पूरी तरह रिलैक्स्ड था इसलिए मुझे पर्याप्त अंतर्दृष्टियाँ भी मिल रही थीं और मैं उन अंतर्दृष्टियों को अंतिम उत्पाद में बदलने में भी सफल हो रहा था।

समय इसी तरह आगे बढ़ता रहा। मेरी लय बरकरार थी। मैं सुबह सोकर उठता, फिर उनींदेपन की स्थिति में ही ब्लॉग पोस्ट लिखने बैठ जाता। एक-डेढ़ घंटे बाद जब मेरा प्रीफ्रंटल कॉर्टेक्स पूरी तरह जाग जाता तब मैं उस पोस्ट को संपादित और प्रकाशित करता। इस तरह मैं क्रमशः अपसारी और अभिसारी दोनों तरह के चिन्तनों का लाभ लेता रहा।

पता नहीं यह घटना-आधारित दृष्टिकोण का कमाल था या मेडेलिन के सदाबहार मौसम का (मेडेलिन को 'चिर बसंत वाले शहर' के रूप में भी जाना जाता है), साल भर यूँ बीत गया कि पता ही नहीं चला। जब मैंने पलटकर इस गुज़रे हुए साल (सन 2016) को देखा तो लगा कि यह साल अच्छा रहा था।

पर कितना अच्छा रहा था? मैंने सोचा कि ज़रा हिसाब लगाकर देखूँ तो कि पूरे साल में मैंने कुल कितने शब्द लिखे। जब मैंने हिसाब लगाया तो मैं यह देखकर दंग रह गया कि मैंने 80,000 से ज़्यादा शब्द लिखकर प्रकाशित किए थे। मतलब, लगभग दो किताबें!

लेकिन एक निश्चित समय-सीमा के भीतर एक तयशुदा मात्रा में काम पूरा करना मेरे इस प्रयोग का अंतिम लक्ष्य नहीं था, क्योंकि मैं इस बात पर यकीन करता हूँ कि ज़्यादा काम अच्छे काम की गारंटी नहीं होता। हालाँकि यदि डीन सिमोंटन के शोध के परिणामों पर भरोसा किया जाए तो आप जितना ज़्यादा काम करते हैं उतनी आपके काम की गुणवत्ता में बढ़ोतरी देखने को मिलती है। सिमोंटन

ने अपने शोध में पाया था कि कोई भी सृजनकर्ता जितनी अधिक रचनाओं को जन्म देता है उतनी ही उसके हाथों किसी महान रचना के जन्म की संभावनाएँ बढ़ती जाती हैं। आप कह सकते हैं कि पिकासो ने तो बहुत ज़्यादा काम नहीं किया, फिर वो महान कैसे बन गए? जनाब, पिकासो का जगत-प्रसिद्ध काम बेशक कम है लेकिन उन्होंने अपने पूरे जीवन-काल में 1800 से भी अधिक चित्र बनाए थे। बीथोवन की जगत-प्रसिद्ध पाँचवीं सिम्फनी को आज लोग मास्टरपीस मानते हैं, लेकिन वे इस बात को ख़याल में नहीं लाते कि इस मास्टरपीस तक पहुँचने से पहले वे 650 से अधिक संगीत-रचनाओं का सृजन कर चुके थे। जॉर्जिया ओ'कीफ के फूलों के क्लोज़-अप वाले चित्र जगत-प्रसिद्ध हैं। उन्होंने अपने जीवनकाल में इस तरह के कुल 200 चित्र बनाए, जो कि उनके बनाए चित्रों की कुल संख्या (2000) का केवल 10% हैं। और उन 200 चित्रों में से भी केवल एक चित्र है जो लगभग तैंतीस अरब रुपयों की रिकॉर्ड कीमत में बिका था।

खुशकिस्मती से मैंने पाया कि मैं न केवल 80,000 से अधिक शब्द लिखने में सफल हुआ था वरन उन शब्दों की गुणवत्ता भी अच्छी थी, जिसके चलते मेरी ऑनलाइन पोस्ट्स के पाठकों की संख्या चार गुनी हो गई थी और कई सारी नामी-गिरामी वेबसाइट्स पर भी मेरा लिखा हुआ प्रकाशित होने लगा था। मैं लगातार अच्छा लिखने में कामयाब रहा था, जिसके चलते अब मुझे अच्छी आय भी होने लगी थी। और इस वजह से मैं अब 'रचनात्मक ऊर्जा के प्रबंधन' वाले इस प्रयोग को पहले से भी अधिक समय देने की स्थिति में आ गया था।

साल भर में 80,000 शब्द लिखना और प्रकाशित करना निश्चित रूप से मेरे लिए किसी उपलब्धि से कम बात नहीं थी। हालाँकि मैं यह भी जानता था कि एक निष्णात लेखक इससे कहीं अधिक शब्द लिखकर प्रकाशित कर सकता है। लेकिन मैं इस प्रदर्शन से संतुष्ट था क्योंकि आदर्श परिस्थितियाँ निर्मित करके अपनी मानसिक ऊर्जा को प्रबंधित करने के प्रयोग का यह पहला ही साल था।

फिर मेरे मन में यह देखने की जिज्ञासा पैदा हुई कि वर्ष 2016 का मेरा यह प्रदर्शन वर्ष 2015 के प्रदर्शन की तुलना में कितना बेहतर था। यह जिज्ञासा इसलिए भी थी क्योंकि वर्ष 2015 में मैं शिकागो में था।

बहरहाल, मैंने जब वर्ष 2015 में लिखे व प्रकाशित किए शब्दों की गिनती की तो पाया कि वर्ष 2016 में न केवल मेरे ऑनलाइन पाठकों की संख्या चार गुनी हुई थी वरन मेरे द्वारा लिखे व प्रकाशित किए गए शब्दों की संख्या में भी चार गुने की वृद्धि हुई थी! जी हाँ, वर्ष 2015 में मैंने कुल 20,000 शब्द लिखकर प्रकाशित

किए थे, जो कि लगभग आधी किताब लिखने के बराबर था। वर्ष 2016 में हुई यह चार गुनी वृद्धि अपना क्रिएटिव स्वीट स्पॉट खोज लेने की शक्ति का जीता-जागता प्रमाण था।

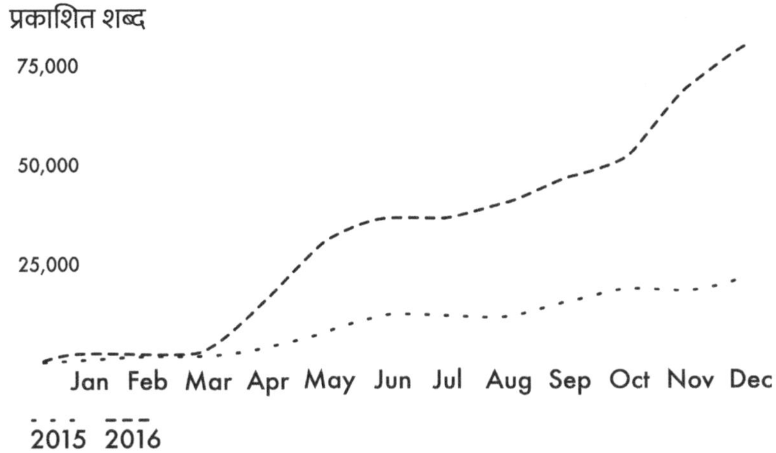

लेकिन यह कहना भी गलत होगा कि मुझे यह अभूतपूर्व रचनात्मक उत्पादकता सिर्फ और सिर्फ अपना क्रिएटिव स्वीट स्पॉट खोज लेने के चलते हासिल हुई थी। बेशक मेरे क्रिएटिव स्वीट स्पॉट ने मुझे अपनी चरम स्तरीय रचनात्मक ऊर्जा का भरपूर लाभ लेने में भरपूर मदद की थी, लेकिन मैं अच्छी तरह जान रहा था कि मेरी इस नई ज़िन्दगी के मर्तबान में इस क्रिएटिव स्वीट स्पॉट का स्थान उतना ही था जितना उस प्रयोग वाले मर्तबान में 'बड़े पत्थरों' का था। अपनी रचनात्मक ऊर्जा के प्रबंधन में महारत करने के लिए ज़रूरी था कि मैं रचनात्मक प्रक्रिया के 'नखरैल' स्वभाव का भी सम्मान करूँ। इस काम में मुझे वे सबक बहुत काम आए जो सौभाग्य से मैंने काफी पहले सीख लिए थे।

जैसे कि मैंने एक बार यह जाना था कि 'कलम उठाकर लिखने लगना ही लेखन नहीं होता।

अध्याय – 3

रचनात्मकता के चार चरण

"आज का दिन कितना सफल रहा, इसका हिसाब इस बात से मत लगाइए कि दिन भर में आपने कितनी फसल काटी; इसका हिसाब इस बात से लगाइए कि दिन भर में आपने कितने बीज बोए।"

—रॉबर्ट लुईस स्टीवेनसन

14 फरवरी 2011। आज वैलेंटाइन्स डे की रात है। लड़के-लड़कियाँ अपने-अपने प्रेमी-प्रेमिकाओं के साथ मस्त हैं। सामने के पार्क में उनकी भारी भीड़ है। मेरे बैठक वाले कमरे की बत्ती जली हुई है, जिसकी रोशनी खिड़की से बाहर के अँधेरे को मुँह चिढ़ा रही है।

कमरे के फर्श पर एक सफ़ेद बोर्ड रखा हुआ है। मैं उसके किनारे पर घुटनों के बल बैठा हुआ हूँ। मेरी उंगलियाँ लगभग ईंट जितनी मोटी और 'कला के इतिहास' विषय पर लिखी गई एक किताब के पन्नों से बाहर झाँकते पीले रंग के उन स्टीकरों को खंगाल रही हैं जिन पर कुछ टिप्पणियाँ अंकित हैं। जिस टिप्पणी की तलाश थी उसके मिलते ही मैंने किताब को खोला और सफ़ेद बोर्ड की बाईं चौखट के सबसे ऊपरी हिस्से के करीब फर्श पर रख दिया।

इसके ठीक नीचे टाइपोग्राफी विषय पर लिखी हुई एक अपेक्षाकृत छोटी किताब रखी थी। कला के इतिहास वाली पुस्तक के दाईं ओर एक और किताब रखी हुई थी जो कि ग्राफ़िक डिज़ाइन के इतिहास पर थी। उसके बगल में खुली रखी थी फोटोकॉपी कराके पंच की गई एक संदर्भ पुस्तिका। इसका जो पन्ना खुला हुआ था उस पर जगह-जगह पीले हाईलाइटर से टेक्स्ट को हाईलाइट किया गया था। सफ़ेद बोर्ड पर जगह-जगह नीले, नारंगी तथा हरे रंग के स्टीकर चिपके हुए थे और इन स्टीकरों पर तमाम टिप्पणियाँ लिखी हुई थीं। एक मार्कर से मैंने इन

स्टीकरों के आपस में संबंध को दर्शाने वाली रेखाएँ खींची हुई थीं। इन रेखाओं के ऊपर-नीचे बोर्ड पर बुलेट-पॉइंट्स लगाकर कुछ बातें लिखी हुई थीं। इस समय मेरी बैठक एक लेखक का कमरा कम और किसी जासूसी फिल्म के जासूस नायक का दफ्तर ज़्यादा मालूम हो रहा था।

तभी मेरा फोन घनघनाया। एक दोस्त का था। वह मुझे एक 'एंटी-वैलेंटाइन्स डे पार्टी' में आमंत्रित करना चाह रहा था। उसे जल्दी से टरकाने के लिए मुझे झूठ का सहारा लेना पड़ा। मैंने कहा, "आज रात नहीं। मैं लिख रहा हूँ।" जबकि हकीकतन आज रात मैं न के बराबर ही लिखने वाला हूँ। और जो लिखूँगा भी वो उन टिप्पणियों की शक्ल में होगा जो अभी सफ़ेद बोर्ड पर नज़र आ रही हैं। मतलब, जो भी लिखूँगा वो न तो किसी किताब का हिस्सा बनेगा और न ही किसी ब्लॉग पोस्ट का। इसलिए आप पाएँगे कि इस समय मेरा लैपटॉप यहाँ नहीं है। केवल कुछ संदर्भ सामग्री और मेरे अपने विचार ही आज रात मेरी वैलेंटाइन्स डे डेट हैं।

मुझे अपनी पहली पुस्तक लिखना शुरू किए हुए तकरीबन तीन महीने हो चुके हैं। कोस्टा रिका के उस दोराहे पर अकेले टहलने और फिर एक अजनबी द्वारा गप्पें लड़ाने के लिए बुलाए जाने के बाद से मैं एक लम्बा सफ़र तय कर चुका हूँ।

तीन महीने पहले जब मैंने किताब शुरू की थी तब मुझे लगा था कि हर दिन बस 250 शब्द ही तो लिखने हैं, यह तो बहुत ही आसानी से हो जाएगा। लेकिन जल्द ही मुझे समझ आ गया कि यह इस तरह नहीं हो सकता। मतलब, हर दिन 250 शब्दों का लक्ष्य बनाकर नहीं चला जा सकता।

जैसे कि आज रात मैं कुछ भी नहीं लिखूँगा, लेकिन फिर भी लिखूँगा। नहीं लिखकर भी लिखूँगा। भ्रमित मत होइए। मैं आपको यहाँ एक बहुत ही महत्वपूर्ण रहस्य से परिचित कराने जा रहा हूँ। जब हम कुछ नया और सारगर्भित लिखना चाह रहे होते हैं तो वह अपने आप नहीं लिखा जाता। मेरा मतलब है कि उसके लिए पहले कुछ तैयारी करनी पड़ती है, कुछ शोध करना पड़ता है। आज की रात मैं जो भी तैयारी या शोध कर रहा हूँ, उसके चलते ही कल मेरे लिए सारगर्भित 250 शब्द लिखना संभव हो सकेगा। कल सुबह उठकर जब मैं अपनी राइटिंग डेस्क पर जाऊँगा और अपने लैपटॉप को खोलकर कीबोर्ड पर उंगलियाँ रखूँगा तब वो सफ़ेद बोर्ड मेरे सामने नहीं होगा जिस पर आज मैंने तमाम टिप्पणियाँ तथा विचार लिख रखे हैं, और न ही वे संदर्भ पुस्तकें होंगी जो अभी मेरे सामने खुली

रखी हैं, लेकिन तब भी मनचाहे शब्द और वाक्य मेरे दिमाग में आते जाएँगे और मैं लिखता जाऊँगा।

मुझे यह बात समझ आ चुकी है कि बिना तैयारी के लिखने बैठना समझदारी नहीं होती है। कुछ समय रिसर्च में भी लगाना ज़रूरी होता है, जैसा कि मैं अभी कर रहा हूँ। यदि मैं इस तरह की तैयारी किए बिना लिखने बैठ जाऊँ तो भरसक कोशिश के बाद भी मुझसे कुछ लिखा नहीं जाएगा। दिमाग में कोहरा-सा छाया रहेगा और विचारों व शब्दों का प्रवाह शुरू ही नहीं होगा। इसके चलते जल्दी ही मेरा ध्यान भटकने लगेगा। मुझे लगने लगेगा कि डेस्क पर बहुत धूल जम गई है, पहले इसे साफ़ कर देता हूँ फिर लिखूँगा। या फिर अचानक से मुझे चाय की तलब लगने लगेगी। या अचानक से ठण्ड लगने लगेगी और मैं स्वेटर पहनने के लिए उठ खड़ा होऊँगा।

ऐसा न हो इसीलिए मैं आज रात इस सफ़ेद बोर्ड और इन पुस्तकों के साथ व्यस्त हूँ। अभी मैं उस किसान की भूमिका में हूँ जो फसल बोने से पहले जुताई करके ज़मीन तैयार रहा है; उस मिस्त्री की भूमिका में हूँ जो दीवार खड़ी करने से पहले सीमेंट, बजरी और गिट्टी को मिलाकर गारा तैयार कर रहा है; उस चित्रकार की भूमिका में हूँ जो चित्र बनाने से पहले कैनवास तैयार कर रहा है।

थके हुए दिमाग में कोई रचनात्मक विचार नहीं आता

सन 1891 में जर्मन वैज्ञानिक और दार्शनिक हरमन वॉन हेल्महोल्ट्ज़ के 70वें जन्मदिन के उपलक्ष्य में एक शानदार जश्न का आयोजन किया गया था। वहाँ जब उनसे अपने चाहने वालों को सम्बोधित करने का आग्रह किया गया तो उन्होंने अपने शानदार कैरिअर के सभी पहलुओं पर खुलकर बात की।

हेल्महोल्ट्ज़ साहब ने जिस तरह विभिन्न क्षेत्रों में एक के बाद एक अभूतपूर्व आविष्कार किए उन्हें देखकर हर कोई यह जानने को उत्सुक था कि आखिर उन्होंने इतना सब किया कैसे होगा? भौतिकी में उन्होंने 'ऊर्जा संरक्षण का नियम' प्रतिपादित किया था। कला के क्षेत्र में उन्होंने 'रंग धारणा' (कलर परसेप्शन) के वे सिद्धांत तैयार किए थे जिनका गहरा प्रभाव हमें प्रभाववादी चित्रकारों के काम पर देखने को मिलता है। चिकित्सा के क्षेत्र में उन्होंने नेत्रदर्शी (ऑफ्थेल्मोस्कोप) का आविष्कार किया था। लेकिन उस दिन वे एक और नए क्षेत्र में एक और नया योगदान करने जा रहे थे। वे रचनात्मकता की हमारी समझ में वृद्धि करने जा रहे

थे। उस दिन अपने संबोधन में उन्होंने जो कहा वो रचनात्मकता को समझने की इच्छा रखने वालों के लिए बेहद महत्वपूर्ण था। उन्होंने कहा :

> "(प्रेरणा) अचानक आती हैं, बिना किसी प्रयास के। बस एक बिजली सी कौंधती है दिमाग में। और अब तक का मेरा अनुभव यही रहा है कि यह बिजली थके हुए दिमाग में कभी नहीं कौंधती। न ही तब कौंधती है जब हम समय-सीमा के दबाव में कलम लेकर लिखने बैठे होते हैं। इसके लिए एक लम्बी प्रक्रिया से गुज़रना होता है। सबसे पहले मैं एक लम्बे समय तक उस समस्या के सभी पहलुओं पर विचार करता हूँ जिसका समाधान मुझे चाहिए। उस समस्या के सभी संभावित आयामों को ख़याल में लेता हूँ। उससे जुड़े सभी किंतु-परंतुओं पर ध्यान देता हूँ। इस विश्लेषण से प्राप्त होने वाले बिन्दुओं को मन ही मन कई बार दोहराता हूँ। इस पूरी मानसिक तैयारी में काफी समय लगता है।

इस प्रकार अपने दिमाग को बुरी तरह थका देने के बाद मैं कुछ समय के लिए उसे बिल्कुल खाली छोड़ देता हूँ। कम से कम एक घंटा मैं पूरे इत्मीनान में बिताता हूँ। या हो सके तो पूरी रात। उसके बाद कहीं जाकर प्रेरणा की मुझ पर कृपा होती है और मुझे मनचाहा समाधान सूझता है। अक्सर यह सुबह सोकर उठने के तुरंत बाद होता है... या फिर उस समय जब खिली-खिली धूप में मैं किसी हरी-भरी पहाड़ी की सैर को निकलता हूँ।"

हेल्महोल्ट्ज़ महोदय का उपरोक्त संबोधन मैंने अपनी पहली पुस्तक लिखने के कुछ सालों बाद पढ़ा था। और इसे पढ़ते ही मुझे पहली पुस्तक लिखने के दौरान हुए अनुभव पुनः याद आ गए।

और उसके बाद से ही मैंने सफ़ेद बोर्ड, टिप्पणियाँ लिखे हुए रंग-बिरंगे स्टीकरों, तथा संदर्भ पुस्तकों की मदद से इस तरह के शोध-सत्र करना शुरू कर दिए। इन सत्रों के माध्यम से मैं उस विषय के सभी पहलुओं को ख़याल में लेने का प्रयास करता हूँ जिस पर मुझे लिखना होता है। इसका लाभ यह होता है कि बाद में जब मैं लिखने बैठता हूँ तो फिर मुझे बारम्बार अपने नोट्स नहीं देखने पड़ते; उस विषय की सभी बारीकियाँ, सभी दृष्टिकोण पहले से ही मेरे दिमाग में होते हैं।

लेकिन इन शोध-सत्रों के दौरान दिमाग की अच्छी-खासी मशक्कत हो जाती है, इसलिए मैं तुरंत लिखने नहीं बैठ सकता; मुझे कुछ समय के लिए अपने दिमाग

को पूरा आराम देना पड़ता है। यही वजह है कि मैं ये सत्र प्रायः रात के समय करता हूँ ताकि तरोताज़ा होने के लिए रात भर का समय मिल जाए। इसके बाद अगली सुबह उठकर जब मैं लिखने बैठता हूँ तो विचारों व अंतर्दृष्टियों का ऐसा झरना बहना शुरू हो जाता है कि मुझे कहीं रुकना ही नहीं पड़ता।

मेरा ख़याल है कि हेल्महोल्ट्ज़ महोदय के उपरोक्त संबोधन को पढ़कर संभवतः आपको भी अपने जीवन के वे पल याद हो आए होंगे जब आप काफी समय से कोई महत्वपूर्ण रिपोर्ट लिखने या कोई अच्छा-सा लोगो बनाने या फिर कोई महत्वपूर्ण निर्णय लेने के लिए प्रयासरत थे पर आपका दिमाग काम ही नहीं कर रहा था और आप इस ज़िद्दी-किस्म के रचनात्मक अवरोध के सामने बुरी तरह बेबस महसूस कर रहे थे।

आपने उस रिपोर्ट या लोगो या निर्णय के संबंध में सभी आवश्यक जानकारियाँ एकत्रित कर ली थीं और उन जानकारियों को सभी कोणों से विश्लेषित करने में दिमाग की पूरी ताकत लगा थी, लेकिन फिर भी आप यह नहीं समझ पा रहे थे कि क्या लिखना है, या क्या बनाना है, या क्या निर्णय करना है। आप दिमाग लगा-लगाकर थक चुके थे और आपको यह संदेह होने लगा था कि आप यह काम कभी कर भी पाएँगे या नहीं। आप को खुद पर गुस्सा आने लगा था, खुद के नाकारापन पर गुस्सा आने लगा था और आप हाथ खड़े कर देने की सोचने लगे थे।

लेकिन तभी न जाने कैसे और कहाँ से अचानक से आपको समझ आ जाता है कि रिपोर्ट कैसे शुरू करनी है और कैसे ख़त्म। अचानक से आपकी भीतर की आँखों के सामने उस लोगो की परफेक्ट डिज़ाइन तैरने लगती है। अचानक से उस निर्णय को लेकर आपके भीतर स्पष्टता और दृढ़ता आ जाती है जिसके बारे में इतने समय से आप भ्रमित थे। यह 'अचानक' उस समय भी घटा हो सकता है जब आप लिखने, लोगो बनाने, या निर्णय के बारे में सोचने के काम से एक छोटा-सा ब्रेक लेने के बाद दुबारा उस पर लौटे हों। लेकिन ज़्यादातर संभावना इस बात की है कि यह 'अचानक' उस समय घटित हुआ होगा जब आप कुछ और कर रहे होंगे, कुछ ऐसा जिसे आप 'आनंद और इत्मीनान' से कर रहे हों। मसलन, गर्मी में ठण्डे पानी से और ठंडों में गर्म पानी से नहाते समय, अपने बच्चों के साथ खेलते समय, या किराने की दुकान पर चेक-आउट की लाइन में खड़े-खड़े, या फिर इत्मीनान से चाय पीते हुए।

संभवतः हेल्महोल्ट्ज़ महोदय के संबोधन में रचनात्मक प्रक्रिया पर व्यक्त किए गए विचारों ने सामाजिक मनोवैज्ञानी ग्राहम वॉलेस के भीतर भी इसी तरह की यादें ताज़ा कर दी थीं, तभी तो ग्राहम वॉलेस ने उन विचारों को गंभीरतापूर्वक लिया और उन पर आगे काम करना जारी रखा। हेल्महोल्ट्ज़ महोदय के उस संबोधन के लगभग पैंतीस साल बाद वॉलेस महोदय ने उन विचारों को अपनी 'नियंत्रण के चार चरण' (फोर स्टेजेस ऑफ़ कण्ट्रोल) नामक थ्योरी के माध्यम से एक व्यवस्थित रूप दिया।

वॉलेस महोदय की इस थ्योरी के पहले चरण को कहते हैं 'तैयारी' का चरण (प्रिपरेशन)। इस चरण में हम उस रचनात्मक समस्या से जुड़ीं छोटी-बड़ी सभी जानकारियाँ जुटाते हैं जिसका हमें समाधान तलाशना है। फिर हेल्महोल्ट्ज़ महोदय के कहे मुताबिक़ हम इन जानकारियों को अच्छी तरह उलट-पुलटकर देखते हैं ताकि हमें समस्या की सभी बारीकियाँ, सभी पेचीदगियाँ, सभी घुमाव-फिराव इतनी अच्छी तरह समझ आ जाएँ कि फिर हम बिना अपने बनाए नोट्स देखे इस पर बात कर सकें या विचार-मंथन कर सकें।

दूसरा चरण होता है 'ऊष्मायन' (इन्क्यूबेशन) का। तैयारी के चरण में हमने जो कुछ भी किया होता है उससे हमारा दिमाग थक गया होता है और अब उसे एक ब्रेक की ज़रूरत होती है ताकि अभी-अभी जो भी जानकारियाँ उसमें भरी गई हैं वो उन्हें विश्लेषित करके, पका के किसी अंतिम निष्कर्ष (समाधान) में बदल सके। दिमाग को यह ब्रेक तब मिलता है जब हम या तो किसी और काम में लगे होते हैं (खासकर 'इत्मीनान और आनंद' से किए जाने वाले किसी काम में), यूँही टहल रहे होते हैं, या फिर सो रहे होते हैं। कुल मिलाकर, जब हम उस रचनात्मक समस्या के बारे में नहीं सोच रहे होते हैं।

तीसरे चरण को हम कहते हैं 'दिमाग की बत्ती जल उठने' का चरण (इल्यूमिनेशन)। यह चरण 'अहा!' पल या 'यूरेका' पल या 'अंतर्दृष्टि' उत्पन्न होने वाला चरण होता है। तैयारी और ऊष्मायन के चरणों में जो कुछ हुआ उसके फलस्वरूप अचानक ही हमारे मस्तिष्क में बिजली-सी कौंधती है और बिना कुछ किए ही हमारा मनचाहा समाधान हमें मिल जाता है। ये अहा, यूरेका या अंतर्दृष्टि वाला पल ही रचनात्मक प्रक्रिया को इतना रहस्यमयी, इतना गूढ़ बनाता है क्योंकि यह पल अचानक घटित होता है और किसी को भी यह पता नहीं होता कि यह 'अचानक' घटना कब होगी। यह नाश्ता बनाते समय भी हो सकती है, नाखून काटते समय भी हो सकती है, या खिली-खिली धूप में किसी हरी-भरी पहाड़ी पर घूमते समय भी घट सकती है।

वॉलेस महोदय ने इसके बाद एक चौथे चरण का भी उल्लेख किया है जो कि हेल्महोल्ट्ज़ महोदय के संबोधन में नहीं था। यह चौथा चरण है 'सत्यापन' का। इस चरण में हम उस समाधान का सत्यापन करते हैं जो 'दिमाग की बत्ती जलने' वाले चरण में प्राप्त हुआ था। हम सुनिश्चित करते हैं कि सभी गणनाएँ सही हैं। हम सुनिश्चित करते हैं कि यह समाधान तथ्यात्मक रूप से सही है और इसमें व्याकरण की त्रुटियाँ नहीं हैं। हम इस समाधान में आवश्यक जोड़-घटाना या काँट-छाँट करके इसे अंतिम रूप देते हैं।

वॉलेस महोदय की 'नियंत्रण के चार चरण' नामक इस थ्योरी को वैज्ञानिक 'रचनात्मकता के चार चरण' वाली थ्योरी भी कहते हैं। यह थ्योरी इस बात का प्रमाण है कि आज 120 सालों के बाद भी हेल्महोल्ट्ज़ महोदय के विचार उतने ही सच्चे हैं जितने तब थे। यही वजह है कि रचनात्मकता के ऊपर प्रकाशित किया जाने वाला कोई भी शोध-पत्र वॉलेस महोदय की 'नियंत्रण के चार चरण' नामक इस थ्योरी के उल्लेख के बिना पूरा नहीं होता।

अपनी पहली किताब लिखना शुरू करने के कुछ ही महीनों के भीतर मुझे इन चार चरणों वाली प्रक्रिया की प्रभावोत्पादकता का अहसास हो गया था। ये अलग बात है कि उस समय मुझे यह नहीं पता था कि इस तरह की कोई थ्योरी मौजूद है जो इन चार चरणों की प्रक्रिया का विस्तार से वर्णन करती है। मैंने तो जो भी जाना था, अपने अनुभव से जाना था। मैं जानता था कि शाम या रात को किए जाने वाले शोध-सत्रों के दौरान मैं एक भी ऐसा शब्द नहीं लिखूँगा जो सीधे मेरी किताब में शामिल हो सके, लेकिन फिर भी मैं इन सत्रों से खुश था। ऐसा इसलिए क्योंकि मैं दोनों ही तरीके आज़मा चुका था। मैंने कई बार बिना शोध-सत्र किए लिखने का प्रयास किया था, लेकिन हर बार मेरे दिमाग ने सहयोग करने से इंकार कर दिया था। मैं कोशिश कर-करके थक जाता था पर दिमाग की बत्ती नहीं जलती थी। लेकिन जब मैं पिछली रात को शोध-सत्र के दौरान पूरी तैयारी के बाद अगले दिन सुबह लिखने बैठता था तो विचार इस तरह प्रवाहित होने लगते थे मानो कोई झरना बह रहा हो। रात को उलट-पुलटकर देखीं-पढ़ी गईं बातें सुबह अपने-आप आपस में जुड़कर सारगर्भित वाक्यों में बदलने लगती थीं।

इसके साथ ही मुझे इस बात का भी अहसास रहता था कि सुबह मैंने जो कुछ भी लिखा है उसे जस का तस छापा नहीं जा सकता; उसे संपादित किए जाने की आवश्यकता होती है। उसमें कई ऐसे वाक्य होते हैं जो व्याकरण की दृष्टि से

सही नहीं होते। कई जगहों पर अनावश्यक स्पष्टीकरण होते हैं। कुल मिलाकर यह कि उस लिखे हुए को एक आख़िरी बार अच्छी तरह जाँचने की ज़रूरत होती है।

इस तरह देखें तो मेरे शोध-सत्र मेरा 'तैयारी' वाला चरण थे। रात की नींद 'ऊष्मायन' का चरण होती थी। सुबह 'पहले घंटे के नियम' के तहत होने वाले लेखन-सत्र 'दिमाग की बत्ती जलने' वाला चरण होते थे। और बाद में जब मैं अपने लिखे हुए को संपादित करता था तो वह 'सत्यापन' वाला चरण होता था।

अपने लेखन को इन चार चरणों के तहत योजनाबद्ध करने के बाद मैंने पाया कि लेखन अब मेरे लिए उतना कष्टसाध्य कार्य नहीं रह गया था। कष्ट घटने के चलते मेरा लिखने में टालमटोल करना भी कम हो गया था। चूँकि मुझे यह भी समझ आ गया था कि रचनात्मक काम में ज़ोर-ज़बरदस्ती करने से कोई फायदा नहीं होता है, इसलिए अब मैं पहले से कहीं अधिक इत्मीनान में रहने लगा था।

अंदर से बाहर की ओर

रॉबर्ट मैकी पटकथा-लेखन विधा के बेहद जाने-माने प्रशिक्षक हैं। उनके प्रशिक्षणार्थियों की सूची में रसेल ब्रांड, स्टीवन प्रेसफील्ड और जूलिया रॉबर्ट्स जैसे नाम शामिल हैं। उनके सिखाए हुए प्रशिक्षणार्थी पटकथा लेखन के लिए अब तक साठ से अधिक ऑस्कर और दो सौ से अधिक एमी पुरस्कार जीत चुके हैं।

हम में से अधिकांश लोग पटकथा को संवादों का पर्याय मानते हैं। ऐसा इसलिए क्योंकि पर्दे पर पटकथा हमें संवादों के रूप में ही दिखाई व सुनाई देती है। और इसलिए हम यह मानने लगते हैं कि पटकथा लिखने का मतलब है संवाद लिखना। लेकिन मैकी महोदय का पटकथा लिखना सिखाने का तरीका थोड़ा अलग है। वह जो प्रक्रिया बताते हैं वो हमारे इस मानने से उल्टी है। इस प्रक्रिया में तीन चरण होते हैं, और ये चरण लगभग वैसे ही होते हैं जैसे कि रचनात्मकता के चार चरण। अंतर यह है कि मैकी महोदय की प्रक्रिया के चरण उस क्रम में घटित नहीं होते जिस क्रम में रचनात्मकता के चरण बताए गए हैं।

अपनी पुस्तक 'स्टोरी: सब्सटेंस, स्ट्रक्चर, स्टाइल एण्ड दि प्रिंसिपल्स ऑफ़ स्क्रीन राइटिंग' में वर्णित इस प्रक्रिया को मैकी महोदय ने 'अंदर से बाहर की ओर लेखन' का नाम दिया है। इस प्रक्रिया में लेखक अपने लेखन की शुरुआत संवाद लिखने और उनमें क्रमशः सुधार करने से नहीं करता है। वह सबसे पहले कहानी का मूल विचार लिखता है, उसकी बुनियादी बातें तय करता है।

इस चरण को मैकी महोदय 'कहानी का खाका खींचना' कहते हैं। इसके अंतर्गत लेखक ऐसे छोटे-छोटे वाक्य लिखता है जिनसे पता चलता है कि कहानी कहाँ से शुरू होती है, कहाँ-कहाँ से गुज़रती है, और अंत में कहाँ जाकर ख़त्म होती है। इसके बाद शुरू होता है रिसर्च का काम। कहानी के किरदारों की पृष्ठभूमि, कहानी के परिवेश, तथा कहानी के कालखंड से जुड़ीं तमाम जानकारियाँ जुटाई जाती हैं। कहानी में जिन मुद्दों को उठाया जाना है उनसे जुड़े तथ्यों को गहराई से खंगाला जाता है। किन-किन घटनाओं के माध्यम से कहानी आगे बढ़ेगी और अंजाम तक पहुँचेगी यह भी सोचा जाता है। ये सारी जानकारियाँ बाकायदा लिखकर रखी जाती हैं, बावजूद इसके कि इन्हें सीधे-सीधे पटकथा का हिस्सा नहीं बनना होता है।

इस तरह जब कहानी का एक खाका तैयार हो जाता है तब लेखक अपने दोस्तों, परिजनों या अन्य व्यक्तियों को सामने बैठाकर उन्हें कहानी सुनाता है ताकि कहानी की प्रभावोत्पादकता जाँची जा सके। कहानी सुनाते समय लेखक श्रोताओं की प्रतिक्रियाओं को गौर से देखता और सुनता है और यह जानने की कोशिश करता है कि कहानी उन्हें बाँधकर रखने में सफल हो रही है या नहीं।

यदि कहानी श्रोताओं को लगातार दस मिनट तक बाँधकर रखने में सफल रहती है तो ही लेखक खुद को तीसरे चरण में प्रवेश करने के लिए पात्र मानता है। इस तीसरे चरण को मैकी महोदय 'कहानी का विस्तार' कहते हैं। इस चरण में लेखक पहले चरण में लिखे गए छोटे-छोटे वाक्यों को विस्तृत दृश्यों के रूप में लिखना शुरू करता है। छोटे-छोटे वाक्य बड़े-बड़े पैराग्राफ्स में बदले जाते हैं। छोटी से छोटी बात भी इसमें शामिल की जाती है।

महीनों की इस मशक्कत के बाद आखिर में जाकर संवाद लिखे जाते हैं और वह कहानी एक पटकथा का रूप धारण करती है। मैकी महोदय अपने प्रशिक्षणार्थियों से हमेशा कहते हैं, "बुद्धिमान लेखक वही होता है जो संवाद लेखन को हमेशा सबसे आखिर के लिए बचाकर रखता है।"

मैकी महोदय की अपने प्रशिक्षणार्थियों को सबसे पहली और सबसे महत्वपूर्ण सलाह यही होती है कि बिना पूरी तैयारी के पटकथा लिखने मत बैठो। उनका मानना है कि अच्छी पटकथाएँ अपने आप दिमाग में नहीं आतीं, उनके लिए लम्बे समय तक तगड़ी मानसिक तैयारी करनी पड़ती है। जब 'तैयारी' पूरी होती है तभी 'दिमाग की बत्ती' जलती है। 'तैयारी' तथा 'दिमाग की बत्ती' जलने की अवस्थाओं के बीच स्वाभाविक रूप से 'ऊष्मीकरण' के पर्याप्त अवसर मिलते

हैं। तैयारी चूँकि महीनों लम्बी चलती है, इसलिए बीच-बीच में सोना, नहाना, खाना, दोस्तों के साथ समय बिताना जैसी गतिविधियाँ होती रहती हैं जो कि एकत्र की जा रही जानकारियों को पकने के लिए पर्याप्त ऊष्मा प्रदान करती रहती हैं। इसके साथ-साथ 'सत्यापन' वाला चरण भी चलता रहता है। लेखक अपने दोस्तों या परिजनों को कहानी सुनाकर उसकी प्रभावोत्पादकता की जाँच करता रहता है और मिलने वाले फीडबैक के हिसाब से कहानी में ज़रूरी बदलाव लाता जाता है।

इससे हमें 'रचनात्मकता के चार चरणों' के संदर्भ में एक नई सच्चाई पता चलती है : ज़रूरी नहीं कि ये चरण उसी तरह एक के बाद एक घटित हों जिस तरह वॉलेस महोदय ने बताए हैं। ये आगे-पीछे भी हो सकते हैं और आपस में गड्ड-मड्ड भी। जैसे कि मैकी महोदय की बताई हुई प्रक्रिया में हम 'तैयारी' वाले चरण के दौरान ही 'सत्यापन' भी करते चलते हैं। मैंने भी अपनी पुस्तक 'हार्ट टु स्टार्ट' के 'दि लीनियर वर्क डिस्टॉर्शन' वाले अध्याय में बताया है कि कैसे पटकथा लेखक जॉन बोकेनकैंप लिखने की शुरुआत 'स्ट्रीम ऑफ़ कॉन्शियसनेस' लेखन से करते हैं, जिसमें संवाद भी शामिल होते हैं। इस तरह 'तैयारी' और 'दिमाग की बत्ती जलने' वाले चरण एक साथ ही घटित होते चलते हैं।

एक विचारणीय बात यह भी है कि अधिकांश रचनात्मक काम एक इकलौते रचनात्मक विचार का परिणाम नहीं होते; वे कई सारे रचनात्मक विचारों का संयोजन होते हैं। कोई भी रोचक कहानी केवल एक अच्छे संवाद, या एक चौंकाने वाले घटनाक्रम, या एक अप्रत्याशित मोड़, या एक जीवंत किरदार के सहारे पूरी नहीं हो सकती। उसे पूरा होने के लिए एक के बाद ढेरों अच्छे संवादों, चौंकाने वाले घटनाक्रमों, अप्रत्याशित मोड़ों, तथा जीवंत किरदारों की ज़रूरत होती है। और ये सब केवल एक बार 'दिमाग की बत्ती जलने' से संभव नहीं हो सकता; इसके लिए तो आपको कई-कई बार इस चरण से गुज़रना पड़ता है। कोई भी नायाब चित्र किसी एक नायाब ब्रशस्ट्रोक से तो बन नहीं सकता; वह तो ढेरोंढेर नायाब ब्रशस्ट्रोक्स का संयोजन होता है। इसीलिए मैं कह रहा हूँ कि रचनात्मक काम करने वाले हर व्यक्ति को अपने हर सृजन के दौरान असंख्य बार 'तैयारी से ऊष्मीकरण और ऊष्मीकरण से दिमाग की बत्ती जलने' वाले चरणों तक आना-जाना करना पड़ता है, तभी वह अपने सभी रचनात्मक विचारों को आपस में गूँथकर एक अप्रतिम कृति तैयार कर पाता है। इस सबके साथ 'सत्यापन' की प्रक्रिया भी चलती ही रहती है।

इन सभी चरणों से गुज़रकर अंतिम उत्पाद तक पहुँचने में कितना समय लगता है या कितना समय लगना चाहिए इसका कोई निश्चित पैमाना नहीं है। कभी-कभी इसमें सालों, यहाँ तक कि दशकों का समय भी लग जाता है। एलिजाबेथ बिशप को अपनी कविता 'दि मूज़' को पूरा करने में बीस वर्षों का समय लग गया था। इस दौरान वे और बहुत सारी रचनाएँ शुरू करके ख़त्म भी कर चुकी थीं। अक्सर यह होता है कि लोग कई-कई दिनों या हफ़्तों तक किसी एक चरण पर अटके रहते हैं, जिसके चलते प्रक्रिया पूरी होने में विलम्ब होता है। लेकिन कभी-कभी ऐसा भी होता है कि पहले चरण से चौथे चरण तक की यात्रा बिना रुके एक झटके में ही पूरी हो जाती है।

रचनात्मकता 'अल्पकालिक स्मृति-प्रबंधन' का खेल है

यदि आपको कभी रचनात्मक अवरोध का सामना करना पड़े तो मेरी सलाह है कि इससे बाहर आने के लिए हड़बड़ी न मचाएँ। इसकी बजाए 'तैयारी' वाले सत्र करके इस अवरोध को क्रमशः कम करने की प्रक्रिया अपनाएँ। क्यों? क्योंकि मानव मस्तिष्क की एक सीमा है जिसका ध्यान रखे बिना हम उससे मनचाहा काम नहीं ले सकते। आप जान ही चुके हैं कि हमारा मस्तिष्क किसी भी रचनात्मक विचार को उत्पन्न करने के लिए असम्बद्ध मालूम होने वालीं विभिन्न जानकारियों और अवधारणाओं को आपस में जोड़कर देखता है। मज़बूत और स्वाभाविक जुड़ाव वाले संबंधों को खोजने की इस कवायद में उसे बहुत सारी जानकारियों और अवधारणाओं के बीच जुड़ाव को परखना पड़ता है।

तो जब हम किसी मुश्किल रचनात्मक समस्या को सुलझाने में हड़बड़ी मचाते हैं तो हमारे मस्तिष्क को अधिक जानकारियों और अवधारणाओं के बीच जुड़ाव को परखने का मौका नहीं मिल पाता। इस वजह से समाधान मिलने की संभावनाएँ भी कम हो जाती हैं। और जब समाधान नहीं मिलता तो हम कुंठित होने लगते हैं, खुद को नाकारा महसूस करने लगते हैं। हम यह नहीं समझ पाते कि ऐसा करके हम अपने मस्तिष्क से क्षमता से अधिक काम लेना चाह रहे हैं। यह वैसा ही है जैसे कि हम एक हाथ की सबसे छोटी उंगली के सहारे पुश-अप लगाने की कोशिश करें।

हमारा मस्तिष्क दो हिस्सों में बँटा हुआ है : अल्पकालिक स्मृति, और दीर्घकालिक स्मृति। दीर्घकालिक स्मृति में हम जितनी चाहें उतनी चीज़ें जमा करके

रख सकते हैं; इसकी भंडारण क्षमता असीमित है। यही वजह है कि हमें आज भी अपने बचपन का फोन नंबर याद है, दूसरी कक्षा में बने दोस्तों के नाम याद हैं, या बीस साल पहले टीवी पर देखे किसी विज्ञापन का जिंगल याद है।

लेकिन हमारी अल्पकालिक स्मृति की भंडारण क्षमता सीमित होती है। यह एक बार में कुछेक चीज़ें ही सहेज सकती है। इसी को देखते हुए क्रेडिट कार्ड्स के नंबर चार-चार या पाँच-पाँच अंकों के समूहों में अंकित किए जाते हैं ताकि जब हम उन्हें किसी फॉर्म में भरें तो हमें एक बार में केवल चार या पाँच अंक ही याद रखने पड़ें। जब हम इन चार या पाँच अंकों को पढ़ते हैं तो कुछ देर के लिए वे हमें याद रहते हैं और जैसे ही हमें उनकी ज़रूरत ख़त्म होती है वैसे ही हमारी अल्पकालिक स्मृति उन्हें हटाकर खुद को खाली कर लेती है।

मैंने रात का समय शोध-सत्र के लिए नियत किया ही इसलिए था क्योंकि मैं अगली सुबह अपनी अल्पकालिक स्मृति को यथासंभव खाली रखना चाहता था। पहले जब मैं लिखते समय ही रिसर्च का काम करता था तो मुझसे लिखना नहीं हो पाता था। उस समय तो मुझे इसका कारण समझ नहीं आता था, पर अब पता है कि ऐसा इसलिए होता था क्योंकि मैं उस पल में अपने मस्तिष्क के पास उपलब्ध क्षमता से अधिक काम करने की कोशिश कर रहा होता था। मैं रिसर्च के माध्यम से प्राप्त ढेर सारी नई जानकारियों को अपनी अल्पकालिक स्मृति में जमा करके रखने का प्रयास कर रहा होता था।

हमारी अल्पकालिक स्मृति को हमारी 'कामकाजी' स्मृति भी कहा जाता है। यदि हम अपनी अल्पकालिक स्मृति को अधिकाधिक जानकारियों से भरकर रखेंगे तो हमारे पास अन्य कामों के लिए बहुत कम मस्तिष्कीय क्षमता बचेगी। तो लिखते समय रिसर्च करने के चलते मैं अपनी कामकाजी स्मृति को नई-नई जानकारियों से तो भर ही रहा होता था, साथ ही साथ मैं उस स्मृति को इन जानकारियों के बीच मज़बूत और स्वाभाविक जुड़ाव वाले संबंधों के परीक्षण में भी लगा रहा होता था। यही वजह थी कि मेरे लिए लिखना नामुमकिन हो जाता था।

लेकिन एक दिन संयोग से मैंने शाम के समय लिखने की बजाए रिसर्च करने का फैसला किया। इसका परिणाम यह हुआ कि मैंने उस शाम जितनी भी नई जानकारियाँ एकत्र कीं उन्हें रात भर में अल्पकालिक स्मृति से निकलकर दीर्घकालिक स्मृति में जाने का मौका मिल गया। इससे सुबह जब मैं लिखने बैठा तो मेरी अल्पकालिक स्मृति पूरी तरह खाली थी, जिसके चलते मेरे पास इन

जानकारियों के बीच मज़बूत और स्वाभाविक जुड़ाव वाले संबंध तलाशकर नए-नए रचनात्मक विचार उत्पन्न करने के लिए भरपूर मस्तिष्कीय क्षमता उपलब्ध थी।

तंत्रिका-विज्ञानी डेविड रॉक ने अपनी पुस्तक 'इन योर ब्रेन एट वर्क' में इन अल्पकालिक और दीर्घकालिक स्मृति क्षमताओं की तुलना थिएटर से की है। उनके मुताबिक़ हमारी अल्पकालिक स्मृति मंच की तरह है, जबकि दीर्घकालिक स्मृति दर्शक-दीर्घा की तरह।

अपने दिमाग में विभिन्न जानकारियों को जोड़कर नए व उपयोगी विचारों का सृजन करने के प्रयास को हम कई सारे अभिनेताओं को मंच पर लाकर उनके माध्यम से किसी दृश्य का मंचन करने के तौर पर देख सकते हैं। यदि मंच पर कलाकारों की संख्या बहुत अधिक होगी तो निश्चित रूप से दृश्य का मंचन कठिन हो जाएगा; मंच पर जगह कम पड़ने लगेगी। ऐसे में आपके लिए ज़रूरी होगा कि कुछ अभिनेताओं को वापस मंच के पीछे भेज दें।

मैं जब लिखते समय ही रिसर्च करता था तब असल में मैं लगातार नए-नए अभिनेताओं को मंच पर लाता जाता था। नए अभिनेता मतलब नई जानकारियाँ। और उन्हें मंच पर लाना मतलब इन नई जानकारियों के बीच सम्बद्धता का परीक्षण करना। इन नए अभिनेताओं को मैं मंच के पीछे से बुला रहा होता था। लेकिन इसके साथ ही मैं सामने दर्शक-दीर्घा में बैठे पुराने अभिनेताओं को भी मंच पर बुला लेता था। 'दर्शक-दीर्घा में बैठे पुराने अभिनेता' मतलब वे पुरानी जानकारियाँ जो मेरी दीर्घकालिक स्मृति में पहले से मौजूद थीं। इस सबके चलते मंच पर इतनी भीड़भाड़ हो जाती थी कि किसी भी दृश्य को ठीक तरह मंचित कर पाना बहुत मुश्किल हो जाता था।

मुझे मंच को ठीक तरह प्रबंधित करने की आवश्यकता थी। मुझे चाहिए था कि मैं केवल नई जानकारियों को अपनी अल्पकालिक स्मृति में लाऊँ और उन्हें इतना समय दूँ कि वे मेरी दीर्घकालिक स्मृति में जा सकें। फिर मैं इन जानकारियों को मंच पर आकर विभिन्न दृश्यों का मंचन करने दूँ। मैंने ऐसा ही किया। मैंने शाम के समय नोट्स बनाने शुरू किए। फिर उन नोट्स में मौजूद जानकारियों को आपस में जोड़कर देखने का उपक्रम किया। इन नोट्स को मैंने एक सफ़ेद बोर्ड पर ज़माना, फिर मार्कर के माध्यम से उन्हें आपस में जोड़कर देखना शुरू किया। इस तरह मैं अपने मस्तिष्क में एक मोटा-मोटा खाका खींचने लगा। ज़रूरी था कि मैं इन नई जानकारियों को पर्याप्त जगह दूँ ताकि अंततः वे मंच के पीछे से

निकलकर दर्शक-दीर्घा में जाके बैठ सकें। ज़रूरी था कि मैं इन नई जानकारियों को अपनी अल्पकालिक स्मृति से निकलकर दीर्घकालिक स्मृति में जाने के लिए पर्याप्त समय दूँ।

हमें हड़बड़ी की जो आदत पड़ गई है वो रचनात्मक उत्पादकता के लिए हानिकारक है। हमें लगता है कि रचनात्मकता के क्षेत्र में जो हमारे आदर्श हैं उन्हें महान रचनाएँ करने में ज़रा भी मुश्किल नहीं होती, कोई तैयारी नहीं लगती, कभी भी रचनात्मक अवरोध का सामना नहीं करना पड़ता। वे पेन उठाते हैं और एक ही बैठक में एक यादगार कहानी लिख डालते हैं। वे ब्रश उठाते हैं और घंटे भर में एक महान चित्र बनकर तैयार हो जाता है। लेकिन हकीकत में ऐसा है नहीं।

माइकल एंजेलो कोई भगवान नहीं थे

चलिए माइकल एंजेलो का ही उदाहरण लेते हैं। माइकल एंजेलो के बारे में एक किस्सा बहुत प्रसिद्ध है। इस किस्से के मुताबिक़, एक बार जब माइकल एंजेलो से पूछा गया कि उन्होंने अपनी जगत-प्रसिद्ध कृति 'डेविड' कैसे रची थी तो उन्होंने कहा, "मैंने बस उस पत्थर में से वो सब निकाल दिया जो डेविड नहीं था।"

क्या आपने माइकल एंजेलो के अधूरे शिल्प देखे हैं? उनका कुछ हिस्सा तराशा हुआ है जबकि कुछ हिस्सा अभी भी अनगढ़ संगमरमर की सिल्ली के रूप में है। पर देखने में ऐसा लगता है मानो वे शिल्प किसी पानी के कुण्ड में डूबे हुए हैं और उनका थोड़ा-थोड़ा हिस्सा धीरे-धीरे करके पानी से बाहर आ रहा है। आपको स्पष्ट रूप से दिखाई देता है कि किस तरह छैनी-हथौड़ी की सहायता से परत-दर-परत हटाकर अनगढ़ पत्थर को एक सुघढ़ शिल्प का रूप दिया जा रहा था। इसे देखकर अधिकांश लोगों को लगता है कि माइकल एंजेलो के लिए यह काम एकदम आसान रहा होगा। वह संगमरमर के एक बड़े-से पत्थर के सामने खड़े होते होंगे, उनकी मानसिक आँखों के सामने तुरंत एक त्रि-आयामी शिल्प की छवि तैर जाती होगी, और वह तत्काल छैनी-हथौड़ी लेकर उसे उसी तरह तराशना शुरू कर देते होंगे जिस तरह आजकल त्रि-आयामी प्रिंटर्स त्रि-आयामी वस्तुओं का निर्माण करते हैं। बिना रुके, एक बार में।

यदि आप भी ऐसा ही सोचते हैं तो कृपया इस सोच को बदल लीजिए। मैं आपको बताना चाहता हूँ कि माइकल एंजेलो को भी अपने हर शिल्प के लिए उतनी ही तैयारी करनी पड़ती थी जितनी किसी भी अन्य कलाकार को करनी पड़ती

है। ऊपर हमने डेविड के सृजन के संदर्भ में माइकल एंजेलो की जो बात पढ़ी है, उसका कोई ऐतिहासिक साक्ष्य नहीं है जो यह सिद्ध करता हो कि वाकई माइकल एंजेलो ने ऐसा कुछ कहा था।

छैनी-हथौड़ी लेकर किसी पत्थर को तराशना शुरू करने से पहले माइकल उस शिल्प की पूरी योजना बना चुके होते थे जो उस पत्थर में से तराशा जाना होता था। वह पहले उस शिल्प का एक मॉडल बनाते थे – मोम, मिट्टी, या अन्य कई तरह की सामग्रियों से। और उस मॉडल को बनाने से पहले वह ढेर सारे स्केच बनाते थे। और स्केच बनाने का यह काम वह उस जानकारी के आधार पर करते थे जो उन्होंने जीवन भर मानव शरीर की संरचना का अध्ययन करते हुए एकत्रित की थी। उनके पास बाकायदा एक संग्रहालय था जिसमें उन्होंने मानव शरीर के विभिन्न अंगों (हाथ, पैर, सर, धड़ इत्यादि) के मिट्टी से बने मॉडल्स इकट्ठे कर रखे थे। इनमें से अनेक मॉडल्स उन रोमन तथा ग्रीक शिल्पों की नक़ल थे जिनका उन्होंने बारीकी से अध्ययन किया था। मानव शरीर संरचना का माइकल का अध्ययन अद्भुत था – बहुत ही विस्तृत और सूक्ष्म। उन्होंने शवों का विच्छेदन करके मानव शरीर की आंतरिक संरचना के जो चित्र बनाए हैं उनमें कई सारे संरचनात्मक विवरण तो ऐसे हैं जिनका अभी तक भी हम कोई नामकरण नहीं कर पाए हैं। माइकल की दीर्घकालिक स्मृति शरीर-रचना विज्ञान संबंधी जानकारियों का एक बेशकीमती खज़ाना थी। इस खज़ाने में मौजूद जानकारियाँ हमेशा इस तलाश में रहती थीं कि उन्हें भिन्न-भिन्न तरह से आपस में संयोजित होकर किसी नायाब शिल्प के रूप में सामने आने का अवसर मिले।

माइकल के अधूरे शिल्प पानी के कुण्ड से बाहर आते मालूम पड़ते हैं यह कोई संयोग की बात नहीं है। वे ऐसे इसलिए दिखाई पड़ते हैं क्योंकि वे सच में ही ऐसे थे। माइकल के जीवनी लेखक वसारी ने अपनी पुस्तक में उस प्रक्रिया का वर्णन किया है जो माइकल एंजेलो शुरुआती मॉडल्स को वास्तविक शिल्प में बदलने के लिए अपनाते थे। वसारी के मुताबिक़, माइकल उस मॉडल को पानी से भरे एक कुण्ड में डुबो देते थे। फिर एक क्रैंक और पुली की मदद से वह उसे थोड़ा-थोड़ा करके पानी से बाहर लाते थे ताकि एक बार में केवल एक परत ही उनके सामने उद्घाटित हो। फिर वह उस उद्घाटित हुई परत को हूबहू संगमरमर के टुकड़े में तराशते थे।

माइकल एंजेलो की सृजन-प्रक्रिया को लेकर हमारे मन में जो 'आदर्श' धारणाएँ हैं वे किसी संयोग या गलतफहमी के चलते नहीं बनी हैं। 'बस हर उस

चीज़ को हटा दिया जो डेविड नहीं थी' वाली बात माइकल एंजेलो ने कही होगी इस पर हमें सहज ही भरोसा हो जाता है क्योंकि यह माइकल एंजेलो की उस सार्वजनिक छवि से मेल खाती है जो उन्होंने सप्रयास खुद के लिए बनाई थी। माइकल एंजेलो को शिल्पकारी का 'भगवान' माना जाता था। वह खुद चाहते थे कि लोग उन्हें एक 'खुदाई करिश्मा' मानें; लोग मानें कि उनकी प्रतिभा असाधारण और अलौकिक थी; लोग मानें कि उन्हें इसके लिए साधारण कलाकारों की तरह मेहनत नहीं करनी पड़ती; लोग मानें कि वह तो इस सृष्टि के सर्जनहार की तरह अपनी इच्छा मात्र से सबकुछ रच सकते थे। इस छवि को लेकर वह इतने अधिक आसक्त थे कि मरते वक़्त उन्होंने अपने सेवकों को आदेश दिया था कि उनका जितना भी अधूरा काम है, फिर चाहे वे स्केच हों, मॉडल्स हों, या शिल्प हों, उन सबको तत्काल जला दिया जाए। वह नहीं चाहते थे कि दुनिया को कभी यह पता चले कि माइकल एंजेलो को भी अपने शिल्प गढ़ने के लिए औरों की तरह ही बहुत तैयारी करनी पड़ती थी।

आप पढ़ ही चुके हैं कि मेरा पहला सार्थक लेखन-सत्र कोस्टा रिका में हुआ था और उस सत्र से मुझे यह समझ आया था कि कोई भी रचनात्मक काम करने के लिए एक विशिष्ट मानसिक स्थिति की आवश्यकता होती है। मैं यह भी बता चुका हूँ कि कैसे आगे चलकर जब मैं मेडेलिन शिफ्ट हुआ तो मैंने सुबह सोकर उठने के बाद सबसे पहले काम के रूप में लिखना शुरू करके उस 'विशिष्ट' मानसिक अवस्था को प्राप्त करने में महारत हासिल की। लेकिन उससे कई साल पहले, ये रात्रिकालीन शोध-सत्र ही थे जिनके चलते मुझे यह समझ आया था कि अभी हम जिस रचनात्मक समस्या पर काम कर रहे हैं उसका जो भी चरण अभी चल रहा है उसके मुताबिक़ काम करना ही समझदारी होती है।

रात्रिकालीन शोध-सत्रों का सिलसिला शुरू होने से पहले तक तो मुझे रचनात्मक प्रक्रिया एक अबूझ पहेली जैसी मालूम होती थी। मुझे ऐसा लगता था मानो मैं मलाई के समंदर में डूब रहा कोई चूहा हूँ जो इस आशा से बेतहाशा हाथ-पैर मार रहा है कि शायद इससे मलाई का मंथन हो जाए और उसमें से मक्खन निकल आए, जिसके सहारे मैं भी सुरक्षित बाहर निकल आऊँ। लेकिन जैसे ही मुझमें इतना आत्मविश्वास आया कि मैं समाधान की दिशा में कोई प्रगति न होते देखकर भी समस्या और उस से जुड़ीं तमाम जानकारियों में डूबे रहने को लेकर सहज रह सकूँ, तब से मेरे लिए सृजन-कर्म आसान हो गया।

जब मैंने उन महान सृजनधर्मी लोगों के काम करने के तरीकों के बारे में जानना शुरू किया जिनके नाम इतिहास में सुनहरे अक्षरों में दर्ज हैं तो मैंने पाया कि वे सभी 'रचनात्मकता के चार चरण' वाली थ्योरी के मुताबिक़ ही काम करने के आदी थे। लेकिन रचनात्मक अंतर्दृष्टियों के बिना किसी तैयारी के अपने-आप उत्पन्न हो जाने का भ्रम पैदा करने वाले कुछ ऐतिहासिक किस्से इस कदर मशहूर हो गए हैं कि वे हमें 'रचनात्मकता के चार चरण' वाली इस थ्योरी पर आसानी से यकीन नहीं करने देते।

'यस्टरडे' के चार चरण

इस तरह के सबसे प्रसिद्ध किस्सों में से एक है 'दि बीटल्स' के पॉल मेकार्टनी द्वारा 'यस्टरडे' नामक गीत की रचना का किस्सा। किस्सा कुछ यूँ है कि पॉल लंदन में अपनी महिला मित्र के विम्पोल स्ट्रीट स्थित पारिवारिक घर में ठहरे हुए थे। अपने सोने के लिए उन्होंने ऊपर के माले पर बना शयन-कक्ष चुना था। उस शयन-कक्ष में उनके पलंग के बगल में एक पियानो भी रखा था। एक रात जब वह गहरी नींद में सो रहे थे तो सपने में उन्हें एक मधुर धुन सुनाई दी। नींद खुलते ही पॉल झट पियानो पर जा बैठे और बारम्बार उस धुन को बजाने लगे ताकि वह उनकी स्मृति में पक्की हो जाए। इस तरह सर्वकालिक महान पॉप गीतों में से एक की रचना हुई।

पॉल मेकार्टनी से जुड़ा यह किस्सा इतना अधिक प्रसिद्ध इसलिए है क्योंकि यह इस बात का भ्रम पैदा करता है कि कोई भी महान रचना कितनी आसानी से की जा सकती है। आपको कुछ नहीं करना, बस सोना है। पता नहीं किस रात आपको भी ऐसा कोई सपना आ जाए और आप भी कोई महान संगीत रचना कर दो। यह जानना आपको हताश कर सकता है कि विलक्षण रचनात्मक प्रतिभा के बल पर किए जाने वाले कामों की नक़ल नहीं की जा सकती क्योंकि वे अद्वितीय होते हैं। हर रचनात्मक मस्तिष्क अपनी दीर्घकालिक स्मृति में जमा जानकारियों को अलग तरह से संयोजित करता है, इसलिए उसके द्वारा की गई रचना भी अन्य मस्तिष्कों द्वारा की गईं रचनाओं से भिन्न होती है। लेकिन कहीं न कहीं यह बात भी हमारी आलसी प्रवृत्ति को बड़ी रास आती है। जिस तरह हर आदमी इस बात में यकीन करके बारम्बार लॉटरी खरीदता है कि कभी न कभी तो उसकी भी लॉटरी ज़रूर लगेगी, उसी तरह हर आदमी खुली आँखों से यह सपना देखता है कि भले वह काम को पर्याप्त समय न दे रहा हो और हर दिन कड़ी मेहनत न कर रहा हो,

पर एक न दिन उसकी किस्मत उस पर मेहरबान ज़रूर होगी और वह भी लाखों-करोड़ों में खेलेगा।

इस किस्से का जो भाग आपने नहीं सुना वो यह है कि 'यस्टरडे' शीर्षक वाले उस गीत को इतना अधिक लोकप्रिय बनाने में रचनात्मकता के चारों चरण बहुत प्रमुखता के साथ शामिल थे। यह गीत मेकार्टनी के सपने में यूँही नहीं आ गया था, और जिस रूप में यह सपने में आया था उसी रूप में श्रोताओं के समक्ष नहीं लाया गया था; उस समय यह एक बिन तराशे हीरे की तरह था।

मेकार्टनी ने जब सपने में इस धुन को सुना तो उन्हें लगा कि उन्होंने इसे पहले भी कहीं सुना है। मेकार्टनी के शब्दों में, "मेरे डैडी के पास पुरानी जैज़ धुनों का बहुत बड़ा खज़ाना था जिन्हें वे अक्सर गाते-बजाते रहते थे। मुझे लगता है कि यह धुन भी मैंने उन्हीं से सुनी थी। संभवतः यह मेरी स्मृति में कहीं गहरे दबी थी और उस दिन सपने में फिर से याद हो आई।"

मेकार्टनी ने 'यस्टरडे' को रिकॉर्ड करने से पहले जितना हो सकता था उतना इस बात का 'सत्यापन' किया कि यह धुन पूरी तरह मौलिक थी। मेकार्टनी के समय में न तो इन्टरनेट था और न ही ऐसी कोई मोबाइल एप्लीकेशन कि जिसकी मदद से धुन को गुनगुना कर यह पता किया जा सकता कि इसे पहले भी किसी ने गुनगुनाया है अथवा नहीं। मेकार्टनी ने बाद में इस बात का खुलासा करते हुए कहा था, "इस धुन की मौलिकता सुनिश्चित करने के लिए मैं हफ़्तों तक जगह-जगह जाकर लोगों के सामने इस गीत की धुन को बजाता रहा।"

इस गीत के मेकार्टनी के सपने में आने से लेकर इसकी रिकॉर्डिंग होने के बीच लगभग डेढ़ साल का समय गुज़र चुका था। इस दौरान मेकार्टनी लगातार इस बात के सत्यापन का प्रयास करते रहे कि यह धुन मौलिक थी। साथ ही साथ वह इसके अरेंजमेंट की बारीकियों पर भी काम करते रहे। इस समय तक तो यह गीत केवल एक धुन के रूप में ही था; इसके बोल भी नहीं लिखे गए थे। मेकार्टनी ने इसे इतने सारे लोगों के सामने बजाया और इतने ज़्यादा अभ्यास तथा रिकॉर्डिंग सत्रों में इसकी बात की कि उनके साथी कलाकार जॉर्ज हैरिसन को कहना पड़ा, "वह हमेशा इसी गाने की बात करता था। हम लोगों को तो ऐसा लगने लगा था कि उसके अन्दर बीथोवन की आत्मा घुस गई है शायद।"

क्या आप यकीन करेंगे कि मेकार्टनी ने इस गीत के बोल उस समय रचे थे जब वह अपनी ओपल कपिटन कार की पिछली सीट पर बैठकर पुर्तगाल के एक दूरदराज़ के इलाके में स्थित हरी-भरी पहाड़ियों की सैर कर रहे थे। दरअसल

उस समय वह पुर्तगाल के दक्षिणी तट पर हर तरह के शोर-शराबे और भीड़भाड़ से दूर बसे एक उनींदे-से गाँव में छुट्टियाँ मना रहे थे। यह धरती पर मौजूद उन बहुत थोड़ी सी जगहों में से एक थी जहाँ बीटल्स को जानने-पहचानने वाला कोई नहीं था।

जिस समय यह रचनात्मक घटना घटी उस समय मेकार्टनी पूरी तरह इत्मीनान से भरे हुए थे। अपनी महिला मित्र, अभिनेत्री जेन आशेर, के साथ दूरदराज़ के इस पहाड़ी इलाके की धूल-धूसरित सड़कों पर घूमते हुए और कॉर्क ओक तथा ओलिव के हरे-भरे पेड़ों के बीच से गुज़रते हुए वे मीरा नदी के ऊपर अस्त होते सूरज को देख रहे थे। इसी समय उनके ज़ेहन में इस धुन के लिए उपयुक्त बोल उभरे, और इसी समय इस गीत को इसका शीर्षक मिला – 'यस्टरडे'।

इस तरह इस गीत को अंतिम रूप देने के बाद भी मेकार्टनी ने एक और बार इसका सत्यापन कर लेना ज़रूरी समझा। मेकार्टनी जब अल्बुफेरा आए तो संगीतकार ब्रूस वेल्च से मिलने उनके घर गए, जहाँ वेल्च छुट्टियाँ मना रहे थे। मेकार्टनी ने वेल्च से एक गिटार माँगा। वेल्च ने उन्हें जो गिटार दिया वो दाहिने हाथ से बजाने वालों के लिए था, जबकि मेकार्टनी बाएँ हाथ से बजाते थे। मेकार्टनी ने इसे उलटकर अपने मुताबिक़ बना लिया। फिर उन्होंने अपनी जेब से एक भूरे रंग का लिफाफा निकाला, जिस पर यस्टरडे गीत के बोल लिखे हुए थे। उन बोलों को सामने रखकर मेकार्टनी ने गिटार पर यस्टरडे को बजाना और साथ-साथ गाना शुरू कर दिया। वेल्च के शब्दों में, "मुझे लगता है कि मैं वह पहला व्यक्ति था जिसने इस गीत को बोलों के साथ सुना था। सुनते ही इसका जादू मुझ पर छा गया। जिस तरह से मेकार्टनी ने इसे रचा था वह अद्भुत था।" इसके सिर्फ तीन हफ़्तों बाद बीटल्स ने लंदन के ईएमआई स्टूडियोज़ में इस गीत को रिकॉर्ड करना शुरू कर दिया। इस समय तक इस गीत की धुन को मेकार्टनी के सपने में आए डेढ़ बरस से भी ज़्यादा का समय बीत चुका था।

मेकार्टनी द्वारा 'यस्टरडे' के सृजन की कहानी 'दिमाग की बत्ती जलने' वाले दो अलग-अलग पलों की कहानी है। इस कहानी में 'सत्यापन' और 'तैयारी' के असंख्य पल भी शामिल थे। लेकिन केवल इन पलों की मौजूदगी से यह गीत पूरा नहीं हो सकता था। इन पलों के बीच, और मेकार्टनी द्वारा बचपन में एक धुन सुनने और बड़े होकर सपने में उस धुन के पुनः सुनाई देने के बीच जो 'ऊष्मायन' के पल थे उन्होंने भी बेहद महत्वपूर्ण भूमिका निभाई थी।

ऐसे काम करता है 'ऊष्मायन'

'ऊष्मायन' तब घटित होता है, जब आप उस समस्या पर सक्रिय रूप से काम नहीं कर रहे होते हैं, जिसका समाधान आपको चाहिए। जब हम समस्या पर सक्रिय रूप से काम कर रहे होते हैं तो हमें रचनात्मक अवरोधों से दो-चार होना ही पड़ता है। जब हम अपने दिमाग में मौजूद विभिन्न जानकारियों और अवधारणाओं को आपस में संयोजित करके नए विचारों के सृजन की कोशिश करते हैं तो पाते हैं कि हमारे द्वारा परखे जा रहे कई सारे संयोजन निष्फल हो रहे हैं। इससे हम अटक जाते हैं। इसके अलावा कई सारी नई जानकारियाँ या संभावित समाधान ऐसे भी होते हैं, जिन्हें हमने अब तक किसी भी अन्य जानकारी और अवधारणा के साथ जोड़कर देखने की कोशिश ही नहीं की होती। जिस समय हम समस्या पर सक्रिय रूप से काम नहीं कर रहे होते हैं, उस समय बैकग्राउंड में (अवचेतन मन में) कई सारी ऐसी चीज़ें चल रही होती हैं जो हमें समाधान के करीब ले जाती हैं।

'ऊष्मायन' किस तरह काम करता है, इसका एक उत्तर यह है कि यह हमें निष्फल जानकारियों को भूलने में मदद करता है। हमें रचनात्मक अवरोध का सामना अक्सर तभी करना पड़ता है जब हम हद से ज़्यादा मस्तिष्कीय क्षमता ऐसे संयोजनों को परखने में खर्च कर रहे होते हैं जो हमें समाधान की ओर नहीं ले जाएँगे। यह बंधान बाँधकर नदी के प्रवाह को रोकने जैसी बात होती है। हम अपनी अधिकांश 'कामकाजी स्मृति' ऐसे संयोजनों को परखने में लगा रहे होते हैं जो हमें समाधान की ओर लेकर नहीं जाएँगे। जब तक इस तरह की निष्फल जानकारियाँ हमारी कामकाजी स्मृति में भरे रहेंगे तब तक रचनात्मकता रूपी नदी का प्रवाह शुरू नहीं होगा।

आपको याद है पिछले अध्याय में हम एक शब्द-त्रयी पहेली हल कर रहे थे? संकेत शब्द 'पाइन' से जुड़ाव रखने वाला जो पहला शब्द हमने सोचा था वह 'ट्री' था। परन्तु इस शब्द-त्रयी पहेली के संदर्भ में 'ट्री' एक निष्फल विकल्प था। जब एक बार हमारे दिमाग में 'ट्री' शब्द आ गया तो फिर हम इसी पर अटक कर रह गए, जिसके चलते हमारे लिए सही समाधान शब्द 'एप्पल' पर जाना कठिन हो गया। यदि हमने 'ट्री' शब्द सोचने और इसका जुड़ाव परखने के बाद एक ब्रेक ले लिया होता तो पूरी संभावना है कि हम इसे भूल गए होते और हमारी कामकाजी स्मृति खाली हो गई होती। तब हम आसानी से और फ़टाफ़ट 'एप्पल' शब्द पर पहुँच जाते। जब 'ऊष्मायन' हमें कोई ऐसी चीज़ भूलने में मदद

करता है जो रचनात्मक अवरोध पैदा कर रही हो तो इस घटना को वैज्ञानिक 'फिक्सेशन फोरगेटिंग' कहते हैं। 'ऊष्मायन' हमें निष्फल जानकारियों को भूलने में मदद करता है, जिससे हमारे दिमाग में उपयुक्त जानकारियों के लिए जगह बनती है।

'ऊष्मायन' किस तरह काम करता है इसका दूसरा उत्तर यह है कि यह चीज़ों को अल्पकालिक स्मृति से दीर्घकालिक स्मृति में भेजने में सहायक होता है। थिएटर वाले उदाहरण की भाषा में कहें तो यह मंच के पीछे मौजूद अभिनेताओं को मंच रूपी अल्पकालिक स्मृति से निकालकर दर्शक-दीर्घा रूपी दीर्घकालिक स्मृति में भेजता है।

नींद का समय जानकारियों व अवधारणाओं के बीच संयोजनों की स्मृतियों को अल्पकालिक स्मृति से निकालकर दीर्घकालिक स्मृति में भेजने में विशेष रूप से सहायक होता है। यदि मैं आपसे कहूँ कि 'टॉम जिल से अधिक लम्बा है, लेकिन जिल जेरी से लम्बा है' तो आप इन तीनों के बीच के पारस्परिक संबंध को तब बेहतर ढंग से समझ पाएँगे जब आप थोड़ी देर के लिए एक झपकी ले लें या फिर रात भर सो लें। सोकर उठने के बाद आपको खुद-ब-खुद यह सूझने की संभावनाएँ अधिक होंगी कि 'टॉम जेरी से लम्बा है', जबकि मैंने सीधे-सीधे आपको ऐसा कहा ही नहीं था। लेकिन नींद के दौरान इन जानकारियों के अल्पकालिक स्मृति से निकलकर दीर्घकालिक स्मृति में जाने के चलते आपके मस्तिष्क ने खुद-ब-खुद इन संयोजनों को परखकर देख लिया और सही समाधान पर पहुँच गया।

रचनात्मक कार्य करने के लिए 'संबंधपरक स्मृति' आवश्यक होती है। नवीन और उपयोगी विचार प्राप्त करने के लिए उन जानकारियों व अवधारणाओं को जोड़ने की ज़रूरत होती है जो असम्बद्ध मालूम होती हैं। इन जानकारियों व अवधारणाओं को सूझबूझ के साथ सही पदानुक्रम में व्यवस्थित करने की चुनौती (जैसे कि यह जान लेना कि टॉम जेरी से लम्बा है) ही वह चीज़ है जो रचनात्मक कार्य को विचारोत्तेजक और दिलचस्प बनाती है।

यदि आप कोई जासूसी उपन्यास लिख रहे हों और जगह-जगह इस तरह के रहस्योद्घाटन करते रहें जिनसे पाठक के लिए अंत तक पहुँचने से पहले ही कातिल का अनुमान लगाना बेहद आसान हो जाए तो आपका उपन्यास बुरी तरह असफल हो जाएगा। यदि आप कोई ऐप डिज़ाइन कर रहे हैं तो आपको इंटरफ़ेस पर बटनों को इस तरह व्यवस्थित करना होगा जिससे कि ऐप के सबसे अधिक इस्तेमाल किए जाने वाले फंक्शन्स उपयोगकर्ता की सबसे जल्दी और सबसे आसानी से

पहुँच में रहें, और सबसे कम उपयोग किए जाने वाले फंक्शन्स सबसे बाद में आएँ। यदि आप नृत्य-निर्देशन कर रहे हैं तो आपको इस तरह की नृत्य-मुद्राओं का चयन करना होगा जो परस्पर विपरीत (कंट्रास्ट) होने के चलते एक-दूसरे को संतुलित (बैलेंस) करती हों। मतलब कुछ मुद्राएँ ऐसी हों जो बेहद ध्यानाकर्षक हों जबकि कुछ मुद्राएँ बैकग्राउंड का काम करें। यही वजह है कि जब नृत्य-निर्देशिका, संगीतकार, और संगीत-थिएटर निर्देशिका मेरेडिथ मोंक अपनी किसी संगीत प्रस्तुति के लिए तैयारी करती हैं तो पहले खूब सारे चार्ट्स बनाती हैं, मैप्स बनाती हैं ताकि उनके दिमाग में यह स्पष्ट रहे कि प्रस्तुति में कौन सी चीज़ कहाँ होगी, कैसी होगी और उनका पारस्परिक संयोजन क्या होगा।

इन सब कामों के लिए संबंधपरक स्मृति की आवश्यकता होती है। जब तक आप खुद किसी नक़्शे का पूरी बारीकी से अध्ययन नहीं कर लेते तब तक आप दूसरों को कैसे बता पाएँगे कि उस नक़्शे का इस्तेमाल करके उन्हें कहाँ जाना है और कहाँ-कहाँ से होकर कैसे-कैसे जाना है।

लेकिन यह काम नक़्शे को एक बार सरसरी तौर पर देख लेने भर से नहीं हो सकता। ऐसा करने से आपका पूरा ध्यान उन विवरणों में ही अटका रहेगा जो कहानी से ध्यान भटकाते हैं; उन नृत्य-मुद्राओं में ही अटका रहेगा जो बहुत अधिक ध्यानाकर्षक हैं। 'दिमाग की बत्ती जलने' वाली अवस्था को उपलब्ध होने के लिए आपका 'ऊष्मायन' वाली अवस्था से होकर गुज़रना ज़रूरी है।

विभिन्न शोध-अध्ययन बताते हैं कि 'ऊष्मायन' कैसे काम करता है इसका तीसरा उत्तर है - अवचेतन मस्तिष्क में होने वाले मंथन (अनकॉन्शियस प्रोसेसिंग) के माध्यम से। जब हम सजग रूप से किसी चीज़ के बारे में नहीं सोच रहे होते हैं तब भी हमारा अवचेतन मस्तिष्क पूरी सक्रियता से इस पर काम कर रहा होता है। विज्ञान की भाषा में इसे 'डिफ़ॉल्ट मोड नेटवर्क' (मस्तिष्क की नैसर्गिक अवस्था) कहते हैं। जब हम किसी समस्या पर सजग रूप से काम नहीं कर रहे होते हैं तब हमारा मस्तिष्क न केवल निष्फल जानकारियों को भुला रहा होता है; न केवल काम की जानकारियों व अवधारणाओं को अल्पकालिक स्मृति से निकालकर दीर्घकालिक स्मृति में जमा कर रहा होता है; न केवल उन जानकारियों व अवधारणाओं के विभिन्न संयोजनों को परख रहा होता है, बल्कि उस समय यह अवचेतन के तल पर समस्या का समाधान भी तलाश रहा होता है।

इन चार चरणों का सम्मान करें

कई लोगों को सपनों में ऐसी धुनें सुनाई देती हैं जो उन्होंने पहले कभी नहीं सुनी होतीं। कम से कम मेरे साथ तो ऐसा होता है। लेकिन मेरी संगीत की समझ इतनी परिष्कृत नहीं है कि मैं उन धुनों को आत्मसात करके उन्हें एक सम्पूर्ण गीत में बदल सकूँ। यदि 'यस्टरडे' की धुन किसी कम कुशल रचनाकार (जिसकी तैयारी उतनी ज़बरदस्त न होती जितनी कि मेकार्टनी की थी) के सपने में आई होती तो कहानी वहीं ख़त्म हो गई होती। आपने और मैंने न तो वह गीत सुना होता और न ही उसे रचने वाले का नाम। लेकिन मेकार्टनी जानते थे कि कोई भी रचनात्मक अंतर्दृष्टि बिना कुछ किए, खुद-ब-खुद अंतिम उत्पाद में नहीं बदलती। और इसीलिए उन्होंने सपने में आई उस धुन को शब्दों में पिरोकर एक कालजयी गीत बनाने के लिए डेढ़ साल तक मेहनत की।

कोई आश्चर्य नहीं कि माया एंजेलो सुबह के लेखन-सत्र से फुर्सत होने के बाद उस लिखे हुए को अपने दिमाग से निकालने का प्रयास करती थीं। यह उनका 'ऊष्मायन' की अवस्था में जाने का प्रयास होता था। रात को खाने के बाद वे सुबह लिखी हुई इबारत को अपने पति को पढ़कर सुनाती थीं। जी नहीं, उस पर उनकी राय जानने के लिए नहीं बल्कि अपने लिखे हुए को खुद सुनने के लिए। यह उनका 'सत्यापन' का तरीका था।

अर्नेस्ट हेमिंग्वे ने कथित तौर पर कहा था, "नशे में लिखो, होश में संपादित करो।" भले ही इस बात का कोई प्रमाण न हो कि वाकई हेमिंग्वे ने ऐसा कुछ कहा था, तब भी इस कथन का इस कदर लोकप्रिय होना हमारे इस सामूहिक बोध का प्रतीक है कि 'रचनात्मक प्रक्रिया भिन्न-भिन्न चरणों में पूरी होती है।'

स्टीफ़न किंग लेखक बनने के तमन्नाई लोगों को यह सलाह देते हैं कि अपने उपन्यास के पहले ड्राफ्ट को पूरा करके उसे अपनी मेज़ की दराज़ में बंद करके रख दो और छः हफ़्तों तक उसकी तरफ पलटकर भी मत देखो। इस सलाह के रूप में वास्तव में उन्होंने छः हफ़्तों की 'ऊष्मायन' अवस्था को रचनात्मक प्रक्रिया के एक अनिवार्य अंग के रूप में प्रतिष्ठित किया है।

नाटककार लिलियन हेलमैन रात की नींद को 'ऊष्मायन' के रूप में उपयोग करती थीं। वे जिस भी नाटक पर काम कर रही होती थीं उसके संवादों को रात को सोने से पहले ज़ोर-ज़ोर से बोलकर पढ़ती थीं। यही काम वह अगली सुबह लिखना शुरू करने से पहले भी किया करती थीं। वे 'तैयारी' के मद में भी बहुत सारा समय

और श्रम निवेश करती थीं। अपने एक नाटक को लिखने की प्रक्रिया में तो उन्होंने अपनी कई सारी नोटबुक्स भर डाली थीं; एक लाख से भी अधिक शब्द लिख डाले थे। और कमाल की बात यह थी कि इनमें से एक भी शब्द नाटक के अंतिम ड्राफ्ट में शामिल नहीं हुआ था। मतलब वे शब्द महज़ तैयारी का हिस्सा थे। रॉबर्ट मैकी ने तो बहुत बाद में इसका नामकरण किया, पर हेलमैन तो उससे बहुत पहले से ही 'अंदर से बाहर की ओर' लिखने की प्रक्रिया अपनाए हुए थीं।

रचनात्मक काम काफी थका देने वाले होते हैं। 'दिमाग की बत्ती जलने' वाले पल अचानक आते हैं, और उनके आने से पहले तक हालत यह होती है कि समाधान कहीं दूर-दूर तक नज़र नहीं आ रहा होता। लेकिन यदि आप रचनात्मकता के चार चरणों के बारे में जानते हैं तो आप इससे कभी भी हताश नहीं होंगे।

हताश होने की बजाए आप इत्मीनान से तैयारी करेंगे। पर्याप्त समय लगाकर समस्या से जुड़े तमाम विवरणों को अपने ख़याल में लाएँगे। इस दौरान आप बारम्बार इन विवरणों को परस्पर संयोजित करके कुछ सार्थक निष्कर्ष निकालते चलने के लिए प्रलोभित होंगे। यदि खुद-ब-खुद ऐसा होता है तो बहुत अच्छी बात है, उन निष्कर्षों का स्वागत कीजिए। लेकिन यदि ऐसा सहज रूप से नहीं हो रहा है तो उसके लिए जबरन कोशिश करके खुद को थकाइए या उलझाइए मत; रचनात्मक अवरोध से माथाफोड़ी मत कीजिए। इस बात पर भरोसा रखिए कि जैसे ही आप अपनी 'क्रिएटिव स्वीट स्पॉट' वाली स्थिति में आएँगे, वैसे ही आपके दिमाग की बत्ती अवश्य जलेगी।

अब 'ऊष्मायन' के चरण से गुज़रिए। अपनी अल्पकालिक स्मृति में जमा बातों को दीर्घकालिक स्मृति में जाने दीजिए। रचनात्मक अवरोध पैदा करने वालीं निष्फल जानकारियों को मस्तिष्क द्वारा भुला दिए जाने का इंतज़ार कीजिए। मस्तिष्क को समस्या से जुड़ीं तमाम बातों का विश्लेषण तथा मूल्यांकन करने दीजिए ताकि उन्हें लेकर आपके भीतर स्पष्टता आए। अपने अवचेतन मस्तिष्क को संभावित समाधानों तक पहुँचने का अवसर दीजिए। आप चाहें तो ऊष्मायन के चरण को योजनाबद्ध ढंग से अंजाम दे सकते हैं। इसके लिए आपको सोने से पहले अपने मस्तिष्क में कुछ ऐसी बातें डालनी होंगी जो समाधान की दिशा में संकेत करती हों, कुछ सुराग देती हों। मेरे रात्रि-कालीन शोध-सत्रों का यही उद्देश्य होता है। लिलियन हेलमैन के रात के खाने के बाद अपने पति को सुबह लिखे गए नाटक के अंशों को ज़ोर-ज़ोर से पढ़कर सुनाने का भी यही उद्देश्य होता था।

'सत्यापन' के काम को रचनात्मक प्रक्रिया में हस्तक्षेप न करने दें। जब आप दिमाग की बत्ती जलने की प्रतीक्षा कर रहे हों तब सत्यापन में मत उलझिए। सत्यापन वाले चरण को बाद के लिए बचाकर रखिए।

रचनात्मकता के इन चार चरणों की जानकारी ने मेरे लिए भी रचनात्मक प्रक्रिया को पहले की तुलना में कम कष्टसाध्य और अधिक फलदायी बना दिया था। लिखना मेरे लिए आनंद का विषय बन गया था। अपनी पहली पुस्तक लिखते वक़्त बेशक मैं नौसिखिया था, लेकिन तब भी मुझे हमेशा यही महसूस होता था कि मैं लिखने के लिए ही बना हूँ।

लेकिन फिर भी सबकुछ इतना आसान नहीं था। कई बार ऐसा समय भी आता था जब आनंद पीड़ा में बदल जाता था; जब ऐसे ज़िद्दी रचनात्मक अवरोधों का सामना करना पड़ जाता था कि लगता दुबारा कभी लिख भी पाऊँगा या नहीं। इसमें कोई शक नहीं कि रचनात्मकता के चार चरणों की जानकारी ने मेरे लिए रचनात्मक प्रक्रिया को काफी हद तक आसान बना दिया था, लेकिन तब भी रोज़मर्रा की ज़िन्दगी के पचड़े उस मनःस्थिति को बिगाड़ने का काम बखूबी करते रहते थे जो रचनात्मक काम के लिए ज़रूरी होती है। लेकिन समय के साथ मैंने इस समस्या को भी सुलझा ही लिया। कैसे? आइए अगले अध्याय में देखते हैं।

अध्याय – 4

रचनात्मक काम की सात मनःस्थितियाँ

"कभी-कभी मैं नशे में लिखता हूँ और होश में संपादित करता हूँ... और कभी-कभी होश में लिखता हूँ और नशे में संपादित करता हूँ। आप चाहे ऐसे करें या वैसे, पर सृजन की प्रक्रिया में होश और बेहोशी; इन दोनों मनःस्थितियों का होना ज़रूरी है।"

—पीटर डी व्रीज़

मैं अब इस रास्ते से गुज़रने का इस कदर आदी हो गया हूँ कि नींद में भी चलूँ तो भी अपने गंतव्य तक पहुँच जाऊँगा। मिशिगन एवेन्यू की सीढ़ियाँ उतरकर मैं प्लाज़ा से गुज़रते हुए आगे बढ़ रहा हूँ। ठण्डी हवा मानो नश्तर चुभो रही हो! आगे एक घूमने वाले दरवाज़े से होकर भीतर पहुँचता हूँ। आह! ठण्डी हवा के नश्तरों की चुभन ख़त्म हुई। अपने ऊनी कार कोट के बटन खोलते हुए मैं पहले बाएँ मुड़ता हूँ, फिर थोड़ा सा आगे जाकर दाएँ, और फिर एक गिफ्ट शॉप के सामने से गुज़रकर एक गेट पर पहुँचता हूँ। वहाँ मौजूद कर्मचारी मेरा सदस्यता कार्ड स्कैन करता है और मुझे पर्यटकों की कतार में सबसे आगे जाने के लिए निर्देशित करता है। जैसे-जैसे मैं आगे बढ़ता जा रहा हूँ, गलियारा क्रमशः तंग होता जा रहा है। बाहर की तेज़ रोशनियाँ, भागते-दौड़ते लोगों की गहमागहमी, और हॉर्न बजाती कारें व टैक्सियाँ पीछे छूट रही हैं।

लिफ्ट खचाखच भरी है। गले में कैमरा लटकाए एक अधेड़ वय का व्यक्ति और उसकी पत्नी आपस में बातचीत कर रहे हैं। जर्मन में। मिशिगन टी-शर्ट पहने एक महिला अपने तीन बच्चों के साथ खड़ी है। दो बड़े बच्चे उससे सट कर खड़े हैं जबकि तीसरा उस स्ट्रोलर (छोटे बच्चों को घुमाने वाली गाड़ी) में बैठा है जिसका

हैंडल उस महिला ने थाम रखा है। पाँच सदस्यों वाला एक परिवार भी है जो इस बात पर चर्चा में व्यस्त है कि परिवार के सबसे बड़े बेटे को कॉलेज में कौन से विषय लेने चाहिए। तभी लिफ्ट में पहले से रिकॉर्ड किया हुआ एक सन्देश गूँजता है जो मुझे याद दिलाता है कि इस समय मैं जिस लिफ्ट में सवार हूँ वह 'उत्तरी अमेरिका की सबसे तेज़ लिफ्ट' है। हालाँकि मैं चाहता हूँ कि काश यह थोड़ी और तेज़ होती। मैं भीतर ही भीतर कसमसा रहा हूँ, ऐसा महसूस कर रहा हूँ जैसे कोई महत्वपूर्ण कार्य अधूरा है और मैं जल्द से जल्द उसे पूरा करना चाहता हूँ। काम क्या है यह नहीं पता।

लिफ्ट अपने गंतव्य पर पहुँचकर रुक जाती है। 95वें माले पर। जैसे ही दरवाज़ा खुलता है, तेज़ रोशनी सबको चकाचौंध कर देती है। लिफ्ट से बाहर आकर अपनी आँखों को उस तेज़ रोशनी का अभ्यस्त बनाने के बाद मुझे जो नज़ारा दिखाई पड़ता है वो कुछ ऐसा है : बाईं ओर है मिशीगन झील और दूर-दूर तक फैला नीला क्षितिज, जबकि दाईं ओर है इतनी ऊँचाई से खिलौनों जैसी दिखने वालीं इमारतों का घना जंगल।

मैं अपना माथा खिड़की पर टिका देता हूँ और एकाध मिनट तक देखता रहता हूँ नीचे दिखाई पड़ रही छोटी-सी सड़क और उस पर दौड़तीं छोटी-छोटी सी कारों को। गाड़ियों के इंजनों और हॉर्न के शोर के आदी मेरे कानों को यहाँ की असीम शान्ति बहुत राहत दे रही है।

मैं कोने के एक कैफ़े में जाकर एक ऐसी टेबल पर बैठ जाता हूँ जहाँ से नीचे शिकागो का 1800 का नज़ारा दिखाई पड़ रहा है। सीअर्स टॉवर दिखाई दे रहा है। और वो रहा निर्माणाधीन ट्रंप टॉवर। वो है वॉटर टॉवर प्लेस...। वो रहा एलर्टन होटल। और पश्चिम की ओर... अनंत तक विस्तारित क्षितिज। मेरे सामने बर्फ से थोड़ा भरा एक छोटा-सा गिलास रख दिया गया है। मैं उसमें खाली जगह को पानी से भरता हूँ, फिर उसमें आधा कटा नींबू डालता हूँ, एक घूँट भरता हूँ, और एक गहरी निःश्वास छोड़ता हूँ।

मेरा दिल अभी भी ज़ोरों से धड़क रहा है। मेरा शरीर तो थम गया है पर दिल की धड़कनों को संयत होने में थोड़ा-सा समय और लगेगा। मैंने खुद को ढीला छोड़ दिया है और शान्ति से सामने मौजूद इमारतों व क्षितिज को निहार रहा हूँ। मैं इंतज़ार कर रहा हूँ।

कुछ ही मिनटों में मुझे अहसास होता है कि मेरा इंतज़ार ख़त्म होने वाला है; वो आने ही वाला है जिसका मुझे इंतज़ार था। लेकिन मैं नहीं चाहता कि वो डर कर

भाग जाए, इसलिए मैं हड़बड़ी मचाने से बचता हूँ। मैं इत्मीनान से अपना बैग खोलता हूँ, उसमें से अपनी काले रंग की मोल्सकाइन नोटबुक निकालता हूँ, और इंतज़ार करता हूँ। मैं इत्मीनान से उस नोटबुक को टेबल पर रखता हूँ, और इंतज़ार करता हूँ। मैं इत्मीनान से पेन फोल्डर में फँसे पेन को निकालता हूँ, और इंतज़ार करता हूँ। मैं नोटबुक खोलता हूँ, और इंतज़ार करता हूँ। मैं पेन का ढक्कन खोलता हूँ, और इंतज़ार करता हूँ।

आखिरकार, मैं लिखना शुरू करता हूँ।

पहलेपहल जो शब्द या वाक्य दिमाग में आते हैं उनमें कोई तारतम्य नहीं होता। कुछ यहाँ का, कुछ वहाँ का, और कुछ पता नहीं कहाँ का। दिमाग में चल रहीं तमाम बातें (कॉपीराइट संबंधी अनुमतियाँ, अध्याय पाँच का चित्रण, रंग विज्ञान अनुसंधान, और भी पता नहीं क्या-क्या) अव्यवस्थित एवं असंगत शब्दों व वाक्यों की शक्ल में कागज़ पर उतरने लगती हैं। लेकिन थोड़ी ही देर में चीज़ें व्यवस्थित होने लगती हैं। वाक्य लम्बे तथा सुसंगत होने लगते हैं। फिर ये वाक्य पहले छोटे-छोटे और फिर बड़े-बड़े सुव्यवस्थित पैराग्राफ्स की शक्ल लेने लगते हैं। जल्दी ही मेरे दिमाग की गाड़ी सरपट दौड़ने लगती है और मेरे दिल की धड़कनें सुस्ताने लगती हैं।

जो कार्य असंभव लगते थे, वे अब आसान लगने लगे। जो रास्ते ऊबड़-खाबड़ लग रहे थे, अब सीधे-सपाट मालूम होने लगे। मस्तिष्क में उमड़ते-घुमड़ते विचारों के बादल जो पहले आवारा से यहाँ-वहाँ भटक रहे थे, वे अब आपस में मिलकर एक निश्चित दिशा में आगे बढ़ते हुए रिमझिम बरस रहे हैं।

मैं जानता हूँ कि मैं कहाँ जा रहा हूँ। मुझे सबकुछ साफ़-साफ़ दिखाई पड़ रहा है। मैं बहुत ऊपर हूँ।

हमेशा कैमराधारी पर्यटकों से घिरे रहने वाले जॉन हैनकॉक सेंटर के 95वें माले पर एक कैफ़े में बैठकर लिखना - यह उन कई सारी तरकीबों में से एक थी जो अपनी पहली पुस्तक लिखते समय मैं आज़मा रहा था। मुझे तकरीबन पाँच महीने हो चुके थे पुस्तक लिखना शुरू किए हुए। इस तरह की कई सारी तरकीबेंमैं खोज चुका था। मसलन, सफ़ेद बोर्ड और संदर्भ पुस्तकों के साथ रात्रिकालीन शोध-सत्र; इप्सेंटो कॉफी शॉप के मद्धम रोशनी वाले बैकरूम में बैठकर अपने लिखे हुए को संपादित करना; दिन भर बालकनी में बैठकर काम करने के बाद शाम को किंग्सबरी स्ट्रीट होल फूड्स वाइन बार में बैठकर एक गिलास मैलबेक पीना; एक मसाज स्कूल में

जाकर डिस्काउंट पर मिलने वाली मसाज कराना और फिर एक ऐसे कैफ़े में बैठकर लिखना जिसका नाम एक बैंक के नाम पर रखा गया था; एक कप ग्योकुरो ग्रीन टी - 200 मिलीग्राम थीनाइन के साथ; 'कर्ब योर एन्थूसियास्म' नामक प्रोग्राम का एक एपिसोड देखना और उसके बाद एप्सम सॉल्ट मिले पानी से नहाना – इस बात का विशेष ध्यान रखते हुए कि पानी का तापमान ठीक 1070 फेरेनहाईट हो (न एक डिग्री कम, न एक डिग्री ज़्यादा) और नहाने की अवधि ठीक 20 मिनट हो (न एक मिनट कम, न एक मिनट ज़्यादा); इत्यादि।

ये सभी तरकीबें मेरे अपने अनुभवों की देन थीं। आप कह सकते हैं कि ये सैद्धांतिक बुद्धि से नहीं अपितु व्यावहारिक बुद्धि से खोजी गई थीं। पुस्तक लिखने के क्रम में मेरे समक्ष रचनात्मक प्रक्रिया के संदर्भ में जो नित नए रहस्योद्घाटन हुए, उन्हीं के चलते ये तरकीबें मेरे दिमाग में आती गईं और मैं इन्हें आज़माकर देखने लगा। जैसा कि मैंने आपको पहले भी बताया है कि पहली पुस्तक लिखते समय शुरुआत में जब मुझे लगने लगा था कि मुझसे नहीं लिखा जाएगा और मुझे प्रकाशक की पेशगी वापस करनी पड़ेगी, तभी इस रहस्योद्घाटन ने मेरे इस रचनात्मक अवरोध को दूर करने का मार्ग सुझा दिया था कि रचनात्मक काम के लिए समय-प्रबंधन की नहीं अपितु मन-प्रबंधन की आवश्यकता होती है। इसी क्रम में मैंने यह भी जाना था कि हमेशा मनःस्थिति के हिसाब से काम का चयन करना आवश्यक नहीं होता; हम काम के मुताबिक़ मनःस्थिति भी तैयार कर सकते हैं। ऐसा करने के लिए मुझे खुद से केवल ये तीन प्रश्न करने की आवश्यकता थी : *अभी कौन-सा काम किया जाना ज़रूरी है? उस काम को करने के लिए किस तरह की मनःस्थिति का होना आवश्यक है? और, आख़िरी बार कब मैं उस मनःस्थिति में था?*

'आख़िरी बार मैं कब उस मनःस्थिति में था' यह जानने का उद्देश्य यह पता करना है कि वह मनःस्थिति किस तरह की चीज़ों के संयोजन से उपजती है। तो यदि हम उसी संयोजन को दोहरा सकें तो हम जब चाहें उस मनःस्थिति को प्राप्त कर सकते हैं। यह बात समझ में आने के बाद मैंने सबसे पहले तो लिखने के लिए अपनी आदर्श मनःस्थिति खोजी, और फिर यह देखा कि मैं पिछली बार जब उस मनःस्थिति में था तब मैं कहाँ था, क्या कर रहा था, मेरे आसपास किस तरह का वातावरण था, समय क्या हुआ था, इत्यादि। इन सब बातों को जानकर ही मैंने ऊपर वर्णित कई सारी तरकीबें ईजाद कीं।

इनमें से कई तरकीबों का उद्देश्य अपने तन-मन को शांत व तनावरहित करना था। मसलन, वाइन बार में बैठकर वाइन पीना और मसाज स्कूल में जाकर मसाज कराना। जब हम शांत व तनावरहित होते हैं तब हमारा मस्तिष्क रचनात्मक चिंतन की अवस्था में पहुँच जाता है, और यह अवस्था धाराप्रवाह लेखन के लिए बेहद उपजाऊ होती है।

धीरे-धीरे मैंने इस बात पर गौर करना शुरू किया कि अलग-अलग जगहों पर मैं अलग-अलग मनःस्थितियों में होता हूँ, और अलग-अलग मनःस्थितियों में मेरे लिए अलग-अलग तरह के काम करना सहज व सरल होता है। उदाहरण के तौर पर, इप्सेंटो कॉफी शॉप का शांत और मद्धम रोशनी वाला बैकरूम अपने लिखे हुए को संपादित करने के लिए बहुत उपयुक्त जगह मालूम होती थी मुझे। बैंक-ब्रांडेड कैफे में बहुत सारी खिड़कियाँ थीं और उसकी आन्तरिक साज-सज्जा में चमकीले नारंगी रंग का उपयोग किया गया था। एक आरामदायक मसाज के बाद मैं जब उस कैफ़े में बैठकर लिखता था तो दिमाग में ऐसे कमाल-कमाल के विचार आते थे कि मैं खुद हैरान हो जाता था कि यह मैंने कैसे सोच लिया। और जब कभी भी मैं ज़िन्दगी की आपाधापी के चलते स्वयं को अत्यधिक व्यग्र, अत्यधिक व्याकुल महसूस करने लगता था तब जॉन हैनकॉक सेंटर का अपना सदस्यता-कार्ड उठाकर पहुँच जाता था उसके 95वें माले पर खुले एक कैफ़े में, क्योंकि मैं जान चुका था कि वहाँ बैठकर मैं सारी आपाधापी से बहुत ऊपर उठ जाता हूँ और मुझे एक नई व स्पष्ट दृष्टि मिल जाती है।

मेरे द्वारा इन तरकीबों की खोज किए जाने के कई वर्षों बाद कैल न्यूपोर्ट ने एक अभूतपूर्व पुस्तक लिखी, जिसका शीर्षक था 'डीप वर्क'। इस पुस्तक में बताया गया था कि अलग-अलग तरह के कार्यों के लिए अलग-अलग तरह की मनःस्थितियों और अलग-अलग स्तर की ऊर्जा की दरकार होती है। इसमें कार्यों को मुख्यतः दो श्रेणियों में विभाजित किया गया था : उथला कार्य और गहन कार्य। उथला कार्य वह है जिसे करने के लिए न तो अधिक एकाग्रता की आवश्यकता होती है और न ही बहुत अधिक ऊर्जा की। गहन कार्य वह होता है जिसे करने के लिए आपको पूरी तरह एकाग्रचित्त होना पड़ता है और अपनी सर्वोत्तम ऊर्जा लगानी पड़ती है। पुस्तक के प्रकाशन के बाद 'गहन कार्य' शब्द उत्पादकता-उत्साही लोगों के बीच बहुत तेज़ी से बहुत अधिक चलन में आ गया।

लेकिन पहली पुस्तक लिखने का मेरा अनुभव मुझे बता रहा था कि काम और उनसे जुड़ी मनःस्थितियों की केवल उपरोक्त दो श्रेणियाँ नहीं होतीं। धीरे-

धीरे मैंने अन्य श्रेणियों की पहचान करनी शुरू कर दी, और अंततः पाया कि सात अलग-अलग तरह के काम हैं और इतनी ही उनसे जुड़ीं मनःस्थितियाँ हैं। मैंने इन्हें नाम दिया 'रचनात्मक कार्य की सात मनःस्थितियाँ'।

सात मनःस्थितियाँ

ज़मीन से 1000 फीट ऊपर उठकर, यानी कि जॉन हैनकॉक सेंटर के 95वें माले पर स्थित एक कैफ़े में बैठकर लिखने की तरकीब ने मुझे अपने कार्य और व्यवसाय को स्पष्ट दृष्टि से देखने और उसके संदर्भ में सही निर्णय लेने में बहुत मदद की। ऐसा होता है। जब तक हम चीज़ों के बीच रहते हैं तब तक हम उन्हें उनकी समग्रता में नहीं देख पाते। चीज़ों को उनकी समग्रता में देखने के लिए हमें उनसे ऊपर उठना पड़ता है। 95वें माले से मुझे शहर भी पूरी समग्रता में दिखाई पड़ता था और अपने कार्य और व्यवसाय संबंधी सभी बातें भी। इस मनःस्थिति में मैं कोई किताब नहीं लिखता था वरन अपने कार्य और व्यवसाय के संदर्भ में योजनाएँ बनाता था। मैं यह तय करता था कि अब मुझे क्या करना है, कैसे करना है, और यह भी कि क्या नहीं करना है। यह पहली मनःस्थिति है जिसे मैं 'प्राथमिकता निर्धारण' (प्रायोरिटाईज़) वाली स्थिति कहता हूँ।

धीरे-धीरे मुझे समझ आया कि मेरे रात्रिकालीन शोध-सत्र केवल सत्र नहीं थे; वे उससे कुछ अधिक थे। वास्तव में इन सत्रों के दौरान मैं दो अलग-अलग तरह की मनःस्थितियों में रहता था। शोध के लिए जो अंग्रेज़ी शब्द है 'रिसर्च', उसका मतलब होता है 'दुबारा खोजना' (री + सर्च)। मतलब, कुछ ऐसा है जिसे आप पहले से जानते हैं, जो आपके लिए पूरी तरह नया या अंजाना नहीं है; जिसके बारे में आपको थोड़ा अंदाज़ा है। अभी आप उसे दोबारा से दोहरा के या उसका दोबारा परीक्षण करके या उसे प्रयोग में लाकर उसके बारे में सुनिश्चित होना चाह रहे हैं। लेकिन अपने इन शोध-सत्रों के दौरान मैं किसी जानकारी विशेष की तलाश नहीं करता था; मेरा उद्देश्य संदर्भ सामग्री में उपलब्ध तमाम जानकारियों को खंगालना होता था। यही वजह है कि मैं खुद को ऐसे लेखों एवं पुस्तकों को पढ़ने से भी नहीं रोकता था जो मेरे विषय से इतर थीं। जैसे कि टाइपोग्राफी का अध्ययन करते समय मैंने धातुकर्म के इतिहास को गहराई से जाना, प्रोटेस्टेंट रीफॉर्मेशन के बारे में विस्तार से जाना।

इस दूसरी मनःस्थिति के लिए 'रिसर्च' सही संज्ञा नहीं होगी। इस मनःस्थिति में एकाग्रता उतनी तगड़ी नहीं होती जितनी कि रिसर्च वाली मनःस्थिति में होती

है। इस मनःस्थिति में आपको इस बात की अनुमति होती है कि आप किसी प्रश्न विशेष के उत्तर की खोज पर ध्यान केन्द्रित न करके अपनी जिज्ञासा के पिछलग्गू बन जाएँ। इस मनःस्थिति में विषय से इतर होने वाले भटकाव के लिए किसी तरह का अपराध-बोध पैदा नहीं होता। इस मनःस्थिति को मैं कहता हूँ 'अन्वेषण' (एक्सप्लोर) मनःस्थिति।

लेकिन इन रात्रिकालीन शोध-सत्रों के दौरान कुछ समय के लिए मैं वाकई रिसर्च ही कर रहा होता था। मैं वाकई विशिष्ट प्रश्नों के उत्तरों की खोज में रहता था। ये ऐसे प्रश्न होते थे जिनके उत्तर पुस्तक के अध्यायों का स्वरूप तय करने की दृष्टि से महत्वपूर्ण होते थे। या फिर जब मैं तथ्यों को जाँचना चाह रहा होता था। इन सभी कामों के लिए मैं जिस तीसरी मनःस्थिति में होता था उसे मैंने नाम दिया है 'शोध' (रिसर्च) मनःस्थिति।

सुबह के लेखन-सत्रों का समय (पहली पुस्तक लिखते समय भी और बाद में मेडेलिन में रहकर पूर्णकालिक लेखक के तौर पर भी) वह समय होता था जब मैं वह लिखता था जो मुझे पुस्तक या लेखों के रूप में प्रकाशित करना होता था। यानी कि इस दौरान मैं वह सामग्री तैयार कर रहा होता था जिसे आगे चलकर अंतिम उत्पाद में बदला जाना था। इस समय मैं उस चौथी मनःस्थिति में होता था जिसे मैं कहता हूँ 'सृजन' (जेनरेट) मनःस्थिति।

लेकिन 'सृजन' मनःस्थिति में लिखे हुए को मैं जस-का-तस अपने प्रकाशक को नहीं भेज सकता था। इसे अभी संपादित किए जाने की आवश्यकता होती थी। 'प्राथमिकता निर्धारण' वाली मनःस्थिति के दौरान बनाई हुई योजना के अनुसार 'अन्वेषण' और 'अनुसंधान' मनःस्थितियों में रहते हुए मैंने जो कुछ जाना था उसे 'सृजन' मनःस्थिति में रहते हुए मैंने उसे एक सार्थक स्वरूप तो दे दिया था, पर अभी उसे अंतिम रूप दिया जाना बाकी था। अभी उसमें थोड़ी काँट-छाँट ज़रूरी थी। मुझे यह देखना था कि जो लिखा गया है उसमें व्याकरण तथा वर्तनी की अशुद्धियाँ न हों। यह भी सुनिश्चित करना था कि जिन तथ्यों का उल्लेख किया गया है वे एकदम सही हैं। सम्पादन का यह काम प्रायः मैं इप्सेंटो कॉफी शॉप के मद्धम रोशनी वाले शांत बैकरूम में बैठकर करता था। या कहना चाहिए कि यह काम सबसे अच्छा तभी होता था जब मैं वहाँ बैठकर करता था। वह जगह मुझे जिस मनःस्थिति में पहुँचा देती थी उस पाँचवीं मनःस्थिति को मैं कहता हूँ 'परिष्करण' (पॉलिश) मनःस्थिति।

सभी रचनात्मक कार्य इन्हीं पाँचों मनःस्थितियों में रहते हुए संपन्न होते हैं। 'प्राथमिकता निर्धारण', 'अन्वेषण', 'अनुसंधान', 'सृजन', तथा 'परिष्करण'। कहने का अर्थ है कि रचनात्मक कार्यों के संपन्न होने के लिए सात में से कुल पाँच मनःस्थितियों की ही आवश्यकता होती है। लेकिन इन पाँचों मनःस्थितियों के उत्पन्न होने के लिए बाकी बचीं दो मनःस्थितियों का होना आवश्यक है।

अदि आप इतने सौभाग्यशाली हैं कि अपने लिए एक निजी सहायक रखना अफोर्ड कर सकते हैं तब तो ठीक है, अन्यथा मेरी तरह आपको भी रोज़मर्रा के ऐसे कई सारे काम खुद करने पड़ते होंगे जिन्हें नज़रअंदाज़ नहीं किया जा सकता। कैसे काम? अपनी गिटार के टूटे तार बदलना, क्लाइंट्स को इनवॉइस बनाकर भेजना, या फिर कानूनी दस्तावेज़ों की समीक्षा करना। ये तो हुए कामकाज से जुड़े काम, इनके अलावा भी बहुत सारे काम रहते हैं, जैसे कि किराना एवं दैनिक उपयोग की अन्य वस्तुएँ खरीदना, परिवार के लोगों का ध्यान रखना, या अपनी कार का ऑइल बदलना। अपनी पहली किताब लिखने के दौरान मुझे प्रकाशन अधिकारों के लिए उन लोगों से संपर्क करना होता था जिनके खींचे हुए चित्र मैं अपनी पुस्तक में शामिल करना चाहता था। इसके साथ-साथ हर महीने अपने व्यवसाय के वित्तीय विवरणों की समीक्षा का काम तो था ही। इसके अलावा दिन भर में और भी ढेरों काम होते हैं। खाना बनाना और खाना, घर को साफ़-सुथरा रखना, समय पर सभी बिलों का भुगतान करना, इत्यादि। ये सारे काम हम जिस मनःस्थिति में रहकर कर पाते हैं उसे मैं कहता हूँ 'प्रशासनिक' (एडमिनिस्ट्रेट) मनःस्थिति।

और आख़िरी बात, आप बिना रुके लगातार काम करते नहीं रह सकते। काम करने में ऊर्जा खर्च होती है। खर्च हुई ऊर्जा को दुबारा हासिल करने के लिए रात को गहरी और भरपूर नींद लेने की ज़रूरत होती है। इसके अलावा काम के बीच-बीच में भी थोड़े-थोड़े समय के लिए ब्रेक लिया जाना ज़रूरी होता है। यह ब्रेक शाम को लिया जा सकता है, सप्ताहांत पर लिया जा सकता है, छुट्टियों के रूप में लिया जा सकता है, अवकाश के रूप में लिया जा सकता है, या फिर एक छोटे से कॉफ़ी ब्रेक के रूप में भी लिया जा सकता है। अपनी पहली किताब लिखने के दौरान मैं इन ब्रेक्स का उपयोग मसाज लेने, कोई मज़ेदार वीडियो देखने, या फिर गर्म पानी से नहाने जैसे कामों के लिए करता था। ये सभी काम मेरे तन-मन को पूरी तरह तनावरहित कर देते थे। बहुत से लोगों को लगता है कि इस तरह के ब्रेक्स, इस तरह की तनाव-हरण गतिविधियाँ समय की बर्बादी हैं, लेकिन मैं जानता था कि ये समय की बर्बादी नहीं बल्कि अधिकाधिक उत्पादकता में निवेश है। मैं जानता था

कि यदि आज मैं यह निवेश नहीं करूँगा तो कल से मेरी उत्पादकता घटनी शुरू हो जाएगी, क्योंकि थके हुए तन-मन अपनी पूरी क्षमता से काम नहीं कर सकते। मैं जानता था कि पर्याप्त मेहनत करने के बाद कुछ समय उस सातवीं मनःस्थिति में बिताना ज़रूरी था जिसे मैं 'पुनर्भरण' (रीचार्ज) मनःस्थिति कहता हूँ।

'प्राथमिकता निर्धारण', 'अन्वेषण', अनुसंधान', 'सृजन', 'परिष्करण', 'प्रशासनिक', तथा 'पुनर्भरण' – ये सात मनःस्थितियाँ हैं रचनात्मक कार्य की।

ये सभी मनःस्थितियाँ घड़ी के अन्दर मौजूद गियर्स की तरह ही साथ मिलकर काम करती हैं। कभी ये चलायमान होती हैं। कभी रुक जाती हैं। और फिर चलायमान हो जाती हैं। लेकिन इनका आपसी तालमेल इतना अच्छा है कि घड़ी के काँटे सुचारू रूप से आगे बढ़ते रहते हैं।

ऊपर हमने रचनात्मकता के चार चरणों के बारे में पढ़ा था। चार चरणों वाली यह थ्योरी हमारे द्वारा किए जा रहे रचनात्मक काम की प्रगति दर्शाने वाली थ्योरी है। प्रत्येक चरण यह बताता है कि अभी हम अंतिम उत्पाद के कितने करीब पहुँचे हैं। जबकि रचनात्मकता की जो सात मनःस्थितियाँ हैं वे रचनात्मक काम की विभिन्न अवस्थाओं का प्रतिनिधित्व करती हैं। वे प्रगति नहीं बतातीं; वे अवस्था बताती हैं। यह थ्योरी बताती है कि काम करते समय आप कब किस मनःस्थिति में होते हैं। यदि आप इन मनःस्थितियों के मुताबिक़ काम करने या काम के मुताबिक़ इन मनःस्थितियों को उपलब्ध होने में महारत हासिल कर लें तो आपका हर रचनात्मक काम बिना किसी रुकावट के रचनात्मकता के चार चरणों से गुज़रता हुआ पूरा होगा।

भाँति-भाँति के गहन कार्य

जब मैं उपरोक्त सात मनःस्थितियों की बात करता हूँ तो लोगों को समझने में ज़रा भी देर या दिक्कत नहीं लगती। अधिकांश लोग यह स्वीकार करते हैं (भले इससे पहले उन्होंने कभी इस बात पर ध्यान न दिया हो) कि अपना काम करते समय वे हमेशा एक जैसी मनःस्थिति में नहीं रहते। यहाँ तक कि 'डीप वर्क' पुस्तक के लेखक कैल न्यूपोर्ट ने खुद हाल ही में मुझसे कहा कि 'डीप वर्क' लिखने के बाद से उन्हें भी यह महसूस होना शुरू हो गया था कि काम के दौरान हम 'उथली' और 'गहन' मनःस्थितियों के अतिरिक्त और भी कई तरह की मनःस्थितियों में रहते हैं।

कैल के शब्दों में, "डीप वर्क के प्रकाशन के बाद जो बात मुझे समझ आई (जिसका उल्लेख पुस्तक में नहीं है परन्तु जिसे समझना महत्वपूर्ण है) वो यह थी कि गहन कार्य भी कई तरह (फ्लेवर) के होते हैं। अलग-अलग व्यवसायों में होने वाले अलग-अलग कामों की ही बात नहीं है, बल्कि किसी एक व्यवसाय के अंतर्गत होने वाले एक ही काम के भी ऐसे कई अलग-अलग पहलू हो सकते हैं जो समान रूप से गहनता की माँग करते हैं। ये सभी कार्य या एक ही कार्य के विभिन्न पहलू 'गहन कार्य' की श्रेणी में होते हुए भी एक-दूसरे से अलग मालूम होते हैं, और इन्हें करने के लिए आवश्यक परिस्थितियाँ, समय, स्थान, व मानसिक अवस्थाएँ भी अलग-अलग होती हैं।"

कैल जब 'चिंतन' के ऊपर पुस्तकें नहीं लिख रहे होते हैं तब वे बहुत चिंतन करते हैं। वह सैद्धांतिक कंप्यूटर वैज्ञानिक (थ्योरेटिकल कंप्यूटर साइंटिस्ट) हैं, और जॉर्जटाउन विश्वविद्यालय में प्रोफेसर भी। उन्होंने मुझे बताया था कि जब वह 'डीप वर्क' लिख रहे थे तब गहन कार्य की उनकी समझ 'प्रमेय हल करने' तक ही सीमित थी। यही एक मात्र कार्य था जिसे वह गहन कार्य के रूप में जानते और मानते थे। लेकिन बाद में उन्हें अपनी समझ के अधूरेपन का अहसास हुआ। उनके शब्दों में, "बाद में मुझे समझ आया कि मैं ऐसे और भी बहुत से काम करता हूँ जिन्हें करने के लिए उतनी ही एकाग्रता और ऊर्जा की आवश्यकता होती है जितनी कि कोई प्रमेय हल करने में लगती है, परन्तु उन सभी कामों को करने के लिए मुझे अलग-अलग तरह की परिस्थितियों, स्थानों, कालखण्डों, वस्तुओं, और मनःस्थितियों की आवश्यकता पड़ती है। इसलिए जब मैं गहन एकाग्रता के साथ लिख रहा होता हूँ तब मैं बिल्कुल अलग होता हूँ। जब पूरी एकाग्रता के साथ पढ़ रहा होता हूँ तब बिल्कुल अलग होता हूँ। जब नए-नए विचार खोज रहा होता हूँ तब बिल्कुल अलग होता हूँ। जब किसी विषय विशेष के बारे में अपनी समझ बढ़ाने के उद्देश्य से उस विषय के किसी विशेषज्ञ के साथ बातचीत कर रहा होता हूँ तब बिल्कुल अलग होता हूँ। ये सभी कार्य गहन कार्य की श्रेणी में आते हैं, लेकिन इन सभी को करते समय मैं खुद को एक जैसी मनःस्थिति में नहीं पाता हूँ।"

आप कैल के काम में इन सातों मनःस्थितियों को देख सकते हैं। लिखते समय कैल 'सृजन' मनःस्थिति में होते हैं। पढ़ते समय, नए विचार खोजते समय, तथा किसी विषय विशेषज्ञ से बात करते समय 'अन्वेषण' या 'अनुसंधान' मनःस्थिति में होते हैं। यदि इन कार्यों के माध्यम से किन्हीं विशिष्ट प्रश्नों के उत्तर पाने अथवा

देने का प्रयास कर रहे हों तो 'अनुसंधान' मनःस्थिति में, और यदि विषय विशेष के संदर्भ में अपनी जिज्ञासा मिटाने भर का प्रयास कर रहे हों तो 'अन्वेषण' मनःस्थिति में होंगे।

कैल जितने भी तरह के गहन कार्य करते हैं उन सभी के लिए आवश्यक मनःस्थिति प्राप्त करने को उन्होंने भिन्न-भिन्न तरकीबें भी ईजाद की हुई हैं। जब उन्हें कोई प्रमेय या उसी प्रकृति की कोई समस्या सुलझाना होती है तब वे टहलने निकल जाते हैं। पढ़ने के लिए भी वे अलग-अलग तरह की तिकड़में लगाते हैं। रात के समय पढ़ना हो तो वे चमड़े से मढ़ी हुई एक ख़ास कुर्सी पर बैठकर ही पढ़ते हैं। जब उन्हें किसी प्रौद्योगिकी का दर्शन पढ़ना होता है तब वे दोपहर के भोजन के लिए सुबह से ही एक तयशुदा रेस्त्रां में जा बैठते हैं। ऐसी ही एक कॉफ़ी शॉप भी उन्होंने छाँट रखी है जहाँ वे तब जाते हैं जब उन्हें कुछ और पढ़ना होता है। कभी-कभी उन्हें बियर पीते हुए पढ़ना ज़्यादा रास आता है।

इन सात मनःस्थितियों के उपयोग की शुरुआत 'सृजन' (जेनेरेट) वाली मनःस्थिति से करें। इसे जार में सबसे पहले भरे जाने वाले बड़े पत्थर मानकर चलें। अपना क्रिएटिव स्वीट स्पॉट तलाशने के लिए प्रयोग करें। और जब यह मिल जाए तब इसका सृजन वाली मनःस्थिति में उपयोग करने की आदत डालें। इसके बाद क्रमशः अन्य मनःस्थितियों की पहचान के लिए प्रयास करें, और जैसे-जैसे आप उन्हें पहचानने लगें वैसे-वैसे उनको अपने हित में उपयोग करना शुरू करें। अपने काम के दौरान आपने खुद को कब किस मनःस्थिति में पाया इसका लिखित ब्यौरा रखने के लिए एक जर्नल बनाएँ। दिन के अलग-अलग समय पर खुद से पूछें कि अभी आप किस मनःस्थिति में हैं, फिर उस समय के लिए उस मनःस्थिति के अनुकूल कार्य का चयन करें। या फिर आपके सामने कोई ऐसा काम है जिसे उसी समय किया जाना ज़रूरी है तो यह जानने का प्रयास करें कि उस काम के लिए कौन सी मनःस्थिति आवश्यक है, और यह भी कि आख़िरी बार आपने खुद को कब उस मनःस्थिति में पाया था। यह पता लग जाए तो फिर यह सोचें कि उस समय आप कहाँ थे, क्या कर रहे थे, आपके आसपास किस तरह का वातावरण था, कैसा माहौल था। अब कोशिश करें कि इन सब बातों को दोहराकर आप पुनः उस मनःस्थिति में जा पाएँ।

धुंधली सीमाएँ

जब आप अपनी स्वयं की कार्यावधि के दौरान इन सात मनःस्थितियों की तलाश करेंगे तो पाएँगे कि इनके बीच की सीमाएँ अक्सर धुंधली होती हैं। अक्सर ऐसा होगा कि कोई कार्य जो किसी मनःस्थिति विशेष से संबंधित प्रतीत हो रहा हो, वह वास्तव में किसी अन्य मनःस्थिति के अधिक अनुकूल हो। जहाँ तक सर्वाधिक धुंधली सीमा की बात है तो वह 'सृजन' (जेनेरेट) और 'अन्वेषण' (एक्स्प्लोर) मनःस्थितियों के बीच की सीमा होती है। कुछ कार्यों के संदर्भ में ऐसा प्रतीत होता है कि इन्हें 'सृजन' (जेनेरेट) मनःस्थिति में किया जाना चाहिए, जबकि वास्तव में उनके लिए 'अन्वेषण' (एक्स्प्लोर) मनःस्थिति की आवश्यकता हो सकती है।

नृत्य-निर्देशिका ट्विला थार्प अपने प्रत्येक नृत्य-संयोजन या नृत्य-आधारित परियोजना की तैयारी एक बक्से से शुरू करती हैं। तैयारी के दौरान जो भी चीज़ उन्हें काम की या प्रेरणादायक मालूम होती है उसे वे एक बक्से में रखती जाती हैं। उदाहरण के लिए, जब वह ब्रॉडवे म्यूज़िकल (नृत्य-नाटिका) 'मूविंग आउट' के लिए तैयारी कर रही थीं तब उनका बक्सा सीडीज़ और टेप्स से भरा हुआ था। तैयारी के दौरान ट्विला ने बिली जोएल का सारा संगीत सुना, उनकी सारी प्रस्तुतियाँ देखीं। और इन सबको उन्होंने बक्से में रखा।

ट्विला द्वारा बिली के संगीत को सुना जाना, उसको आत्मसात किया जाना अपेक्षित ही था क्योंकि यह नृत्य-नाटिका बिली जोएल के संगीत पर ही आधारित थी। लेकिन वे सिर्फ बिली का संगीत सुनकर संतुष्ट नहीं हुईं। उनके बक्से में वियतनाम युद्ध के समय की फिल्मों की सीडीज़ तथा उस दौर का वर्णन करने वालीं पुस्तकों की भी भरमार थी। उसमें ऐसी नोटबुक्स भी थीं जिनमें तैयारी के विभिन्न पहलुओं के संदर्भ में महत्वपूर्ण विवरण दर्ज किया गया था। इस विवरण में हर वो नया विचार दर्ज था जो उनके दिमाग में आया; नृत्य-नाटिका जिस कालखंड की थी उस कालखंड से जुड़ीं नवीनतम जानकारियों की कतरनें दर्ज थीं, और दर्ज थे उनके और संगीत निर्देशक के बीच हुई बातचीत के नोट्स। इसके अलावा उन्होंने बक्से में एक हरे रंग की टोपी, एक जोड़ी झुमके, एक मैक्रैम स्वेटर, और वे तस्वीरें भी रखी थीं जो बिली जोएल के गृहनगर की यात्राओं के दौरान खींची गई थीं।

बक्से में भरीं इन तमाम चीज़ों में से बहुत कम ही ऐसी थीं जिन्हें नृत्य-नाटिका में सीधे तौर पर शामिल किया गया हो, लेकिन इन सभी चीज़ों ने नृत्य, कहानी,

तथा पोशाकों के निर्धारण में अपने-अपने हिस्से की भूमिका बखूबी निभाई थी। थार्प के अपने शब्दों में, "**बक्से में मौजूद हर चीज़ कच्चा माल है। सभी कुछ प्रासंगिक है। हर चीज़ उपयोग में लाए जाने योग्य है।**" (आख़िरी वाक्य पर ज़ोर उन्हीं का दिया हुआ है।) इस नृत्य-नाटिका के लिए ट्विला ने इतना अधिक कच्चा माल इकठ्ठा कर लिया था कि उसे एक बक्से में रखना संभव नहीं हो पाया था, उसके लिए बारह बक्सों की ज़रूरत पड़ी थी।

सीडीज़ और टेप्स का पुनरावलोकन करते समय, पुराने समाचार-पत्रों में छपे लेख पढ़ते समय, तथा वियतनाम युद्ध के समय की फ़िल्में देखते समय ट्विला स्पष्टतः 'अन्वेषण' (एक्सप्लोर) मनःस्थिति में थीं। रचनात्मकता के चार चरणों से गुज़रते समय कई बार उन्हें रचनात्मक अवरोधों का सामना करना पड़ा। कई बार ऐसा समय आया जब उन्हें कोई भी प्रगति होती हुई दिखाई नहीं दे रही थी। परन्तु वे 'तैयारी' और 'ऊष्मायन' को पर्याप्त समय देने के साथ धैर्यपूर्वक 'दिमाग की बत्ती जलने' की प्रतीक्षा करती रहीं। यद्यपि उन्होंने अपनी पुस्तक 'दि क्रिएटिव हैबिट' में रचनात्मकता के इन चार चरणों का उल्लेख नहीं किया है, तथापि उनकी अपनी सृजन-प्रक्रिया में ये चारों चरण स्पष्ट रूप से दृष्टिगोचर होते हैं। और कभी-कभी उनकी बातों में भी। उनके शब्दों में, "बक्सा आपकी तैयारी की कच्ची (रफ) अनुक्रमणिका है।"

बक्से में शामिल कुछ चीज़ों के बारे में आसानी से कहा जा सकता है कि वे 'अन्वेषण' (एक्सप्लोर) मनःस्थिति से नहीं वरन 'सृजन' (जेनेरेट) मनःस्थिति से संबंधित थीं। याद रखें, अन्वेषण खुलेपन की स्थिति है, इसमें आपको इस बात की चिंता नहीं होती कि आप किसी निश्चित दिशा में प्रगति कर रहे हैं अथवा नहीं। लेकिन 'सृजन' की स्थिति में आप कुछ रचते हैं, कुछ बनाते हैं। आपको यह जानकर आश्चर्य हो सकता है कि 'मूविंग आउट' नृत्य-नाटिका के लिए बक्से में पहली चीज़ जो डाली गई थी वह था एक वीडियो टेप - ट्विला के नृत्य-संयोजन का। बिली जोएल के सामने इस नृत्य-नाटिका का प्रस्ताव रखते समय ट्विला ने उन्हें यह टेप दिखाया था। इसका अर्थ यह हुआ कि इस नृत्य-नाटिका के लिए औपचारिक रूप से तैयारी शुरू करने से पहले ही ट्विला नृत्य-संयोजन तैयार कर चुकी थीं। अब यह बताइए कि यह कार्य 'सृजन' का हुआ या 'अन्वेषण' का?

शुरुआत में ही नृत्य-संयोजन तैयार करने का वह कार्य 'अन्वेषण' का था, न कि 'सृजन' का। यह जानना ज़रूरी क्यों है? क्योंकि कार्य के दौरान जब आप किसी मनःस्थिति विशेष का चयन करते हैं तो इससे आपके कार्य करने के उद्देश्य

बदल जाते हैं। और आप क्या उद्देश्य लेकर कार्य कर रहे हैं इसी से तय होता है कि आप अपनी ऊर्जा को किस प्रकार उपयोग में लाएँगे।

यदि मैं 'सृजन' मनःस्थिति में लिखने बैठा हूँ तो मेरा उद्देश्य होगा ऐसा लेखन करना जिसको मैं अपनी पुस्तक या लेख का हिस्सा बना सकूँ। उपयोग में आने योग्य लेखन के उद्देश्य के बाहर दो सीमाएँ हैं। पहली सीमा के उस पार है एकदम पक्का लेखन (जिसमें किसी भी तरह के संशोधन की गुंजाइश न हो), जबकि दूसरी सीमा के उस पार है ऐसा लेखन जिसके अंतिम उत्पाद बन सकने की संभावना बहुत ही कम हो।

यदि मैं 'सृजन' मनःस्थिति में हूँ तो इसका अर्थ है कि मुझे इन दोनों सीमाओं के बीच रहने की अनुमति है। मतलब मुझे इस बात की चिंता करने की ज़रूरत नहीं है कि मेरा लिखा हुआ एकदम पक्का हो, लेकिन मैं इतना ज़रूर चाहता हूँ कि मैं जो कुछ भी लिखूँ वो अंतिम उत्पाद के रूप में उपयोग किए जा सकने योग्य ('परिष्करण' मनःस्थिति में जाकर सम्पादन करने के बाद) हो।

दूसरे शब्दों में कहें तो इस मनःस्थिति में काम करते हुए मुझे खुद से कुछ अपूर्णताएँ स्वीकार्य होंगी और कुछ अस्वीकार्य। यदि मैं किसी शब्द की सही-सही वर्तनी को लेकर संशय में हूँ, या मुझे ठीक से याद नहीं आ रहा कि अमुक घटना कौन से साल में हुई थी, या फिर मैं किसी वाक्य की संरचना को लेकर पूरी तरह खुश नहीं हूँ, तब भी मुझे परेशान होने की या लिखना रोकने की ज़रूरत नहीं है। जिस चीज़ को लेकर मुझे संशय है उसे मैं (कोष्ठक के भीतर) लिखकर आगे बढ़ जाऊँगा। बाद में जब मैं 'परिष्करण' मनःस्थिति में इस लिखे हुए को संपादित करने बैठूँगा तो ये कोष्ठक मुझे याद दिला देंगे कि इनके भीतर जो लिखा है उसको ठीक करना है।

लेकिन यह ज़रूरी नहीं कि लिखते समय मैं हमेशा 'सृजन' मनःस्थिति में ही रहूँ। मेरे बिस्तर के सिरहाने एक छोटा सा वर्ड प्रोसेसर (छोटा-सा टाइपराइटर जैसा उपकरण) हमेशा रखा रहता है। मैंने एक आदत बना ली है कि हर सुबह सोकर उठने के बाद (बिस्तर में बैठे-बैठे ही) मैं इस वर्ड प्रोसेसर पर कम से कम 100 शब्द लिखता हूँ। कभी-कभी बिल्कुल गिनकर 100 शब्द होते हैं, तो कभी-कभी 1000 से भी अधिक हो जाते हैं। और लिखना ख़त्म करने के बाद मैं सब डिलीट कर देता हूँ।

लेकिन मैं इसे डिलीट क्यों कर देता हूँ? क्योंकि 'अन्वेषण' मनःस्थिति 'सृजन' मनःस्थिति नहीं होती। मैं जब 'अन्वेषण' मनःस्थिति में लिखना शुरू करता

हूँ तब मेरे उद्देश्य पूरी तरह अलग होते हैं उन उद्देश्यों से जिन्हें लेकर मैं 'सृजन' मनःस्थिति में लिखता हूँ।

'अन्वेषण' मनःस्थिति में मैं जो लिखता हूँ उसका अंतिम उत्पाद के तौर पर उपयोगी होना आवश्यक नहीं होता। यह एक तरह से दिमाग में घूम रहे तरह-तरह के विचारों को दर्ज करने का उपक्रम मात्र होता है, जिसमें इस बात की परवाह नहीं की जाती कि एक विचार का दूसरे विचार से कोई संबंध या तारतम्य हो; या ये विचार किसी विषय विशेष या प्रश्न विशेष के संदर्भ में हों।

इसीलिए मैं लिखे हुए को डिलीट कर सकता हूँ। मुझे यकीन रहता है कि मैंने जो अन्वेषण किया है वह बाद में किसी न किसी रूप में पुनः मेरी स्मृति में आएगा। यह किसी खेल का अभ्यास करने जैसा काम है। जैसे क्रिकेट के खेल में बल्लेबाज़ जब अभ्यास करता है तो वो अलग-अलग गेंदों के लिए अलग-अलग तरीके के शॉट्स का अभ्यास करता है। लेकिन वो हर दिन और हर एक अभ्यास-सत्र के दौरान खेले जाने वाले हर एक शॉट का वीडियो बनाकर उसकी समीक्षा तो नहीं करता, उसका रिकॉर्ड तो नहीं रखता। अभ्यास के पीछे उसका उद्देश्य उस शॉट विशेष के खेलने के तरीके को अपनी याद्दाश्त में बिठाना होता है ताकि बाद में मैच के दौरान वह सक्रिय रूप से अधिक कुछ सोचे बिना उस शॉट को जस-का-तस दोहरा सके।

कल्पना कीजिए कि आप भी किसी नृत्य-नाटिका के लिए काम करने की शुरुआत में ही नृत्य-संयोजन तैयार करने की कोशिश कर रहे हैं, जैसा कि ट्विला थार्प ने किया था। यदि आप यह काम 'सृजन' मनःस्थिति में करेंगे तो आपको रचनात्मक अवरोध का सामना करना पड़ेगा। आप अपने किसी भी निर्णय को लेकर आश्वस्त नहीं होंगे और किन्तु-परन्तु में उलझे रहेंगे। ऐसा इसलिए होगा क्योंकि आपने अंतिम उत्पाद तैयार कर पाने के लिए ज़रूरी तैयारी नहीं की है। लेकिन यदि आप शुरुआत में ही नृत्य-संयोजन तैयार करने का काम 'अन्वेषण' मनःस्थिति में करेंगे तो आपके ऊपर उतना दबाव नहीं होगा। आप अलग-अलग तरह की चीज़ें आज़माने के लिए स्वतंत्र होंगे, बिना इस बात की चिंता किए कि आगे चलकर वे चीज़ें काम की साबित होंगी अथवा नहीं। इस प्रकार नृत्य-संयोजन तैयार करने की प्रक्रिया तैयारी का एक रूप बन जाती है। और इस अन्वेषण के भीतर ही कहीं न कहीं उस रचनात्मक विचार का बीज होगा जो इस पूरी कवायद को अंतिम उत्पाद तक लेकर जाएगा।

'सृजन' (जेनेरेट) और 'अन्वेषण' (एक्स्प्लोर) मनःस्थितियों के बीच की इस सर्वाधिक धुंधली सीमा के अतिरिक्त अन्य मनःस्थितियों के बीच भी कई धुंधली सीमाएँ हैं। जैसे कि 'अन्वेषण' (एक्स्प्लोर) और 'अनुसंधान' (रिसर्च) मनःस्थितियों के बीच। जब हम अनुसंधान मनःस्थिति में काम करते हैं तो हमें ठीक-ठीक पता होता है कि हम क्या तलाश रहे हैं। यदि आपको ठीक-ठीक पता न चल रहा हो कि आप क्या तलाश रहे हैं तो मेरा सुझाव है कि आप अपना अनुसंधान चौड़े दायरे वाली 'अन्वेषण' मनःस्थिति में करें।

कभी-कभी अन्वेषण का कार्य करते हुए आपको महसूस हो सकता है जैसे आप 'पुनर्भरण' (रिचार्ज) मनःस्थिति में हों। हो सकता है कि जो किताब आप पढ़ रहे हों या जो प्रदर्शनी आप देख रहे हों वो इतनी रुचिकर एवं मनोरंजक हो कि आपके मन-मस्तिष्क को एकदम तरोताज़ा कर दे, आपके रचनात्मक ऊर्जा भण्डार को लबालब भर दे।

जबकि यह भी संभव है कि कभी 'सृजन' मनःस्थिति में रहते हुए आप उस चीज़ को लेकर किसी उच्च-स्तरीय योजना पर विचार करने लगें जो आप तैयार कर रहे हैं, जैसे कि एक नई रेसिपी के लिए कुछ सामग्रियों की उपलब्धता। इस स्थिति में इसे 'सृजन' की बजाए 'प्राथमिकता निर्धारण' मनःस्थिति कहना अधिक उचित होगा।

किसी काम को करते हुए आप किस मनःस्थिति में रहना चाहते हैं यह आपके ऊपर है। लेकिन यह चुनाव करते समय इस बात को अवश्य ध्यान में रखें कि यदि आपने गलत मनःस्थिति का चयन कर लिया तो रचनात्मक अवरोध से आपका सामना होना तय है।

मुझे लगता है कि सही मनःस्थिति का चुनाव काफी हद तक इस बात पर निर्भर करता है कि अंतिम उत्पाद को लेकर मेरे पास एक स्पष्ट दृष्टि है अथवा नहीं। मतलब, अंतिम उत्पाद क्या और कैसा होगा इसे लेकर मेरे दिमाग में कितना स्पष्ट और कितना विस्तृत खाका खिंचा हुआ है। जो काम मैं करने जा रहा हूँ यदि उसका मुझे कोई पूर्व अनुभव नहीं है और उसे लेकर मेरे दिमाग में कोई स्पष्ट खाका नहीं है तब मुझे काफी सारा समय 'अन्वेषण' मनःस्थिति में बिताना होगा। इस मनःस्थिति में रहकर ही मैं वे तमाम अलग-अलग तरीके सोच पाऊँगा जिनसे इस अपरिचित कार्य को किया जा सके। इसी तरह, यदि मैं किसी ऐसे काम या परियोजना को हाथ में लेने जा रहा हूँ जिसका दायरा इतना बड़ा है कि दिमाग में उसका सम्पूर्ण खाका खींच पाना मुझे कठिन मालूम हो रहा है, तब मुझे 'पुनर्भरण'

(रिचार्ज) मनःस्थिति में अधिक समय बिताना होगा। (क्यों बिताना होगा इस बारे में अगले अध्याय में जानेंगे।) यदि मैंने इसी तरह के काम पहले भी किए हैं तब मैं काम शुरू करने से पहले ही 'प्राथमिकता निर्धारण' अवस्था में ही सारी योजना बना लूँगा।

जिस मनःस्थिति में हैं, उसी में बने रहें

एक मनःस्थिति से दूसरी मनःस्थिति में आना-जाना निःशुल्क नहीं होता; उसकी कीमत अदा करनी पड़ती है। इसलिए एक बार जब किसी मनःस्थिति में रम जाएँ तो फिर रमे रहें। जब आप मस्तिष्क के किसी एक हिस्से को सक्रिय किए हुए होते हैं तो उसे छोड़कर किसी दूसरे हिस्से को सक्रिय करने में थोड़ा समय लगता है। विद्युतीय गतिविधि को ख़त्म होने में समय लगता है, जैसे कि बिजली के बल्ब का स्विच ऑफ करने के बाद वह एकदम से नहीं बुझता बल्कि धीमा होते-होते आखिर में कहीं जाकर बुझता है।

मनःस्थिति के मुताबिक़ कार्य करना शुरू करने से पहले तक मैं लेखन-सत्रों के दौरान बारम्बार एक मनःस्थिति से दूसरी मनःस्थिति में आते-जाते रहने का आदी था। एक पल मैं यह सोचने लगता था कि अमुक विषय या बिंदु को व्याख्यायित करने के लिए कौन सा तरीका अपनाऊँ, तो अगले ही पल उसी विषय के संदर्भ में परिष्कृत गद्य लिखने का प्रयास करने लगता था। और उसके अगले पल कोई पुस्तक खोलकर उसमें कोई तथ्य विशेष तलाशने लगता था।

कोई आश्चर्य नहीं कि इन लेखन-सत्रों में मैं न के बराबर ही लिख पाता था। मेरा अधिकांश समय रचनात्मक अवरोधों से माथाफोड़ी करने में ही बीतता था। बारम्बार मनःस्थितियाँ बदलने से इन रचनात्मक अवरोधों की दृढ़ता और बढ़ जाती थी। क्यों? दो वजहों से। पहली, इसके चलते मैं अपनी एकाग्रता बनाकर नहीं रख पाता था; मेरा ध्यान आसानी से भटकने लगता था। मैं अपने मस्तिष्क में एकाग्रता के लिए तंत्रिका पथ ही नहीं बना पाया था; मैंने भटकाव के लिए तंत्रिका पथ निर्मित किया था। और दूसरी वजह यह कि यह आदत ध्यान भटकाने वाली चीज़ों से जुड़ने का एक आसान बहाना बन गई थी। जैसे ही मैं लिखने में ज़रा-सा भी अटकता था, वैसे ही मनःस्थिति बदल लेता था और अनुसंधान (रिसर्च) के नाम पर इन्टरनेट पर आवारागर्दी करने में लग जाता था। फिर जब तीन घंटे बाद मैं इन्टरनेट प्रदत्त बेहोशी से बाहर निकलता था

तो पाता था कि तकरीबन दर्जन भर वेब ब्राउज़र खुले हुए होते थे और इन तीन घंटों में मैंने जो 'अनुसंधान' किया उसका एक शब्द भी मुझे याद नहीं आ रहा होता था।

इससे एक दुष्चक्र शुरू हो गया था : यह देखकर मुझे बुरा लगता था कि कोई प्रगति नहीं हो रही है। प्रगति न होने की स्थिति जारी रहती थी। इससे मैं और भी ज़्यादा बुरा महसूस करने लगता था, जिससे मुझे कुछ भी लिख पाने में बिल्कुल भी मदद नहीं मिलती थी।

फिर जब मैंने मनःस्थिति को ध्यान में रखते हुए काम करना शुरू किया तो मेरी उत्पादकता में नाटकीय रूप से वृद्धि देखने को मिली। मैं हाथ में लिए गए काम पर ज़्यादा अच्छी तरह ध्यान केन्द्रित कर पाने लगा। मैं जो काम करना चाह रहा हूँ वो किस तरह का है यह जानने से मेरे लिए सही मनःस्थिति का चुनाव करना आसान हो गया। और यह जानने से कि मैं जो काम करना चाह रहा हूँ वो किस तरह का नहीं है, मेरे लिए खुद को भटकने से बचाना आसान हो गया।

इसके लिए मैंने 'प्लेसहोल्डर' तरकीब का सहारा लेना शुरू किया। लिखते समय शब्दों को (कोष्ठक में रखना) 'प्लेसहोल्डर' कहलाता है। इससे मुझे यह याद रखने में मदद तो मिलती ही है कि सम्पादन के समय इन शब्दों को बदलना है या इनमें सुधार करना है, लेकिन इसका एक उद्देश्य और भी है। 'प्लेसहोल्डर' बनाना मुझे मनःस्थितियों की अदला-बदली से बचाता है, जिसके चलते मुझे 'सृजन' मनःस्थिति में रहते हुए अपनी रचनात्मक ऊर्जा का भरपूर उपयोग करने का अवसर मिलता है। यह मुझे उस समय भी अपनी रचनात्मक ऊर्जा का भरपूर दोहन करने में मदद करता है जब मैं किसी और मनःस्थिति में लिखना शुरू करता हूँ।

पॉल मेकार्टनी जब उस अनाम गीत पर काम कर रहे थे जिसे आगे चलकर 'यस्टरडे' के नाम से जाना जाने वाला था, तब उन्होंने खुद को सही मनःस्थिति में बनाए रखने के लिए एक तरकीब अपनाई थी। आपको याद होगा पिछले अध्याय में हमने पढ़ा था कि सत्यापन की दृष्टि से मेकार्टनी अक्सर 'यस्टरडे' को अपने दोस्तों के सामने बजाते थे। पर चूँकि उस समय तक इस गीत के बोल तो लिखे नहीं गए थे, इसलिए वह डमी बोलों का उपयोग करते थे, जिन्हें हम (कोष्ठक के बीच) लिखे गए बोल या 'प्लेसहोल्डर' बोल भी कह सकते हैं। इस गीत का शीर्षक भी तब 'यस्टरडे' नहीं था। तब इसका शीर्षक था 'स्क्रेम्बल्ड एग्स'। जी हाँ, यह

शीर्षक भी डमी/प्लेसहोल्डर शीर्षक था। डमी/प्लेसहोल्डर बोल इतने निरर्थक थे कि असल गीत में उनके उपयोग का सवाल ही नहीं उठता था। आपको यकीन नहीं होता? पहले अंतरे के बोल थे : "स्क्रेम्बल्ड एग्स, ओह माय बेबी हाउ आई लव योर लेग्स।"

समय के साथ मैंने प्रयोग कर-करके इस तरह की और भी कई तरकीबें ईजाद कीं अलग-अलग तरह के कामों के लिए। मनचाही मनःस्थिति में आने के लिए मैंने अपने आसपास की चीज़ों में, अपने काम करने के तौर-तरीकों में, यहाँ तक कि अपने खान-पान में बदलाव संबंधी प्रयोग किए और आदर्श संयोजन खोजे।

शाम को 'शोध' या 'अन्वेषण' सत्रों के दौरान मैं जो ग्योकुरो ग्रीन-टी पीता था वह सीधे जापान स्थित एक उत्पादक से आयात की हुई होती थी। मैंने चाय की इस ख़ास किस्म का चुनाव इसलिए किया था क्योंकि यह मुझे गहन विश्रांति एवं एकाग्रता हासिल करने में मदद करती थी। ग्योकुरो चाय की पत्तियों को एक ख़ास समय पर तोड़कर सुखाया जाता है। इसी से इन पत्तियों में एक ख़ास किस्म की महक और मीठा स्वाद आता है, और इसी से इनमें थीनाइन की सांद्रता भी बढ़ती है। तिस पर से मैं चाय के साथ अलग से थीनाइन की थोड़ी और मात्रा भी लेता था।

थीनाइन एक अमीनो अम्ल है (जो नियमित आहार में दुर्लभ है) जो कैफीन के साथ मिलकर गहन विश्रांति तथा एकाग्रता की स्थिति उत्पन्न करता है। यह कैफीन के दुष्प्रभावों को भी कम कर देता है। चाय में मौजूद कैफीन व्यग्रता पैदा कर सकता है, पर थीनाइन इस प्रभाव को नियंत्रित कर देता है। इस प्रकार रात्रिकालीन शोध-सत्रों से पहले ग्योकुरो चाय (अतिरिक्त थीनाइन के साथ) की एक प्याली पीने से मुझे आवश्यक एकाग्रता प्राप्त करने में मदद मिलती थी।

शाम के समय होल फूड्स वाइन बार में बैठकर एक गिलास वाइन पीना भी मुझे गहरी विश्रांति से भर देता था। दिन भर 'परिष्करण' या 'अनुसंधान' मनःस्थिति में काम करने के बाद शाम को एक गिलास वाइन मुझे आने वाले 'सृजन' सत्र के लिए तरोताज़ा होने में बहुत मदद करती थी। लेकिन अल्कोहल की मात्रा को लेकर सावधान रहना ज़रूरी होता है। यदि मैं एक गिलास की जगह एक बोतल पी जाता तो काम करने के लायक ही नहीं बचता।

कार्य हेतु उपकरणों का चुनाव : कुछ 'एकाग्रता-पोषक', तो कुछ 'भटकाव-पोषक'

कार्य करने के लिए आवश्यक उपकरणों का चयन भी मैंने वांछित मनःस्थिति के अनुसार करना शुरू कर दिया। मैंने पाया कि कुछ उपकरण ऐसे हैं जिन्हें 'एकाग्रता-पोषक' प्रकृति का माना जा सकता है, क्योंकि वे हमें लम्बे समय तक अपना ध्यान काम पर टिकाए रखने में सहायक होते हैं। जैसे यदि लिखने के लिए कागज़ और पेन का उपयोग करें तो बिना किसी भटकाव के लम्बे समय तक लिखते रह सकते हैं। जबकि कुछ उपकरण 'भटकाव-पोषक' प्रकृति के होते हैं, क्योंकि उनका इस्तेमाल करते समय हमारा ध्यान आसानी से भटकता है। जैसे यदि आप लिखने के लिए लैपटॉप का उपयोग करें तो बेशक आपकी लिखने की रफ़्तार बढ़ जाएगी, लेकिन साथ ही आपका ध्यान भटकाने वाली बहुत सारी चीज़ें (मसलन इन्टरनेट, ईमेल, सोशल मीडिया इत्यादि) भी उपस्थित हो जाएँगी। 'एकाग्रता-पोषक' प्रकृति के उपकरणों का नकारात्मक पहलू यह है कि जो उपकरण जितना अधिक 'एकाग्रता-पोषक' होगा उसका उपयोग करके किए जाने वाले काम के 'उपयोग के लिए तैयार उत्पाद' होने की संभावना उतनी ही कम होगी। 'भटकाव-पोषक' प्रकृति के उपकरणों का सकारात्मक पक्ष यह है कि यदि आप उनका उपयोग करते समय किसी तरह से अपना ध्यान काम पर बनाए रख सकें तो 'एकाग्रता-पोषक' उपकरणों के मुकाबले कहीं अधिक तेज़ी से अंतिम उत्पाद तैयार कर सकते हैं।

उपकरण चाहे किसी भी प्रकृति का हो वह यदि हमारे लिए किसी एक काम को आसान बनाता है तो किसी दूसरे काम को मुश्किल भी बना देता है; वह हमारी एक काम को करने की दक्षता बढ़ाता है तो किसी दूसरे काम को करने की दक्षता कम भी कर देता है। उदाहरण के लिए, आपने चिम्पान्जियों को लकड़ी की सहायता से चींटियों का शिकार करते अवश्य देख होगा। वे शिकार के लिए लकड़ी को उपकरण की तरह उपयोग करते हैं। वह लकड़ी रूपी उपकरण शिकार करने की उनकी दक्षता बढ़ा देता है, लेकिन जब तक वे उस लकड़ी को हाथ में पकड़े रहते हैं तब तक वे हाथ का उपयोग किसी और काम में नहीं कर सकते।

चलिए एक और उदाहरण लेते हैं। किसी भी लेखक के लिए लैपटॉप एक बेहद उपयोगी उपकरण है - 'भटकाव-पोषक' प्रकृति वाला उपकरण। इसकी सहायता से आप बहुत तेज़ी से लिख सकते हैं और बहुत तेज़ी से डाक्यूमेंट्स तथा

एप्लीकेशंस के बीच आ-जा सकते हैं। साथ ही साथ आप अनुसंधान (रिसर्च) कर सकते हैं, अलग-अलग जगहों पर लिखी गई चीज़ों को एक जगह लाकर संयुक्त कर सकते हैं, या सरल रेखाचित्र बना सकते हैं।

लेकिन लैपटॉप की प्रकृति इतनी अधिक 'भटकाव-पोषक' है कि आपके लिए अपने काम पर एकाग्र रहना बहुत कठिन हो जाता है। आप इन्टरनेट पर जाते तो हैं रिसर्च के लिए लेकिन ऑनलाइन शॉपिंग करने लगते हैं, या सोशल मीडिया की भूल-भुलैयानुमा गलियों में भटकने लगते हैं। 'भटकाव-पोषक' उपकरणों के साथ बेशक यह सुविधा होती है कि किसी भी विचार को फ़टाफ़ट अंतिम उत्पाद में बदला जा सकता है, लेकिन उतनी ही जल्दी कोई विचार भटकाव का रास्ता भी तैयार कर सकता है।

लैपटॉप के विपरीत कागज़-पेन बहुत ही 'एकाग्रता-पोषक' उपकरण है लेखन के लिए। आप जब अपनी नोटबुक में कुछ लिख रहे होते हैं तो आपका ध्यान भटकाने वाली कोई भी चीज़ आपके सामने नहीं आती। नोटबुक के माध्यम से सोशल मीडिया की सैर नहीं हो सकती, ईमेल चेक नहीं किया जा सकता, या रिसर्च के नाम पर इन्टरनेट सर्फिंग की सुविधा नहीं मिलती। नोटबुक में आप जितना मर्ज़ी उतना लिख सकते हैं, पर इसकी मदद से आप उस लिखे हुए को अंतिम उत्पाद के रूप में उपयोग नहीं कर सकते। इसलिए नोटबुक का उपयोग तब किया जाना चाहिए जब आप 'अन्वेषण' मनःस्थिति में लिखना चाह रहे हों। मतलब कि जब आप दिमाग में उमड़-घुमड़ रहे तरह-तरह के विचारों को कागज़ पर उतारना चाह रहे हों। लेकिन इन विचारों को आपस में जोड़कर कोई सार्थक गद्य तभी बन सकता है जबकि 'सृजन' मनःस्थिति में आकर इन पर दुबारा काम किया जाए – किसी 'भटकाव-पोषक' उपकरण के माध्यम से।

यदि कोई उपकरण किसी ख़ास काम के लिए ही बनाया गया है तब यह 'एकाग्रता-पोषक' और 'भटकाव-पोषक' दोनों तरह के उपकरणों की खूबियाँ प्रदान करने वाला और उनकी खामियों से बचाने वाला साबित हो सकता है। पोर्टेबल वर्ड प्रोसेसर इसका बहुत अच्छा उदाहरण है। जी हाँ, वही जिसे मैं अपने सिरहाने रखकर सोता हूँ ('दि एल्फास्मार्ट एनईओ') ताकि सुबह उठते ही बिस्तर में ही बैठकर 100 शब्द लिख सकूँ। यह एल्फास्मार्ट एनईओ एक सीधा-सादा सा कीबोर्ड है जिसमें एक साधारण सी एकरंगी एलसीडी स्क्रीन है – वैसी ही जैसी पहले स्कूल के बच्चों द्वारा उपयोग किए जाने वाले कैलकुलेटर में होती थी।

यह एल्फास्मार्ट सिर्फ और सिर्फ लिखने के लिए बनाया गया है। इसमें एक पूरा कीबोर्ड है। पर इसमें इन्टरनेट उपयोग करने की सुविधा नहीं है, इसलिए इस पर काम करते समय आप नेट सर्फिंग नहीं कर सकते। इसकी मदद से लिखना इतना आसान है कि लगता है जैसे यह कोई 'भटकाव-पोषक' उपकरण हो, लेकिन चूँकि आप इसकी मदद से और कोई काम नहीं कर सकते इसलिए यह 'एकाग्रता-पोषक' भी है।

एल्फास्मार्ट इस लिहाज़ से एक अच्छा उपकरण है कि यह हमारी एक ही मनःस्थिति में बने रहने में सहायता करता है। इसकी एलसीडी स्क्रीन इतनी छोटी है कि उसमें एक बार में केवल चार पंक्तियाँ दिखाई पड़ती हैं, जिसके चलते लिखे हुए को संपादित करते चलना कठिन होता है। इसीलिए यदि आप एल्फास्मार्ट का उपयोग कर रहे हैं तो चाहकर भी 'परिष्करण' मनःस्थिति में नहीं जा सकते। आप केवल लिख सकते हैं, बस।

मैं एल्फास्मार्ट का उपयोग तभी करता हूँ जब मुझे 'अन्वेषण' मनःस्थिति में लिखना होता है, यानी कि नए-नए और अलग-अलग तरह के विचारों को दिमाग में लाना होता है। मैं इस बात को लेकर आश्वस्त होता हूँ कि बाद में जब 'सृजन' मनःस्थिति में लिखने बैठूँगा तो ये विचार पुनः मेरे दिमाग में आ जाएँगे। लेकिन यदि मैंने कुछ ऐसा लिख लिया हो, जिसे मैं खोना नहीं चाहता तो फिर मैं उसे एक यूएसबी की मदद से अपने लैपटॉप में स्थानांतरित कर सकता हूँ।

यूएसबी केबल की मदद से डाटा स्थानांतरित करने के काम में एल्फास्मार्ट बहुत अच्छा नहीं है; इस काम में बड़ी असुविधा होती है। लेकिन यही तो इसकी सबसे बड़ी खूबी है। कभी-कभी आपको ऐसे ही उपकरणों की ज़रूरत होती है जो कुछ ख़ास तरह के काम न कर सकते हों, ताकि आप उन कामों को अधिक एकाग्र होकर कर सकें जिन्हें करने के लिए आपने इन उपकरणों को चुना है। पेंसिल की

मदद से आप रंगीन चित्र नहीं बना सकते, लेकिन पेंसिल की यही कमी आपको बहुत सारी दूसरी बातों की चिंता करने की झंझट से बचा लेती है। आपको रंगों के चयन की चिंता नहीं करनी पड़ती। आपको ब्रशस्ट्रोक्स की चिंता नहीं करनी पड़ती। जब आप पेंसिल से काम करते हैं तो आपका पूरा ध्यान उन आकृतियों पर केन्द्रित रहता है जिन्हें आप उकेर रहे हैं। आपका ध्यान केन्द्रित रहता है इस बात पर कि चित्र की समग्र संरचना कैसी है। कोई ताज्जुब नहीं कि विंसेंट वान गौग रंगों के साथ कमाल करना शुरू करने से पहले लम्बे समय तक केवल श्वेत-श्याम चित्र ही बनाते रहे। उन्होंने पहले चित्रकारी के एक आयाम में महारत हासिल की और तब दूसरे में महारत की ओर कदम बढ़ाया। इसी तरह जॉर्जिया ओ'कीफ ने भी अपनी कलात्मक यात्रा की शुरुआत में अपना ध्यान पूरी तरह से श्वेत-श्याम चित्रों पर ही केंद्रित किया हुआ था, जबकि उन्हें रंगों में काम करने का बेहद शौक था।

लेखकों के लिए मनचाही मनःस्थिति में बने रहने हेतु पोर्टेबल वर्ड प्रोसेसर का उपयोग करना अनिवार्य नहीं है। आपके पास जो उपकरण है उसी में थोड़ा जोड़-घटा के आप उसे इस लायक बना सकते हैं कि वह आपको मनचाही मनःस्थिति में बनाए रखे। अब मैं अपना अधिकांश लेखन उस एक्सटर्नल कीबोर्ड की मदद से करता हूँ जिसे मैंने अपने टेबलेट से जोड़ रखा है। टेबलेट पर काम करते हुए विभिन्न एप्लीकेशंस के बीच आना-जाना उतना सुविधाजनक नहीं होता जितना लैपटॉप पर होता है। इसीलिए इस पर काम करते समय मेरे नेट सर्फिंग में भटकने की संभावना नहीं रहती। इस पर काम करते हुए बीच-बीच में संदर्भ सामग्री को देख पाना भी उतना सुविधाजनक नहीं होता है। लेकिन इन्हीं सब बातों की वजह से मैं लम्बे समय तक 'सृजन' मनःस्थिति में लिख पाता हूँ।

आप चाहें तो जानबूझकर किसी उपकरण की क्षमताओं को सीमित भी कर सकते हैं। मेरा टेबलेट उतना अधिक 'भटकाव-पोषक' नहीं है जितना हो सकता था यदि मैंने यह तय करने के लिए नियम नहीं बनाए होते कि मैं उससे कौन-कौन से काम लूँगा और कौन-कौन से नहीं लूँगा। उदाहरण के लिए, मैं अपने टेबलेट में कोई भी सोशल मीडिया एप्लीकेशन डाउनलोड नहीं करता हूँ। मैंने उसमें सभी नोटिफिकेशंस भी बंद कर रखे हैं। मैं उसे केवल लिखने, पढ़ने, और वीडियो चैटिंग के लिए उपयोग में लाता हूँ। इस तरह के संशोधनों के लिए पूरे उपकरण पर हर समय लागू होने वाले नियम बनाने की ज़रूरत नहीं होती। उदाहरण के लिए, कुछ

ऐसी एप्लीकेशंस हैं जिनकी मदद से आप तय कर सकते हैं कि दिन में इतने बजे से इतने बजे तक आप किन वेबसाइट्स को खोल पाएँगे।

चलिए यह तो जान लिया आपने कि आप मनचाही मनःस्थिति के हिसाब से उपकरणों का चुनाव कर सकते हैं या उनमें संशोधन करके उन्हें वैसा बना सकते हैं। लेकिन मैं आपको बताना चाहूँगा कि आप मनचाही मनःस्थिति में आने या बने रहने के लिए अपने चारों ओर के वातावरण को भी बदल सकते हैं। जब मैंने अलग-अलग तरह की मनःस्थितियों में रहकर अलग-अलग तरह के कार्य करने के लिए अलग-अलग तरकीबें ईजाद की थीं तब मुझे यह नहीं पता होता था कि क्यों कुछ ख़ास तरह का माहौल कुछ ख़ास तरह के कामों के लिए अधिक मुफीद होता था। मैं सोचता था कि शायद यह संयोगवश हो रहा है। लेकिन बाद में मुझे मालूम चला कि इसके पीछे पूरा विज्ञान है।

अपने कमरे को मददगार बनाएँ

डोनाल्ड एम. रैटनर एक वास्तुकार हैं जिनकी यह जानने में विशेष रूचि है कि हमारा वातावरण हमारी रचनात्मक सोच को कैसे प्रभावित करता है। उन्होंने अपनी पुस्तक 'माय क्रिएटिव स्पेस' में पर्यावरणीय मनोविज्ञान के हवाले से यह बताया है कि किस तरह हम अपने वातावरण में कुछ बदलाव करके अपनी रचनात्मकता बढ़ा सकते हैं। इन बदलावों में शामिल हैं : आसपास मौजूद खाली जगह में कमी या बढ़ोतरी, दीवारों-खिड़कियों-दरवाजों तथा आसपास मौजूद चीज़ों के रंगों व आकारों में बदलाव, कमरे की प्रकाश व्यवस्था में बदलाव, यहाँ तक कि अपने बैठने की स्थिति में भी बदलाव।

मैंने उनसे पूछा कि क्या वे बता सकते हैं कि एक गगनचुम्बी इमारत के 95वें माले पर जाकर बैठने पर मैं सहज-स्वाभाविक रूप से 'प्राथमिकता निर्धारण' वाली मनःस्थिति में कैसे पहुँच जाता हूँ? इसके जवाब में उन्होंने मुझे 'कंस्ट्रुअल लेवल थ्योरी' नामक अवधारणा से परिचित कराया। डोनाल्ड के मुताबिक़, "जब आप किसी चीज़, घटना, या परिस्थिति को बहुत दूर से या बहुत ऊपर से देखते हैं तो आपको वह चीज़, घटना, या परिस्थिति पूरी समग्रता में दिखाई देती है और आप अमूर्त चिंतन वाली मानसिकता में चले जाते हैं।"

'कंस्ट्रुअल लेवल थ्योरी' इस बात का भी सटीक स्पष्टीकरण प्रस्तुत करती है कि क्यों मुझे इप्सेंटो कॉफ़ी शॉप का बैकरूम अपने लिखे हुए को संपादित करने के

लिए सबसे उपयुक्त स्थान मालूम होता था। यह एक छोटा सा कमरा था जिसकी छत भी काफी नीची थी। डोनाल्ड कहते हैं कि जैसे खुली जगह में होने पर हमारा दृष्टिकोण व्यापक होने लगता है और हम चीज़ों को समग्रता में देखने लगते हैं, उसी तरह बंद या तंग जगहों में होने पर हमारा दृष्टिकोण सीमित होने लगता है और हमें चीज़ों की बारीकियाँ दिखाई देने लगती हैं। उनके शब्दों में, "अन्वेषण मनःस्थिति में होने, उन्मुक्त चिंतन करने, या मस्तिष्क में नए-नए विचारों की उत्पत्ति के लिए अमूमन आपका ऐसे कमरे में होना ज़रूरी है जिसकी छत दस फुट या उससे ऊँची हो। यदि छत आठ फुट या उससे भी नीची हो तो आपके मस्तिष्क की फैलने की क्षमता घट जाती है और वो एक सीमित दायरे में सोचने लगता है, तार्किक व विश्लेष्णात्मक चिंतन करने लगता है (क्या सही है, क्या गलत है), और ज़्यादा हिसाब-किताब करने लगता है (क्या कितना होना चाहिए, कितना नहीं होना चाहिए)। सरल शब्दों में कहें तो रचनात्मक चिंतन के विपरीत चिंतन शुरू हो जाता है।" इसके अलावा, इप्सेंटो कॉफ़ी के उस बैकरूम में बहुत ही मद्धम प्रकाश होता था जिसके चलते मेरे लैपटॉप की स्क्रीन मेरी आँखों के लिए आकर्षण का सबसे बड़ा केंद्र बन जाती थी, जिसके चलते मेरा ध्यान पूरी तरह वहीं केन्द्रित हो जाता था। ध्यान के इस प्रकार एक ही जगह केन्द्रित होने के चलते मैं आसानी से 'परिष्करण' मनःस्थिति में पहुँच जाता था।

किसी गगनचुम्बी इमारत के 95वें माले पर बैठकर मेरा दृष्टिकोण अधिक व्यापक क्यों हो जाता था इसकी व्याख्या के लिए डोनाल्ड के पास एक और अवधारणा है, जिसे वे कहते हैं 'प्रॉस्पेक्ट रिफ्यूज थ्योरी'। यह थ्योरी कहती है कि आदिमानव से आधुनिक मानव बनने के क्रम में हमारा मस्तिष्क कुछ इस तरह से विकसित हुआ है कि जब हम किसी ऐसी जगह पर होते हैं जहाँ से अपने आसपास की हर चीज़ हमारी निगाहों में रहती है तो हम बहुत आश्वस्त महसूस करते हैं। असल में हमारे पूर्वज जब आदिमानवों के रूप में जंगलों में रहा करते थे तब उनके सामने सबसे बड़ी चुनौती जंगली जानवरों के हमले से खुद को बचाना होती थी। अतः आराम करने या सर छिपाने को वे ऐसी जगहें तलाशते थे जहाँ से उन्हें अपने सामने और अगल-बगल दूर-दूर तक सबकुछ साफ़ दिखाई दे, ताकि हमला करने आ रहे किसी भी जानवर को दूर से ही देख सकें। डोनाल्ड कहते हैं, "बेशक अब इस बात का कोई खतरा नहीं है कि हम घर में बैठे हों और कोई जंगली जानकार पीछे से आकर हम पर हमला कर दे, लेकिन हमारे अवचेतन मस्तिष्क में आदिकाल की जो स्मृतियाँ जमा हैं उनके चलते अभी भी हमारा मन-मस्तिष्क इस

बात को पूरी तरह अंगीकार नहीं कर पाया है कि हम अब एक आधुनिक वातावरण में रहने लगे हैं।"

एक हालिया अध्ययन यह दर्शाता है कि कैसे 'प्रॉस्पेक्ट रिफ्यूज थ्योरी' हमें ज़्यादा बड़े और साहसी निर्णय लेने के लिए प्रेरित कर सकती है। इस अध्ययन में पाया गया कि किसी गगनचुम्बी इमारत के ऊपरी मालों पर बैठने वाले स्टॉक ट्रेडर्स नीचे के मालों पर बैठने वाले स्टॉक ट्रेडर्स के मुकाबले अधिक जोखिम उठाने को तैयार रहते हैं।

जो काम करना है उसके हिसाब से सही मनःस्थिति में आने के लिए अपनी खुद की तरकीबें ईजाद करने का एक तरीका है, अपने वातावरण में बदलाव करना। डोनाल्ड के मुताबिक़, यदि आप रचनात्मक चिंतन करना चाहते हैं तो खुली जगहों का चुनाव करें, विशेषकर वे जगहें जहाँ से दूर-दूर तक का नज़ारा दिखाई देता हो। लेकिन यदि आप तार्किक चिंतन करना चाहते हों तो फिर बंद जगहों का चयन करें। मतलब, 'अन्वेषण', 'सृजन' 'प्राथमिकता निर्धारण', तथा 'पुनर्भरण' मनःस्थितियों में काम करने के लिए खुली जगहों का जबकि 'अन्वेषण', 'परिष्करण'' तथा 'प्रशासनिक' मनःस्थितियों के लिए बंद जगहों का।

आपके चारों ओर के वातावरण में ध्वनि की तीव्रता भी रचनात्मक चिंतन की क्षमता को प्रभावित कर सकती है। आम तौर पर हम सोचते हैं कि शांत वातावरण में काम ज़्यादा अच्छा होता है, लेकिन विभिन्न अध्ययन बताते हैं कि बात यदि रचनात्मक चिंतन की हो तो थोड़ी आवाज़ अच्छी रहती है। बैकग्राउंड में लगभग 70 डेसिबल की आवाज़ का होना दिमाग में नए विचारों के उत्पन्न होने के लिए आदर्श स्थिति उत्पन्न करता है। लेकिन यह आवाज़ ऐसी नहीं होनी चाहिए जो हमारा ध्यान आकर्षित करे। यदि आपके अगल-बगल बैठकर कोई आपकी जानी-पहचानी भाषा में बात कर रहा हो तो वह बातचीत रचनात्मक चिंतन में सहायक नहीं होगी बल्कि आपका ध्यान भटकाएगी। मेडेलिन में रहने का मुझे सबसे बड़ा फायदा यही मिला है कि यहाँ के लोग मेरी मातृभाषा नहीं बोलते हैं, इसलिए जब तक मैं विशेष रूप से ध्यान न दूँ तब तक मेरे आसपास हो रही बातचीत मेरा ध्यान नहीं भटकाती।

काम करते समय हमारे शरीर की स्थिति भी हमारी मनःस्थिति को प्रभावित करती है। डोनाल्ड के मुताबिक़, "बैठकर काम करना अपसारी चिंतन के लिहाज़ से संभवतः सबसे कम अनुकूल स्थिति है। लेकिन खड़े होकर काम करना न केवल रचनात्मकता के लिहाज़ से बल्कि उत्पादकता के लिहाज़ से भी अधिक फायदेमंद

होता है।" आजकल कार्यस्थलों को खड़े होकर काम करने के हिसाब से डिज़ाइन करने का जो चलन चल निकला है उसको डोनाल्ड की इस बात के आधार पर सही ठहराया जाना चाहिए।

डोनाल्ड आगे कहते हैं, "इसके बाद दूसरी सबसे फायदेमंद स्थिति है लेटे या अधलेटे होने की।" रेने डेसकार्टेस, मार्सेल प्राउस्ट, और एडिथ वार्टन सहित बहुत सारे लेखक और विचारक ऐसे हैं जो बिस्तर में लेटकर काम करने के आदी रहे हैं। एक बस दुर्घटना में घायल होकर बिस्तर पकड़ने के बाद ही फ्रीदा काहलो ने गंभीरता से पेंटिंग करना शुरू किया था। ट्रूमैन कैपोट ने तो बाकायदा खुद को 'पूरी तरह से क्षैतिज लेखक' घोषित किया था। माइकल चैबन एक ईम्स लाउंज चेयर (एक किस्म की आरामकुर्सी) पर अधलेटे होकर लिखते हैं, और उनका लैपटॉप जिस टेबल पर रखा होता है वह कुछ-कुछ अस्पताल में मिलने वाली ओवरबेड टेबल जैसी होती है।

लेकिन इसका मतलब यह नहीं है कि आप दिन भर बिस्तर में ही लेटे रहें। डोनाल्ड के शब्दों में, "रचनात्मकता और गतिशीलता का चोली-दामन का साथ मालूम होता है...। टहलना, व्यायाम करना, या कोई भी ऐसा काम करना जिससे शरीर में रक्त-संचार तेज़ होता हो... ये सभी गतिविधियाँ रचनात्मकता बढ़ाती हैं।"

आप गतिशीलता और 'एकाग्रता-पोषक' उपकरणों की जुगलबंदी भी कर सकते हैं। डोनाल्ड सुझाते हैं कि यदि अपने कमरे या कार्यालय की दीवार को सफ़ेद-बोर्ड या चॉक-बोर्ड में बदल दिया जाए तो खुद को व्यापक चिंतन की स्थिति में लाया जा सकता है। दीवार पर कोई रेखा-चित्र बनाते समय यदि आप पूरे शरीर का उपयोग करें तो 'प्राथमिकता-निर्धारण' या 'अन्वेषण' मनःस्थिति के लिए अच्छा रहता है। अपने रात्रिकालीन अनुसंधान एवं अन्वेषण-सत्रों के दौरान फर्श पर रखे सफ़ेद-बोर्ड का उपयोग करने की मेरी आदत मेरे लिए वाकई बहुत फायदेमंद साबित हुई थी। डोनाल्ड के शब्दों में, "यदि आप बड़ा सोचना चाहते हैं तो बड़े कैनवास पर बड़ा रेखा-चित्र खींचें।"

यदि आपके पास मनचाही मनःस्थिति पाने के लिए अपना वातावरण बदलने की सुविधा है तब तो बहुत ही अच्छी बात है, लेकिन यदि आप सिर्फ आंशिक तौर पर ही ऐसा करने की स्थिति में हैं तब भी कोई दिक्कत नहीं। यदि आप अपना दफ्तर छोड़कर अपने मनपसंद कैफ़े नहीं जा सकते तो न सही, कांफ्रेंस रूम में चले जाइए, या अपनी डेस्क से दूर कहीं कोई पसंद की जगह तलाश लीजिए बैठने या खड़े

होने के लिए (बैठना फायदेमंद रहेगा या खड़ा होना यह जिस तरह की मनःस्थिति चाहिए उसके हिसाब से तय कर लीजिए)।

ज़रूरी नहीं कि जगह बदलकर ही सही मनःस्थिति पाई जाए, आप जहाँ हैं वहीं छोटे-छोटे से बदलाव करके भी काम चल सकता है। जब मैंने पहलेपहल घर से अलग रहना और काम करना शुरू किया तो सैन फ्रांसिस्को के एक शॉटगन हाउस का सबसे पीछे का एक छोटा-सा कमरा मेरा शयन-कक्ष भी हुआ करता था और मेरा दफ्तर भी। मेरे बिस्तर और मेरी लिखने की मेज़ के बीच कुछ ही फीट की दूरी थी। वैसे तो आसपास कई सारे कैफ़े थे, पर चूँकि मैं देर रात तक काम करता था तो तब तक वे सब बंद हो जाते थे। इसलिए मेरे सामने अपने कमरे में ही काम करने की मजबूरी थी। पर मैं नहीं चाहता था कि जब मैं बिस्तर में जाऊँ तब मेज़ देखकर काम की बातें दिमाग में आने लगें, और न ही मैं यह चाहता था कि जब लिखने बैठूँ तब मुझे बिस्तर देखकर नींद आने लगे।

इसलिए मैंने एक ऐसी तरकीब लगाई जिससे कि मैं उसी कमरे में रहकर भी अपनी मनचाही मनःस्थिति पा सकूँ। मैं बाज़ार से एक शोजी स्क्रीन (मलबेरी कागज़ की शीट्स को पारदर्शी पैनल्स में लगाकर बनाया गया पर्दा जिसे किसी जगह को अस्थाई रूप से विभाजित करने के लिए उपयोग किया जाता है) ले आया। इस पर मैंने एक लैंप लटका दिया। जब मुझे काम करना होता था तो मैं इस स्क्रीन को पलंग से सटाकर खड़ी कर देता था और लैंप को इस तरह समायोजित करता था जिससे कि रोशनी एक विशेष कोण पर विक्षेपित हो। फिर एक कप केमोमिले चाय पीता था, और एक ख़ास गीत चला देता था। इस सबके चलते थोड़ी ही देर में मैं काम के लिए ज़रूरी मनःस्थिति में आ जाता था। काम से फुर्सत होने के बाद मैं शोजी स्क्रीन को अपनी मेज़ से सटाकर खड़ी कर देता था ताकि बिस्तर पर लेटकर मुझे मेज़ दिखाई न दे। साथ ही मैं लैंप का कोण भी बदल देता था। बस इतने से बदलाव से ही मैं काम और आराम के बीच घालमेल को रोकने में सफल हो गया।

यद्यपि इस संबंध में ढेरों वैज्ञानिक प्रमाण उपलब्ध हैं कि कुछ ख़ास तरह की भौतिक स्थितियाँ कुछ ख़ास तरह की मनःस्थितियों को प्रेरित करती हैं, तब भी मैं कहूँगा कि आप इस जानकारी को केवल एक गाइडलाइन मानकर चलें। ज़रूरी नहीं कि प्रायोगिक परिस्थितियों में जो चीज़ जिस मनःस्थिति को प्रेरित करने का काम करती है, वो चीज़ वास्तविक परिस्थितियों में भी उसी तरह काम करे।

वैज्ञानिक साक्ष्य कहते हैं कि रचनात्मक चिंतन के लिए खुली जगहें मुफीद होती हैं। लेकिन आप जानते ही हैं कि मैं सुबह के पहले घंटे में जहाँ बैठकर लिखता हूँ वो जगह तीन ओर से दीवारों से घिरी हुई है, यानी कि मेरे सामने और अगल-बगल सपाट-सफ़ेद दीवारें होती हैं। मेरी मेज़ एक कोने में घुसी हुई है और पीछे ढेर सारी खाली जगह है जहाँ से कोई भी हिंसक शेर-चीता मुझ पर हमला कर सकता है। ऊपर से मैं कानों में ईअरप्लग लगाकर बैठता हूँ ताकि किसी भी तरह का शोर मेरा ध्यान न भटका सके। बेशक मैं रचनात्मक चिंतन और लेखन का प्रयास कर रहा होता हूँ, लेकिन काफी हद तक 'सृजन' मनःस्थिति में रहकर। मुझे ऐसी लिखित सामग्री तैयार करनी होती है जिसे थोड़े से सम्पादन के बाद अंतिम उत्पाद में बदला जा सके। बेशक इस समय मैं उनींदा होता हूँ और इसलिए मेरा मस्तिष्क अंतर्दृष्टियाँ प्राप्त करने की दृष्टि से बेहद उपजाऊ होता है, लेकिन साथ ही मेरा ध्यान भटकने की संभावना भी बहुत अधिक रहती है। यदि मेरा ध्यान भटकेगा तो फिर मेरे लिए दिमाग में आने वाले विचारों को सार्थक गद्य का रूप दे पाना कठिन हो जाएगा। इसलिए मैंने अपनी लिखने की मेज़ की जगह अपने मुताबिक़ (वैज्ञानिक साक्ष्यों के विपरीत जाकर) तय की है ताकि लिखते समय मैं अपनी मनःस्थिति के कम वांक्षनीय पहलुओं पर लगाम लगा सकूँ।

आपका अपना निजी कूटभेषज (प्लेसिबो)

भले ही प्रयोगात्मक निष्कर्ष कुछ भी कहें, पर सच तो यही है कि किसी भी तरह की परिस्थितियाँ आपको सही मनःस्थिति में ले जा सकती हैं। अपनी पुस्तक 'दि आर्ट ऑफ़ लर्निंग' में शतरंज चैंपियन और परफॉरमेंस कोच जोश वेट्ज़किन ने बताया है कि कैसे उन्होंने एक एग्जीक्यूटिव की मीटिंग्स के लिए सही मनःस्थिति में आने में मदद की। उस एग्जीक्यूटिव का कहना था कि जब वह अपने बेटे के साथ पकड़म-पकड़ाई खेलता था तब पूरी तरह उसमें रम जाता था और खुद को बेहद आनंदित तथा ऊर्जा से भरा हुआ महसूस करता था। वह चाहता था कि जब वह मीटिंग्स के लिए जाए तब भी उसे वैसा ही आनंद, ऊर्जा, और रम जाने का अहसास हो। लेकिन होता इसका उल्टा था – मीटिंग्स में उसका जी बिल्कुल उचाट रहता था और उसे ऊर्जा की भारी कमी महसूस होती थी।

जोश ने इस एग्जीक्यूटिव को मीटिंग्स के लिए सही मनःस्थिति में लाने हेतु कुछ तरकीबें तैयार कीं। जोश चाहते थे कि वह इन तरकीबों को उस पूरी तरह रम जाने वाली अवस्था से जोड़ ले, अतः उन्होंने उससे कहा कि वह हर दिन अपने

बेटे के साथ पकड़म-पकड़ाई खेले। लेकिन खेलना शुरू करने से पहले तीन काम करे। सबसे पहले कुछ हल्का-फुल्का नाश्ता करे। फिर थोड़ी देर ध्यान करे। फिर थोड़ी देर शरीर की स्ट्रेचिंग करे। इसके बाद खेले। और खेलते समय बॉब डिलन का गाना सुने।

उस एग्जीक्यूटिव ने कुछ दिनों तक लगातार इस सलाह पर अमल किया। फिर जोश ने उसे कहा कि अब हर बार मीटिंग के लिए जाने से पहले भी यही तीन काम करे – हल्का-फुल्का नाश्ता, ध्यान, और स्ट्रेचिंग। उसने किया। और चमत्कार हो गया। अब वह मीटिंग्स में भी उतना ही एकाग्र, आनंदित तथा ऊर्जावान रहने लगा। कुछ दिनों बाद जोश ने उसे इन तीनों गतिविधियों को संक्षिप्त करने के लिए कहा। तब भी उसकी एकाग्रता, आनंद तथा ऊर्जा के स्तर में कमी नहीं आई। और कुछ दिनों बाद जोश ने उसे इन तीनों गतिविधियों को बंद कर देने के लिए कहा। फिर भी कोई कमी नहीं आई। मतलब, अब वह बिना इन गतिविधियों के ही मीटिंग्स के लिए सही मनःस्थिति में पहुँच जाता था। वह बस मन ही मन बॉब डिलन का गीत गुनगुनाता था और तुरंत सही मनःस्थिति में पहुँच जाता था।

ज़रूरी नहीं कि जैसे उस एग्जीक्यूटिव को अपने बेटे के साथ पकड़म-पकड़ाई खेलते समय गहन एकाग्रता, आनंद और ऊर्जा महसूस होती थी अपने भीतर, वैसे ही आपको भी हो। यह उसका निजी अनुभव और बेटे के साथ उसका आत्मीय जुड़ाव था जिसके चलते पकड़म-पकड़ाई का खेल उसके लिए प्रभावी तरकीब का काम करता था। और इसलिए इस तरकीब को अन्य तरकीबों के साथ जोड़कर वह एक ऐसा रूटीन तैयार कर पाया जिसकी मदद से वह आसानी से मनचाही मनःस्थिति में पहुँच जाता था।

ट्विला थार्प भी हर सुबह ऐसा ही एक स्ट्रेचिंग और वेट-ट्रेनिंग रूटीन अपनाए हुए हैं। लेकिन उनका यह रूटीन जिम में शुरू नहीं होता। यह शुरू होता है सुबह 5:30 बजे से, जब वे बिस्तर से बाहर निकलती हैं, जिम के कपड़े पहनती हैं, और बाहर जाकर टैक्सी में सवार होती हैं। वह जानती हैं कि यदि वे टैक्सी में सवार हो गईं तो फिर आज कसरत न करने का कोई बहाना नहीं बना पाएँगी।

रचनात्मकता प्रशिक्षक (क्रिएटिविटी कोच) मार्क मैकगिनीज़ के पास चीनी मिट्टी का एक कॉफ़ी मग (जिस पर जापानी भाषा में स्टार वॉर्स लिखा है और वैसी ही तस्वीरें बनी हैं) है। वे जब भी लिखना चाहते हैं तो इस मग को कॉफ़ी से भरकर अपनी मेज़ पर रख लेते हैं। क्यों? क्योंकि इससे वह लिखने के लिए सही मनःस्थिति में पहुँच जाते हैं।

उपन्यासकार निकोलसन बेकर ने इस संदर्भ में बड़ी दिलचस्प बात कही है। वह कहते हैं, "आपको खुद से बस इतना कहना है कि 'अब से मैं केवल पीछे वाले आँगन में बैठकर लिखूँगा। और उस समय मेरे पैरों में फ्लिप फ्लॉप चप्पलें होंगी। और यह काम मैं शाम चार बजे से शुरू करूँगा।' यदि ये विचार आपके मन-मस्तिष्क को नए व ताज़े मालूम हुए तो कूटभेषज (प्लेसिबो) की तरह काम करेंगे और आप खुद को लिखने के लिए सही मनःस्थिति में पाएँगे।"

रचनात्मक कार्य के लिए सही मनःस्थिति में आने में कोई भी चीज़ आपकी सहायक हो सकती है। आप किसी भी चीज़ को तरकीब में बदल सकते हैं। यह आपके ऊपर है। इसके लिए आपको पहले यह देखना पड़ेगा कि जो काम आप करना चाहते हैं उसके लिए कौन सी मनःस्थिति सही है। फिर यह सोचिए कि पिछली बार कब आप इस मनःस्थिति में थे। जब थे उस समय आपका परिवेश क्या था, परिस्थितियाँ क्या थीं? अब सोचिए कि क्या आप खुद को दुबारा उन परिस्थितियों में ले जा सकते हैं? फिर से उसी जगह जाइए, फिर से वही पेय पीजिए, फिर से सबकुछ वैसा-वैसा ही कीजिए जैसा पिछली बार किया था। लेकिन यदि आपके लिए वहाँ जाना संभव न हो तो देखिए कि क्या आप वर्तमान जगह पर ही उस वातावरण को दोहरा सकते हैं? याद कीजिए कि वो जगह खुली-खुली थी या बंद? रोशनी तेज़ थी या मद्धम? एक जगह पड़ रही थी या बिखरी हुई थी? शांति थी या शोर-शराबा था?

इस तरह जब आप मनचाही मनःस्थिति में पहुँच जाएँ तो फिर उसी में बने रहने का प्रयास करें, दूसरी मनःस्थितियों में आने-जाने का जोखिम न उठाएँ। जो काम हाथ में है उसी पर एकाग्र रहें। क्या आपको लग रहा है कि काम का कुछ हिस्सा आपसे किसी और मनःस्थिति में जाने की माँग कर रहा है? उस हिस्से को बाद के लिए बचाकर रखिए। याद रखिए, 'सृजन' का कार्य 'अन्वेषण' के कार्य से भिन्न है, 'अन्वेषण' का कार्य 'अनुसंधान' के कार्य से भिन्न है, और यह भी कि अपने कार्य को समय से पहले ही संपादित व परिष्कृत करने लगना बहुमूल्य रचनात्मक ऊर्जा का अपव्यय है। याद रखें, सृजन या अन्वेषण या अनुसंधान के समय तभी एकाग्र रह पाएँगे जबकि आपने प्राथमिकताओं पर विचार के लिए अलग से समय निर्धारित किया हो। याद रखें, जिस समय आपके भीतर रचनात्मक ऊर्जा का प्रवाह चरम पर हो उस समय प्रशासनिक कार्यों को करना बेमानी है। याद

रखें, आप बिना रुके लगातार काम नहीं कर सकते, आपको खुद को रिचार्ज करते रहना ज़रूरी है ताकि रचनात्मक ऊर्जा का आपका झरना सदा बहता रहे।

कार्य के उपकरणों का चुनाव करते समय अपनी मनःस्थिति का ध्यान रखें, साथ ही इस बात का भी कि आपका कार्य अभी रचनात्मकता के किस चरण में है। यदि आपको अभी भी यथासंभव रचनात्मक होकर सोचने की आवश्यकता है (अन्वेषण) तो कोई 'एकाग्रता-पोषक' उपकरण चुनें ताकि भटकाव न हो। लेकिन यदि आपको अब सोचे हुए को क्रियान्वित करने की आवश्यकता है (सृजन) तो आपको कोई 'भटकाव-पोषक' उपकरण चुनना चाहिए। आप चाहें तो बीच का कोई उपकरण भी चुन सकते हैं, या फिर किसी कार्य विशेष के लिए 'भटकाव-पोषक' उपकरण में थोड़े संशोधन करके उसे 'एकाग्रता-पोषक' उपकरण में भी बदल सकते हैं।

जब आप अपनी मनःस्थिति के मुताबिक़ सृजन करना शुरू करेंगे तो आपके काम की गुणवत्ता एक अलग ही स्तर पर पहुँच जाएगी। आपको अपने भीतर पहले से अधिक ऊर्जा एवं आत्मविश्वास महसूस होने लगेगा। एक मनःस्थिति से दूसरी मनःस्थिति में आते-जाते रहने के कारण होने वाला रचनात्मक ऊर्जा का अपव्यय रुक जाएगा।

लेकिन आप अपनी मानसिक ऊर्जा का अधिकतम दोहन करने के लिए इसके अलावा और भी कुछ कर सकते हैं। आप अपने वातावरण तथा उपकरणों में संशोधन से और आगे जा सकते हैं। इसमें कोई संदेह नहीं कि जब आप मनःस्थिति के मुताबिक़ काम करते हैं तो आपका काम रचनात्मकता के चार चरणों से अधिक निर्बाध ढंग से गुज़रता है। लेकिन जब आप यह जान लेंगे कि किस तरह दिन के चौबीस घंटों में ये मनःस्थितियाँ लगातार चक्रित होती रहती हैं तब आपका दिमाग सचमुच एक सुचारू रचनात्मक मशीन में बदल जाएगा।

अध्याय – 5

रचनात्मक-चक्र

दिन के अलग-अलग समय में मन-मस्तिष्क की
भारी असमानता देखने को मिलती है।

—थॉमस जेफरसन

"क्या मैं एक सेकण्ड तुमसे बात कर सकता हूँ?" जोनाथन ने कहा। मैं दरवाज़े पर ठिठक गया। "क्या तुमने सचमुच ऐसा करने का मन बना लिया है?" उसने कहना जारी रखा। "मेरे हिसाब से यह नादानी है। तुम एक साल से बेरोज़गार हो। रात 4-4 बजे तक अपने बिज़नेस पर काम करते हो, तब भी उसकी हालत कुछ ख़ास अच्छी नहीं है। मुझे नहीं लगता कि तुम्हारा यह निर्णय सही है।"

मेरे रूममेट की चिंता जायज़ थी। मेरा व्यवहार वाकई अजीब था। मैं पिछले एक साल से हर दिन बारह से सोलह घंटे काम कर रहा था, लेकिन एक फूटी कौड़ी नहीं कमाई थी। यह साल 2008 था और मैं सैन फ्रांसिस्को में था। बहुत सारे स्टार्ट-अप्स मुझे नौकरी पर रखना चाहते थे, क्योंकि मैं डिज़ाइन और कोडिंग में माहिर था। मेरे पास अवसरों की बिल्कुल कमी नहीं थी, लेकिन मुझे उनमें दिलचस्पी हो तब न। और फिर एक दिन अचानक मैंने मन बना लिया कि सैन फ्रांसिस्को छोड़ना है। "सैन फ्रांसिस्को छोड़कर शिकागो कौन जाता है भाई?" जोनाथन कह रहा था। "लोग तो शिकागो छोड़कर सैन फ्रांसिस्को आते हैं।"

लेकिन मेरा यह पागलपन एक सोची-समझी योजना का हिस्सा था। मैं एक ख़ास प्रभाव उत्पन्न करना चाह रहा था और इसके लिए अपने आसपास मौजूद प्राकृतिक शक्तियों के साथ तथा उनके विरुद्ध काम कर रहा था। मैं उस व्यवस्था

को प्रयोग में लाना चाह रहा था जिसे आगे चलकर मैं 'रचनात्मक-चक्र' (क्रिएटिव साइकल्स) के नाम से जानने वाला था।

दो साल बाद मेरी योजना फलीभूत हुई। अंततः उस प्रभाव का रहस्य मुझ पर उजागर हुआ। यह जुलाई का महीना था और मैं नोबल ट्री कॉफ़ी के पोर्च में एक पिकनिक टेबल पर बैठा हुआ था। "क्या सचमुच ऐसा है?" मैंने खुद से पूछा। मैंने इन्टरनेट पर खोजा। कुछ नहीं मिला। मैंने चेक किया कि जो वेबसाइट डूमेन मुझे चाहिए था वह उपलब्ध था या नहीं। उपलब्ध था। मेरे दिल की धड़कनें बढ़ गईं, साँसें तेज़-तेज़ चलने लगीं। मेरे हाथ काँपने लगे। "ये हुई न बात!" मैंने खुद से कहा। यह मेरा 'बिग आईडिया' था।

यह सबकुछ एक अहसास से शुरू हुआ था – यह अहसास कि उस रहस्य को लेकर मेरे मन-मस्तिष्क में इतने अधिक विचार उमड़-घुमड़ रहे थे कि उन्हें संभाल पाना मुश्किल हो रहा था। और यह भी कि जो कुछ मेरे मन-मस्तिष्क में चल रहा था वो बेहद कीमती था, अत्यंत महत्वपूर्ण था। मुझे इस बात का अंदाज़ा था कि यदि मैंने इन विचारों पर पर्याप्त काम किया, इनमें पर्याप्त समय और श्रम निवेश किया तो कुछ बहुत ख़ास चीज़ हाथ लगेगी। मेरा 'बिग आईडिया'।

मैंने तय कर लिया कि मैं काम करूँगा। चाहे जितना भी समय और श्रम लगे, मैं लगाऊँगा। पर सबसे पहले तो पैसा लगाना ज़रूरी था। इसलिए सबसे पहला काम मैंने यह किया कि अपने रिटायरमेंट अकाउंट से एक खासी बड़ी रकम निकाल ली। अगले एक साल तक मैंने न तो कोई फ्रीलान्स काम हाथ में लिया और न ही नौकरी की कोई पेशकश मंज़ूर की। यहाँ तक कि मैंने फेसबुक में नौकरी का प्रस्ताव (जिससे मुझे सालाना लाखों डॉलर्स की आय हो सकती थी) भी ठुकरा दिया। मैं किसी भी तरह का भटकाव नहीं चाहता था। मेरा ध्यान सिर्फ और सिर्फ अपने दिमाग में चल रहे विचारों को उनकी मंज़िल तक पहुँचाने पर केन्द्रित था।

साल बीतते-बीतते मुझे महसूस हुआ कि सैन फ्रांसिसको में रहते हुए इस प्रोजेक्ट को आगे बढ़ाना मुश्किल होगा। यहाँ मकान का किराया तो मेरे बजट से ज़्यादा था ही, साथ ही मुझे वह व्यवधान-रहित वातावरण नहीं मिल पा रहा था जिसकी मुझे दरकार थी। मेरे लिए खुद को स्टार्ट-अप्स तथा प्रौद्योगिकी के क्षेत्र में होने वालीं नई-नई हलचलों से दूर रखना ज़रूरी था क्योंकि इनके चक्कर में पड़कर मेरी खोज अधूरी रह जाती। अतः मैंने सैन फ्रांसिसको छोड़ देने का फैसला कर लिया।

जोनाथन सही कह रहा था। पिछले एक साल के दौरान मैंने लगभग हर रात चार बजे तक काम किया था। लेकिन ऐसा मैंने नींद की कीमत पर नहीं किया था; मैं पर्याप्त नींद भी ले रहा था। असल में मैंने अपना शिड्यूल थोड़ा बदल लिया था। मैं रात 12 बजे से सुबह 4 बजे तक पूरी तरह एकाग्र होकर काम करता था। बीच में अगर मेरा ध्यान भटकता भी था तो रात के उस समय ऐसा कुछ भी उपलब्ध नहीं होता था जो उस ध्यान को कहीं और व्यस्त कर ले। मैं अपने ईमेल इनबॉक्स या सोशल मीडिया अकाउंट को रिफ्रेश करके देखता था तो रात के उस समय मुझे कोई नया नोटिफिकेशन देखने को नहीं मिलता था। आधी रात के बाद की उस घड़ी हर कोई सो रहा होता था – यहाँ तक कि सिलिकॉन वैली में भी।

सुबह के चार बजे काम ख़त्म करने के बाद मैं छोटे से कमरे को कार्यालय से शयन-कक्ष में बदल लेता था : लैंप बंद कर देता था, कुर्सी को मेज़ के नीचे सरका देता था, और डेस्क को शोजी स्क्रीन से ढँक देता था। फिर जो सोता था घोड़े बेचकर तो सीधा दोपहर को उठता था। उठने के बाद दिन भर मैं एक कैफ़े से दूसरे कैफ़े में बैठ-बैठकर तब तक काम करता था जब तक कि सभी कैफ़े बंद नहीं हो जाते थे। इसके बाद मैं कमरे पर लौट आता था और अपने शयन-कक्ष को कार्यालय में बदलकर फिर से काम में व्यस्त हो जाता था।

उस समय तो मुझे इस कवायद का नाम नहीं पता था, लेकिन आज जानता हूँ कि मैं वास्तव में एक रचनात्मक-चक्र निर्मित करने का प्रयास कर रहा था। पहले एकाग्रता-युक्त और फिर एकाग्रता-विमुक्त होने की बारम्बारिता को हम रचनात्मक-चक्र कहते हैं। आप योजनाबद्ध तरीके से पहले 'तैयारी' करते हैं, फिर 'ऊष्मायन' में समय बिताते हैं। इस प्रक्रिया को दोहराते रहने पर अंततः 'दिमाग की बत्ती जलने' का पल आता है। इसके बाद आप ज़रूरी 'सत्यापन' करके अपने काम को दुनिया के सामने ला सकते हैं।

यदि आप अपने आसपास की रिदम्स पर ध्यान दें तो और अधिक प्रभावी रचनात्मक-चक्र निर्मित कर सकते हैं। किस तरह की रिदम्स? रिदम्स जो कि प्रकृति में पाई जाती हैं, जैसे कि सूर्योदय और सूर्यास्त, तथा मौसम परिवर्तन। रिदम्स जो कि सांस्कृतिक प्रचलनों में देखी जा सकती हैं, जैसे कि दिनों, सप्ताहों तथा महीनों के नामकरण। इसके अलावा भोजन, शयन, तथा त्यौहारों से जुड़े प्रचलन भी इन्हीं रिदम्स के परिचायक हैं। और आखिर में आप अपनी खुद की ऊर्जा में उतार-चढ़ाव के माध्यम से भी इन रिदम्स को देख सकते हैं। आपने खुद महसूस किया

होगा कि कभी आपकी ऊर्जा रचनात्मक काम करने के अधिक अनुकूल होती है तो कभी तार्किक व विश्लेष्णात्मक कार्य के।

जब आप रचनात्मक-चक्रों में महारत हासिल कर लेते हैं तब आप इन रिदम्स द्वारा प्रदान की जाने वाली ऊर्जा का भरपूर दोहन करने में सफल होने लगते हैं। तब आपकी प्रत्येक क्रिया अन्य क्रियाओं के लिए स्थितिज उर्जा पैदा करने लगती है, जिससे आप अपनी रचनात्मकता परियोजनाओं को निर्बाध गति से आगे बढ़ाने में सक्षम हो जाते हैं। आप एक सतत चलती रहने वाली रचनात्मक मशीन की तरह काम करने लगते हैं।

अपने शिड्यूल में बदलाव करके रात को बारह से चार बजे तक काम करने का नियम बनाकर मैंने एक ऐसा रचनात्मक-चक्र निर्मित किया जो एक सांस्कृतिक प्रचलन की शक्ति का उपयोग करता था। चूँकि रात को बारह से चार के बीच सभी लोग सोए रहते थे, इसलिए उस समय मैं दिन के मुकाबले अधिक काम कर पाता था। जब सब लोग जागे हुए होते थे और ईमेल्स तथा टेक्स्ट सन्देश भेज-भेजकर तथा सोशल मीडिया पर नई-नई पोस्ट्स डाल-डालकर एक-दूसरे का ध्यान भटकाने का प्रबंध कर रहे होते थे, उस समय मैं चैन से सो रहा होता था।

सैन फ्रांसिस्को छोड़कर शिकागो चले जाने का निर्णय करके मैंने एक नया रचनात्मक-चक्र निर्मित कर लिया। यह चक्र ऋतुओं में नाटकीय परिवर्तन की शक्ति का उपयोग करता था।

"मैं जानता हूँ कि यह अजीब है," मैंने जोनाथन से कहा। "मैंने कभी नहीं सोचा था कि मैं यह कहूँगा, पर : मैं सर्दियों के मौसम को मिस करता हूँ।"

चक्रों के मुताबिक़ चलना

मुझे सर्दियों का मौसम सख्त नापसंद था। अभी भी है। जब मैं कैलिफ़ोर्निया शिफ्ट हुआ तो सबसे पहला काम मैंने यह किया कि वहाँ के मौसम के छः दिनों के पूर्वानुमान का स्क्रीन शॉट लेकर ख़ुशी-ख़ुशी अपने ब्लॉग पर पोस्ट कर दिया ताकि नेब्रास्का के अपने दोस्तों को हैरान कर सकूँ। इसलिए मुझे खुद को यह देखकर बहुत ताज्जुब हो रहा था कि मैं सर्दियों के मौसम को मिस कर रहा था!

नहीं, मैं सुबह काम पर निकलने से पहले अपनी कार पर जमी बर्फ हटाने की कवायद को मिस नहीं कर रहा था। नहीं, मैं अपनी अलमारी के ऐसे कपड़ों

से भरी रहने को मिस नहीं कर रहा था जिनको मैं साल के छः महीने नहीं पहन सकता था। नहीं, मैं अपने दरवाज़े के बाहर रखे कारपेट पर जमा नमक, रेत तथा पिघली हुई बर्फ की परत को रगड़-रगड़कर साफ़ करना भी मिस नहीं कर रहा था।

मैं सर्दियों के मौसम से जुड़ी जो चीज़ मिस कर रहा था वो थी 'कोई और विकल्प न होने' का अहसास। मैं उन दिनों को मिस कर रहा था जब ख़ुद ही ख़ुद से कहता था, "बाहर तापमान शून्य से भी नीचे है, ज़मीन पर छः इंच मोटी बर्फ की परत बिछी हुई है, इतनी ज़बरदस्त बर्फबारी हो रही है कि तीन कदम आगे का भी दिखाई नहीं दे रहा है, और शाम चार बजे से ही ऐसा घुप्प अँधेरा छाया हुआ है मानो रात हो गई हो। भाई मेरे! अभी तो घर में रहने में ही समझदारी है।" लेकिन घर में बैठकर मैं न तो टीवी देखता था, न वीडियो गेम्स खेलता था, और न ही जंक फ़ूड पर पिला रहता था। मैं किताबें पढ़ता था और उन प्रोजेक्ट्स पर काम करता था जो उस समय मेरे हाथ में होते थे। मैं सीख रहा होता था, अन्वेषण कर रहा होता था।

सैन फ्रांसिस्को छोड़कर शिकागो जाने का निर्णय मैंने इसीलिए किया था क्योंकि मैं 'घर के भीतर रहने और कुछ न कुछ रचनात्मक काम करने के अलावा कोई और विकल्प न होने' वाली स्थिति की ओर लौटना चाहता था। मैं अन्वेषण मनःस्थिति में एक अत्यंत लंबा चक्र बिताना चाहता था। सर्दियों का मौसम, फिर गर्मियों का आगमन, फिर सर्दियों की वापसी। इस चक्र के साथ मेरा बिग आईडिया भी 'तैयारी' वाले चरण से 'ऊष्मायन' वाले चरण में और फिर 'ऊष्मायन' वाले चरण से वापस 'तैयारी' वाले चरण में चक्रित होता रहा। इसी तरह तीन साल बीत गए। जिस दिन से मैंने घर छोड़कर अपने बलबूते जीने का निर्णय लिया, उस दिन से लेकर जिस दिन मुझे नोबल ट्री कॉफ़ी शॉप के पोर्च में अपनी पहली किताब लिखने का आईडिया आया उस दिन के बीच तीन सालों का समय बीत चुका था।

रचनात्मक-चक्रों का तीन साल लम्बा चलना ज़रूरी नहीं होता, और आप जो भी लंबे चक्र उपयोग में लाते हैं, उन्हें ख़ुराक छोटे चक्रों से ही मिलती है। बिल्कुल वैसे ही जैसे घड़ी के अन्दर छोटे गियर/लीवर बड़े गीअर्स/लीवर्स को आगे बढ़ाते हैं। मैं भी जब इस तीन-वर्षीय चक्र से गुज़र रहा था, तब साथ ही साथ अन्य छोटे चक्र भी चल रहे थे। शिकागो में हर एक मौसम ने मेरे प्रोजेक्ट को रचनात्मकता के किसी न किसी चरण से गुज़रने में मदद की।

शिकागो में गर्मियों का मौसम जब आता है तब मानो एक किस्म का उन्माद घुल जाता है वातावरण में। हर कोई ज़्यादा से ज़्यादा समय खिली हुई धूप में बिताने को बेकरार हो उठता है। और इसलिए हर किसी का ज़्यादातर समय खुली-खुली जगहों में बीतता है। लोग टहलने साइकिल या बाइक को लेकर निकल पड़ते हैं, छत पर चलने वाले रेस्त्राओं में बैठकर खाने-पीने का लुत्फ़ लेते हैं, और कंसर्ट्स या स्ट्रीट फेस्टिवल्स में शिरकत करते हैं। यह समय नए-नए रचनात्मक विचारों को खोजने के लिए आदर्श समय होता है।

इसके विपरीत सर्दियों में आप बंद जगहों में रहना पसंद करते हैं। कई-कई दिनों तक सूर्य देवता के दर्शन न देने से दिन में भी रात जैसा माहौल रहता है। कुल मिलाकर, 'अन्वेषण', 'अनुसंधान', 'सृजन', तथा 'परिष्करण' मनःस्थितियों में समय बिताने के लिए आदर्श परिस्थितियाँ होती हैं। किसी बड़ी परियोजना के लिए 'तैयारी' या 'सत्यापन' करने हेतु भी यह समय आदर्श होता है।

शिकागो की सर्दियाँ आपको इतने लम्बे समय तक घर में कैद करके रखती हैं कि गर्मियाँ आते-आते आपको एक ब्रेक की ज़रूरत महसूस होने लगती है। इसलिए आप गर्मियों का जितना हो सके उतना समय 'पुनर्भरण' मनःस्थिति में बिताते हैं। यह समय आपकी बड़ी परियोजनाओं के लिए 'ऊष्मायन' का समय होता है। किसी भी समय 'दिमाग की बत्ती जल उठने' की संभावना रहती है। यह कोई संयोग नहीं था कि मुझे मेरी पहली किताब लिखने का विचार तब आया जब मैं दो सर्दियाँ 'अन्वेषण' मनःस्थिति में गुज़ारने के बाद गर्मियों की एक दोपहरी को गुनगुनी धूप का आनंद ले रहा था।

रचनात्मक चक्रों की तुलना आप चढ़ाई पर हाई गियर में साइकिल चलाने से कर सकते हैं। यदि आप हर समय दोनों पैडलों पर एक बराबर ताकत लगा रहे हैं तो इसका मतलब हुआ कि आप अपनी ऊर्जा का अपव्यय कर रहे हैं, खुद को बेकार में थका रहे हैं। आपको एक बार में एक ही पैडल पर सारी ताकत लगानी चाहिए। कौन से पैडल पर? जो पैडल ऊपर से नीचे की ओर आ रहा हो। इस पैडल पर लगाई गई ताकत ही साइकिल को आगे बढ़ाएगी। तो जहाँ से पैडल नीचे आना शुरू करता है, जहाँ से इस पर ताकत लगाने से साइकिल आगे बढ़ती है, पैडल की उस स्थिति को हम 'स्वीट स्पॉट' कह सकते हैं। तो कम से कम ऊर्जा खर्च करके साइकिल को अधिकाधिक गतिशील करने का सही तरीका यह है कि आप बारी-बारी से दोनों पैडलों पर उस समय ताकत लगाएँ जब कि वे अपने स्वीट स्पॉट पर हों। इसीलिए आपने देखा होगा कि साइकिल सवार लोगों को जब चढ़ाई

चढ़नी होती है तो वे सीट पर बैठकर नहीं चलाते बल्कि थोड़ा उठकर पैडल मारते हैं। इस क्रम में वे अपने शरीर का भार बीचोंबीच स्थिर नहीं रखते बल्कि क्रम से दाएँ और बाएँ शिफ्ट करते रहते हैं। जब बायाँ पैडल ऊपर आता है तो वे शरीर का पूरा भार बाईं ओर ले जाकर पूरी ताकत बाएँ पैडल पर लगाते हैं, और जब दायाँ पैडल ऊपर आता है तो पूरा भार दाईं ओर ले जाकर पूरी ताकत दाएँ पैडल पर लगाते हैं।

मेरे लिए अपना 'क्रिएटिव स्वीट स्पॉट' खोजना अपने लिए रचनात्मक-चक्र निर्मित करने की प्रक्रिया का एक महत्वपूर्ण हिस्सा था। मैंने पाया कि मेरे लिए दिन के एक निश्चित समय में 'सृजन' मनःस्थिति में रहना अधिक आसान होता था। लेकिन कुछ समय बाद मुझे समझ आया कि केवल 24 घंटों में एक निश्चित समय ही मेरा एकमात्र क्रिएटिव स्वीट स्पॉट नहीं था, बल्कि समय के अन्य चक्रों में और भी कई स्वीट स्पॉट थे। और किन चक्रों में? सप्ताह में, माह में, वर्ष में, यहाँ तक कि लम्बे चक्रों में भी कोई एक ऐसा निश्चित समय होता था जब मैं कहीं अधिक आसानी से नए विचारों का सृजन कर पा रहा होता था। इतना ही नहीं बल्कि रचनात्मक कार्य की सातों मनःस्थितियों के भी अपने-अपने स्वीट स्पॉट्स होते हैं।

दैनिक-चर्या छोड़ें, साप्ताहिक-चर्या शुरू करें

संभवतः आप भी एक तयशुदा दैनिक-चर्या अपनाए हुए होंगे। सुबह सोकर उठना, नाश्ता करना, नहाना, काम पर जाना, ईमेल्स चेक करना, दिन भर के कामों की योजना बनाना, इत्यादि। सप्ताह के पाँच दिन आप यही दिनचर्या अपनाते होंगे। फिर सप्ताहांत के लिए आपकी एक अलग दैनिक-चर्या रहती होगी। लेकिन यदि आप ध्यान से देखें तो हम में से कई लोग इन दैनिक-चर्याओं के अलावा कुछ ऐसी चर्याएँ भी अपनाए हुए हैं जो दैनिक न होकर साप्ताहिक हैं। जैसे कि 'सोमवार' की साप्ताहिक-चर्या। हम सब जानते हैं कि हमारे लिए सोमवार का दिन सप्ताह के अन्य दिनों से अलग होता है। इसी तरह 'बुधवार' की साप्ताहिक-चर्या। हम सब जानते हैं कि बुधवार को 'हम्प डे' कहा जाता है, क्योंकि इस दिन तक आते-आते हम यह मनाने लगते हैं कि अब जल्दी से शुक्रवार आ जाए।

इन सभी रिदम्स के साथ हमारे व्यवहार में सूक्ष्म परिवर्तन आते रहते हैं। उदाहरण के लिए, ऑनलाइन मार्केटिंग करने वाले लोग जानते हैं कि मंगलवार का

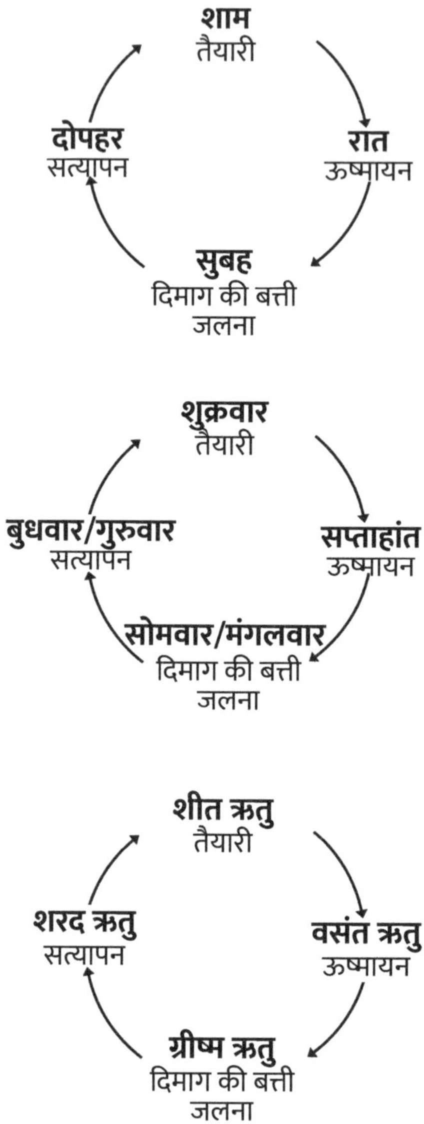

रचनात्मक चक्रों के उदाहरण : दैनिक चक्र, साप्ताहिक चक्र, तथा मौसम चक्र। आप देख सकते हैं कि किस तरह प्रत्येक चक्र की प्रत्येक अवस्था रचनात्मकता के चार चरणों में से किसी एक चरण से मेल खाती है।

दिन किसी भी नए उत्पाद को (चाहे वह कोई ब्लॉग पोस्ट हो, पुस्तक हो, या फिर कोई अल्बम हो) प्रस्तुत करने के लिए सबसे उपयुक्त होता है। सोमवार की अपेक्षा मंगलवार को लोगों की इन्टरनेट पर सक्रियता अपेक्षाकृत अधिक होती है। क्यों भला? शायद इसलिए क्योंकि सोमवार को काम पर लौटने के बाद लोगों का ध्यान उन ज़रूरी बातों का संज्ञान लेने पर होता है जो सप्ताहांत पर उनकी अनुपस्थिति के दौरान हुई होती हैं। और इसलिए सोमवार को वे कोई नया लेख पढ़ने के मूड में नहीं होते; सोमवार को वे केवल बेहद ज़रूरी ईमेल्स पढ़ते हैं। मंगलवार के दिन उन्हें ऐसा लगता है कि चूँकि अब सभी ज़रूरी बातें जान ली गई हैं तो अब एक छोटा-सा ब्रेक लिया जा सकता है। और इसलिए वे इस दिन सोशल मीडिया पर ज़्यादा समय बिताते हैं, या अपने इनबॉक्स में आने वाले मार्केटिंग ईमेल्स पर ज़्यादा ध्यान देते हैं।

लेकिन मेरे मामले में उल्टा था। मैं एक ऑनलाइन डेटिंग ब्लॉग चलाता था और हमारे ब्लॉग पर सबसे ज़्यादा ट्रैफिक रविवार को आता था। जितने भी कामकाजी अविवाहित युवा लोग हैं उनके पास सप्ताह के कामकाजी दिनों में तो डेट्स वगैरह के बारे में सोचने का समय होता नहीं है। शुक्रवार और शनिवार की रात वे बाहर रहते हैं। रविवार के दिन कहीं जाकर उन्हें थोड़ी फुर्सत मिलती है। इस दिन अमूमन उनका कोई प्लान नहीं होता, और शायद बार में एक और उबाऊ रात बिताने के बाद वे किसी 'ख़ास' को ढूँढने के लिए अधिक प्रेरित महसूस करते हैं।

हम जिन दैनिक-चर्याओं का पालन करते हैं वे सभी हमारे चारों ओर मौजूद प्रचलनों से (प्राकृतिक प्रचलन, सांस्कृतिक प्रचलन इत्यादि) आकार लेती हैं। हर दिन सूर्य उदित और अस्त होता है, पेशेवर दुनिया के अधिकांश लोग सुबह नौ से शाम पाँच की दिनचर्या का पालन करते हैं, और हम दिन में निश्चित अंतरालों पर भोजन करते हैं। डैनियल पिंक ने अपनी पुस्तक 'व्हेन: द साइंटिफिक सीक्रेट्स ऑफ परफेक्ट टाइमिंग' में बताया है कि हम सभी अपने भीतर मौजूद जैविक घड़ी से निर्देशित होते हैं; वही घड़ी तय करती है कि कब हम चुस्ती-फुर्ती महसूस करेंगे और कब थकान। इसके अलावा हमारी मनोदशा तथा और भी कई कारक हैं जो हमें निर्देशित करते हैं।

लेकिन इनमें से कई सारे प्रचलन दैनिक-चक्र से परे काम करते हैं। मेरे अनुभव में साप्ताहिक-चक्र सबसे विश्वसनीय चक्र है। साप्ताहिक-चक्र अपनाकर आप अपनी एकाग्रता बढ़ा पाएँगे और काम को टालने की प्रवृत्ति पर लगाम लगा सकेंगे। इसीलिए दैनिक-चर्या छोड़िए और साप्ताहिक-चर्या अपनाइए।

मैंने साप्ताहिक-चर्या के अनुसार काम करना सबसे पहले उत्पादकता सलाहकार अरी मीसेल से सीखा। उन्होंने अपने सभी कामों को अलग-अलग श्रेणियों में बाँट लिया है और यह तय कर लिया है कि कौन सी श्रेणी का काम सप्ताह के किस दिन कितने बजे करना है। उदाहरण के लिए, यदि उन्हें कुछ पेपर वर्क करना है तो उन्हें मालूम रहता है कि यह काम मैं शुक्रवार सुबह दस बजे करूँगा।

अरी मीसेल की वजह से मुझे यह समझ आया कि दैनिक-चर्या की बजाए साप्ताहिक-चर्या अपनाने के क्या-क्या फायदे हैं। एक फायदा तो यह है कि मल्टीटास्किंग की बजाए एक बार में एक ही काम या एक ही तरह के काम करने के चलते बहुत सारी मानसिक ऊर्जा बच जाती है। अरी कहते हैं, "मैं नहीं चाहता कि घंटे भर में मैं एक फ़ोन भी करूँ, फिर दो मिनट बाद एक्सेल खोलकर बैठ जाऊँ किसी काम के लिए, फिर किसी फेसबुक नोटिफिकेशन का जवाब देने लगूँ, फिर दुबारा फ़ोन पर लग जाऊँ और एक कप कॉफ़ी पीऊँ, और फिर उसके बाद अपने किसी सहकर्मी से बात करूँ। इस तरह मैं गिनती करने जाऊँ तो पता चलेगा कि घंटे भर में कोई साठ काम किए, मगर मालूम होगा कि उनमें से एक भी काम हुआ नहीं।"

जब हम जल्दी-जल्दी एक काम छोड़कर दूसरा काम पकड़ते हैं तो हमारी मानसिक ऊर्जा बर्बाद होती है। जब आप किसी मोटर के गियर्स बदलते हैं तो मोटर को उस समय भी उन गियर्स को चलायमान रखना पड़ता है जबकि वे आपस में जुड़े नहीं होते। इसमें काफी ऊर्जा बर्बाद होती है। जब आप लगातार ऐसा करते हैं तो आपकी ऊर्जा का कुछ हिस्सा कर्षण (ट्रैक्शन) में खर्च होने लगता है। जैसा कि नीर इयाल अपनी पुस्तक 'इनडिस्ट्रेक्टेबल' में कहते हैं, "कर्षण का विपरीत होता है विकर्षण (डिस-ट्रैक्शन)।"

दैनिक-चर्या की बजाए साप्ताहिक-चर्या अपनाने का एक और फायदा यह है कि आप पूरी तरह अपने हाथ के काम पर एकाग्र रह पाते हैं। साप्ताहिक-चर्या आपको न केवल जल्दी-जल्दी एक काम छोड़कर दूसरे को पकड़ने के चलते होने वाली ऊर्जा की बर्बादी से बचाती है, बल्कि यह आपको वर्तमान पर केन्द्रित रहने में भी सहायता करती है। अरी मीसेल कहते हैं, "विज्ञान ने यह दिखाया है कि हमारे मस्तिष्क मैराथन की बजाए सौ मीटर फर्राटा दौड़ में बेहतर प्रदर्शन करते हैं।"

जब पहलेपहल मैंने अपने कार्यों को साप्ताहिक-चर्या के मुताबिक़ व्यवस्थित करना शुरू किया तो मुझे बड़ी मशक्कत करनी पड़ी। बहुत से काम ऐसे होते थे जिन्हें

अभी के अभी करना ज़रूरी लगता था। पर धीरे-धीरे, अभ्यास से, मुझे यह समझ आने लगा कि किस तरह के कामों को वाकई तुरंत किया जाना ज़रूरी होता है और कौन से काम थोड़ा रुक सकते हैं।

पहले यह होता था कि यदि मेरे अकाउंटेंट ने सोमवार को मुझे ईमेल करके वित्तीय विवरणों (फाइनेंसियल स्टेटमेंट्स) का पुनरावलोकन (रिव्यु) करने को कहा तो मेरी स्वाभाविक प्रतिक्रिया यही होती थी कि हाथ का काम छोड़ो और अभी के अभी रिव्यु करो। यदि मैं इसे बाद के लिए छोड़ने की कोशिश करता था तो मेरा दिमाग मुझे तमाम कारण गिनाने लगता था कि क्यों इस काम को बाद के लिए नहीं छोड़ा जा सकता। वह कहता था कि ऐसा करके मैं दूसरों की नज़रों में खुद को अनुत्तरदायी ठहराऊँगा। उसका यह तर्क मुझे यह मानने पर मजबूर कर देता था कि यह काम बेहद अर्जेंट था। लेकिन जब मैंने सप्रयास इस काम को बाद के लिए रखकर देखा तो पाया कि कोई समस्या नहीं पेश आई। और जहाँ तक बात खुद को अनुत्तरदायी ठहराने की थी तो उसका हल बड़ा आसान था, मैं अपने अकाउंटेंट को मेल करके बोल सकता था कि मैं कब तक करके भेज पाऊँगा।

अलग-अलग कामों के लिए सप्ताह के अलग-अलग दिनों का अलग-अलग समय निर्धारित करने के कुछ अनपेक्षित लाभ भी प्राप्त हुए। पहला, यह तय करने से कि मैं किसी काम को कब करूँगा, उस काम में टालामटोली कम हो गई। जी हाँ, काम को 'इरादतन' टालने से (यानी कि उसके लिए आगे का कोई समय निर्धारित करने से) टालामटोली की आदत कम हो गई। किसी काम के लिए समय निर्धारित करना एक तरह से मानसिक एवं मौखिक प्रतिबद्धता व्यक्त करने जैसा था, और मैं हर हाल में उस प्रतिबद्धता पर कायम रहना चाहता था। यह रवैया मेरी उस प्रतिक्रिया से बिल्कुल उलट था जो पहले अपने अकाउंटेंट का मेल मिलने पर होती थी। उस समय मैं कई मिनटों तक कभी तो अपने हाथ में मौजूद काम को देखता था और कभी स्क्रीन पर खुले हुए ईमेल को। मैं तय नहीं कर पा रहा होता था कि हाथ का काम जारी रखूँ या फाइनेंसियल स्टेटमेंट रिव्यु करने बैठ जाऊँ। लेकिन अब मुझे पहले से पता होता है कि फाइनेंसियल स्टेटमेंट रिव्यु करने के लिए मैंने कौन सा समय तय किया हुआ है, इसलिए अकाउंटेंट का मेल मिलने पर मैं बिना किसी हिचकिचाहट के अपना हाथ का काम जारी रखता हूँ।

दूसरा अनपेक्षित लाभ यह हुआ कि मैं पहले की तुलना में कहीं अधिक व्यवस्थित हो गया, और संकटों की रोकथाम के लिए खुद को पहले से अधिक प्रेरित महसूस करने लगा। जब भी मेरे सामने कोई ऐसा काम आता जिसके लिए

बाद का कोई समय निर्धारित करना संभव न मालूम होता तो मैं खुद से पूछता, "यह काम अर्जेंट बना कैसे?" वर्तमान में केन्द्रित रहने के आनंद को चख लेने के बाद अब मैं ऐसे अधिकाधिक पल चाहने लगा था। इसलिए मैंने संकटों की रोकथाम के लिए ऐसी प्रणालियाँ विकसित कीं जो अपरिहार्य संकटों के उठ खड़े होने पर मेरे व्यवसाय के लिए ढाल का काम करती थीं। (इन प्रणालियों के बारे में मैं आपको अगले अध्याय में विस्तार से बताऊँगा।)

तीसरा और सबसे महत्वपूर्ण अनपेक्षित लाभ यह हुआ कि मैंने काम करने की एक ऐसी लय (रिदम) प्राप्त कर ली जिसके चलते मेरे लिए रचनात्मक ऊर्जा का बेहतर उपयोग संभव हो सका। किसी कार्य को कब करना है इस संदर्भ में पहले मेरे निर्णय मनमाने होते थे। लेकिन जब मैंने सप्ताह के अलग-अलग दिन और दिनों के अलग-अलग समय अपनी ऊर्जा में होने वाले उतार-चढ़ावों को महसूस करना शुरू किया तब मैं उसी हिसाब से तय करने लगा कि कौन सा काम कब किया जाना चाहिए, और इससे मेरी ऊर्जा का बेहतर प्रबंधन होने लगा।

तो अब मेरे दिमाग में यह साफ़ हो चुका था कि फाइनेंसियल स्टेटमेंट्स को रिव्यु करने का काम मैं सोमवार को नहीं करना चाहता था। अब सवाल यह था कि कौन सा समय इस काम के लिए सबसे अच्छा रहेगा? कार्यों को अपनी ऊर्जा में होने वाले उतार-चढ़ावों, यानी कि आदर्श मनःस्थिति से सुमेलित करने के सिद्धांत ने इस प्रश्न का उत्तर स्पष्ट कर दिया।

सप्ताहांत पर काम से दूरी के चलते सोमवार को मैं तरोताज़ा दिमाग के साथ काम पर लौटता हूँ, अतः रचनात्मक ऊर्जा से लबालब भरा होता हूँ। पूरे सप्ताहांत भर 'ऊष्मायन' अवस्था में रहने के बाद अब मैं 'दिमाग की बत्ती जलने' वाले पलों के लिए तैयार होता हूँ। ऐसे में मैं अपनी रचनात्मक ऊर्जा को फाइनेंसियल स्टेटमेंट्स देखने में बर्बाद क्यों करूँ? सोमवार को मैं पूरी तरह और पूरा समय 'सृजन' मनःस्थिति में रहना चाहता हूँ, न कि 'प्रशासनिक' मनःस्थिति में। मंगलवार भी इस काम के लिए सही दिन नहीं होता। मंगलवार आते-आते सप्ताहांत की खुमारी दूर हो चुकी होती है और मैं अच्छी-खासी गति पकड़ चुका होता हूँ। मंगलवार को मैं उन नई बातों पर अन्वेषण करने की मनःस्थिति में होता हूँ जो सोमवार के 'सृजन' सत्र में सामने आई होती हैं। मेरा काम थोड़ी और 'तैयारी' की माँग कर रहा होता है, जो 'अन्वेषण' या 'अनुसंधान' मनःस्थिति में की जानी होती है।

'टाइमफुल' पर काम करते समय मुझे साप्ताहिक-चर्या के अभ्यास का और भी मौका मिला। उस अभ्यास से मैंने जो कुछ भी सीखा उसे आगे चलकर मनःस्थितियों की लय के मुताबिक़ काम करने के ज्ञान के साथ जोड़ दिया। इससे मेरे लिए अपनी रचनात्मक ऊर्जा का और भी बेहतर तरीके से प्रबंधन करना संभव होने लगा, जिसके चलते अंततः मैं एक लगातार चलते रहने वाली रचनात्मक मशीन में तब्दील हो गया।

गूगल कैलेंडर पर काम करते समय मैंने उत्पादकता के विषय में क्या सीखा?

हम में से अधिकांश लोग कार्य-सूचियों का उपयोग कैसे करते हैं? हम बस उन कार्यों की सूची बना लेते हैं जिन्हें हमें करना होता है, पर इस बात का कोई उल्लेख नहीं करते कि उन कामों को कब किया जाएगा या उन्हें करने में कितना समय लगेगा। इसका नतीजा क्या होता है? हम अपनी कार्य-सूचियों में इतने सारे काम भर लेते हैं जिन्हें करने के लिए पर्याप्त समय होता ही नहीं है।

इसी बात को ध्यान में रखते हुए 'टाइमफुल' की हमारी टीम ने एक ऐसा शानदार फीचर बनाया था जिसकी मदद से आप न केवल अपनी कार्यसूची बना सकते थे वरन इस बात का हिसाब भी लगा सकते थे कि उसमें शामिल किस काम को करने में कितना समय लगना संभावित होगा। इसके बाद आप इन कार्यों को अपने कैलेंडर में जोड़ सकते थे। फलस्वरूप आपको एक ऐसा कैलेंडर मिलता था जिसमें अन्य घटनाओं के साथ-साथ कार्यसूची से आयातित सभी कार्यों का उन्हें करने में लगने वाले समय के अनुमान के साथ उल्लेख होता था। इसका सबसे बड़ा लाभ यह था कि इससे उपयोगकर्ता को स्पष्ट तौर पर यह समझ में आने लगता था कि उसने अपनी कार्यसूची में जितने कार्य शामिल किए हैं उन सभी को करने के लिए उसके पास पर्याप्त समय है ही नहीं। एक डिज़ाइन सलाहकार के रूप में मेरे लिए इस फीचर का उपयोग करने हेतु प्रतिबद्ध होना ज़रूरी था, और इस प्रक्रिया में मैंने अपने समय के सदुपयोग के संदर्भ में बहुत सारी बातें जानीं व सीखीं।

सबसे पहली चीज़ जो मैंने जानी और सीखी वो यह थी कि मैं इस बात का आकलन करने के मामले में बहुत खराब हूँ कि किसी काम को पूरा होने में कितना समय लगेगा। बल्कि सच तो यह है कि इस मामले में हम सभी बहुत खराब हैं। डेनियल कानेमन और अमोस टीवर्सकी ने इसे 'योजना संबंधी भ्रांति' (प्लानिंग

फ़ॉलेसी) का नाम दिया है। यदि आप मेरी बात की सच्चाई परखना चाहें तो अभी के अभी उन कामों की सूची बनाएँ जिन्हें आप अगले एक घंटे में करना चाहते हैं। अब अगले एक घंटे में इन सभी कामों को पूरा करने की कोशिश कीजिए। आपकी आँखें न खुल जाएँ तो कहिएगा।

आप पाएँगे कि आपने जिस भी काम को पूरा करने के लिए जितने भी समय का आकलन किया था उस काम ने वास्तव में उससे बहुत अधिक समय लिया। यह देखकर आपको झुंझलाहट तो होगी, पर यह अनुभव आपको बहुत कुछ सिखाने वाला है। अब ज़रा समय में पीछे की ओर लौटकर यह देखने की कोशिश कीजिए कि पिछले एक घंटे के दौरान क्या-क्या हुआ और क्यों कामों में लगने वाले समय के संबंध में आपके सभी आकलन गलत साबित हुए।

टाइमफुल कैलेंडर में कार्यसूचियों के कार्य जोड़ते समय मैंने कार्यों में लगने वाले समय का आकलन करने वाला यह अभ्यास बारम्बार किया। और इससे मुझे यह समझ आया कि मेरे आकलन गलत होने के पीछे इन तीन में से कोई एक कारण होता था : उस काम को लेकर मेरी तैयारी का अपर्याप्त होना; काम के दौरान कोई व्यवधान आ जाना; या फिर मेरा ज़रूरत से ज़्यादा आशावादी होना।

अपर्याप्त तैयारी का मतलब था कि उस काम को करने के लिए किसी ऐसी चीज़ की ज़रूरत थी जो मेरे पास नहीं थी। मान लीजिए कि एक लेख लिखने का काम था, परन्तु मैंने लेख के विषय पर उतना शोध-अनुसंधान नहीं किया हुआ था जितना ज़रूरी था, तो इसे अपर्याप्त तैयारी कहा जाएगा। यदि आप कोई रचनात्मक कार्य कर रहे हैं तब इसे रचनात्मकता के चार चरणों के प्रति 'सम्मान का अभाव' माना जाएगा। मैंने न तो पर्याप्त तैयारी की, न ही ऊष्मायन में समय बिताया, फिर भी दिमाग की बत्ती जलने की उम्मीद लगाए हुए था।

काम के दौरान आने वाले व्यवधान आंतरिक भी होते थे, बाहरी भी होते थे, और कभी-कभी दोनों तरह के होते थे। आंतरिक व्यवधान तब होता था जब काम करते-करते अचानक कोई ऐसा विचार मन में आ जाता था जो ध्यान भटका देता था। उदाहरण के लिए, काम के दौरान स्नूप डॉग का प्रसंग आया तो मेरे दिमाग में यह विचार चलने लगा कि स्नूप डॉग का जन्म किस वर्ष में हुआ था, और जब मुझे इसका जवाब नहीं मिला तो मैं खुद को विकिपीडिया (1971) पर जाकर चेक करने से रोक नहीं पाया। बाहरी व्यवधान तब होता था जब बाहर की कोई चीज़ मेरा ध्यान भटका देती थी। उदाहरण के तौर पर, मेरे फ़ोन में नए सन्देश के आगमन की सूचना देने वाली घंटी बजना। कभी-कभी जब मैंने फ़ोन को साइलेंट

करके दूसरे कमरे में रख छोड़ा होता, तब भी वह भटकाव का कारक बन जाता। मैं किसी वेब पोर्टल पर लॉग-इन करने की कोशिश कर रहा होता और सुरक्षा कारणों का हवाला देकर मुझसे वह 'वन टाइम पासवर्ड' डालने के लिए कहा जाता जो मेरे फ़ोन पर भेजा गया था। मजबूरी में मुझे दूसरे कमरे में जाकर फोन उठाकर लाना पड़ता। जब फोन देखता तो वह लिखित सन्देश भी दिखाई दे जाता जो किसी दोस्त ने भेजा था। मैं उसका जवाब देने में लग जाता, और इस तरह काम में व्यवधान पड़ जाता।

लेकिन जैसे-जैसे काम में लगने वाले समय का आकलन करने और आकलित समय से बंधे रहने का मेरा अभ्यास बढ़ता गया, वैसे-वैसे मैंने पाया कि मैं सभी तरह के व्यवधानों से अप्रभावित रहते हुए हाथ के काम पर ध्यान केन्द्रित रखने के मामले में बेहतर होता जा रहा था। चूँकि मैं घड़ी पर कड़ी नज़र रखता था, इसलिए व्यवधानों का सामना करते समय भी मेरे ज़ेहन में यह बात बनी रहती थी कि उस समय मैंने किस काम को हाथ में ले रखा था। इसलिए मैं व्यवधानों में न उलझकर अपने हाथ के काम पर टिके रहने में सफल रहता था।

कभी-कभी मेरा आकलन इसलिए भी गलत हो जाता था क्योंकि मैं काम को आकलित समय में पूरा कर लेने की अपनी क्षमता को लेकर ज़रूरत से ज़्यादा आशावादी रहता था। हम में से बहुत कम लोग होंगे जो वास्तव में यह सोचते होंगे कि किसी काम को वे कितने समय में पूरा कर पाएँगे। जब हमारा कोई दोस्त हमें मैसेज करके बताता है कि वह बस पाँच मिनट में रेस्त्रां पहुँच रहा है, तब हम सब जानते हैं कि वह पंद्रह मिनट से पहले नहीं आएगा। लेकिन जब हमें खुद कहीं पहुँचने में देरी हो रही होती है तो हम भी यही गलती करते हैं।

हम सभी किसी भी काम को पूरा करने में लगने वाले समय का सही-सही आकलन करने के मामले में कमज़ोर हैं क्योंकि हम इसका पर्याप्त अभ्यास नहीं करते। टाइमफुल में हमने समय के आकलन वाला जो फीचर दिया था वो इसीलिए इतना महत्वपूर्ण था। हम में से ज़्यादातर लोग बस लम्बी-लम्बी कार्य-सूचियाँ बना लेते हैं, लेकिन कभी यह सोचने की ज़हमत गवारा नहीं करते कि वे उन सारे कामों को करेंगे कब। उनके पास उन सभी कामों को करने के लिए पर्याप्त समय है भी या नहीं?

अपनी कार्य-सूची में शामिल कामों को टाइमफुल कैलेंडर पर लेकर आने वाला अभ्यास मुझे कुछ समय बाद बंद कर देना पड़ा। जब गूगल ने टाइमफुल को खरीदा तो उन्होंने उसके कई सारे फीचर्स को गूगल कैलेंडर में शामिल किया,

पर कार्य-सूची के कामों को कैलेंडर में शामिल करने वाला फीचर अब भी शामिल किए जाने की राह देख रहा है।

इस फीचर का गूगल कैलेंडर में शामिल न किया जाना निश्चित रूप से बहुत सारे लोगों के लिए बहुत नुकसानदायक बात है, लेकिन जहाँ तक मेरा सवाल है तो मुझे अब उस फीचर की ज़रूरत रही ही नहीं। किसी भी कार्य में लगने वाले समय के आकलन का मैंने जो साल भर तक अभ्यास किया था, उसने समय को देखने-समझने-बपरने का मेरा तरीका हमेशा के लिए बदल दिया। पहले जहाँ मेरा दिन 'थोड़ा ये और थोड़ा वो' करते-करते इस अफ़सोस के साथ बीत जाता था कि मेरी कार्यसूची का कोई भी काम पूरा न हो सका, वहीं अब मैं हर एक काम को पूरी एकाग्रता और इत्मीनान के साथ करता हूँ और मेरे सारे काम आराम से पूरे होते हैं।

भले ही आप टाइमफुल या गूगल कैलेंडर में इस फीचर को उपयोग न कर सकते हों, फिर भी आप इस बात का अनुभव अवश्य कर सकते हैं कि जब आप अपनी कार्यसूची के प्रत्येक कार्य के लिए इस बात का आकलन करना शुरू करते हैं कि उसे पूरा होने में कितना समय लगेगा, तो क्या होता है। आप एक पेन और एक डायरी लेकर भी यह काम कर सकते हैं। या फिर कागज़ी कैलेंडर का भी उपयोग कर सकते हैं। जब भी आप अपनी कार्य-सूची में कोई काम जोड़ें तो डायरी में यह दर्ज कर लें कि उस काम को कितने समय में पूरा करना है। इस अभ्यास को आपने अगर एक बार भी कर लिया तो समय को उपयोग में लाने का आपका तरीका हमेशा के लिए बदल जाएगा।

लेकिन इस बात का ध्यान रखें कि यदि आपको कोई बेहद रचनात्मक काम करना है तब 'घड़ी-आधारित' समय पर ज़रूरत से ज़्यादा ज़ोर न दें। आपको याद होगा हमने अध्याय-2 में चर्चा की थी कि बात जब 'अंतर्दृष्टियाँ' प्राप्त करने की हो तब 'घटना-आधारित' समय अधिक कारगर होता है। इसमें कोई संदेह नहीं कि यदि आप कार्यों के लिए समय के आकलन का अभ्यास करते हैं तो समय के उपयोग की आपकी दक्षता बढ़ जाती है, लेकिन बात जब रचनात्मकता की हो तो ज़रूरत से ज़्यादा सख्त शिड्यूल पर अड़े रहने से मामला बिगड़ सकता है।

टाइमफुल पर काम करने से न केवल मुझे कार्यों में लगने वाले समय का आकलन करने के मामले में बहुत कुछ सीखने को मिला, वरन इससे मुझे यह समझने में भी मदद मिली कि किस तरह सप्ताह के अलग-अलग दिनों में मेरी मनःस्थिति में अलग-अलग तरह से बदलाव आते हैं। टाइमफुल का एक और महत्वपूर्ण फीचर यह था कि यह उन कार्यों को करने के लिए उपयुक्त समय

के सुझाव देता था जो कार्य आपने अभी तक अपने कैलेंडर पर नहीं डाले होते थे। ऐसा कोई भी काम कैलेंडर पर उस जगह दिखाई पड़ने लगता था जो जगह टाइमफुल के हिसाब से उस काम के लिए उपयुक्त होती थी। फिर यह आपके ऊपर होता था कि चाहें तो उसे स्वीकार करें या चाहें तो अस्वीकार कर दें।

यह एक शानदार फीचर था क्योंकि यह कहना तो बहुत आसान है कि मैं सप्ताह में तीन बार लेखन करूँगा, लेकिन यह निर्धारित कर पाना बहुत कठिन होता है कि यह किस-किस दिन किस-किस समय पर होगा। जब हमारी टीम ने इस फीचर को टाइमफुल में जोड़ा, उससे पहले ही मैं अपने कार्यों को सप्ताह में उनके किए जाने योग्य सर्वाधिक उपयुक्त समय के हिसाब से व्यवस्थित करने का अभ्यास शुरू कर चुका था। और इस 'सर्वाधिक उपयुक्त समय' का चयन मैं करता था अपनी मनःस्थितियों में आने वाले उतार-चढ़ावों के हिसाब से। यह चयन मेरे लिए एकदम बढ़िया काम कर रहा था। लेकिन मैंने गौर किया कि टाइमफुल मुझे 'सर्वाधिक उपयुक्त समय' के जो सुझाव देता था वे अक्सर अनुपयुक्त होते थे। बेशक टाइमफुल में यह निर्धारित करने की सुविधा थी कि आप किस समय से किस समय के बीच काम करेंगे, और इसकी एल्गोरिदम इतनी खराब नहीं थी कि वह आपके इन निर्देशों को न समझ पाए और आधी रात को, जबकि आप गहरी नींद में सो रहे हों, किसी काम के लिए उपयुक्त समय के तौर पर सुझा दे, लेकिन जो भी समय वह सुझा रहा था वो मेरी मनःस्थितियों में होने वाले उतार-चढ़ावों के हिसाब से सही नहीं था।

पूरे सप्ताह के दौरान मनःस्थिति में उतार-चढ़ाव

इस समय तक मैं अपने कार्यों को सप्ताह के अलग-अलग दिनों और दिनों के अलग-अलग समयों पर अलग-अलग मनःस्थितियों के हिसाब से व्यवस्थित करने का इतना आदी हो चुका था कि मुझे यह देखकर आश्चर्य होता था कि जो बातें मुझे इतनी साफ़-साफ़ समझ आ रही थीं, उन्हें समझने व स्वीकारने में टाइमफुल की डिज़ाइन टीम को इतनी मुश्किल क्यों हो रही थी। मैंने उनसे कहा, "एप सुझा रही है कि मुझे यह ब्लॉग पोस्ट दिन में 2 बजे लिखनी चाहिए। लेकिन दिन के 2 बजे मैं कुछ लिख पाऊँ यह संभव ही नहीं है। सुबह से काम करने के चलते दिन के 2 बजते-बजते मैं थकान महसूस करने लगता हूँ और मुझे एक झपकी लेने की ज़रूरत महसूस होने लगती है। एक-आध घंटे झपकी लेने के बाद जब मैं उठता हूँ तो खुद को अधिक सजग स्थिति में पाता हूँ। यह समय लिखने की बजाए लिखे हुए

को संपादित करने के लिए अधिक उपयुक्त होता है। लिखने के लिए तो मुझे सुबह सोकर उठने के बाद का पहला घंटा ही सबसे उपयुक्त मालूम होता है।" इसके बाद ही टाइमफुल की डिज़ाइन टीम ने दिन के अलग-अलग हिस्सों में होने वाले ऊर्जा के उतार-चढ़ावों को अपने एल्गोरिदम्स में शामिल करना शुरू किया।

(इस फीचर को गूगल ने अपने कैलेंडर में शामिल किया है। इसे 'गोल्स' नाम दिया गया है। आपको एप को बताना होता है कि आप कौन सा कार्य करना चाहते हैं, और कितनी बार, और एप आपके शिड्यूल के पैटर्न्स के आधार पर आपको सुझाती है कि आपको उस काम को कब-कब करना चाहिए।)

लम्बे समय के अभ्यास से धीरे-धीरे मैं मनःस्थितियों में बदलाव के हिसाब से सप्ताह भर के कार्यों को व्यवस्थित करने में और भी अधिक माहिर हो गया था। जो रिदम मैंने अपनाई थी वो मेरी अपनी रचनात्मक ऊर्जा में होने वाले उतार-चढ़ावों का ही स्वाभाविक विस्तार थी। और कमाल की बात यह थी कि मेरी रचनात्मक ऊर्जा में होने वाले ये उतार-चढ़ाव मानक कार्य-सप्ताह (स्टैण्डर्ड वर्क-वीक) के सांस्कृतिक प्रचलनों के साथ भी मेल खाते थे।

दिन भर के दौरान मेरी रचनात्मक ऊर्जा का ग्राफ कुछ ऐसा दिखाई पड़ता है :

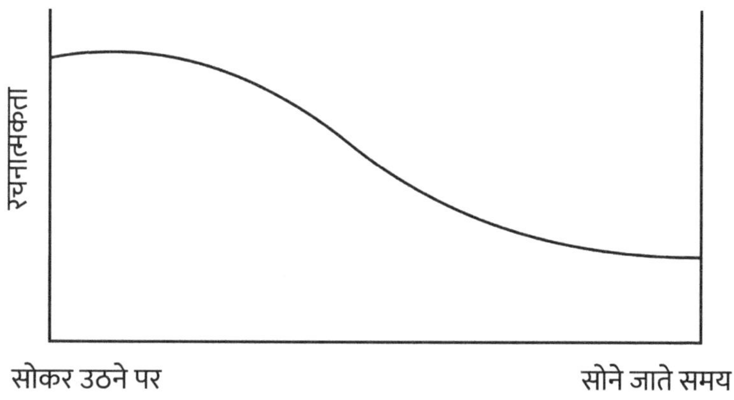

सुबह जब मैं सोकर उठता हूँ तब मेरी रचनात्मक ऊर्जा का प्याला लबालब भरा होता है। जैसे-जैसे दिन आगे बढ़ता है, वैसे-वैसे यह प्याला खाली होने लगता है। इसीलिए मेरा क्रिएटिव स्वीट स्पॉट सुबह के समय में है।

पर मेरी रचनात्मक ऊर्जा में इसी तरह के उतार-चढ़ाव सप्ताह भर में भी देखने को मिलते हैं। सप्ताह भर के दौरान मेरी रचनात्मक ऊर्जा का ग्राफ कुछ ऐसा दिखाई पड़ता है :

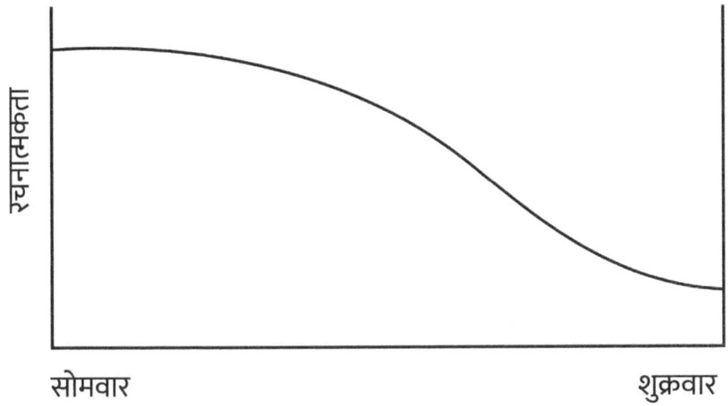

सप्ताह की शुरुआत में मेरी रचनात्मक ऊर्जा का प्याला लबालब भरा होता है। जैसे-जैसे सप्ताह आगे बढ़ता है, वैसे-वैसे यह प्याला खाली होने लगता है। सप्ताह के मध्य तक यह अच्छा-ख़ासा रीत चुका होता है, और सप्ताह के आखिर तक तो पूरी तरह ही खाली हो जाता है; रीचार्ज की ज़रूरत पड़ जाती है।

चूँकि रचनात्मक उत्पादन मेरी प्राथमिकताओं में सबसे ऊपर है, इसलिए रचनात्मक ऊर्जा के लबालब भरे हुए प्याले का पूरा-पूरा लाभ लेना भी मेरी सर्वप्रमुख प्राथमिकताओं में से एक है। सोमवार सुबह वह समय होता है जब सप्ताह का भी शुरुआती समय होता है और दिन का भी। मतलब, इस समय मेरी रचनात्मक ऊर्जा अपने चरम पर होती है। इसलिए मैं सोमवार सुबह को अपना सबसे महत्वपूर्ण क्रिएटिव स्वीट स्पॉट मानता हूँ।

रचनात्मकता के चार चरण भी यह निर्धारित करने में महत्वपूर्ण भूमिका निभाते हैं कि मैं सप्ताह के अलग-अलग दिनों और समयों में अपनी रचनात्मक ऊर्जा का सर्वश्रेष्ठ आवंटन किस प्रकार करूँ। यदि मैं किसी लम्बे चलने वाले प्रोजेक्ट पर काम कर रहा हूँ तब सोमवार सुबह का समय 'दिमाग की बत्ती जलने' वाली अवस्था के लिए अच्छा होता है, क्योंकि सोमवार सप्ताहांत की छुट्टी के बाद आता है और सप्ताहांत की छुट्टी 'ऊष्मायन' का काम करती है।

जब मैं किसी एक रचनात्मक समस्या पर काम कर रहा होता हूँ तब अक्सर सप्ताह के सातों दिन अन्य रचनात्मक समस्याओं के लिए 'तैयारी' का काम करते हैं। उदाहरण के लिए, जब मैं किसी पुस्तक का कोई एक अध्याय लिख रहा होता हूँ, तब साथ ही साथ उसी पुस्तक के किसी अन्य अध्याय को लिखने की तैयारी हो रही होती है। जो अध्याय लिख रहा होता हूँ उसमें छूट गईं बातें या अनुत्तरित रह गए प्रश्न या अधूरे रह गए विवरण आगे के किसी अध्याय का आधार तैयार करते हैं।

'सृजन' मनःस्थिति में रहते हुए 'दिमाग की बत्ती जलने' वाले चरण से गुज़रने के बाद ज़रूरत होती है 'सत्यापन' वाले चरण से गुज़रने की; 'परिष्करण' मनःस्थिति में आकर सम्पादन करने की। इसके लिए मैं दोपहर का समय चुनता हूँ, खासकर सप्ताह के उत्तरार्ध में।

रचनात्मक काम की प्रकृति और रचनात्मक ऊर्जा की प्रकृति के एकात्म ने मेरे लिए यह तय करना एकदम सहज और सरल बना दिया कि किस काम के लिए कौन सी मनःस्थिति उपयुक्त होगी और उस मनःस्थिति के लिए दिन का तथा सप्ताह का कौन सा समय सर्वाधिक अनुकूल होगा। मैंने पाया कि दिन की शुरुआत का समय और सप्ताह की शुरुआत का समय 'सृजन' मनःस्थिति के लिए बेहतर था। दिन तथा सप्ताह के मध्य का समय 'अनुसंधान' तथा 'परिष्करण' मनःस्थितियों में रहकर अपने काम का पुनरावलोकन व सम्पादन करने के लिए आदर्श था। सोमवार दोपहर के समय मेरा मन-मस्तिष्क किसी भी तरह के तनाव

या उथल-पुथल से मुक्त रहता था, इसलिए इस समय को मैं 'अन्वेषण' मनःस्थिति में रहकर नए विचारों की 'तैयारी' के लिए उपयोग करना बेहतर समझता था। सप्ताह में थोड़ा आगे चलकर, उदाहरण के तौर पर गुरुवार दोपहर को भी मैं 'अन्वेषण' मनःस्थिति में रहना पसंद करता था। सप्ताह भर किए गए काम के दौरान जो प्रश्न अनुत्तरित छूट गए थे, जो विवरण अधूरे रह गए थे, जो बातें अपने अंजाम तक नहीं पहुँच पाईं थीं, उन पर नए सिरे से सोचने के लिए यह समय सर्वोत्तम होता था।

इस सारी कवायद से गुज़रने के बाद आखिरकार मुझे समझ आ ही गया कि फाइनेंसियल डॉक्यूमेंट्स को रिव्यु करने का सही समय कौन सा था। शुक्रवार दोपहर। शुक्रवार दोपहर तक आते-आते मैं अपनी रचनात्मक ऊर्जा के लबालब भरे हुए प्याले को अपने सबसे महत्वपूर्ण कार्यों के निष्पादन के लिए उपयोग कर चुका होता हूँ। फाइनेंसियल डॉक्यूमेंट्स को रिव्यु करने जैसे निरर्थक (रचनात्मक उत्पादकता की दृष्टि से) काम के लिए सप्ताह के आखिर का यह समय ही सबसे बेहतर समय हो सकता था। इसे इस समय करने से इसके सार्थक व रचनात्मक कामों में व्यवधान उत्पन्न करने की गुंजाइश नहीं बचती थी, जिसके चलते मैं सप्ताह का शुरुआती समय बिना किसी अड़चन के सही मनःस्थिति में गुज़ार सकता था।

अब मैं अपने ईमेल में एक ऐसा टूल इस्तेमाल करने लगा हूँ जिससे यदि सोमवार को मेरे अकाउंटेंट का मेल आता भी है तो भी वह शुक्रवार दोपहर से पहले मेरे इनबॉक्स में नज़र नहीं आता। यह टूल उसे तब तक के लिए इनबॉक्स से बाहर रखता है जब तक कि मेरा उसे देखने का सही समय नहीं आ जाता, यानी कि शुक्रवार दोपहर। शुक्रवार दोपहर आते ही वह उस मेल को इनबॉक्स में ले आता है। इस प्रकार उस ईमेल से जुड़ा हुआ काम तब तक मेरे दिमाग में जगह नहीं घेरता जब तक कि उसे किए जाने का सही समय नहीं आ जाता। इस वजह से मैं सप्ताह भर पूरी एकाग्रता के साथ अपने सबसे महत्वपूर्ण कार्यों में लगा रह पाता हूँ।

सप्ताह के सात दिनों के दौरान अपनी मानसिक ऊर्जा में आने वाले उतार-चढ़ावों के अवलोकन से मुझे एक पूर्वानुमानित लय नज़र आई।

सप्ताह के सात दिनों के दौरान मेरी मनःस्थिति में कुछ इस प्रकार के उतार-चढ़ाव देखने को मिलते हैं :

	सोमवार	मंगलवार	बुधवार	गुरुवार	शुक्रवार
सुबह	सृजन	सृजन	सृजन अनुसंधान	सृजन अनुसंधान	सृजन प्रशासनिक
दोपहर	सृजन प्राथमिकता निर्धारण	अनुसंधान परिष्करण	अनुसंधान परिष्करण	अनुसंधान अन्वेषण	प्रशासनिक

सप्ताह की शुरुआत में, जबकि मेरी रचनात्मक ऊर्जा अपने चरम पर होती है, मैं अपना अधिकाधिक समय सृजन मनःस्थिति में बिताता हूँ। जैसे-जैसे सप्ताह आगे बढ़ता है, मैं 'परिष्करण' मनःस्थिति में अधिक समय गुज़ारने लगता हूँ। शुक्रवार को मैं उन कामों के लिए बचाकर रखता हूँ जो रचनात्मक उत्पादकता के लिहाज़ से महत्वपूर्ण नहीं होते, बल्कि जो रचनात्मक उत्पादन में बाधा उत्पन्न करते हैं। शुक्रवार आते-आते रचनात्मक ऊर्जा का मेरा प्याला लगभग खाली हो चुका होता है और इसलिए मैं अपना अधिकांश समय 'प्रशासनिक' मनःस्थिति में गुज़ार सकता हूँ।

शक्तिशाली नियम

यदि आप इस तरह की साप्ताहिक-चर्या अपनाते हैं तो अलग-अलग दिनों के लिए अलग-अलग 'नियम' बन जाते हैं। ये नियम अपनी ऊर्जा के उपयोग के लिए प्राथमिकताएँ निर्धारित करने की प्रक्रिया के स्वाभाविक 'बाय-प्रॉडक्ट' होते हैं। ये नियम बेहद शक्तिशाली टूल्स होते हैं, जैसा कि हमने अध्याय-2 में 'पहले घंटे के नियम' के मामले में देखा था। ये हमें अधिक दक्षता के साथ काम करने में मदद करते हैं।

उदाहरण के लिए, मेरा एक नियम है : मैं सोमवार या मंगलवार को मीटिंग्स नहीं करता हूँ। और अमूमन मैं इस नियम पर अटल रहता हूँ। जब तक कुछ बहुत अर्जेंट न हो, मैं इस नियम में ढील नहीं देता। इस नियम के बहुत सारे फायदे हैं, जैसे कि : इसके चलते बार-बार एक काम से दूसरे काम पर आने-जाने में होने वाली ऊर्जा की बर्बादी बंद हो जाती है, और मैं पूरा दिन गहरी एकाग्रता के साथ काम कर पाता हूँ। और इसका तीसरा फायदा यह है कि मुझे घड़ी देखने की ज़रूरत नहीं पड़ती। इस नियम के चलते मुझे घड़ी-आधारित समय वाली मनःस्थिति में नहीं रहना पड़ता; मैं पूरा दिन घटना-आधारित समय वाली मनःस्थिति में रह पाता

हूँ। सोमवार और मंगलवार को मीटिंग न होने की वजह से मुझे इस बात की चिंता नहीं करनी पड़ती कि अभी कहीं जाना है इसलिए सबकुछ जमा कर रखो (बैग में भी और दिमाग में भी)। रचनात्मक कार्य की दृष्टि से यह बहुत महत्वपूर्ण है। इससे मुझे गहरी निश्चिंतता प्राप्त होती है, जिसके चलते मैं सोमवार और मंगलवार को सृजन का काम पूरी तन्मयता से कर पाता हूँ। सोमवार और मंगलवार को अपना दैनिक-कार्यक्रम मीटिंग-मुक्त रखकर मैं सप्ताह के उस समय का भरपूर दोहन कर पाता हूँ जिस समय मेरी रचनात्मक ऊर्जा चरम पर होती है।

इस नियम के चलते यह तय हो जाता है कि यदि इस हफ्ते मुझे कोई मीटिंग करनी है तो वह सप्ताह के उत्तरार्ध में ही हो पाएगी। मैं ज़्यादातर पॉडकास्ट इंटरव्यूज़ गुरुवार को ही करता हूँ। और चूँकि सुबह का समय मेरा क्रिएटिव स्वीट स्पॉट होता है, इसलिए मीटिंग के लिए दोपहर का ही समय बचता है। इस तरह, गुरुवार को होने वाले पॉडकास्ट इंटरव्यूज़ सप्ताह के उत्तरार्ध और दिन के उत्तरार्ध की संधि बेला में होते हैं, यानी कि गुरुवार दोपहर को।

केवल एक मौका ऐसा होता है जब मैं सुबह मीटिंग करता हूँ। यह मीटिंग दो सप्ताह में एक बार होती है। मेरे मास्टरमाइंड पार्टनर के साथ। इस मुलाक़ात के लिए यह समय इसलिए चुना गया है क्योंकि यह हम दोनों के लिए ही सर्वाधिक उपयुक्त समय होता है, और यह मुलाक़ात इतनी फायदेमंद होती है कि इसके लिए थोड़ा-सा समझौता करने में मुझे कोई बुराई नज़र नहीं आती। और वैसे भी, मैं मीटिंग से पहले एक संक्षिप्त लेखन-सत्र कर चुका होता हूँ। यह मुलाक़ात चूँकि शुक्रवार को होती है तो तब तक वैसे भी मेरे पास इतनी रचनात्मक ऊर्जा शेष नहीं रहती कि मैं बहुत अधिक लिख सकूँ। मैं दो सप्ताह से लगातार अपने काम में व्यस्त रहा होता हूँ, तो इस मुलाक़ात के माध्यम से मुझे किसी और से कुछ नया जानने-सुनने का मौका मिल जाता है।

प्रीफ्रंटल सोमवार

जब काम से जुड़ीं प्राथमिकताओं में परिवर्तन होता है तब मुझे अपनी साप्ताहिक-चर्या में भी बदलाव लाना पड़ता है। उदाहरण के लिए, कभी-कभी मैं सोमवार का दिन 'सृजन' मनःस्थिति की बजाए 'प्राथमिकता-निर्धारण' मनःस्थिति में बिताता हूँ। ऐसे सोमवारों को मैं कहता हूँ 'प्रीफ्रंटल सोमवार'। प्रीफ्रंटल से मेरा तात्पर्य है 'प्रीफ्रंटल कॉर्टेक्स' – अग्र मस्तिष्क का वह छोटा सा हिस्सा जो रचनात्मक मस्तिष्क के उलट काम करता है और प्रबल चाहतों का दमन करने, तार्किक-

विश्लेष्णात्मक चिंतन करने तथा दीर्घकालीन योजनाएँ बनाने के लिए उत्तरदाई होता है। प्रीफ्रंटल कॉर्टेक्स आकार में तो छोटा होता है पर बहुत अधिक ऊर्जा खाता है। इसीलिए जब मुझे अपने कामकाज के संबंध में योजनाएँ बनानी होती हैं या दीर्घावधि लक्ष्य निर्धारित करने होते हैं तो इस काम के लिए मैं अलग से समय निकालता हूँ, खासकर दो बड़े प्रोजेक्ट्स के बीच का खाली समय मैं इसी काम के लिए रखता हूँ।

यदि मुझे यह काम बहुत शिद्दत से करना हो, मतलब इसमें बहुत अधिक ऊर्जा की ज़रूरत हो तो मैं इसे सोमवार को करना पसंद करता हूँ। चूँकि सप्ताहांत की छुट्टी के चलते मैं 'पुनर्भरण' मनःस्थिति में पर्याप्त समय बिता चुका होता हूँ, इसलिए सोमवार को मेरा तन-मन-मस्तिष्क सब पूरी तरह तरोताज़ा होते हैं। शुक्रवार तक जो निरर्थक या अवरोध-जनक विचार दिमाग में अटके हुए थे, सोमवार आते-आते वे दिमाग से निकल चुके होते हैं। कुल मिलाकर, अन्य दिनों की अपेक्षा सोमवार को मेरे पास सबसे ज़्यादा ऊर्जा होती है, और सोमवार को ही मेरे दिमाग में सबसे ज़्यादा स्पष्टता होती है, जिसके चलते मुझे साफ़-साफ़ नज़र आता है कि मेरे व्यवसाय के लिए क्या महत्वपूर्ण है और क्या नहीं।

यही वजह है कि जब स्टीव जॉब्स एप्पल के सीईओ थे तब वे हर सोमवार को सुबह का समय अपनी एग्जीक्यूटिव टीम के साथ लम्बी मंत्रणा करने में बिताते थे। वॉल्टर इसाकसन ने जॉब्स की जीवनी में लिखा है :

> "जॉब्स के लिए सोमवार सुबह का समय अपनी एग्जीक्यूटिव टीम के साथ 'मुक्त-मंत्रणा' का समय होता था। यह मंत्रणा सुबह 9 बजे शुरू होती थी और तीन-चार घंटों तक चलती थी। मंत्रणा का विषय हमेशा एक ही होता था – भविष्य। एप्पल के हरेक उत्पाद को लेकर यह चर्चा होती थी कि अब उसे किस दिशा में आगे बढ़ना चाहिए, उसमें क्या नए फीचर्स जोड़े जाने चाहिए। साथ ही यह भी कि कौन से नए उत्पाद विकसित किए जाने चाहिए। जॉब्स इस मंत्रणा को एप्पल में 'साझा लक्ष्य या उद्देश्य' की भावना पैदा करने के अवसर के तौर पर उपयोग करते थे। इन मंत्रणाओं ने केंद्रीकृत नियंत्रण स्थापित करने का काम किया और पूरी कम्पनी को उतनी ही अच्छी तरह संगठित कर दिया, जितने कि एप्पल के उत्पाद होते हैं। साथ ही विभिन्न विभागों के बीच होने वाले उन संघर्षों पर भी रोक लगाई जिनसे सभी विकेन्द्रीकृत कम्पनियाँ त्रस्त रहती हैं।"

जैसा कि आप पहले पढ़ चुके हैं, प्रीफ्रंटल कॉर्टेक्स को 'मस्तिष्क का सीईओ' कहा जाता है। जॉब्स ने अपने एग्जीक्यूटिव्ज़ के साथ होने वालीं इन मंत्रणाओं को केंद्रीकृत नियंत्रण स्थापित करने का माध्यम बनाया क्योंकि वह एप्पल के संसाधनों का बुद्धिमत्तापूर्ण उपयोग सुनिश्चित करना चाहते थे। जॉब्स ने एक बार कहा था, "असल में मैं उन बहुत सारी चीज़ों को न करने के लिए भी उतना ही गर्व महसूस करता हूँ जितना गर्व मुझे उन चीज़ों को लेकर होता है जो हमने की हैं।" एक अच्छे प्रबंधक का काम सिर्फ यह देखना नहीं है कि कम्पनी को क्या करना चाहिए; उसे यह भी पता होना चाहिए कि क्या नहीं करना है, ताकि वह किया जा सके जो करना है। प्रीफ्रंटल कॉर्टेक्स भी यही करता है।

साप्ताहिक समीक्षा के माध्यम से प्राथमिकता-निर्धारण को प्राथमिकता दें

सोमवार का दिन 'प्राथमिकता-निर्धारण' मनःस्थिति में बिताने के लिहाज़ से अच्छा समय होता है, लेकिन रविवार भी उतना ही अच्छा है। डेविड एलन की 'गेटिंग थिंग्स डन' पद्धति का अनुसरण करने वाले बहुत से लोग रविवार के दिन का कुछ समय 'प्राथमिकता-निर्धारण' वाली मनःस्थिति में बिताने के लिए आरक्षित रखते हैं। इसे 'साप्ताहिक समीक्षा' कहा जाता है और साप्ताहिक रचनात्मक-चक्र के सफलतापूर्वक अनुसरण के लिए यह महत्वपूर्ण होता है। इस साप्ताहिक समीक्षा के अंतर्गत हम हर उस काम की समीक्षा करते हैं जो हमने बीते सप्ताह किया, साथ ही अगले सप्ताह के लिए लक्ष्य एवं प्राथमिकताएँ भी तय करते हैं।

मैं हर सोमवार 'प्राथमिकता-निर्धारण' मनःस्थिति में नहीं बिताता हूँ, लेकिन मैं साप्ताहिक समीक्षा करना कभी नहीं भूलता। मेरी रविवारीय साप्ताहिक समीक्षा और प्रीफ्रंटल सोमवार में मुख्य अंतर यह है कि प्रीफ्रंटल सोमवार के 'प्राथमिकता-निर्धारण' सत्र केवल व्यवसाय से जुड़ीं प्राथमिकताओं के मूल्यांकन के लिए आरक्षित होते हैं, जबकि रविवारीय साप्ताहिक समीक्षा सत्रों में मैं आम दिनों की दिनचर्या तथा जीवन के अन्य पहलुओं से जुड़ीं प्राथमिकताओं का मूल्यांकन करता हूँ।

मेरी साप्ताहिक समीक्षाओं में निम्नलिखित बातें शामिल होती हैं :

» इन बॉक्सों का पुनरावलोकन
» कैलेंडर की समीक्षा
» रात्रि-भोजन के लिए निमंत्रण तैयार करना
» अपॉइंटमेंट्स को कन्फर्म करना
» आगामी कार्यों/प्राथमिकताओं की समीक्षा
» व्यायाम-सत्रों की योजना बनाना
» इस सप्ताह किए जाने वाले कार्य
» सब्ज़ी काटना
» सप्लीमेंट्स को व्यवस्थित करना

मैं इन सभी बातों की विस्तार से चर्चा नहीं करूँगा, बस इतना ही कहूँगा कि आम तौर पर साप्ताहिक समीक्षा के तहत मैं गुज़रे सप्ताह अपने साथ घटित हुई हर बात का पुनरावलोकन करता हूँ और साथ ही यह सुनिश्चित करता हूँ कि आगामी सप्ताह के लिए सबकुछ तैयार कर लिया है। इसके पीछे उद्देश्य यही होता है कि सप्ताह भर वर्तमान में बने रहना आसान रहे।

मैं रविवार एवं सोमवार को 'प्राथमिकता निर्धारण' मनःस्थिति के लिए निर्धारित समय में कभी कटौती नहीं करता हूँ क्योंकि मैं नहीं चाहता कि सप्ताह के बाकी दिनों में मुझे कभी भी अपनी मनचाही मनःस्थिति को छोड़कर 'प्राथमिकता निर्धारण' मनःस्थिति में आना पड़े।

उदाहरण के लिए, ध्यान दें कि मेरी साप्ताहिक समीक्षाओं में एक काम कैलेंडर का रिव्यु करना भी है। अधिकांश लोग यह काम साप्ताहिक तौर पर न करके दैनिक आधार पर करते हैं, और वो भी सुबह सोकर उठने के तुरंत बाद। ऐसा करना मानसिक ऊर्जा की बर्बादी के सिवाए और कुछ नहीं है। हम जानते हैं कि सुबह सोकर उठने के बाद का समय 'सृजन' मनःस्थिति में रहने के लिए आदर्श समय होता है, परन्तु कैलेंडर को रिव्यु करने के लिए आपको 'प्राथमिकता-निर्धारण' मनःस्थिति में आना पड़ता है। आपको सोचना पड़ता है कि 'क्या मैं इस मीटिंग के लिए तैयार हूँ? क्या जस्सी की क्रिकेट प्रैक्टिस का सारा सामान आ गया है?' इत्यादि। मैं चूँकि रचनात्मक ऊर्जा के उतार-चढ़ाव, काम, और मनःस्थिति के एकात्म के हिसाब से चलता हूँ, तो मेरे लिए तो ऐसा करना बहुत ही नुकसानदायक

साबित होगा। सोकर उठने के बाद मेरा प्रीफ्रंटल कॉर्टेक्स उनींदा रहता है। यह समय सृजन के लिए अच्छा होता है, न कि योजनाएँ बनाने के लिए। इसीलिए मैं इस समय का उपयोग सृजन मनःस्थिति में रहकर लेखन-कार्य के लिए करता हूँ।

आप अपने कैलेंडर में चाहे जो भी दर्ज करें, लेकिन कुछ बातें ऐसी रहती हैं जिनके बारे में सोचने का काम अधिकांश लोग एकदम आखिर के लिए ही बचाकर रखते हैं। इन चीज़ों के बारे में सोचने के लिए हमें 'प्राथमिकता-निर्धारण' वाली मनःस्थिति में जाना पड़ता है। इसका सबसे अच्छा उदाहरण है किसी यात्रा की योजना बनाना।

पहले मेरे साथ यही होता था कि यदि मुझे आज दोपहर 2 बजे की फ्लाइट पकड़नी है तो मेरी सुबह इन निर्णयों से जूझते हुए ही बीतती थी : 'हवाईअड्डे कितने बजे पहुँचना होगा? वहाँ पहुँचने में कितना समय लगेगा? घर से कितने बजे निकलना रहेगा? क्या-क्या पैक करना है?' एक तरफ तो मैं इन निर्णयों से जूझ रहा होता था और दूसरी ओर अपने दैनिक लेखन-सत्र तथा नाश्ते के दैनिक कार्यक्रम को भी बरक़रार रखने की कोशिश में लगा होता था।

कोई ताज्जुब नहीं कि यात्राएँ मेरे लिए घबराहट और बेचैनी (एंग्जाईटी) का सबब बन गईं थीं। मैं घर से चाहे जितनी भी जल्दी निकल लूँ, पर मुझे हमेशा यही डर लगा रहता था कि कहीं कुछ गड़बड़ न हो जाए, कहीं कुछ छूट न जाए। भले ही गड़बड़ की कोई गुंजाइश न हो और सबकुछ एकदम ठीक हो, पर मुझे यही चिंता लगी रहती थी कि सब ठीक नहीं है और कुछ गड़बड़ हो सकती है। मेरी यह बेचैनी और घबराहट यात्रा शुरू होने के कई घंटों पहले से, बल्कि कई दिनों पहले से शुरू हो जाती थी। यहाँ तक कि मेरे लिए यात्रा वाले दिन की सुबह लिखना भी मुश्किल हो जाता था।

लेकिन अब मैं ये सारे निर्णय समय से पहले ही कर लेता हूँ – रविवारीय साप्ताहिक समीक्षा के दौरान कैलेंडर को रिव्यु करते समय। इस दौरान अपने कैलेंडर में यात्रा की तारीख दर्ज करते समय या दर्ज तारीख पर नज़र डालते समय ही मैं यह तय कर लेता हूँ कि उस दिन सुबह कब उठना है, कब नहाना है, और कब घर से निकलना है। मैं सबकुछ पहले से ही सोचकर रखता हूँ। इसीलिए अब मुझे बिल्कुल भी घबराहट, बेचैनी और चिंता नहीं होती। अब मैं उस दिन सुबह आराम से लिख पाता हूँ। और यह सब इसलिए हो पाता है क्योंकि मैंने 'प्राथमिकता-निर्धारण' मनःस्थिति में जाने का काम साप्ताहिक समीक्षा के लिए आरक्षित कर दिया है।

साप्ताहिक समीक्षा के दौरान कैलेंडर को रिव्यु करने के लिए मैं उन कामों की एक सूची तैयार करता हूँ जो मुझे अगले सप्ताह के दौरान करने होते हैं। यह बुलेट-पॉइंट्स वाली सूची होती है। मैं सप्ताह के प्रत्येक दिन के लिए बुलेट्स बनाता हूँ, फिर दिन और रात के लिए सब-बुलेट्स बनाता हूँ। फिर इन सब-बुलेट्स के अन्दर मैं वे सारे काम लिखता हूँ जो उस दिन करने होते हैं। मेरे एक दिन का बुलेट-पॉइंट कैलेंडर कुछ ऐसा दिखाई देता है :

- » सोमवार
  - » दिन
    - » सुबह 5 बजे – जागना
    - » सुबह 6 बजे – टैक्सी पकड़कर हवाईअड्डे निकलना (पहुँचने में 16-26 मिनट लगेंगे)
    - » सुबह 6.30 बजे – हवाईअड्डे पहुँचना
    - » सुबह 7.35 बजे – शिकागो के लिए उड़ान भरना
    - » दोपहर 1.05 बजे – शिकागो हवाईअड्डे पहुँचना
    - » दोपहर 2.30 बजे – फिल के घर पहुँचना
      - » टैक्सी में बैठे-बैठे किराने का सामान ऑर्डर करना
- » रात
    - » रात 8.00 बजे – भोजन, गॉलवे आर्म्स
      - » एंटोन, एंडी और जूली को आमंत्रित करना
    - » रात 10.00 बजे – नाचना, मौज-मस्ती

ये सिर्फ एक दिन की सूची है। मैं आगामी सप्ताह के हर एक दिन के लिए इसी तरह से सूची बनाता हूँ। इस सूची में मैं उन चीज़ों को शामिल नहीं करता हूँ जो एकदम रूटीन टाइप की हैं, जैसे कि सुबह के लेखन-सत्र, नहाना, या घर पर भोजन करना। हाँ, यदि मैंने कोई नया रूटीन अपनाया है तब फिर मैं इन सारी बातों को भी सूची में शामिल करता हूँ।

आपको लग सकता है कि जो बातें पहले से ही मेरे दिमाग में हैं उन्हें कैलेंडर में दर्ज करना अनावश्यक है, लेकिन ऐसा करने के दो महत्वपूर्ण उद्देश्य हैं। पहला तो यह कि किसी घटना को कैलेंडर में दर्ज किया जाना उसे मेरे दिमाग में भी सक्रिय कर देता है। जैसे ही मैं किसी घटना को अपनी सूची में शामिल

करता हूँ, वैसे ही उस घटना से जुड़ीं वे बातें भी मेरे दिमाग में आने लगती हैं जिनके बारे में मैंने अभी तक सोचा नहीं था। तब मैं उस घटना के सब-बुलेट्स के रूप में वे काम लिखता हूँ जो उस घटना के लिए तैयार होने के लिहाज़ से किए जाने ज़रूरी हैं। उदाहरण के लिए, यदि मैं गुरुवार रात भोजन के लिए बाहर जाने की सोच रहा हूँ तो इस घटना के एक सब-बुलेट के तौर पर मैं लिखूँगा कि मुझे फलाँ-फलाँ रेस्त्राँ में टेबल बुक करानी है, और दूसरी सब-बुलेट के रूप में लिखूँगा कि इस मौके पर किस-किस को आमंत्रित करना चाहिए उस पर विचार करना है।

दूसरा महत्वपूर्ण उद्देश्य है अपनी मानसिक ऊर्जा की बचत। किसी भी घटना के बारे में सोचना और फिर उसे अपने कैलेंडर में दर्ज कर लेना उसे मेरे दिमाग में भी दर्ज कर देता है। मैं यह दावा तो नहीं करता कि मुझे अगले पूरे हफ्ते के लिए अपने कैलेंडर में दर्ज हर एक विवरण मुँह ज़बानी याद रहता है, लेकिन उपरोक्त ढंग से सूची बनाने के चलते मेरे दिमाग में एक मोटा-मोटा खाका तो खिंच ही जाता है कि अगले हफ्ते मुझे क्या-क्या करना है, और मैं हर दिन कैलेंडर देखते रहने से बच जाता हूँ।

मेरी साप्ताहिक समीक्षा सूची में एक और ऐसी चीज़ शामिल है जिसका मैं यहाँ उल्लेख करना चाहूँगा। वह है – 'इस सप्ताह किए जाने वाले कार्य' (Do @thisweek items)। जिस फाइल में मैं अपनी साप्ताहिक समीक्षा करता हूँ (जिसमें बुलेट-पॉइंट कैलेंडर रिव्यु भी शामिल होता है) उसका नाम ही मैंने रखा है @thisweek। यहाँ @ चिन्ह का प्रयोग 'गेटिंग थिंग्स डन' अवधारणा से प्रेरित है, जो कहती है कि हर काम का कोई न कोई संदर्भ होता है। उदाहरण के लिए, कुछ ख़ास काम हैं जिन्हें आप केवल घर पर (@घर) या केवल कार्यालय में (@कार्यालय) ही कर सकते हैं। तो @thisweek एक अस्थायी संदर्भ है जो बताता है कि इस फाइल में दर्ज कामों को एक सप्ताह विशेष में ही किया जाना फलदायी होगा – इसी सप्ताह में।

पूरे सप्ताह के दौरान जब भी कोई ऐसी बात सामने आती है जिस पर मुझे अपनी साप्ताहिक-समीक्षा के दौरान ध्यान देने की ज़रूरत हो, उसे मैं इस @thisweek वाली फाइल में दर्ज कर देता हूँ। यदि मुझे यह याद आता है कि किसी दोस्त या परिजन का जन्मदिन आने वाला है तो उसे मैं इस फाइल में लिख देता हूँ। यदि आने वाले दिनों में यात्रा का कोई ऐसा कार्यक्रम है जिसके लिए योजना बनाना ज़रूरी हो, तो उसे भी मैं इस फाइल में लिख देता हूँ। इससे मैं निश्चिन्त हो

जाता हूँ कि अब ये बातें छूटेंगी नहीं, क्योंकि साप्ताहिक समीक्षा के दौरान मैं इस फाइल को देखूँगा ही देखूँगा।

यही मेरी साप्ताहिक-चर्या की सफलता की कुंजी है : जो भी ज़रूरी चीज़ दिमाग में आए उसे एक ऐसी जगह दर्ज कर देना जिस जगह मेरा इस चीज़ तक समय रहते पहुँचना तय है। इस वजह से मैं सप्ताह भर बेफिक्री से हाथ के काम पर ध्यान केन्द्रित किए रह पाता हूँ और निजी कामों की आड़ लेकर पेशेवर कामों को टालने से बच जाता हूँ।

@thisweek वाली फाइल में दर्ज अधिकांश चीज़ें उन कामों से संबंधित होती हैं जो वर्तमान में चल रहे हैं और जिन्हें पूरा होने में अभी लम्बा वक़्त लगेगा। इससे यह लाभ होता है कि मैं इन कामों को भी उसी प्रक्रिया के तहत पूरा कर पाता हूँ जिस प्रक्रिया के माध्यम से रचनात्मक कार्य करता हूँ। मैं आपको बताऊँ कि रचनात्मक चक्रों के सर्वप्रमुख घटकों में से एक है उनकी रचनात्मकता के चार चरणों में से किसी एक चरण विशेष का उपयोग करके कम से कम मगजमारी में ज़्यादा से ज़्यादा और अच्छे से अच्छे नवीन व रचनात्मक विचार उत्पन्न करने की शक्ति। रचनात्मक-चक्र ऊष्मायन की शक्ति का मनमुताबिक दोहन करने में आपकी सहायता करते हैं।

अवचेतन में मौजूद 'गुप्त प्रतिभा' को काम पर लगाएँ

आपके रचनात्मक चक्र चाहे आपके चारों ओर मौजूद संसार की रिदम्स के मुताबिक़ चल रहे हों, या फिर आपकी रचनात्मक ऊर्जा में होने वाले उतार-चढ़ावों के मुताबिक़, 'ऊष्मायन' तो घटित होता ही है। यदि हम एकाग्रचित्त होकर किए जा रहे श्रम को पूरी ताकत लगाकर साइकिल के पैडल मारना मानें, तो ऊष्मायन वह 'गति' है जो पैडल मारना छोड़ने के बाद भी साइकिल को चलायमान रखती है।

ऊष्मायन की शक्ति को हम सभी ने अनुभव किया है। न जाने कितनी ही बार ऐसा होता है कि किसी समस्या पर काम करते हुए हम लाख कोशिशों के बाद भी किसी समाधान पर नहीं पहुँच पाते और थक-हार कर उसे जहाँ का तहाँ छोड़ देते हैं। पर अगले दिन जब हम उस पर नए सिरे से सोचते हैं तो सारी गुत्थियाँ सुलझने लगती हैं और समाधान सामने नज़र आने लगता है। इसी अनुभव ने हमें सिखाया है कि जब भी कोई बड़ा निर्णय लेना हो तो उसे दिमाग में रखकर सो जाना चाहिए। मतलब, उसके सभी आयामों पर अच्छी तरह विचार करके कुछ समय के

लिए उस पर से ध्यान हटा लेना चाहिए। जब हम उस पर से ध्यान हटाकर कुछ और करने लगते हैं तब हमारे अवचेतन में मौजूद 'गुप्त प्रतिभा' गुपचुप तरीके से उस समस्या को सुलझाने में लग जाती है। यह सब जानने के बाद भी बहुत ही कम लोग हैं जो अपने दैनिक रचनात्मक कार्यों में इस 'छिपी हुई प्रतिभा' का मनमुताबिक उपयोग कर पाते हैं। एक ऐसी दुनिया में जहाँ हर किसी का पूरा ज़ोर 'प्रगति और परिणामों' पर ही रहता है, अक्सर लोग यह भूल जाते हैं कि कभी-कभी किसी काम में प्रगति करने और उसे अंजाम तक पहुँचाने के लिए जो सबसे अच्छी चीज़ हम कर सकते हैं वह है : कुछ न करना।

ऊष्मायन तब घटता है जब या तो आप कुछ भी न कर रहे हों, या फिर उस समस्या को छोड़कर (जिसके समाधान के लिए आप परेशान हैं) किसी और काम में लगे हों; किसी ऐसे काम में जिसका उस समस्या से कोई भी लेना-देना न हो। ऊष्मायन के दौरान समस्या से जुड़ीं सारी बातें अल्पकालिक स्मृति से निकलकर दीर्घकालिक स्मृति में चली जाती हैं। दीर्घकालिक स्मृति में जाने के बाद आपका अवचेतन उन कमज़ोर जुड़ावों को स्मृति से निकाल देता है जो गलत समाधानों की ओर ले जाते हैं, और उन मज़बूत जुड़ावों को बढ़ावा देता है जो सही समाधान की दिशा में ले जाते हैं।

सोमवार सुबह जब मैं सप्ताह के सबसे महत्वपूर्ण सृजन-सत्र के लिए बैठता हूँ तब मैं सप्ताहांत पर घटित हुई ऊष्मायन अवधि का भरपूर लाभ प्राप्त करता हूँ। सप्ताहांत पर काम से दूर रहने के बाद जब मैं वापस काम पर लौटता हूँ, तब तक मेरे अवचेतन में मौजूद गुप्त प्रतिभा सभी कमज़ोर संबंधों को हटा चुकी होती है और मज़बूत संबंधों को बढ़ावा दे चुकी होती है। यही काम तब भी होता है (अपेक्षाकृत छोटे स्तर पर) जब रात को मैं सोता हूँ। जैसा कि आप जानते हैं, मैं अपने सर्वाधिक महत्वपूर्ण रचनात्मक कार्य सुबह के समय करता हूँ। दिन के बाकी समय और रात को सोते समय भी वे कार्य ऊष्मायन की अवस्था में रहते हैं; मेरे अवचेतन की गुप्त प्रतिभा उन पर काम करती रहती है।

ऊष्मायन की शक्ति का भरपूर लाभ लेने के लिए मैंने एक तकनीक ईजाद की है (अभी यह छोटे स्तर पर है) जिसे मैं कहता हूँ 'एकांतर ऊष्मायन विधि'। इस तकनीक के माध्यम से आप ऊष्मायन की शक्ति का उपयोग करके एक साथ दो प्रोजेक्ट्स पूरे कर सकते हैं। उदाहरण के तौर पर मान लीजिए कि मुझे अपने पॉडकास्ट के लिए दो प्रस्तावना-पटकथाएँ (इंट्रो स्क्रिप्ट्स) लिखनी हैं। मैं पहली पटकथा का एक कच्चा संस्करण (रफ़ ड्राफ्ट) लिखने से शुरू करूँगा। फिर मैं दूसरी पटकथा का

एक कच्चा संस्करण लिखूँगा। इसके बाद मैं इसे एक तरफ रखकर पहली पटकथा के कच्चे संस्करण पर लौटूँगा और उसे संपादित करूँगा। मुझे महसूस होगा कि अचानक ही मेरे लिए इस पहली पटकथा पर काम करना आसान हो गया है। क्यों? क्योंकि जब मैं इसे पूरा करके दूसरी पटकथा पर काम करने लगा था तब यह पहली पटकथा ऊष्मायन की अवस्था में चली गई थी। मैं इसी तरह इन दोनों पटकथाओं पर तब तक अदल-बदलकर काम करता रहूँगा जब तक कि दोनों पूरी नहीं हो जातीं।

जब मैंने इस तकनीक का आविष्कार नहीं किया था तब मैं वही तरीका अपनाता था जो अधिकांश लोग अपनाए हुए हैं : एक बार में एक ही प्रोजेक्ट पर काम करना। मैं एक पटकथा लेकर बैठता था और उस पर लगातार काम करते हुए उसे एक बार में ही पूरा करने की कोशिश करता था। लेकिन इस प्रक्रिया में मुझे हमेशा ही रचनात्मक अवरोधों का सामना करना पड़ता था। और हर रचनात्मक अवरोध काम से ध्यान भटकने का बहाना बन जाता था। लेकिन जब से मैंने 'एकांतर ऊष्मायन विधि' अपनाना शुरू किया, तब से रचनात्मक अवरोध ख़त्म हो गए। अब पहला कच्चा संस्करण लिखते समय मैं इस बात के लिए फिक्रमंद नहीं रहता हूँ कि सबकुछ एकदम सही-सही लिखा जाए, क्योंकि मैं जानता हूँ कि जल्दी ही मैं इस पर वापस आऊँगा – नई अंतर्दृष्टियों के साथ, पहले से अधिक स्पष्टता के साथ। इस निश्चिंतता के चलते मेरे दिमाग में अधिक रचनात्मक विचार आते हैं। इस तरह दो पटकथाओं पर बारी-बारी से पाँच-पाँच मिनट काम करके मैं केवल बीस मिनिट में दोनों को पूरा कर सकता हूँ, जबकि 'एक बार में एक पर काम' वाले तरीके से इसमें लगभग एक घंटा लग जाएगा।

लेकिन सभी कामों के लिए 'एकांतर ऊष्मायन विधि' की आवश्यकता नहीं होती। किसी समस्या के समाधान के लिए ऊष्मायन की कितनी अवधि पर्याप्त होगी यह इस बात पर निर्भर करता है कि उस समाधान तक पहुँचना कितना सरल या कितना कठिन है। यदि आप कोई ऐसा काम कर रहे हैं जो पहले भी कई बार कर चुके हैं तब तो आपको बीच में ब्रेक लेने की ज़रूरत ही नहीं लगेगी। लेकिन कोई एकदम नया काम करते समय आपको ऊष्मायन की अपेक्षाकृत लम्बी अवधियों की ज़रूरत पड़ेगी। जब आप रचनात्मक चक्रों में काम करते हैं, जैसे कि साप्ताहिक-चर्या, या ऐसे काम करते हैं जो लम्बे समय तक चलते हैं तो उनमें तो स्वाभाविक रूप से ऊष्मायन घटित होता ही है। बीच में रात पड़ती ही है, सप्ताहांत

पड़ते ही हैं, और दैनिक जीवन के कार्यों की वजह से भी आपको कुछ समय के लिए रचनात्मक कामों से दिमाग हटाना ही पड़ता है। तो ऐसे मामलों में 'एकांतर ऊष्मायन विधि' की आवश्यकता नहीं होती।

चूँकि मेरी दो साप्ताहिक समीक्षाओं के बीच ऊष्मायन घटित होता ही है, इसलिए मैं उन महत्वपूर्ण निजी परियोजनाओं या कामों के मामले में स्पष्टता हासिल करने में सक्षम रहता हूँ, जिन्हें अन्यथा मैं टालने की कोशिश करता (स्पष्ट के अभाव में)। आप जानते ही हैं कि साप्ताहिक-समीक्षा की मेरी सूची में एक पॉइंट 'Do @thisweek items' भी होता है। तो जब भी मैं किसी ऐसे महत्वपूर्ण काम के बारे में सोचता हूँ जिसे करने का मैं इच्छुक हूँ या जिसे करना मेरे लिए ज़रूरी है (जैसे कि किसी यात्रा की योजना बनाना, या यह देखना कि मैं अपने कोलंबियन टैक्स कैसे जमा करूँ) तो मैं उसे @thisweek वाली फाइल में डाल देता हूँ।

उदाहरण के तौर पर, मेरी @thisweek वाली फाइल में लिखा हो सकता है – 'सैन फ्रांसिस्को की यात्रा की तैयारी करना है'। जब मैंने नियमित रूप से साप्ताहिक समीक्षा करनी शुरू नहीं की थी, तब मेरे लिए यात्रा की योजना बनाना या तैयारी करना बहुत ही थका देने वाला काम होता था। मैं यह सोचकर बैठता था कि एक बार में ही सारी योजना बना डालूँगा, लेकिन कहीं न कहीं अटक जाता था और आखिर में खीजकर बिना कुछ तय किए ही उठ जाता था।

अब मैं यात्रा की हर योजना को कई-कई साप्ताहिक समीक्षाओं में बाँट कर पूरा करता हूँ। पहली समीक्षा में मैं इस बात पर विचार करता हूँ कि कहाँ जाया जाए, कब जाया जाए, किस तरह जाया जाए। इसके बाद देखता हूँ कि जहाँ जाना है और जिस तारीख में जाना है, उन तारीखों में उस जगह जाने के लिए फ्लाइट्स और रुकने की जगहों के क्या विकल्प उपलब्ध हैं। इससे मुझे बजट वगैरह का अनुमान लग जाता है। इसके बाद मैं हर अगली साप्ताहिक समीक्षा में इन सभी बातों पर पुनर्विचार करता हूँ। ऐसा तब तक चलता है जब तक कि हर चीज़ की फाइनल बुकिंग नहीं हो जाती।

ज़ाहिर है कि ऐसा हम तभी कर सकते हैं जबकि हमने आगामी कामों की पहले से प्लानिंग की हो। इसीलिए तो मैंने अपनी साप्ताहिक-समीक्षा में 'आगामी कार्यों या प्राथमिकताओं का रिव्यु करना' वाला पॉइंट शामिल किया है। साप्ताहिक-समीक्षा के दौरान कैलेंडर को रिव्यु करते समय मैं कई सप्ताह आगे तक देखता हूँ। यदि आगामी दिनों में मुझे कोई ऐसा महत्वपूर्ण काम दिखाई देता

है जिसके लिए लम्बी-चौड़ी प्लानिंग की ज़रूरत पड़ेगी, तो मैं प्लानिंग का काम अभी से शुरू कर देता हूँ।

ऊष्मायन के माध्यम से अपने अवचेतन में मौजूद गुप्त प्रतिभा को मनमुताबिक उपयोग में लाकर मैं अब उन बड़े कामों के संबंध में पहले से अधिक स्पष्टता तथा नियंत्रण महसूस करता हूँ जो पहले पूरा सप्ताह मेरे चेतन मस्तिष्क को घेरे रहती थीं। इसके चलते अब मैं कार्यों पर सक्रिय रूप से काम करने में कम समय बिताता हूँ। और चूँकि अब मेरे चेतन मस्तिष्क पर हर समय हर तरह के कामों का भारी बोझ नहीं रहता, इसलिए अब मुझे किसी भी काम को शुरू करने में डर या घबराहट महसूस नहीं होती, जिसके चलते कामों को टालने की मेरी आदत भी छूट गई है।

जब 'अभी' के अलावा कोई विकल्प न हो, तब आप टालामटोली नहीं करेंगे

साप्ताहिक-चक्र के मुताबिक़ काम करना (साप्ताहिक-समीक्षा की सहायता से) एक और तरह से भी टालामटोली रोकने में मददगार होता है। यह मेरे भीतर यह भावना पैदा करता है कि जो काम मेरे हाथ में है उसे मुझे अभी ही करना है; इसके लिए अभी का समय ही निर्धारित है। जब मैंने अपनी पहली पुस्तक लिखना शुरू किया था, उस समय मेरे पास काम को टालने की बहुत अधिक सुविधा थी। मेरे पास छः महीनों का समय था और करने को सिर्फ एक काम था : किताब लिखना। अब जबकि मैं सभी रचनात्मक काम रचनात्मकता के चार चरणों के मुताबिक़ करता हूँ और अपनी साप्ताहिक-चर्या अपनी मनःस्थितियों की लय के मुताबिक़ निर्धारित करता हूँ, तो अब मेरे पास छोटी-छोटी समयावधियाँ होती हैं, जिनमें मुझे छोटे-छोटे से काम करने होते हैं।

यदि आपके पास काम करने के लिए दिन भर में आठ घंटे हों, तो आपके पास टालमटोल करने के लिए काफी सारा समय होगा। लेकिन यदि आपको पता हो कि दिन के किन्हीं दो निश्चित घंटों में काम करने पर आप अन्य समय के मुकाबले कई गुना अधिक उत्पादक हो सकते हैं, तो आपके भीतर यह भावना पैदा हो ही जाएगी कि उन दो घंटों का भरपूर उपयोग करना है।

इसके अलावा यह भी है कि जब आप रचनात्मक चक्रों के मुताबिक़ काम करते हैं, तो आपके सारे काम अपेक्षाकृत छोटे और कम अवधि में पूर्ण होने वाले

होते हैं। आपकी कार्य-सूची में 'किताब लिखना है' की बजाए 'अध्याय-सात के 500 शब्दों पर विचार-मंथन करना है' या 'इग्नाज़ सेमेल्विस के जीवन पर शोध करना है' जैसे कार्य दर्ज होते हैं।

कम अवधि में पूर्ण होने वाले कामों को संभालना आसान होता है। सीमित कार्यावधियों को व्यर्थ गँवाना कठिन होता है। जैसे ही आपके भीतर यह भावना आ जाती है कि 'मेरे पास बस अभी का समय है', वैसे ही आपकी टालमटोल की आदत चली जाती है।

यह बात ठीक है कि संसार की जो लय (रिदम्स) हैं वे साप्ताहिक-चर्या के लिए उपयुक्त हैं, लेकिन जब आप लम्बी समयावधियों में काम करते हैं तो आपके लिए किसी एक मनःस्थिति में गहरे डूबकर काम करना और भी आसान हो जाता है। बल्कि मैं आपको बताऊँ कि इस पुस्तक का विचार भी मुझे तब आया था जब मैंने पूरा एक हफ्ता लगातार अन्वेषण मनःस्थिति में रहते हुए बिताया था। जब कभी भी मैं दो प्रोजेक्ट्स के बीच में होता हूँ (एक प्रोजेक्ट पूरा हो गया और दूसरा अभी शुरू नहीं किया) तब कभी-कभी मैं पूरा एक सप्ताह 'मनचाहे सप्ताह' के रूप में बिताता हूँ।

मनचाहा सप्ताह

जब हम किसी प्रोजेक्ट पर काम कर रहे होते हैं तो उन चीज़ों पर ध्यान केंद्रित करते हैं जिनके बारे में हमें लगता है कि वे की जानी चाहिए। 'मनचाहे सप्ताह' का उद्देश्य उन चीज़ों पर ध्यान केन्द्रित करना है जो हम करना चाहते हैं। मैं जब कभी भी मनचाहा सप्ताह बिताता हूँ तो अपने शिड्यूल से यथासंभव उन कामों को निकाल देता हूँ जिनके बारे में मुझे लगता है कि उन्हें किया जाना चाहिए, पर जिन्हें करने की मुझे कोई चाहत नहीं है। पर मैं ऐसे कामों की भी कोई सूची नहीं बनाता जो मैं करना चाहता हूँ। मैं सप्ताह भर के लिए अपने मन को पूरी तरह खुला छोड़ देता हूँ यह सोचने के लिए कि 'अभी मैं क्या करना चाहता हूँ।" मतलब, इस पूरे हफ्ते मेरा जब जो मन होता है मैं तब वो करता हूँ। कोई प्लानिंग नहीं, कोई मजबूरी नहीं।

जब कभी भी हम अपने मुख्य काम से इतर कोई अन्य काम (साइड प्रोजेक्ट्स) करने का सोचते हैं तो उसके लिए दिन में दो-एक घंटे का या हफ्ते में एक दिन का समय निर्धारित करते हैं। मैं मानता हूँ कि कुछ नहीं से कुछ भला, पर

मेरा अनुभव है कि इसके लिए यदि पूरा एक हफ्ता अन्वेषण मनःस्थिति में रहते हुए बिताया जाए तो उससे बहुत सारे लाभ होते हैं। आप लक्ष्य-आधारित चिंतन से जितना ज़्यादा समय दूर रहेंगे, उतना आपकी सोच का दायरा फैलता जाएगा। आप उन विचारों तक भी पहुँचने लगेंगे जिन तक सामान्यतः आपकी चेतना की पहुँच नहीं होती।

न सिर्फ पहुँचने लगेंगे बल्कि उन विचारों को ऊष्मायन अवस्था से गुज़रने का अधिक अवसर भी मिलेगा। इन विचारों को ऊष्मायन से गुज़रने के लिए उस समय का इंतज़ार नहीं करना पड़ेगा जब आप अन्य चीज़ों पर काम करें। इन्हें ऊष्मायन के लिए लगातार छः-सात दिन-रातों का समय मिलेगा।

जब मैंने तंत्रिका-विज्ञानी जॉन कूनियोस से पूरा एक हफ्ता मनचाहे काम करते हुए बिताने के फायदों के बारे में पूछा तो उन्होंने कहा कि दो वजहें हो सकती हैं जिनके चलते मनचाहा सप्ताह बिताने से रचनात्मक चिंतन बेहतर हो जाता है। पहली वजह यह कि मनचाहे ढंग से जीने को मिले तो व्यक्ति का मूड अच्छा हो जाता है, और अच्छे मूड में अच्छे-अच्छे विचार आते हैं। कूनियोस जी के शब्दों में, "आप उन चीज़ों के बारे में नहीं सोच रहे होते हैं जो आपको परेशान करती हैं। उन्हें आप दिमाग से निकाल देते हैं और वो करते हैं जो करना चाहते हैं। इससे आपको मज़ा आता है, आपकी मनःस्थिति सकारात्मक हो जाती है, और यह सबकुछ लगातार एक हफ्ते तक चलता है। इस सबके चलते आपके दिमाग में अपने-आप नए-नए और अच्छे-अच्छे रचनात्मक विचार आने लगते हैं।"

इसके अलावा, पूरे एक हफ्ते तक मन के मुताबिक़ जीना आपको रचनात्मकता की गहनतर अवस्था में जाने में सहायक होता है। कूनियोस जी के मुताबिक़, "मस्तिष्क की यह अंतर्दृष्टिपूर्ण स्थिति (रचनात्मकता की स्थिति) बेहद संवेदनशील होती है, ज़रा से विचलन से इसके खोने का खतरा पैदा हो जाता है। तार्किक व विश्लेष्णात्मक अवस्था में आना आसान होता है, पर मस्तिष्क को रचनात्मक एवं अंतर्दृष्टिपूर्ण अवस्था में लाना और फिर बनाए रखना बेहद कठिन होता है। यदि आप पूरा एक हफ्ता मनमुताबिक जीने के लिए आरक्षित कर सकते हों तो इससे बेहतर और कुछ हो ही नहीं सकता। तब आप उस अंतर्दृष्टिपूर्ण अवस्था को न सिर्फ बनाकर रख पाएँगे बल्कि उसमें बहुत गहरे उतरने में सफल होंगे।"

अपने शुरुआती दिनों में गूगल अपने इंजीनियर्स को अपना 20% समय मुख्य काम से इतर ऐसे 'मनचाहे' कामों (साइड प्रोजेक्ट्स) में खर्च करने की अनुमति देने के लिए प्रसिद्द था जो गूगल के लिए लाभदायक हों। मेरे 'मनचाहे

सप्ताह' वाले आईडिया और गूगल की इस 20% समय वाली नीति का उद्देश्य समान था : लक्ष्य-केन्द्रित गतिविधियों को नवाचार का गला न घोंटने देना। यह कर्मचारियों को बॉस के अतिशय दबाव से बचाने का एक उपाय भी था। गूगल के पूर्व सीईओ एरिक श्मिट के मुताबिक़, "यदि कोई कर्मचारी पहले से ही दबाव में हो, और उस पर से उसका बॉस उससे कहे कि 'तुम्हें और ज़्यादा मेहनत करनी पड़ेगी! तुम्हें अपना शत-प्रतिशत समय देना होगा!' तो वह कर्मचारी बिना किसी डर के बॉस की आँखों में आँखें डालकर कह सके कि 'मैं आपको अपने 80% समय का शत-प्रतिशत दूँगा।' " 20% समय मनचाहे काम के लिए आरक्षित करने का नियम कार्यकारी (एग्जीक्यूटिव) सोच को रचनात्मक सोच में हस्तक्षेप करने से रोकने का एक उपाय था।

बिल गेट्स जब माइक्रोसॉफ्ट के संचालक थे तब वह बीच-बीच में कुछ हफ़्तों के लिए काम से ब्रेक ले लेते थे। इस समय को वह किसी एकांत केबिन में बैठकर ढेर सारी किताबें तथा लेख इत्यादि पढ़ने और कम्पनी के भविष्य के बारे में सोचने में बिताते थे। इन हफ़्तों को उन्होंने नाम दिया था 'थिंक वीक्स', यानी कि 'चिंतन सप्ताह'। सन 1995 में बिताए ऐसे ही एक चिंतन सप्ताह के दौरान गेट्स को एक कमाल का आईडिया सूझा था और उन्होंने अपने केबिन में बैठे-बैठे ही अपनी कम्पनी को 'दि इंटरनेट टाइडल वेव' नाम से एक मेमो भेजा था, जिसके चलते आगे चलकर माइक्रोसॉफ्ट अपना खुद का वेब ब्राउज़र विकसित करने में सफल हुई।

'मनचाहा सप्ताह' मेरे लिए एक बेहद प्रभावी उपाय सिद्ध हुआ है। मैं आपको बताना चाहूँगा कि मन-प्रबंधन की अवधारणा खुद एक मनचाहे सप्ताह के दौरान ही उपजी थी मेरे मन में। इस अवधारणा को विकसित कर लेने के बाद जब मैंने इस पर एक परिचयात्मक ब्लॉग पोस्ट लिखी तो अन्य लोगों के साथ-साथ व्यवहार-विज्ञानी डैन एरीली ने भी इसे पढ़ा। इसे पढ़कर ही उन्होंने मुझसे संपर्क किया और टाइमफुल को विकसित करने में साथ देने का प्रस्ताव रखा। जब गूगल ने टाइमफुल को खरीदा तो मुझे इतनी बड़ी रकम मिली जिसकी मैंने कल्पना भी नहीं की थी। और यह सब संभव हुआ चार साल पहले जिए गए एक 'मनचाहे सप्ताह' की वजह से।

मनचाहे सप्ताह का मेरा सारा समय 'अन्वेषण' मनःस्थिति में ही बीतता है, पर आप चाहें तो किसी भी मनःस्थिति में एक लम्बा समय बिता सकते हैं। आप उससे भी इसी तरह लाभान्वित होंगे। मैंने जब उद्यमी लॉरा रोएडर को अपने

पॉडकास्ट पर आने के लिए आमंत्रित किया था तो उन्होंने मेरे सामने दो विकल्प रखे थे : या तो मैं यह साक्षात्कार वर्तमान माह के एक सप्ताह विशेष में रखूँ, या फिर ठीक एक महीने बाद के एक सप्ताह विशेष में। अंततः जब वो आईं तो मैं उनसे इस बारे में पूछना नहीं भूला। और उनका जवाब वही था जिसकी मैं उम्मीद कर रहा था : लॉरा महीने में एक हफ्ते का समय 'पॉडकास्ट सप्ताह' के रूप में बिताने की आदी हैं। सारे पॉडकास्ट आमंत्रण वह इसी सप्ताह में स्वीकार करती हैं।

सांस्कृतिक प्रचलनों से प्रेरित रचनात्मक-चक्र

हमारे चारों ओर मौजूद दुनिया के ऐसे बहुत सारे प्रचलन हैं जो सप्ताह भर की अवधि से कहीं लम्बे रचनात्मक-चक्र हमें उपलब्ध कराते हैं। जैसा कि मैं आपको पहले बता चुका हूँ, शिकागो आने के बाद मुझे मौसम-आधारित बेहद लम्बे-लम्बे रचनात्मक-चक्रों में जीने और काम करने को मिलने लगा था। राष्ट्रीय अवकाश भी किसी मनःस्थिति विशेष में कुछ समय बिताने का अच्छा अवसर उपलब्ध कराते हैं। लेखक पॉल जार्विस सर्दियों की छुट्टियों के दौरान सोशल मीडिया से एक महीने का ब्रेक ले लेते हैं। वह कहते हैं, "रचनात्मकता के फलने-फूलने के लिए दिमाग को खाली छोड़े जाने और व्यर्थ के व्यवधानों से दूर रखे जाने की ज़रूरत होती है। और ऐसा करने से मेरे व्यवसाय पर कोई नकारात्मक प्रभाव भी नहीं पड़ता है।"

पहले मैं यह सोचने के लिए नए साल के पहले दिन का इंतज़ार करता था कि इस साल मुझे क्या-क्या करना है। लेकिन अब मैं हफ़्तों पहले से इस बारे में सोचना शुरू कर देता हूँ। साल के आख़िरी कुछ हफ़्तों में मैं जानबूझकर ऐसी सभी चीज़ों से कट जाता हूँ जो मुझे तार्किक व विश्लेष्णात्मक मनःस्थिति में ले जाती हों। ऐसा मैं इसलिए करता हूँ ताकि नए साल का स्वागत एकदम तरोताज़ा मनःस्थिति में कर सकूँ।

मैंने गौर किया है कि सर्दियों की छुट्टियों तथा नए साल की शुरुआत से कुछ अनौपचारिक सांस्कृतिक प्रचलन भी जुड़े हुए हैं। उदाहरण के लिए, मैंने देखा है कि साल के शुरुआती दो-एक महीनों में मेरे लिए लोगों को अपने पॉडकास्ट पर आमंत्रित कर पाना अपेक्षाकृत कठिन होता है। साल की शुरुआत में लोग एक ब्रेक लेते हैं और नए सिरे से अपनी प्राथमिकताएँ तय करते हैं, और पॉडकास्ट आमंत्रण स्वीकारना निश्चय ही उनकी प्राथमिकता सूची में ऊपर की पायदानों पर नहीं रहता। इसी तरह, अपना ऑनलाइन डेटिंग ब्लॉग चलाते हुए मैंने एक और दिलचस्प

व्यवहार देखा है। मैंने पाया है कि वैसे तो साल का हर रविवार ब्लॉग पर भारी ट्रैफिक वाला दिन रहता है, लेकिन क्रिसमस के अगले दिन जितनी भीड़ होती है ब्लॉग पर उतनी और कभी नहीं होती। शायद इसलिए क्योंकि इस दिन से उत्सवों का मौसम शुरू होता है, जो वेलेन्टाइन्स डे तक चलता है। पर मेरी समझ कहती है कि सर्दियों की छुट्टियों के दौरान लोगों ने डेटिंग लगभग बंद कर रखी होती है, और इस दौरान अपने परिवार के साथ समय बिताना उन्हें एक साथी तलाशने के लिए प्रेरित करता है (मुझे लगता है कि घर-परिवार के लोगों व नाते-रिश्तेदारों के घर बसाने को लेकर किए जाने वाले अंतहीन सवाल इसमें बहुत बड़ी भूमिका निभाते हैं)।

बाहरी दुनिया के प्रचलनों से इतर आप खुद से भी लम्बे रचनात्मक-चक्र तैयार कर सकते हैं। सॉफ्टवेयर कम्पनी 'बेसकैंप' मूलतः आठ सप्ताह के रचनात्मक-चक्र पर काम करती है। वे अपने प्रोजेक्ट्स को इस तरह कई हिस्सों में बाँटते हैं जिससे कि उन्हें पूरा होने में छः सप्ताह से अधिक का समय न लगे। इसके बाद वे दो हफ़्तों का ब्रेक लेते हैं। ऐसा नहीं है कि इन दो हफ़्तों के दौरान वे कोई काम नहीं करते। इस दौरान वे उन चीज़ों पर काम करते हैं जो प्रोजेक्ट को पूरा करने की जद्दोजहद में लगे रहने के कारण उपेक्षित रह गई थीं। इसके बाद वे फिर से एक छः माह लम्बे चलने वाले प्रोजेक्ट को शुरू करने के लिए तैयार हो जाते हैं। बेसकैंप के सह-संस्थापक और 'इट डज़ंट हैव टु बी क्रेज़ी एट वर्क' के सह-लेखक जेसन फ्राइड के मुताबिक़, "यह एक तरह से उपवास करने जैसा है...। हमारा शरीर खाना पचाने के लिए लगातार कड़ी मेहनत करता है। कभी-कभार एक दिन का उपवास करके हम यदि इसे एक ब्रेक दे दें तो इसे खुद को साफ़ करने का मौका मिल जाता है।"

आपको कितने लम्बे रचनात्मक-चक्रों का उपयोग करना चाहिए यह इस बात पर निर्भर करता है कि आप क्या काम करना चाह रहे हैं। शिकागो में रहकर मैं साल भर लम्बा चक्र तैयार करने की कोशिश कर रहा था। मुझे पता था कि वहाँ की हाड़ जमा देने वाली सर्दी मुझे घर में बैठकर गहन एकाग्रता में उतरने को मजबूर करेगी, जबकि उसके बाद आने वाला गर्मियों का मौसम मुझे आराम और आनंद का अवसर उपलब्ध कराएगा।

लेकिन मेडेलिन का मिज़ाज अलग है। यहाँ छोटे-छोटे चक्रों में काम करना उपयुक्त रहता है। यहाँ का मौसम साल भर एक जैसा रहता है – न ज़्यादा गर्म, न ज़्यादा ठंडा। इसीलिए मेडेलिन को 'शाश्वत बसंत का शहर' भी कहा जाता है।

लेकिन सुहाना मौसम वह एकमात्र कारण नहीं है जो मेडेलिन को एक रचनात्मक-चर्या तैयार करने के लिए आदर्श जगह बनाता है। जीवन का अधिकांश समय उत्तरी अमरीका में बिताने के चलते यह बात मेरे दिमाग में बैठी हुई थी कि साल के अलग-अलग महीनों में दिनों की लम्बाई में बहुत अंतर होता है। सर्दियों में जहाँ शाम चार बजे अँधेरा हो जाता है, वहीं गर्मियों में रात 9 बजे तक उजाला रहता है। यदि आप लम्बे चक्रों में काम कर रहे हों तो यह चीज़ आपके लिए फायदेमंद हो सकती है, लेकिन एक रूटीन तय करने के लिहाज़ से यह बहुत परेशानी वाली बात है। इसका आपके मूड पर तो असर पड़ता ही है, साथ ही इससे सोने-जागने के समय का कोई तयशुदा नियम बनाना भी मुश्किल होता है।

यदि आपको लगता है कि सोने-जागने का कोई निश्चित शिड्यूल न बन पाना कोई बड़ी परेशानी नहीं है, तो मैं चाहूँगा कि आप उस शोध अध्ययन की रिपोर्ट पढ़ें जो दक्षिणी अमरीका के दो अलग-अलग शहरों के निवासियों पर किया गया है। चूँकि दोनों शहर एक ही अक्षांश पर हैं, इसलिए दोनों जगह दिन की लंबाई समान है। लेकिन एक शहर एक टाइमज़ोन के एक सिरे पर है तो दूसरा उसी टाइमज़ोन के दूसरे सिरे पर। इससे इन दोनों शहरों के निवासियों के काम पर जाने के समय में कोई अंतर नहीं आता, पर दोनों जगह सूर्यास्त के समय में अंतर पैदा हो जाता है। जिस शहर में एक घंटा पहले सूर्यास्त हो जाता है, वहाँ के निवासी अपेक्षाकृत जल्दी सो जाते हैं, इसलिए उन्हें लगभग एक घंटा ज़्यादा सोने को मिलता है। शोधकर्ताओं ने पाया कि एक घंटे ज़्यादा सोने वाले लोगों की आय एक घंटा कम सोने वाले लोगों की तुलना में 4.5% अधिक थे। शोधकर्ताओं के मुताबिक़, "औसत दैनिक नींद में एक घंटे की वृद्धि से उत्पादकता में जो बढ़ोतरी देखने को मिली, वह एक अतिरिक्त वर्ष की शिक्षा के फलस्वरूप होने वाली बढ़ोतरी से अधिक थी।"

मेडेलिन में अपनी दिनचर्या निर्धारित करने का यह लाभ मुझे ज़रा देर से समझ आया : यहाँ साल भर सूर्योदय और सूर्यास्त का समय लगभग एक ही रहता है। चूँकि मेडेलिन भूमध्य रेखा के बहुत करीब है, इसलिए यहाँ साल भर दिन की लम्बाई लगभग समान रहती है, और दिन और रात एक-बराबर ही होते हैं। सूरज सुबह 6 बजे उगता है और शाम को 6 बजे अस्त होता है।

इसके चलते यहाँ एक स्थाई और बारम्बार दोहराई जा सकने वाली दिनचर्या निर्धारित करना आसान होता है, और इसके चलते एक स्थाई और बारम्बार दोहराई जा सकने वाली साप्ताहिक-चर्या निर्धारित करना भी आसान हो जाता है।

तो, साल भर समशीतोष्ण मौसम की उपस्थिति के साथ इस दूसरी विशेषता को भी जोड़ लिया जाए तो मेडेलिन दिन-प्रति-दिन खूब सारा रचनात्मक काम करने के लिए एक आदर्श जगह बन जाती है।

मुझे सैन फ्रांसिस्को से शिकागो आए हुए दस बरस बीत चुके थे। मैं कोलंबिया में अपनी आदर्श साप्ताहिक-चर्या विकसित कर चुका था, जिसके चलते मैं सप्ताह-दर-सप्ताह पॉडकास्ट इंटरव्यूज़ कर रहा था, नियमित रूप से नए-नए लेख तथा छोटी-छोटी किताबें लिख रहा था, और इस किताब पर भी काम कर रहा था। बेशक मैं हर हफ्ते अलग-अलग प्रोजेक्ट्स के अलग-अलग चरणों में काम कर रहा होता था, पर इसके अलावा मेरा हर हफ्ता हू-ब-हू पिछले हफ्ते जैसा ही होता था। और मैं इसमें कोई बदलाव चाहता भी नहीं था।

मनमुताबिक रचनात्मक-चक्र विकसित करने के लिए सैन फ्रांसिस्को छोड़कर शिकागो आने के तीन सालों के भीतर ही मुझे समझ आ गया था कि मेरा निर्णय एकदम सही था, और इसलिए मैं आगे भी यहीं बने रहने का इच्छुक था। एक रात जब मैं अपने कार्यस्थल से टहलते हुए घर लौट रहा था तो मैंने अपने भीतर अभूतपूर्व उत्साह और उमंग का संचार होता हुआ महसूस किया। मैंने उन सभी रचनात्मक कार्यों की कल्पना कर डाली जिन्हें मैं आने वाले सालों में, बल्कि दशकों में कर सकता था। 'कौन जाने कब तक मैं इसे जारी रख सकता हूँ?' मैंने मन ही मन सोचा। मेरे चेहरे से टकराने वाली हवा बेहद सुखदायक थी। रात पूरी तरह खामोश थी। वर्षों के संघर्ष के बाद आखिरकार मैं रचनात्मक आनंद से भाव-विभोर था।

लेकिन जल्दी ही मुझे यह सबक मिलने वाला था कि भले ही आप ऐसे रचनात्मक-चक्र विकसित कर सकते हों जो प्राकृतिक-जगत की लयों (रिदम्स) के साथ कदमताल करते हों, पर कभी-कभी आपके प्रोजेक्ट्स, आपकी रचनात्मक ऊर्जा, और आपके आसपास की दुनिया के प्रचलन असहयोग पर आमादा हो जाते हैं। जल्दी ही मेरा जीवन और मेरे रचनात्मक-चक्र पूरी तरह बेपटरी होने वाले थे, जिसके चलते मेरा रचनात्मक उत्पादन बुरी तरह प्रभावित होने जा रहा था।

अध्याय – 6

रचनात्मक प्रणालियाँ

"मुझे खुद कोई प्रणाली बनानी होगी, या फिर किसी और की प्रणाली का गुलाम बनना होगा।"

—विलियम ब्लेक

31 अक्टूबर, 2018। पनामा सिटी, पनामा। मेरी किस्मत बाद से बदतर होती जा रही है। मेरी इमारत के बगल में कंस्ट्रक्शन का काम चल रहा है। एक बहुत बड़ी मशीन से ज़मीन में एक विशाल गड्ढा खोदा जा रहा है। मेरा पूरा कमरा कानफोड़ू आवाजों से गूँज रहा है। कमरे का फर्श थरथरा रहा है। रसोई में बर्तनों के स्टैंड में रखे बर्तन खड़क रहे हैं। मैं कानों में ईअर प्लग लगाकर बैठा हूँ। ईअर प्लग्स के ऊपर नॉइज़ केंसीलेशन हेडफ़ोन्स लगा रखे हैं, जिनमें एक एप की मदद से वाइट नॉइज़ साउंड बज रहा है।

इस इंतज़ाम के साथ मैं तकरीबन वे सारे काम कर सकता हूँ जो मेडेलिन के अपने घर में बैठकर करता था। लेकिन कल दिक्कत होने वाली है। कल मुझे अपने पॉडकास्ट के लिए डॉ. डेविड रॉक का साक्षात्कार लेना है।

मन-प्रबंधन की यात्रा शुरू करते समय मैंने जो सबसे पहली पुस्तक पढ़ी थी, वो डॉ. डेविड रॉक की 'योर ब्रेन एट वर्क' थी। 'योर ब्रेन एट वर्क' पढ़कर ही मुझे वह शब्दावली मिली थी, जिससे यह समझा जा सकता था कि रचनात्मक कार्य करते समय मेरे मस्तिष्क में क्या चल रहा होता था। इसी किताब से मुझे यह समझने में मदद मिली कि क्यों 'प्राथमिकता निर्धारण' और 'योजना बनाने के काम' को बाकी कामों से अलग रखे जाने की ज़रूरत होती है। इससे मुझे यह भी समझ आया कि बारम्बार एक मनःस्थिति से दूसरी मनःस्थिति में आना-जाना करने से मुझे थकान क्यों होने लगती है। इसी किताब को पढ़कर मुझे समझ आया कि

यदि मैं नए-नए रचनात्मक विचार प्राप्त करना चाहता हूँ या रचनात्मक समस्याओं के हल तलाशना चाहता हूँ या कोई भी नवाचार करना चाहता हूँ, तो उसके लिए ज़रूरी है कि मैं अपनी अल्पकालिक स्मृति में भरी हुई सूचनाओं और जानकारियों को दीर्घकालिक स्मृति में जाने दूँ (स्टेज से उतरकर दर्शक-दीर्घा में), ताकि वे वहाँ पहले से मौजूद जानकारियों के साथ जुड़कर अंतर्दृष्टियाँ उत्पन्न कर सकें।

यह पुस्तक मैंने छः साल पहले पढ़ी थी, और अब जब मुझे उस पुस्तक के लेखक से बात करने और उनके ज्ञान को अपने श्रोताओं के साथ साझा करने का मौका मिल रहा था, तो स्वाभाविक तौर पर मैं बहुत रोमांचित था। लेकिन मेरी इमारत के ठीक बगल में जो ज़बरदस्त तोड़ा-फोड़ी मची थी, उसके जारी रहते तो यहाँ यह साक्षात्कार रिकॉर्ड करना संभव नहीं था।

यह तोड़ा-फोड़ी आज सुबह 7 बजे शुरू हुई थी, और अभी दोपहर के 2 बजे भी बदस्तूर जारी थी। डॉ. रॉक के साथ मेरा साक्षात्कार का कार्यक्रम कल दोपहर 2 बजे का है, और मुझे यकीन है कि तब तक भी यह तोड़ाफोड़ी बंद नहीं होगी।

"क्या करूँ अब?" मैंने मन ही मन सोचा। चूँकि मैं कल रात ही यहाँ पहुँचा था, इसलिए पनामा सिटी के बारे में मेरी जानकारी न के बराबर थी। मैं बमुश्किल थोड़ा-सा किराने का सामान ही खरीद पाया था अभी तक। मेरा मन तो हो रहा था कि अपार्टमेंट के मालिक को फोन लगाकर खरी-खोटी सुना दूँ, लेकिन उसकी कोई गलती थी नहीं, Airbnb पर मकान की लिस्टिंग में निर्माण-कार्य के चलते होने वाले शोर की चेतावनी दी हुई थी। मकान की तस्वीरों में मैंने देखा था कि मकान की जिस बाजू निर्माण-कार्य शुरू होना था, उस तरफ की दीवार से एक बहुत बड़ी लकड़ी की आलमारी सटी हुई थी। उस आलमारी ने पूरी दीवार घेर रखी थी। मैंने यह सोचकर जुआ खेल लिया कि शायद यह अलमारी निर्माण-कार्य से उठने वाले शोर को कमरे में आने से रोक लेगी। लेकिन जब मैं यहाँ आया तब मुझे पता चला कि जिस दीवार के सहारे अलमारी लगी थी वह दीवार मेरे मकान और निर्माण-कार्य वाले मकान की साझा दीवार थी।

लेकिन सच कहूँ तो ऐसी दो अलमारियाँ भी रख दी जातीं तो भी उस शोर को भीतर आने से नहीं रोका जा सकता था, क्योंकि यह शोर नहीं था, यह उससे कहीं ज़्यादा था। शोर तो वह होता है जिसे हम सुनते हैं। यह तो भूकंपीय गतिविधि थी।

बेशक मकान की लिस्टिंग में शोर की चेतावनी शामिल थी, लेकिन मेरे पास यह जोखिम लेने के अलावा और कोई विकल्प था ही नहीं। मुझे खड़े पैर यहाँ आना पड़ा था, ऐसे में तुरत-फुरत जो मिल रहा था सो ले लिया। दो दिन पहले जब मैं

अमरीका की यात्रा से लौटकर कोलंबिया आया, तो मेरा स्वागत इस हैरानी भरी खबर ने किया कि इस देश में कानूनी रूप से रहने की मेरी समय-सीमा समाप्त होने में अब उतने दिन बाकी नहीं रह गए थे जितने मैं मानकर चल रहा था। मैं टूरिस्ट परमिट पर रुका हुआ था, जिसके तहत किसी को भी साल में कुछ निश्चित दिनों के लिए ही इस देश में रुकने की अनुमति मिलती है। पिछली बार कोलंबिया आने पर मेरे पासपोर्ट पर जो मुहर लगाई गई थी, उसके मुताबिक़ मेरा परमिट ख़त्म होने में अभी 18 दिन बाकी थे। लेकिन इस बार अमरीका से लौटकर आने पर मैं जिस आव्रजन अधिकारी से मिला, उसने बताया कि 18 नहीं बल्कि केवल 9 दिन बचे थे।

दुर्भाग्यवश, वह अधिकारी सही थी। पिछली बार जिस आव्रजन अधिकारी ने मेरे पासपोर्ट पर मुहर लगाई थी, उससे गिनने में गलती हो गई थी। आप शायद सोच रहे होंगे कि इससे कोई फर्क नहीं पड़ना चाहिए - यदि कोई अधिकारी गलती करता है तो यह उसकी समस्या है, आपकी नहीं। आप शायद यह भी सोच रहे हों कि आव्रजन विभाग वालों के पास कोई ऐसी प्रौद्योगिकी अवश्य होगी जिससे इस तरह की गलतियों को रोका जा सके – कोई ऐसी प्रौद्योगिकी जो जोड़-घटाना कर सके; जो 'गणना' (कंप्यूट) कर सके, और जिसे हम 'संगणक' (कंप्यूटर) कह सकें। लेकिन उनके पास ऐसी कोई प्रौद्योगिकी नहीं है।

इसका नतीजा यह हुआ कि कोलंबिया लौटने के 24 घंटों के भीतर ही मुझे फिर से कोलंबिया छोड़ देना पड़ा। इन 24 घंटों में मुझे सोना भी था, सामान भी बाँधना था, एक ऑनलाइन क्लास भी लेनी थी, अपनी गर्लफ्रेंड को विदा भी कहना था, और - सबसे ज़रूरी काम – कोई ऐसा देश भी तलाश करना था जहाँ मैं अगले 9 दिन सर छुपा सकता।

वह शहर हुआ पनामा। सबकुछ इतनी जल्दी में हुआ कि मुझे पनामा सिटी में रहने की कोई जगह तय करने का मौका ही नहीं मिला। पनामा की मेरी बुकिंग एकदम आख़िरी वक़्त में हुई थी, इसलिए पनामा सिटी पहुँचने तक मुझे यह नहीं पता था कि उस रात मैं कहाँ सोने वाला था।

मैंने Airbnb पर मकानों की लिस्टिंग्स देखीं तो उस वक़्त बस यही घर ऐसा था जिसकी चाबियाँ मुझे तत्काल मिल सकती थीं। लेकिन अब पता चल रहा था कि इस घर में बैठकर तो मैं अपना पॉडकास्ट इंटरव्यू रिकॉर्ड नहीं कर सकता था, और इसके अलावा कोई और जगह मुझे पता नहीं थी। मैंने असहायता से भरकर एक गहरी निःश्वास छोड़ी और खुद से कहा कि साक्षात्कार रद्द करने के अलावा और

कोई विकल्प नहीं है। पहले मैंने सोचा कि इसे किसी और दिन कर लेंगे, लेकिन इस बार ही डॉक्टर रॉक इतनी मुश्किल से समय निकाल पाए थे कि उनसे दुबारा किसी और दिन समय देने की उम्मीद करना बेमानी था।

मैंने उनके सहायक को भेजने के लिए एक ईमेल टाइप करना शुरू किया : "दुर्भाग्यवश मुझे कल का साक्षात्कार रद्द करना पड़ रहा है...।" लेकिन यह वाक्य टाइप करते-करते मेरे भीतर कुछ बदल गया।

मैं इसकी वजह क्या बताऊँगा उन्हें? मैंने मन ही मन सोचा। मैं यह तो बिल्कुल नहीं कहना चाहता था कि 'मुझे कुछ और काम आ गया है,' क्योंकि यह तो बड़ी अशिष्टता होती।

और जो सच था, वो बड़ा पेचीदा था। सच यह था कि छः महीने पहले कोलंबिया के वीज़ा के लिए किया गया मेरा आवेदन खारिज कर दिया गया था। वीज़ा पाने का तरीका बड़ा सीधा-सरल था, इसलिए इसमें कोई दिक्कत नहीं होनी चाहिए थी। सभी देश विदेशी निवेश चाहते हैं। तो जो भी विदेशी निवेशक उनके नियम-शर्तों पर खरा उतरता है, उसे वीज़ा दे दिया जाता है। मैंने भी कोलंबिया की एक कम्पनी में निवेश किया था। मैं सभी नियम-शर्तें पूरी करता था, लेकिन फिर भी मेरा आवेदन खारिज कर दिया गया।

और अब मैं पनामा में फँसा हुआ हूँ। आठ दिन बाद मैं पुनः कोलंबिया के लिए उड़ान भरूँगा और अगले दिन ही फिर से आवेदन दूँगा, क्योंकि उसी दिन से मैं वीज़ा पाने का हकदार हो जाऊँगा। उन्हें समझ आ जाएगा कि उन्होंने गलती की थी, वे मुझे वीज़ा दे देंगे, और मेरी परेशानी के दिन ख़त्म हो जाएँगे।

लेकिन फिलहाल तो मैं परेशानी में पड़ा हुआ हूँ। पिछले छः महीनों में यह पाँचवी बार है जब मुझे 'वैध पर्यटक' बने रहने के लिए इस तरह कोलंबिया छोड़कर किसी अन्य देश में शरण तलाशनी पड़ी है। स्थिति इतनी विकट न हुई होती, यदि कानून की वह आश्चर्यजनक व्याख्या न की गई होती जिसके चलते मेरे पर्यटक परमिट में बचे हुए दिनों में एक महीने की कटौती हो गई। स्थिति इतनी विकट न हुई होती, यदि उस आव्रजन अधिकारी ने मेरे पासपोर्ट पर बचे हुए दिनों की गलत संख्या न लिखी होती। और इन सब बातों से कोई फर्क ही नहीं पड़ता यदि आश्चर्यजनक रूप से मेरा वीज़ा आवेदन खारिज न कर दिया गया होता, वो भी बिना कोई कारण बताए। आपको क्या लगता है, क्या कारण हो सकता था? किसी को 'रिजेक्शन कोटा' भरना था? किसी को ऐसा लगा कि मेरे दस्तावेज़ नकली थे? या फिर किसी को मेरे मुस्कराने का तरीका पसंद नहीं आया? मेरे बारम्बार पूछने

पर मुझसे कहा गया कि 'कारण गोपनीय है, बताया नहीं जा सकता।' मेरी समझ से इसका मतलब होता है, 'हमारा मन नहीं था, तो नहीं दिया।' मैं एक के बाद एक कई वकीलों के पास गया, पर कोई भी इस मामले में मेरी मदद करने को तैयार नहीं हुआ।

तो अभी के लिए तो कुछ भी अच्छा नहीं हो रहा है। पैर जमाने के लिए ठोस ज़मीन तलाशने की महीनों लम्बी जद्दोजहद के बाद मैं अचानक से उस ज़मीन पर खड़े होने को मजबूर कर दिया गया हूँ जिस पर लोहे की एक दैत्याकार मशीन द्वारा हर मिनट सैकड़ों प्रहार किए जा रहे हैं।

तो डॉक्टर रॉक के साथ साक्षात्कार रद्द करने वाला ईमेल टाइप करते-करते मुझे अहसास हुआ कि मैं चीज़ों को ज़रूरत से ज़्यादा ही नकारात्मक ढंग से ले रहा हूँ। अकारण ही निराशा को अपने दिमाग पर हावी होने दे रहा हूँ। *'इससे निकलने का कोई न कोई रास्ता तो ज़रूर होगा,'* मैंने मन ही मन सोचा। माना कि परिस्थितियाँ विपरीत हैं। माना कि ये परिस्थितियाँ मेरे नियंत्रण से बाहर हैं। लेकिन इसका मतलब यह तो नहीं कि मेरे नियंत्रण में कुछ भी नहीं है। यह पल निश्चय ही मेरे नियंत्रण में है। छः महीने पहले एक आव्रजन अधिकारी की सनक के कारण जो गड़बड़ हुई, उससे मैं आज इस पल को प्रभावित नहीं होने दूँगा।

मैंने उस ईमेल ड्राफ्ट को डिलीट कर दिया।

डॉक्टर डेविड रॉक के साथ साक्षात्कार वाले मेरे पॉडकास्ट एपिसोड को जिस कदर सकारात्मक प्रतिसाद मिला, उसे देखकर मैं खुद हैरान था। मेरे पॉडकास्ट के एक रिव्युअर ने ख़ास तौर पर उस एपिसोड की अनुशंसा करते हुए कहा था, "मुझे डेविड रॉक वाला एपिसोड ख़ास तौर से बहुत अच्छा लगा। कितना कुछ था उसमें जानने और सीखने के लिए।"

मैं हैरान इसलिए था क्योंकि यह मेरा अब तक का सबसे मुश्किल इंटरव्यू था। नहीं, डॉक्टर रॉक की वजह से नहीं। हालात की वजह से। मैं यह इंटरव्यू पनामा सिटी के एक साझा कार्यस्थल (को-वर्किंग स्पेस) पर किराए से लिए हुए एक कांफ्रेंस रूम में कर रहा था। वहाँ का जो ऑफिस मैनेजर था, वो मुझसे ख़ासा परेशान मालूम हो रहा था, क्योंकि मैं कोशिश कर रहा था कि चीज़ें जितनी बेहतर हो सकें हो जाएँ। कभी मैं उससे कहता, "आपके पास कुछ और तकिए होंगे क्या? मैं चाह रहा था कि उस टेबल पर थोड़े और तकिए रख दिए जाते ताकि प्रतिध्वनि (ईको) कम से कम हो।" तो कभी कहता, "क्या किसी तरह से हम इस

एयरकंडीशनर की आवाज़ थोड़ी कम नहीं कर सकते?" या फिर यह कि "क्या वाईफाई की जगह ईथरनेट कनेक्टिविटी मिल सकती है?"

अभी तक मैंने अपने पॉडकास्ट के लिए जितने भी दूरस्थ साक्षात्कार आयोजित किए थे, वे सब के सब मेडेलिन में अपने घर पर बनाए गए हर तरह से सुविधाजनक स्टूडियो में बैठकर किए थे। अब चूँकि मैं यह तय कर चुका था कि मैं हर हाल में यह साक्षात्कार आयोजित करके रहूँगा, चाहे इसके लिए जो भी करना पड़े, इसलिए मैं हरसंभव कोशिश कर रहा था कि कोई गड़बड़ न हो। लेकिन फिर भी क्योंकि यह पूरा सेटअप मेरे लिया एकदम नया था और ऊपर से वीज़ा संकट के काले बादल मेरे दिमाग पर हावी थे, इसके चलते मुझे इस साक्षात्कार पर ध्यान केन्द्रित करने के लिए एड़ी-चोटी का ज़ोर लगाना पड़ा।

मैंने हर हाल में यह साक्षात्कार आयोजित करने का फैसला एक मज़बूत पल में किया था। लेकिन वह मज़बूत पल इसलिए आया क्योंकि मेरे पास उसे पोषित करने के लिए पर्याप्त मानसिक ऊर्जा बची हुई थी। और मेरे पास वह मानसिक ऊर्जा इसलिए बची थी क्योंकि मुझे उसका ठीक तरह से प्रबंधन करना आता था - उस समय भी जबकि चीज़ें मेरी योजनानुसार न हो रही हों। मेरे पास रचनात्मक प्रणालियाँ थीं।

रचनात्मक प्रणालियाँ लगातार दोहराई जाने वालीं प्रक्रियाएँ हैं जो रचनात्मक कार्यों को पूरा करने में - विचार के स्तर से शुरू करके क्रियान्वयन तक लाने में - आपकी सहायता करती हैं। रचनात्मक प्रणालियाँ रचनात्मक प्रक्रिया को विभिन्न हिस्सों में बाँटकर और उन हिस्सों को क्रियान्वयन योग्य चरणों में बदलकर हमारी मानसिक ऊर्जा बचाती हैं। रचनात्मक प्रणालियाँ पुनरावृत्ति के माध्यम से कम समय और कम ऊर्जा खर्च करके अधिक तथा उच्च गुणवत्ता वाला काम करने में मददगार होती हैं।

आप कह सकते हैं कि रचनात्मक प्रणालियों का विचार विरोधाभासी मालूम पड़ता है, क्योंकि अभी तक हम यह चर्चा करते आए हैं कि रचनात्मक प्रक्रिया स्वभाव से ही अप्रत्याशित होती है। यह बात ठीक है कि यह अनुमान नहीं लगाया जा सकता कि रचनात्मक प्रक्रिया के माध्यम से अंतिम परिणाम क्या प्राप्त होगा, परन्तु कुछ समय के अभ्यास के बाद आप यह अनुमान ज़रूर लगा सकते हैं कि उस अंतिम परिणाम तक आप कैसे पहुँचेंगे।

एक से अधिक कपकेक

रचनात्मक प्रणालियों की तुलना एक साथ कई सारे कपकेक्स बनाने से करके देखें। आपने बैटर तैयार किया। फिर उस बैटर को कपकेक टिन में डाला। कपकेक टिन में दाएँ से बाएँ और ऊपर से नीचे साँचों की कई कतारें हैं। हर साँचे में डला बैटर थोड़ा अलग है - रंगत के मामले में, या फिर उसमें पड़ी सामग्रियों के मामले में। किसी में खसखस डली है, तो किसी में ब्लू बैरीज़। जब कपकेक बनकर तैयार हो गए तो आपने हर केक के ऊपर एक अलग तरह की फ्रॉस्टिंग या टॉपिंग (जैसे, रंगीन स्प्रिंकल) सजाई। या फिर फ्रॉस्टिंग तो एक ही रखी, पर हर केक के ऊपर उसे अलग तरह से सजाया।

कपकेक टिन के हर एक साँचे में मौजूद केक एक बराबर आकार और एक जैसी आकृति का है। हर केक को एक बराबर समय तक एक बराबर तापमान पर पकाया गया है। लेकिन तब भी आपके पास अब ढेर सारे और अलग-अलग तरह के केक हैं। इनमें से हरेक केक के पास अपनी अनूठी रंगत, अनूठा स्वाद, और अनूठा टेक्सचर है।

मैं डॉक्टर डेविड रॉक के साथ साक्षात्कार आयोजित करने का जुगाड़ बैठाने और साक्षात्कार के दौरान अपनी एकाग्रता बरकरार रखने में कामयाब रहा क्योंकि मुझे ठीक-ठीक पता था कि यदि यह साक्षात्कार नहीं हुआ तो मैं क्या खो दूँगा : न केवल मैं एक ऐसा साक्षात्कार करने का मौका गँवा देता जिसके लिए मैं पिछले तीन साल से प्रयासरत था (तब से जब से मैंने अपना पॉडकास्ट शुरू किया था), बल्कि मैं एक पॉडकास्ट सप्ताह भी खो देता।

लेकिन यह हिसाब लगाना (कि मैं क्या खो दूँगा) इतना सीधा-सरल नहीं था; तमाम अनिश्चितताएँ चल रहीं थीं दिमाग में। दिमाग में चल रहा था कि अभी और आठ दिन पनामा सिटी में ही रहना होगा - उसी भयानक भूकंपीय गतिविधि को झेलते हुए। दिमाग में चल रहा था कि आठ दिन बाद पहले वीज़ा साक्षात्कार के लिए यहाँ से बोगोटा के लिए उड़ान भरनी होगी, फिर वहाँ से मेडेलिन जाना होगा। वैसे तो मुझे पूरा यकीन था कि इस बार मेरा वीज़ा आवेदन स्वीकृत हो जाएगा, लेकिन अनहोनी का क्या भरोसा। दिमाग में चल रहा था कि यदि खुदा न खास्ता मेरा आवेदन फिर से खारिज हो गया, तो एक बार फिर मुझे खड़े होने के लिए ज़मीन और सर छुपाने के लिए छत की तलाश में भटकना पड़ेगा। इतने सारे 'अगर-मगर' और 'क्या-कैसे' का मतलब था कि यदि मैं किसी तरह डॉक्टर रॉक

के साथ साक्षात्कार को आगे बढ़वाने में सफल हो भी जाऊँ, तो भी उस एपिसोड को उसकी निर्धारित प्रसारण तारीख तक तैयार कर पाना संभव नहीं हो पाएगा।

मैं जो यह देख पाया कि यदि साक्षात्कार नहीं हुआ तो मैं क्या खो दूँगा, और मैं जो इस साक्षात्कार को किसी भी तरह संभव बनाने के लिए ज़रूरी मानसिक ऊर्जा तथा दृढ़ता जुटा पाया, वो सिर्फ इसलिए क्योंकि मेरे पास सामने एक निश्चित कार्यक्रम था, और मेरी कार्य-प्रबंधन प्रणाली में निष्पादन योग्य कार्यों की एक विश्वसनीय सूची थी।

जब मैंने रचनात्मक प्रणालियों का उपयोग शुरू नहीं किया था, तब मेरा इन पॉडकास्ट एपिसोड्स को तैयार करने का तरीका बहुत ही गैर-योजनाबद्ध था। जैसे ही मुझे थोड़ा खाली समय मिलता था, मैं सोचने लगता था कि इस बार के एपिसोड के लिए क्या तैयारी लगेगी, कितना शोध करना पड़ेगा, और क्या-क्या सवाल पूछने होंगे। और सारी तैयारी ऐसे ही 'थोड़ी अभी, थोड़ी कभी' वाले अंदाज़ में होती थी। कुल मिलाकर, मेरे पास कोई सुनियोजित प्रक्रिया नहीं थी। इसके फलस्वरूप मुझे बारम्बार 'प्राथमिकता निर्धारण' वाली मनःस्थिति में आना-जाना करना पड़ता था। देखा जाए तो मैं एक बार में एक कपकेक बना रहा था। मैं एक बार में कपकेक टिन के सिर्फ एक साँचे में बैटर भरकर उसे ओवन में रख देता था, फिर सोचता था कि इसे किस तापमान पर पकाना चाहिए, और फिर बारम्बार ओवन को खोलकर देखता था कि अभी पका या नहीं।

जब मैंने पनामा सिटी में डॉक्टर रॉक वाला एपिसोड किया, उस समय भी यदि मैं 'एक बार में एक कपकेप' वाला तरीका अपनाए होता, तो मेरी रचनात्मक ऊर्जा की भारी बर्बादी हो रही होती। एक तो वैसे ही उस समय मैं दुनिया भर के तनावों से जूझ रहा था (जिसमें मेरी बहुत सारी मानसिक ऊर्जा खर्च हो रही थी), उस पर से यदि मैं इस तरह अनियोजित शैली में काम करके मानसिक ऊर्जा की बर्बादी भी शुरू कर देता, तब तो उस एपिसोड का होना नामुमकिन था। मैं निश्चित रूप से हार मान लेता और पिछले तीन सालों से हर गुरुवार की दोपहर एक नए पॉडकास्ट एपिसोड का जो निर्बाध सिलसिला चला आ रहा था, वह टूट जाता।

खुशकिस्मती यह रही कि जिस समय से वीज़ा संबधी समस्याएँ शुरू हुई थीं, छः महीने पहले, लगभग उसी समय से मैंने रचनात्मक प्रणालियों को अपनी उत्पादन प्रक्रिया में शामिल करना शुरू किया था। आगामी छः महीनों में मेरे जीवन में जो उथल-पुथल मची, उसने मुझे इन प्रणालियों को बुलेटप्रूफ बनाने के लिए मजबूर कर दिया।

रचनात्मक प्रणालियाँ रचनात्मक-चक्रों की ऊर्जा को भली-भाँति प्रबंधित करके उसका अधिकतम दोहन सुनिश्चित करती हैं। रचनात्मक-चक्र वे यात्राएँ हैं जो हमारी रचनात्मक परियोजनाएँ रचनात्मकता के चार चरणों से गुज़रकर पूरी करती हैं। रचनात्मक प्रणालियाँ उन यात्राओं के यात्रा-कार्यक्रम हैं। वे तय करती हैं कि हम किस गंतव्य पर कब पहुँचेंगे, कहाँ कितनी देर रुकेंगे, और अगले गंतव्य पर पहुँचने के लिए आवागमन के किस साधन को उपयोग में लाएँगे।

न्यूनतम रचनात्मक खुराक

रचनात्मक प्रणालियों का मूलभूत अवयव (बिल्डिंग ब्लॉक) है 'न्यूनतम रचनात्मक खुराक'। 'न्यूनतम रचनात्मक खुराक' का विचार औषधि-विज्ञान की 'न्यूनतम प्रभावी खुराक' नामक अवधारणा से प्रेरित है। 'न्यूनतम प्रभावी खुराक' किसी दवा की वह न्यूनतम मात्रा होती है जिससे रोगी पर वांक्षित प्रभाव दिखाई देता है। इसी तर्ज़ पर, 'न्यूनतम रचनात्मक खुराक' किसी रचनात्मक परियोजना पर की जाने वाली वह सबसे छोटी कार्रवाई है जिसके माध्यम से उस परियोजना के संदर्भ में वांक्षित प्रगति की जा सकती है।

इस पुस्तक में हम ऊष्मायन की शक्ति के विषय में पहले ही काफी चर्चा कर चुके हैं। यह ऊष्मायन का ही कमाल है कि जब हम किसी परियोजना पर सक्रिय रूप से काम नहीं कर रहे होते हैं, तब भी उस परियोजना के संदर्भ में प्रगति हो रही होती है। हमारी गुप्त प्रतिभा जानकारियों को अल्पकालिक स्मृति से दीर्घकालिक स्मृति में भेज रही होती है, निरर्थक विचारों और जानकारियों को स्मृति से निकाल रही होती है, और अच्छे या काम के विचारों की तलाश कर रही होती है। यह सब तब होता है जब हम या तो सो रहे होते हैं, या किसी और परियोजना पर काम कर रहे होते हैं, या फिर बस किसी दीवार को एकटक देख रहे होते हैं।

लेकिन हमारी गुप्त प्रतिभा के पास तब तक कुछ करने को – ऊष्मायन को – नहीं होगा, जब तक कि हम उसे कच्चा माल उपलब्ध नहीं कराएँगे। यहीं से 'न्यूनतम रचनात्मक खुराक' की भूमिका शुरू होती है।

'न्यूनतम रचनात्मक खुराक' की शक्ति उस महत्वपूर्ण वजह पर प्रकाश डालती है जिसके चलते रचनात्मक उत्पादकता पारंपरिक उत्पादकता से भिन्न है। यह वजह है 'गैर-प्रासंगिक विचारों के सचेतन मस्तिष्क में आने के लिए खुले दरवाज़े'। 'गैर-प्रासंगिक विचार', मतलब गलत समय और गलत जगह दिमाग

में आने वाले विचार। ऐसे विचार जिन पर उस समय कोई कार्रवाई नहीं की जा सकती, जिस समय ये दिमाग में आते हैं। इस वजह से ये बेवजह हमारी एकाग्रता भंग करते हैं।

जब हम बिना किसी उत्पादकता प्रणाली की मदद के कोई काम करते हैं, तब ये गैर-प्रासंगिक विचार हमारे दुश्मन बन जाते हैं। पारंपरिक उत्पादकता में वृद्धि करने वालीं उत्पादकता प्रणालियों – जैसे कि 'गेटिंग थिंग्स डन' पुस्तक में बताई हुई प्रणाली - की खासियत यही होती है कि वे गैर-प्रासंगिक विचारों के असमय हस्तक्षेप को रोक देती हैं, सचेतन मस्तिष्क में उनके प्रवेश के लिए खुले दरवाजों को बंद कर देती हैं।

उदाहरण के तौर पर, आप उस समय अपनी बिल्ली के लिए खाना खरीदने के बारे में सोचना नहीं चाहेंगे जब आप किराने की दुकान में न हों। उस समय इस विचार का आना 'गैर-प्रासंगिक' होगा। इसकी बजाए आप चाहेंगे कि इस विचार को किसी 'भरोसेमंद प्रणाली' (यह नाम 'गेटिंग थिंग्स डन' के लेखक डेविड एलन का दिया हुआ है) में जमा कर दिया जाए। आप यह भरोसा रखना चाहेंगे कि जब कभी भी आप किराने की दुकान में जाएँगे, तो आपको याद आ जाएगा कि बिल्ली के लिए खाना खरीदना है। जिस घड़ी आप बिल्ली के लिए खाना खरीदने के विषय में सोचते हैं, उसी घड़ी यह काम आपकी किराना-सूची में चला जाता है, और आप इस बात पर भरोसा करते हैं कि जब भी आप किराने की दुकान में जाएँगे तो आपको याद आ जाएगा कि बिल्ली का खाना लेना है।

जैसे ही बिल्ली के लिए खाना खरीदने का विचार आपकी किराना-सूची में दर्ज होता है, वैसे ही इस विचार के सचेतन मस्तिष्क में आने के लिए खुला दरवाज़ा बंद हो जाता है। अब आपका मन-मस्तिष्क निश्चिन्त होकर अन्य कामों पर ध्यान केन्द्रित कर सकता है।

बात जब पारंपरिक उत्पादकता की हो तो 'गैर-प्रासंगिक विचार' और उनके भीतर आने के लिए खुले दरवाज़े (जिन्हें अंग्रेज़ी में 'ओपन लूप' कहते हैं) आपके शत्रु होते हैं। लेकिन रचनात्मक उत्पादकता के मामले में ये खुले दरवाज़े वरदान सिद्ध होते हैं। ये खुले दरवाज़े आपकी 'गुप्त प्रतिभा' को कच्चा माल उपलब्ध कराते रहते हैं। यदि आप ऊष्मायन के माध्यम से न्यूनतम सक्रिय प्रयास करके अधिकतम लाभ पाना चाहते हैं, तो उसका उपाय है 'न्यूनतम रचनात्मक खुराक'।

यदि आप न्यूनतम रचनात्मक खुराक का कमाल देखना चाहते हैं तो यह प्रयोग करके देखें : अगली बार जब भी आपको किसी भी विषय में कोई भी

रचनात्मक विचार सूझे (किसी लघुकथा का विचार, किसी पेंटिंग का विचार, या किसी गीत का विचार) तो अपनी गुप्त प्रतिभा को उसकी एक न्यूनतम रचनात्मक खुराक दे दें। कुछेक पंक्तियाँ लिख डालें, या कोई रफ़ स्केच बना डालें, या थोड़ा सा गुनगुना कर उसे अपने मोबाइल में रिकॉर्ड कर लें। इस काम को दो मिनट से ज़्यादा का समय न दें। फिर, इसे भूल जाएँ और दूसरे कामों में लग जाएँ।

और हाँ, भूलने से पहले अपने मोबाइल में अगले दिन का एक रिमाइंडर लगा लें, जो अगले दिन आपको याद दिला दे कि इन कुछेक पंक्तियों, रफ़ स्केच और गुनगुनाहट पर दुबारा काम करने का समय हो गया है। अगले दिन फिर इस पर काम करें। कुछेक मिनटों के लिए ही। आप देखेंगे कि आज आपको इसे आगे बढ़ाने में उतनी दिक़्क़त नहीं होगी जितनी कल हुई थी।

साप्ताहिक-समीक्षा के दौरान जब मैं किसी बड़े प्रोजेक्ट के एक छोटे-से हिस्से पर काम करता हूँ, जैसा कि मैंने पिछले अध्याय में बताया था, तो मैं 'न्यूनतम रचनात्मक खुराक' का ही उपयोग कर रहा होता हूँ। मैं ऐसा इसलिए करता हूँ क्योंकि न्यूनतम रचनात्मक खुराक विशेष रूप से कठिन रचनात्मक समस्याओं पर काम करते समय बहुत कारगर होती है। कठिन रचनात्मक समस्याओं के मामले में टालामटोली आसान होती है, लेकिन तब नहीं जब आप न्यूनतम रचनात्मक खुराक का उपयोग करने के लिए प्रतिबद्ध होते हैं। आप उस काम को टालने के बारे में नहीं सोच सकते जिसे करने में सिर्फ 2 मिनट लगते हों। जब आप किसी काम को केवल 2 मिनट के लिए करने का निश्चय करते हैं, तब आपके पास यह बहाना नहीं रह जाता कि 'मेरे पास समय ही नहीं है'।

जब आप अपनी कठिनतम रचनात्मक समस्याओं पर काम कर रहे होते हैं, तब आपको ऊष्मायन की सबसे ज़्यादा ज़रूरत होती है। ऐसी समस्याओं पर काम करते समय आपको बहुत सारी बातों पर बहुत सारे कोणों से विचार करना पड़ता है, बहुत सारे संयोजनों को परखना पड़ता है, बहुत सारे रास्तों पर जा-जाकर देखना पड़ता है। ऐसी स्थिति में यदि आप समस्या को एक ही बार में हल करने का प्रयास करेंगे तो रचनात्मक अवरोधों का सामना करना पड़ेगा। न्यूनतम रचनात्मक खुराक एक बार में एक कोण, एक संयोजन, एक रास्ते को सक्रिय करने में सहायती करती है। यह आपको गैर-प्रासंगिक विचारों के लिए ढेर सारे दरवाज़े खोलने में मदद करती है। अपने दिमाग को न्यूनतम रचनात्मक खुराक देकर जब आप अपनी दैनिक गतिविधियों में व्यस्त हो जाते हैं, अन्य परियोजनाओं पर काम

करने लगते हैं, और रात को सोते हैं, तब आपका अवचेतन उस खुराक का उपयोग करने में व्यस्त हो जाता है।

इसके अलावा, किसी रचनात्मक परियोजना पर काम करते समय गैर-प्रासंगिक विचारों के लिए दरवाज़े खुले रखने से आप उन सभी संदर्भ सामग्रियों के प्रति ग्रहणशील हो जाते हैं जो दिन भर अलग-अलग काम करते समय आपके सामने आती हैं। उस कहानी पर गौर करें जो डॉ. रॉबर्ट मौरर ने मेरे पॉडकास्ट पर सुनाई थी। डॉ. मौरर की विशेषज्ञता अपने मरीजों को बहुत छोटे-छोटे क़दमों के सहारे प्रगति करने में सहायता करने में है। और उन्होंने एक किताब भी लिखी है, जिसका शीर्षक है – 'वन स्मॉल स्टेप'।

अपने एक सेमीनार में डॉ. मौरर ने प्रतिभागियों से एक प्रश्न किया था : *आज सुबह पार्किंग में आपने अपनी कार जहाँ खड़ी की थी, उसी लाइन में आपकी कार से एक कार छोड़कर जो कार खड़ी थी, वो कौन से रंग की थी?* ज़ाहिर बात है कि इसका उत्तर किसी के भी पास नहीं था। अगले दिन उन्होंने फिर यही प्रश्न किया। अबकी बार कुछेक लोगों ने बता दिया। तीसरे दिन उन्होंने फिर पूछा। अबकी बार हरेक व्यक्ति के पास इसका उत्तर था। लगातार यह प्रश्न पूछते रहकर डॉ. मौरर ने एक गैर-प्रासंगिक विवरण के लिए एक खुला दरवाज़ा तैयार कर दिया था। इसलिए अगली बार जिस समय यह विवरण प्रासंगिक हुआ, यानी कि कार पार्क करते समय, उस समय सभी को याद आ गया कि अपनी कार से एक कार छोड़कर जो कार खड़ी है, उसका रंग देखना है।

यह बाडर-मेनहोफ़ घटना की तरह है : जब आप कोई नया शब्द सीखते हैं तो अचानक से वह शब्द आपको हर जगह नज़र आने लगता है। एक बार वह शब्द आपके अवचेतन में बैठ गया तो फिर उसकी उन जगहों पर उपस्थिति भी आपकी नज़रों में आने लगती है जहाँ पहले कभी आपने उस पर गौर नहीं किया था। एक बार यदि कोई रचनात्मक समस्या आपके अवचेतन मन में बैठ जाती है, तो फिर जब भी उसका समाधान आपके सामने आता है तो आप अधिक आसानी से उसे नोटिस कर पाते हैं।

(वैसे मैं आपको बताना चाहूँगा कि यह जो बाडर-मेनहोफ़ घटना है, इसका नामकरण बाडर-मेनहोफ़ गिरोह के नाम पर किया गया था। यह बाडर-मेनहोफ़ गिरोह क्रांतिकारी आतंकवाद के रास्ते पर चलने वाला एक धुर वामपंथी समूह था, जो 1970, '80 और '90 के दशक में जर्मनी में सक्रिय था। आपने कभी सुना

नहीं इसके बारे में? अब आपको हर जगह इसी के बारे पढ़ने-सुनने को मिलेगा, देख लीजिएगा।)

चार्ल्स गुडइयर ने रबर के वल्कनीकरण की प्रक्रिया कैसे खोजी थी, पता है आपको? वे रबर और सल्फर का मिश्रण हाथ में लिए हुए थे और गलती से यह मिश्रण एक जलते हुए स्टोव पर गिर गया। तब गुडइयर ने गौर किया कि सल्फर और गर्मी के संयोजन ने रबर का गुणधर्म ही बदल दिया था। संयोगवश घटी इस घटना ने जो अवसर उपलब्ध कराया था, उस अवसर को गुडइयर इसलिए पहचान पाए और भुना पाए क्योंकि रबर का गुणधर्म बदलने वाली समस्या लम्बे समय से उनके अवचेतन में जमी बैठी थी। उन्होंने एक दरवाज़ा खुला छोड़ रखा था। वह पिछले पाँच सालों से ऐसी रबर बनाने के लिए प्रयासरत थे जो न तो सर्दियों में चटके और न ही गर्मियों में पिघले।

जब मैंने स्पेनिश सीखना शुरू किया था, तब 'न्यूनतम रचनात्मक खुराक' का उपयोग मेरे बहुत काम आया था। संकल्पनात्मक कलाकार (कन्सेप्चुअल आर्टिस्ट) और तंत्रिका विज्ञानी डेनियल जे. विल्सन ने मुझे एक बड़ी ही कारगर तरकीब बताई थी इसके लिए। उन्होंने मुझसे कहा था कि मैं स्पेनिश भाषा की कोई भी एक फिल्म चुन लूँ और फिर हर दिन नाश्ते के समय उस फिल्म का शुरुआती बीस मिनट का हिस्सा देखूँ। मैंने इसे गुरुमंत्र समझकर अपना लिया और हर दिन नाश्ता करते समय उसी फिल्म का वही शुरुआती 20 मिनट वाला हिस्सा देखने लगा।

पहले हफ्ते कुछ भी नहीं हुआ। मेरे कानों में पड़ने वाले संवाद मेरे लिए बेमानी थे। मुझे कुछ भी समझ नहीं आता था। हाँ, कभी-कभी जब मैं नज़रें उठाकर स्क्रीन के नीचे चल रहे अंग्रेज़ी सब-टाइटल्स पढ़ लेता था, तभी कुछ-कुछ पल्ले पड़ता था।

लेकिन धीरे-धीरे वाकई कमाल की चीज़ें होने लगीं। वे बेमानी-सी आवाज़ें उसी तरह मेरे दिमाग में बैठने लगीं जिस तरह किसी गाने के बोल या धुन बैठने लगती है। धीरे-धीरे उन बेमानी आवाजों के मायने समझ आने लगे। अब मैं दिन भर जहाँ-जहाँ भी जाता, तो मुझे वे ही बातें दिखाई-सुनाई पड़तीं। मैं खुद से कहता, 'वे फिल्म में इसे इस तरह कहते हैं, तो मैं भी ऐसे ही कहूँगा।' कुछ समय बाद मैंने अंग्रेज़ी सब-टाइटल्स वाला विकल्प छोड़कर स्पेनिश सब-टाइटल्स वाला विकल्प चुन लिया। अब तक उन बेमानी आवाजों के इतने मायने मुझे समझ आने लगे थे कि मैं उनका स्क्रीन पर नीचे लिखे शब्दों से मेल कर लेता था।

फ़िल्में देखकर नई भाषाएँ सीखने की कोशिश करने वाला मैं अकेला नहीं हूँ; बहुत सारे लोग ऐसा करते हैं। लेकिन उन सभी को इसमें कामयाबी नहीं मिलती। क्यों? क्योंकि वे हर बार एक नई फिल्म देखते हैं। लेकिन जब तक आप भाषा के उन्नत स्तर पर न हों, तब तक इस तरीके से सीखना मुमकिन नहीं होगा। यदि आप हर बार एक नई फिल्म देखेंगे तो उस अंजान भाषा की ध्वनियाँ और ध्वनियों के विशिष्ट संयोजन आपके दिमाग में नहीं बैठेंगे। जब हम एक ही फिल्म का एक ही हिस्सा बारम्बार देखते हैं, तब हमारे अवचेतन की गुप्त प्रतिभा को उन ध्वनियों व संयोजनों को पहचानने व याद रखने का मौका मिलता है। यदि आप अपनी गुप्त प्रतिभा को न्यूनतम रचनात्मक खुराक देंगे, तो उन खुराकों के बीच का समय उत्पादक बन जाएगा।

रचनात्मक-प्रणालियों में रचनात्मक-चक्र

पनामा सिटी वाले पॉडकास्ट एपिसोड तक पहुँचते-पहुँचते मैं इन एपिसोड्स को बनाने की अपनी प्रक्रियाओं को रचनात्मक प्रणालियों में बाँट चुका था। और मैं जानता था कि जब तक मैं अपनी कार्य-प्रबंधन प्रणाली (टास्क मैनेजमेंट सिस्टम) में शामिल कार्यों को करता रहूँगा, तब तक मेरा हर एपिसोड रचनात्मकता के चारों चरणों से गुज़रता हुआ अपने अंजाम तक पहुँचता रहेगा। साथ ही मैंने इन कार्यों को न्यूनतम रचनात्मक खुराकों में बदल लिया था, जिसके चलते इन्हें करना आसान हो गया था।

मेरी ये जो रचनात्मक प्रणालियाँ थीं, ये रचनात्मक चक्रों की लयों के अनुसार तैयार की गई थीं। इसके चलते मैं न्यूनतम प्रयास में अधिकतम रचनात्मक उत्पादन हासिल कर पा रहा था।

मैं अपने पॉडकास्ट एपिसोड्स की योजना वार्षिक-चक्र को ध्यान में रखकर तैयार करता था। जैसा कि मैंने आपको पिछले अध्याय में बताया था, साल में कुछ ऐसी विशिष्ट समयावधियाँ होती हैं जब एपिसोड्स के लिए अतिथियों को आमंत्रित करना मुश्किल होता है। जैसे कि साल की शुरुआत में। साल की शुरुआत में लोग नए एवं सर्वाधिक महत्वपूर्ण लक्ष्यों पर अधिक ध्यान केन्द्रित करते हैं, और पॉडकास्ट आमंत्रण अक्सर इन लक्ष्यों में शामिल नहीं होते। इसके अलावा, गर्मियों में लोग छुट्टियों के लिए बाहर जाना तथा यात्राएँ करना अधिक पसंद करते हैं।

मैंने हिसाब लगाया कि यदि मैं तीन-तीन माह लम्बे दो अलग-अलग मौसमों में हर सप्ताह एक एपिसोड तैयार करने का लक्ष्य बनाऊँ, तो मेरे पास साल भर के लिए पर्याप्त एपिसोड्स होंगे (यदि मैं हर पंद्रह दिन में एक एपिसोड प्रसारित करता हूँ तो)। इसलिए अब मैं मार्च, अप्रैल और मई के महीनों में हर हफ्ते एक एपिसोड तैयार करने की कोशिश करता हूँ; फिर यही प्रक्रिया मैं सितम्बर, अक्टूबर और नवम्बर में दोहराता हूँ। (दिसम्बर में लोगों को पॉडकास्ट साक्षात्कार के लिए राज़ी करना मुश्किल होता है। इसके अलावा मैं खुद भी चाहता हूँ कि दिसम्बर में काम ज़्यादा न रहे। दिसम्बर में मैं सर्दी की छुट्टियों का जो सांस्कृतिक प्रचलन है, जो कि वार्षिक रचनात्मक-चक्र का प्रतीक है, उसका लाभ उठाकर उस सहज ही भंग हो जाने वाली अंतर्दृष्टिपूर्ण मनःस्थिति में गहरे उतरने का प्रयास करता हूँ जिसका उल्लेख जॉन कोनियस ने पिछले अध्याय में किया था। इससे मुझे अपनी दशा और दिशा का पुनर्मूल्यांकन करने और नए साल के लिए तैयार होने में मदद मिलती है।)

तो वार्षिक-चक्र में पॉडकास्ट के लिए मेरी रचनात्मक प्रणाली कुछ इस तरह होती है :

साक्षात्कार के 'मौसम'

पॉडकास्ट एपिसोड्स तैयार करने की मेरी रचनात्मक प्रणाली मासिक-चक्र में भी काम करती है। हर महीने के आख़िरी सप्ताह में मैं अगले महीने प्रसारित होने वाले सभी एपिसोड्स को प्रसारण के लिए तैयार करता हूँ। पर इससे पहले मुझे हर एपिसोड के लिए 'परिचय' वाले भाग रिकॉर्ड करने होते हैं। यह काम मैं आख़िरी सप्ताह से पहले वाले सप्ताह में (यानी कि महीने के तीसरे सप्ताह में) करता हूँ। और उससे पहले वाले सप्ताह में (यानी कि महीने के दूसरे सप्ताह में) मैं इन परिचय वाले भागों की पटकथाएँ लिखता हूँ।

इस प्रकार, मासिक-चक्र में मेरी पॉडकास्ट तैयार करने की रचनात्मक प्रणाली कुछ इस तरह दिखाई पड़ती है :

पॉडकास्ट कार्य

महीने के अलग-अलग सप्ताहों में

कोई काम नहीं

प्रोग्रामिंग

रिकॉर्डिंग

प्रोडक्शन

उपरोक्त मासिक-चक्र के भीतर मेरे साप्ताहिक-चक्र चलते हैं। मैं पहले ही बता चुका हूँ कि मेरी पूरी कोशिश रहती है कि सोमवार को पॉडकास्ट का काम न करूँ। पॉडकास्ट का सबसे ज़्यादा काम मैं करता हूँ गुरुवार को। मेरी कोशिश हमेशा यही रहती है कि सभी साक्षात्कार गुरुवार को ही हों।

अतः, साप्ताहिक-चक्र में मेरी पॉडकास्ट तैयार करने की रचनात्मक प्रणाली कुछ इस तरह दिखाई पड़ती है :

पॉडकास्ट कार्य

सप्ताह के अलग-अलग दिनों में

सोमवार शुक्रवार

इन साप्ताहिक चक्रों के भीतर फिर अलग-अलग दिन होते हैं। इन दिनों में फिर अलग-अलग समय होता है। पॉडकास्ट का काम मैं जिस भी दिन करूँ, दोपहर में ही करता हूँ।

तो जब भी मैं साक्षात्कार की योजना बनाता हूँ तो हमेशा यही कोशिश करता हूँ कि वह गुरुवार दोपहर में हो। अमूमन यह समय आमंत्रित अतिथियों को भी रास आता है, लेकिन कभी-कभी मुझे यह काम बुधवार या शुक्रवार दोपहर में भी करना पड़ता है। कभी-कभी ऐसा भी होता है कि कोई अतिथि उस समय यूरोप में है। मेडेलिन में जब दोपहर होती है, तो यूरोप में रात हो रही होती है। ऐसे मामलों में समय की इस विसंगति को देखते हुए मुझे सुबह के समय साक्षात्कार करना पड़ता है।

जब मैं एक ही दोपहर में बैठकर पूरे महीने के एपिसोड्स एक साथ तैयार करता हूँ, तो इसे 'बैचिंग' कहा जाता है। हिंदी में कहें तो 'थोक उत्पादन'। जब मैं बैचिंग करता हूँ तब मैं एक अकेला कपकेक बनाने की बजाए पूरे कपकेक टिन को ही पका रहा होता हूँ। बैचिंग कोई नई चीज़ नहीं है। एक समय में एक ही उत्पाद का बहुत बड़ी संख्या में उत्पादन करने की इस अवधारणा से बहुत सारे लोग परिचित हैं। विनिर्माण उद्योग तो पूरा का पूरा बैचिंग पर ही आधारित है – इसी के चलते हम कार और स्मार्टफ़ोन जैसी कमाल की चीज़ें बहुत ही कम लागत में तैयार कर पाते हैं।

जब हमें बिल्कुल एक जैसी चीज़ें बहुत बड़ी संख्या में बनानी हों, तब तो बैचिंग आसान होती है। लेकिन बात जब रचनात्मक काम की आती है, तब बैचिंग करना कठिन हो जाता है। यही वजह है कि कई सालों तक बैचिंग की अवधारणा से परिचित रहने के बाद भी मुझे कभी इसे अमल में लाने लायक ऊर्जा महसूस नहीं हुई अपने भीतर। मैं हमेशा खुद से यही कहता रहा, "अगली बार देखेंगे।" और जब तक मैं ऐसा कहता रहा, तब तक एक बार में एक ब्लॉग पोस्ट या एक पॉडकास्ट एपिसोड तैयार करने की प्रक्रिया में उलझकर परेशान होता रहा।

रचनात्मक कार्य प्रक्रियात्मक कार्य से भिन्न होता है, क्योंकि यह रचनात्मकता के चार चरणों का सम्मान किए जाने की माँग करता है। रचनात्मक प्रणालियाँ अन्य प्रक्रियाओं से भिन्न होती हैं, क्योंकि वे भी रचनात्मकता के चार चरणों का सम्मान किए जाने की माँग करती हैं। यही वजह है कि रचनात्मक प्रणालियाँ बैचिंग के प्रति एक अलग मानसिकता की माँग करती हैं।

मैं एक बार अपने एक दोस्त को उन रचनात्मक प्रणालियों के बारे में बता रहा था, जिनका उपयोग मैं पॉडकास्ट तैयार करने के लिए करता हूँ। मैंने उसे बताया कि मैं पूरी प्रक्रिया को लिखकर रखता हूँ। कब किस चरण पर काम करना है,

इसकी बाकायदा चेकलिस्ट्स बनाता हूँ। यह सुनकर उसने कहा, "ओह, तुम्हारा मतलब है एसओपी – स्टैण्डर्ड ऑपरेटिंग प्रोसीजर्स (मानक संचालन प्रक्रियाएँ)।"

पर मुझे अपनी प्रक्रियाओं को एसओपी कहे जाने पर कड़ी आपत्ति थी। मेरे विचार में वे एसओपी से बहुत अलग थीं। फिर कुछ सोचकर मैंने मुस्कराते हुए जवाब दिया, "हाँ, एसओपी - "स्लोपी ऑपरेटिंग प्रोसीजर्स ('अमानक' संचालन प्रक्रियाएँ)।"

एसओपी : स्लोपी ऑपरेटिंग प्रोसीजर्स ('अमानक' संचालन प्रक्रियाएँ)

'अमानक' संचालन प्रक्रियाएँ अनंतिम दस्तावेज़ हैं। मतलब, आप उन्हें इसी तरह देखते हैं कि उनमें जो भी दर्ज होता है, वो कभी भी अंतिम नहीं होता, हमेशा बदलता रहता है। इसीलिए वे किसी भी सूरत में 'मानक' नहीं हो सकते।

अगर कभी ऐसा हो कि मुझे रात में नींद न आ रही हो तो मैं पक्का खुद से कहूँगा कि मैं एक 'मानक संचालन प्रक्रिया' लिखने जा रहा हूँ। इस काम का विचार मात्र ही इतना भयभीत करने वाला, निरुत्साहित करने वाला, और हिम्मत तोड़ने वाला है कि नींद डरकर फ़ौरन आ जाएगी। 'मानक संचालन प्रक्रिया' तैयार करने का मतलब है किसी रचनात्मक काम को अंजाम देने का एक चरण-दर-दर, मानक तरीका निकालना। यह अपने आप में नामुमकिन काम है।

'मानक संचालन प्रक्रियाओं' की रचनात्मक कामों से पटरी नहीं बैठती। पर 'अमानक' संचालन प्रक्रियाओं का रचनात्मक प्रक्रिया के साथ भरपूर तालमेल रहता है। इसलिए अमानक संचालन प्रक्रियाओं को तैयार करना मज़ेदार होता है, और उनसे हमारी रचनात्मक ऊर्जा की बचत होती है।

जब भी मैं कोई रचनात्मक काम करता हूँ, तो एक अमानक संचालन प्रक्रिया दस्तावेज़ खोल लेता हूँ। उस काम पर पहली-दूसरी बार काम करते समय इस दस्तावेज़ में ज़्यादा कुछ दर्ज नहीं होता, बस कुछेक छोटी-बड़ी टिप्पणियाँ। इनमें से कुछेक टिप्पणियाँ उन प्रश्नों के रूप में होती हैं जो मैं अपने आप से पूछता हूँ। कुछ टिप्पणियाँ उन चरणों का वर्णन करती हैं जिन्हें शायद मैं भविष्य में दोहरा सकूँ। कुछ टिप्पणियाँ उस रचनात्मक काम के आधारभूत अवयवों को आकार देने का प्रयास होती हैं, जिसके लिए यह अमानक संचालन प्रक्रिया दस्तावेज़ बनाया जा रहा है। मेरे ये दस्तावेज़ अधूरे वाक्यों और वर्तनी की अशुद्धियों से भरे होते हैं। तभी तो मैं इन्हें 'अमानक" कहता हूँ।

उदाहरण के लिए, मेरी अमानक संचालन प्रक्रिया मुझे अपने पॉडकास्ट एपिसोड्स के लिए 'परिचय' वाले भाग की पटकथाएँ लिखने में सहायता करती है। ये 'परिचय' प्रत्येक एपिसोड की शुरुआत में कुछ मिनटों का भाग होता है, जिसमें मैं अपने श्रोताओं को बताता हूँ कि आज के एपिसोड में किन-किन विषयों पर बात होगी, और उन्हें इस बात के लिए प्रेरित करता हूँ कि वे एपिसोड को आखिर तक देखें। इसके अलावा, इसमें मैं श्रोताओं के लिए कुछ घोषणाएँ करता हूँ। साथ ही अपने स्पॉन्सरों के सन्देश भी शामिल करता हूँ।

इसकी बजाए यदि मैं ये 'परिचय' लिखने के लिए 'मानक संचालन प्रक्रिया' अपनाऊँ, तो फिर कुछ ऐसा होगा : मैं आमंत्रित अतिथि की वेबसाइट से उनका जीवन परिचय उठाऊँगा और उसे शब्दशः पढ़ दूँगा। इसमें मैं कुछ ऐसे मानक वाक्यांशों का तड़का लगाने की कोशिश करूँगा जो हद से ज़्यादा इस्तेमाल के चलते निरर्थक हो चुके हैं, जैसे कि "मैं तहेदिल से स्वागत करता हूँ अपने आज के मेहमान का," या "चलिए शुरू करते हैं!"

यदि मैं थोड़ा और प्रेरित महसूस कर रहा होऊँगा तो साक्षात्कार के बारे में भी कुछ बातें कह सकता हूँ। काम को आसान बनाने की गरज से चूँकि मैं मानक संचालन प्रक्रिया का पालन कर रहा होऊँगा, तो मैं हर साक्षात्कार में हर अतिथि से एक जैसे ही सवाल पूछूँगा। मतलब हर साक्षात्कार के लिए अलग सवाल तैयार करने की ज़हमत नहीं उठाऊँगा। यदि मैं परिचय वाले भाग के लिए कुछ टीज़र्स लिखना चाहूँगा, तो सवालों के जवाब में अतिथियों द्वारा कही गईं बातों को ही उठा लूँगा।

इससे पॉडकास्ट 'परिचय' लिखना और साक्षात्कार के लिए तैयारी करना आसान हो जाएगा, औए कुछ पॉडकास्ट इस तरह काम कर भी रहे हैं। 'परिचय' लिखने के लिए इस तरह का फॉर्मेट अपनाना कुछ भी न लिखने से तो बेहतर होगा, लेकिन यह भी सच है कि यह 'कुछ' बहुत उबाऊ होगा। यह ऐसा होगा जैसे आपने पूरी कपकेक टिन भरके वनिला कपकेक बनाए और उन सभी कपकेक्स पर वनिला फ्रॉस्टिंग की ही सजावट कर दी।

लेकिन यह मेरे श्रोताओं के लिए अच्छा नहीं है, और ज़ाहिर है कि पॉडकास्ट प्रोड्यूसर होने के नाते मेरे लिए भी नहीं है। इस पॉडकास्ट को चलाने के पीछे मेरा मकसद आमंत्रित अतिथियों से उनकी विशेषज्ञता वाले विषयों की महत्वपूर्ण बातें सीखना-समझना और उस समझ को अपने श्रोताओं के साथ साझा करना है। इसके लिए ज़रूरी है कि मैं अतिथियों के साथ होने वाली बातचीत को अच्छी तरह

आत्मसात करूँ और उसमें से वे ज़रूरी सबक छाँटूँ जो मुझे अपने श्रोताओं के साथ साझा करने हैं। और मुझे इन सबकों को इस तरह एक कड़ी में पिरोना होता है जिससे कि वे श्रोताओं को एक बार सुनने पर ही समझ आ जाएँ। भले ही इन्हें सीखने-समझने के लिए मुझे घंटों तैयारी करनी पड़ी हो और बातचीत को कई-कई बार सुनना पड़ा हो, पर श्रोताओं के पास तो एक बार सुनने का ही समय होता है, इसलिए उनके लिए इसका सार-संक्षेपण आवश्यक होता है। इस तरह जब हम करते हैं, तब हर कपकेक पिछले वाले कपकेक से अलग बनता है।

शुरू-शुरू में जब मैंने परिचय वाले भाग के लिए पटकथाएँ लिखीं, तब मेरी अमानक संचालन प्रक्रिया कुछ इस तरह थी:

(अच्छे से अच्छे 'परिचय' कैसे लिखे जा सकते हैं? साक्षात्कार के दौरान होने वाली बातचीत को मुझे भली-भाँति आत्मसात करना चाहिए। इस बातचीत की मुख्य-मुख्य बातें क्या रहीं? कौन-कौन सी बातें ऐसी थीं जिनकी क्लिपिंग्स बनाकर सोशल मीडिया पर डाली जा सकती हैं, या एपिसोड के शुरू में टीज़र के तौर पर उपयोग की जा सकती हैं?)

कोष्ठक वस्तुतः एसओपी में हैं। यहाँ 'एस' का मतलब 'स्लोपी' (अमानक) है, यह मत भूलिएगा। ये कोष्ठक मुझे आधे-अधूरे वाक्य लिखने की अनुमति देते हैं।

दोहराव की ज़बरदस्त शक्ति

शुरू-शुरू में मैं परिचय वाले भाग की पटकथा एक ही बैठक में लिखने का प्रयास करता था। मैं कंप्यूटर पर बैठता था, पूरा एपिसोड सुनता था, और साथ ही यह भी सोचता जाता था कि इसका परिचय किस तरह दिया जाना चाहिए। फिर धीरे-धीरे अनुभव से यह समझ आया कि यह काम अधिक आसान और अच्छा हो सकता है, यदि मैं खुद को न्यूनतम रचनात्मक खुराक दूँ और अधिकांश काम अपनी गुप्त प्रतिभा को करने दूँ।

अब मैं किसी भी साक्षात्कार को कई बार सुनता हूँ और उसके बाद ही परिचय लिखता हूँ। अब मैं जिस तरीके से करता हूँ उससे इसमें पहले की अपेक्षा कम समय लगता है, और यह काम पहले की तरह कठिन व ऊबाऊ भी नहीं लगता। साक्षात्कार सुनने के लिए मैं अब कंप्यूटर पर बैठा नहीं रहता हूँ। मैं इसे एक मोबाइल एप पर लोड कर लेता हूँ और उस समय सुनता हूँ जब कोई

और काम कर रहा होता हूँ। वैसे तो मल्टीटास्किंग कारगर नहीं रहती। लेकिन मैं ये साक्षात्कार तब सुनता हूँ जब कोई ऐसा काम कर रहा होऊँ जिसमें अधिक एकाग्रता की आवश्यकता नहीं होती। नीर इयाल अपनी पुस्तक 'इनडिस्ट्रेक्टेबल' में इसे 'मल्टीचैनल मल्टीटास्किंग' कहते हैं, क्योंकि इसमें दो भिन्न-भिन्न मानसिक संसाधनों (चैनल्स) का उपयोग होता है। मैं ये साक्षात्कार खाना बनाते समय सुनता हूँ, खाना खाते समय सुनता हूँ, नहाते समय सुनता हूँ, या फिर सैर करते समय सुनता हूँ। मैं हर साक्षात्कार को लगभग तीन बार सुनता हूँ।

मैं इन साक्षात्कारों को बारम्बार वैसे ही सुनता हूँ जैसे स्पेनिश सीखने के लिए किसी स्पेनिश फिल्म के शुरू के हिस्से को बारम्बार देखता था – बिना ज़्यादा दिमाग लगाए; जो सुनाई दे रहा है, उस पर ध्यान देने के लिए खुद को मजबूर किए बिना। मुझे पता रहता है कि बारम्बार सुनते-सुनते मुझे खुद ही यह सूझने लगेगा कि कौन सी बात काम की है और कौन सी नहीं। और वाकई ऐसा ही होता है। प्रायः तीसरी बार सुनते हुए मुझे यह आभास हो जाता है कि कौन सा हिस्सा दिलचस्प है और किस हिस्से को हटा दिया जाना चाहिए। इसके अलावा, कभी-कभी इन साक्षात्कारों को थोड़ी तेज़ गति में चलाकर भी सुनता हूँ, लेकिन तब भी मुझे ठीक-ठीक समझ आता है कि क्या कहा जा रहा है। ऐसा इसलिए होता है क्योंकि ऊष्मायन की प्रक्रिया के चलते संवाद के वे स्वर मेरी दीर्घकालिक स्मृति में बैठ चुके होते हैं। (साक्षात्कार के समय सुनी हुईं बातें परिचय लिखते समय दुबारा सुनने के समय तक अल्पकालिक स्मृति से निकलकर दीर्घकालिक स्मृति में जा चुकी होती हैं।)

साक्षात्कारों को बारम्बार सुनने की प्रक्रिया के दौरान ही परिचय लिखने की तैयारी शुरू हो जाती है। पहली बार सुनने के दौरान मैं कुछ भी नहीं लिखता हूँ, पर दूसरी और तीसरी बार सुनते समय मैं उन बातों को लिखता चलता हूँ, जो मुझे महत्वपूर्ण मालूम होती हैं।

अंततः जब मैं परिचय लिखने बैठता हूँ, तब तक इस काम का सबसे कठिन हिस्सा पूरा हो चुका होता है – और यह मैंने दूसरे कामों में व्यस्त रहते समय किया होता है! इसके अलावा, मेरे पास साक्षात्कार की महत्वपूर्ण एवं दिलचस्प बातों तथा अंतर्दृष्टियों की सूची होती है। इन बातों को आधार बनाकर मैं फ़टाफ़ट एक कच्चा संस्करण (रफ़ ड्राफ्ट) लिख डालता हूँ।

न्यूनतम रचनात्मक खुराक लेने से मेरे लिए परिचय वाले भागों की पटकथा लिखना बहुत आसान हो जाता है। इसके अलावा, न्यूनतम रचनात्मक खुराक

के मुताबिक़ सोचने से मुझे रचनात्मकता के चार चरणों का सम्मान करने और मनःस्थिति के मुताबिक़ काम करने में मदद मिलती है।

रचनात्मक प्रणालियों का उपयोग शुरू करने से पहले, जबकि मैं एक ही बैठक में पूरी पटकथा लिखने का प्रयास करता था, मेरी पर्याप्त तैयारी नहीं हो पाती थी। और यदि मुझे वे महत्वपूर्ण अंतर्दृष्टियाँ मिल भी जाती थीं, जिनके आधार पर एक अच्छी पटकथा का ताना-बाना बुना जा सके, तो भी पर्याप्त ऊष्मायन के अभाव में मेरे लिए उन अंतर्दृष्टियों का ठीक तरह उपयोग करना संभव नहीं होता था। इसके अलावा, मैं बारम्बार एक मनःस्थिति से दूसरी मनःस्थिति में कूदता-फाँदता रहता था। इधर मैं अन्वेषण मनःस्थिति में साक्षात्कार सुनता था, फिर तुरंत ही सृजन मनःस्थिति में आकर लिखने लगता था। फिर तुरंत ही वापस अन्वेषण मनःस्थिति में जाकर पुनः साक्षात्कार सुनता था। इस तरह मैं लगातार जल्दी-जल्दी अन्वेषण से सृजन और सृजन से अन्वेषण मनःस्थिति में कूदता-फाँदता रहता था।

मैं न्यूनतम रचनात्मक खुराक को न सिर्फ साक्षात्कार सुनकर महत्वपूर्ण अंतर्दृष्टियाँ एकत्र करने के लिए उपयोग करता हूँ, बल्कि परिचय पटकथाएँ लिखने में भी इसकी पूरी-पूरी मदद लेता हूँ। मेरी कार्य-प्रबंधन प्रणाली में प्रत्येक परिचय पटकथा के लिए कई सारे 'किए जाने योग्य कार्य' दर्ज होते हैं : एक, पटकथा का पहला संस्करण लिखने के लिए; दूसरा, उसके पुनरावलोकन के लिए; तीसरा, पटकथा को अंतिम रूप देने के लिए; और चौथा, उसकी रिकॉर्डिंग के लिए। इन सभी कामों के बीच पर्याप्त समयांतराल होता है, ताकि ऊष्मायन की पर्याप्त गुंजाइश रहे।

चूँकि मैं ऊष्मायन के लिए पर्याप्त समय छोड़ता हूँ, इसलिए ये सभी काम पूरा होने में बहुत कम समय लेते हैं। आप यकीन नहीं करेंगे कि मेरी कार्य-प्रबंधन प्रणाली में पहला संस्करण लिखने के काम के लिए यह टिप्पणी दर्ज होती है : "परिचय लिखने में 5 मिनट बिताना।" बजाए इसके कि मैं घंटे भर तक कंप्यूटर के सामने बैठे-बैठे साक्षात्कारों को सुनता रहूँ और इस बात के लिए दिमाग के कस-बल ढीले करता रहूँ कि एक ही बार में शुरू से आखिर तक पूरी पटकथा लिख ली जाए, मैं ऊष्मायन की पर्याप्त गुंजाइश को ध्यान में रखते हुए पर्याप्त अंतराल पर रखे गए पाँच-पाँच मिनट के तीन सत्रों में पटकथा पूरी करता हूँ। साक्षात्कारों को सुनकर महत्वपूर्ण बातें एकत्रित करने के काम में मैं अलग से समय नहीं लगाता, इसे तो मैं अन्य काम करते हुए ही कर लेता हूँ। पहले वाले तरीके से जहाँ मुझे एक मनःस्थिति से दूसरी मनःस्थिति में कूद-फाँद करते हुए लगभग एक घंटा लग जाता

था इस काम को पूरा करने में, वहीं अब यह केवल पंद्रह मिनट के एकाग्रचित्त प्रयास से ही संभव हो जाता है।

इस प्रक्रिया को जितनी ज़्यादा बार दोहराया जाएगा, मेरे लिए (या किसी के लिए भी) परिचय पटकथाएँ लिखना उतना ज़्यादा आसान होता जाएगा। यह बात हर काम पर लागू होती है। किसी भी काम को आप जितनी ज़्यादा बार करेंगे, उतना ही वह आपके लिए आसान होता जाएगा। आपको पॉडकास्ट की दुनिया के भीष्म पितामह माने जाने वाले इरा ग्लास की उस बात पर गौर करना चाहिए जो उन्होंने 'लॉन्गफॉर्म पॉडकास्ट' पर साक्षात्कार देते समय कही थी। साक्षात्कार के अंत में मेज़बान मैक्स लिंस्की ने ग्लास से पूछा था कि क्या वह साक्षात्कार को जारी रखना चाहते हैं। इस पर ग्लास ने कहा था, "मैं अभी-अभी इसे इसके आदर्श उपसंहार तक पहुँचा चुका हूँ।" उनका इशारा उनकी अंतिम टिप्पणी की ओर था। ग्लास ने स्वीकार किया कि जैसे-जैसे साक्षात्कार आगे बढ़ रहा था, वैसे-वैसे वे अपने दिमाग में इसे संपादित करते जा रहे थे। मैक्स की दरख्वास्त पर ग्लास ने बातचीत के सभी महत्वपूर्ण बिंदु दोहरा दिए। साथ ही यह भी बता दिया कि बातचीत कहाँ-कहाँ धीमी पड़ गई थी, कहाँ-कहाँ मुख्य विषय से भटक गई थी, बातचीत के किन हिस्सों की जगह बदली जानी चाहिए, और किन हिस्सों को हटा ही दिया जाना चाहिए। असल में ग्लास साहब को इतना लम्बा अरसा हो गया है अपने पॉडकास्ट एपिसोड्स का सम्पादन करते हुए कि उनके लिए अब यह इस हद तक स्वचालित हो गया है कि वे चाहकर भी अपने दिमाग को ऐसा करने से रोक नहीं पाते – तब भी नहीं जबकि उन्हें पता हो कि इस बातचीत का सम्पादन उन्हें नहीं बल्कि किसी और को करना है।

यूँ तो मैंने अपने पॉडकास्ट के लिए काम करते हुए ढेरों बातें सीखीं हैं, लेकिन जो सबसे कीमती बात सीखी है वो है रचनात्मक प्रणालियों का उपयोग। पॉडकास्ट से पहले मैंने जितने भी काम किए - चाहे वो पहली किताब का लेखन हो, ब्लॉग पोस्ट्स हों, या डिज़ाइन का काम हो – उनमें से किसी के लिए भी रचनात्मक प्रणालियों का उपयोग नहीं किया था। ऐसा इसलिए है क्योंकि रचनात्मक प्रणालियाँ विकसित करना तब बहुत आसान होता है जब आप किसी काम को बारम्बार कर रहे हों – एक तयशुदा कार्यक्रम के तहत।

चूँकि मुझे हर हफ्ते एक पॉडकास्ट एपिसोड तैयार करना होता था, इसलिए मेरे लिए रचनात्मक प्रणालियाँ विकसित करना और उन पर अमल करना संभव हो

पाया। मैंने एक अमानक संचालन प्रक्रिया से शुरुआत की और हर गुज़रते सप्ताह के साथ उस प्रक्रिया में सुधार करता गया। फिर मैंने उस प्रक्रिया को न्यूनतम रचनात्मक खुराकों में बदलना सीखा, और प्रयोग कर-करके यह जाना कि मुझे साक्षात्कारों की तैयारी और परिचय वाले भागों की पटकथाएँ लिखने के लिए कितनी ऊष्मायन अवधि पर्याप्त है।

हर सप्ताह इस काम की बारम्बारिता के चलते ही मैं रचनात्मक चक्रों के साथ काम करने तथा रचनात्मक प्रणालियाँ विकसित करने का वह सर्वश्रेष्ठ तरीका खोज पाया, जिसकी मदद से मैं इस काम की मासिक आधार पर बैचिंग कर सकूँ।

पॉडकास्ट तैयार करने में काम आने वालीं मेरी रचनात्मक प्रणालियाँ इतनी परिष्कृत हो चुकी हैं कि अब मुझे हर एक एपिसोड के लिए 'किए जाने योग्य कार्यों' का नए सिरे से निर्धारण नहीं करना पड़ता। इस काम के लिए अब मेरे पास एक ऑटोमेशन (स्वचालित प्रोग्राम) मौजूद है। जैसे ही मैं अपनी प्रोडक्शन स्प्रेडशीट में किसी भी एपिसोड की प्रसारण तारीख और रिकॉर्ड तारीख दर्ज करता हूँ, वैसे ही एक स्वचालित प्रोग्राम मेरे कार्य-प्रबंधन सॉफ्टवेयर में 'किए जाने योग्य कार्य' निर्धारित कर देता है।

मुझे पता है कि जब तक मैं अपनी कार्य-प्रबंधन प्रणाली में दर्ज नियत तिथियों के मुताबिक़ कार्य करता रहूँगा, तब तक मेरी गुप्त प्रतिभा कार्यों के बीच के अंतराल में सक्रिय होकर मेरी परियोजना को उसके अंजाम तक पहुँचाने के लिए आवश्यक प्रगति करती रहेगी। इसके चलते मुझे बारम्बार अपने कार्यक्रम को पुनर्व्यवस्थित करने और फलस्वरूप बारम्बार प्राथमिकता-निर्धारण मनःस्थिति में जाने की ज़रूरत नहीं पड़ती। जब कभी मुझे किसी संकट या अप्रत्याशित परिस्थितियों का सामना करना पड़ता है, तब मेरे पास उनसे तालमेल बैठाने के लिए या उनका सामने करने का साहस जुटाने के लिए पर्याप्त मानसिक ऊर्जा रहती है।

छोटे-छोटे और बारम्बार दोहराए जाने वाले रचनात्मक कार्यों के लिए रचनात्मक प्रणालियाँ विकसित करना अपेक्षाकृत आसान होता है। लेकिन मुझे अब रचनात्मक प्रणालियों का उपयोग करने का इतना अधिक अभ्यास हो चुका है कि मैं अब बड़े रचनात्मक कामों के लिए भी इनका उपयोग कर पा रहा हूँ। उदाहरण के लिए, अब जब भी मुझे कोई पुस्तक लिखनी होती है तो मैं सबसे पहले एक अमानक संचालन प्रक्रिया दस्तावेज़ खोलता हूँ और सोचने लगता हूँ कि इस पुस्तक को लिखने की प्रक्रिया क्या होगी। मैंने इस प्रक्रिया को अभी इतनी ज़्यादा बार नहीं दोहराया है कि इसके लिए कोई सुनिश्चित प्रणाली विकसित हो जाए।

लेकिन इससे यह काम उबाऊ और बोझिल होने से बच जाता है। उदाहरण के लिए, मुझे हर नई किताब के लिए नए सिरे से यह नहीं सोचना पड़ता कि प्रकाशन के लिए सबसे अच्छा प्रारूप क्या होगा।

एक बार जब मैं किसी रचनात्मक काम को करने के लिए सही रचनात्मक प्रणाली विकसित कर लेता हूँ, तो फिर मेरे लिए कम प्रयास में अधिक कार्य-निष्पत्ति, और वो भी बेहद गुणवत्तापूर्ण, संभव होने लगती है। इससे मेरे पास अन्य रचनात्मक कार्यों के लिए अधिक ऊर्जा उपलब्ध रहने लगती है। रचनात्मक प्रणालियों के उपयोग से मैंने रचनात्मक प्रक्रिया को 'आगे वाले चूल्हे' (फ्रंट बर्नर) से 'पीछे वाले चूल्हे' (बैक बर्नर) पर स्थानांतरित कर दिया है।

आगे वाला चूल्हा/पीछे वाला चूल्हा

आपने अक्सर लोगों को किसी प्रोजेक्ट को 'बैक बर्नर' पर रखने की बात करते सुना होगा। इस बात से उनका आशय होता है कि उन्होंने उस प्रोजेक्ट को आगामी सूचना तक ठण्डे बस्ते में डाल दिया है। फिलहाल वे इस पर कोई काम नहीं करेंगे। हाँ, यह ऊष्मायन में ज़रूर चला जाएगा, पर उसका लाभ तभी मिलेगा जबकि कुछ समय बाद वे इस प्रोजेक्ट पर दुबारा काम शुरू करें।

लेकिन खाना बनाते समय जब आप किसी चीज़ को आगे वाले चूल्हे से उतारकर पीछे वाले चूल्हे पर रखते हैं तो उसका मतलब यह नहीं होता कि आपने उसे पकाना छोड़ दिया है। उसका मतलब होता है कि आप उस स्थिति में पहुँच गए हैं जहाँ से ज़्यादा कुछ किए बिना ही उसे पकाना जारी रख सकते हैं। उदाहरण के लिए, यदि आप पास्ता उबाल रहे हैं तो आप इसे पीछे वाले चूल्हे पर रख सकते हैं। आपको न तो बार-बार यह देखने की ज़रूरत होती है कि यह पका या नहीं, और न ही लगातार चम्मच चलाने की ज़रूरत होती है। आपको पहले से मालूम होता है कि लगभग सात मिनट में यह पककर तैयार हो जाएगा और बीच में सिर्फ एक बार चम्मच चलानी होगी।

किसी भी रचनात्मक काम को जब आप पहली-दूसरी बार करते हैं तो आपको उसे आगे वाले चूल्हे पर रखना पड़ता है। उसमें आपको अपनी सर्वोत्तम रचनात्मक ऊर्जा लगानी पड़ती है। यह कढ़ाही में सब्जी भूनने जैसा काम है। आपको लगातार चम्मच चलाते रहना पड़ेगा, क्योंकि आपने ज़रा देर के लिए भी ध्यान हटाया या अपना हाथ रोका तो सब्जी जलने का खतरा पैदा हो जाएगा।

लेकिन जब आप उस काम के लिए रचनात्मक प्रणालियाँ विकसित कर लेते हैं, तब आप उस काम को पीछे वाले चूल्हे पर रख सकते हैं। तब फिर आपको उसमें अपनी सर्वोत्तम रचनात्मक ऊर्जा लगाने की ज़रूरत नहीं पड़ती। आप अभी भी इसे पका रहे होते हैं, पर आपको पता होता है कि अब इस पर उतना ध्यान दिए जाने की ज़रूरत नहीं है। आप जानते हैं कि इसमें कभी-कभार चम्मच कब चलानी है और लगभग कितने समय बाद यह पककर तैयार हो जाएगा।

जब मैंने अपना पॉडकास्ट शुरू किया था, तब यह पूरी तरह आगे वाले चूल्हे पर रखा जाने वाला काम था। हर एपिसोड तैयार करने के लिए मुझे अपनी सर्वोत्तम रचनात्मक ऊर्जा इस्तेमाल करनी पड़ती थी। उस समय मेरे पास साक्षात्कारों की तैयारी और 'पहचान' वाले भाग की पटकथा लिखने का न तो पर्याप्त कौशल था और न ही अनुभव। मुझे इस बात की ज़्यादा समझ नहीं थी कि थीम म्यूजिक कहाँ रखा जाना चाहिए, या किस तरह का थीम म्यूजिक शो को सही मूड दे सकता है। मैंने अपने पॉडकास्ट एपिसोड्स को विभिन्न पॉडकास्ट डायरेक्ट्रीज़ में प्रदर्शित करने के लिए सर्वश्रेष्ठ प्रक्रिया निर्धारित नहीं की थी, न ही इस बात के निर्धारण के लिए कोई प्रक्रिया अपनाई थी कि अपनी ब्लॉग पोस्ट्स का प्रारूप कैसा रखना चाहिए। मुझे हर एपिसोड तैयार करते समय फिर से इन सवालों के जवाब तलाशने पड़ते थे, और वो भी बहुत जल्दी में।

अब जबकि मैंने अपने पॉडकास्ट एपिसोड्स तैयार करने के लिए रचनात्मक प्रणालियाँ विकसित कर ली हैं, तो अब यह 'पीछे वाले चूल्हे का प्रोजेक्ट' हो गया है। अब मुझे पता है कि यदि मैं अपनी कार्य-प्रबंधन प्रणाली में दर्ज कार्यों को क्रमवार करता जाऊँगा तो समय से एपिसोड तैयार हो जाएगा, और वो भी बहुत अच्छी गुणवत्ता के साथ। मैंने सारे कामों के लिए चेकलिस्ट्स बना रखी हैं, जैसे कि अपना रिकॉर्डिंग का सामान जमाने के लिए, तथा अपनी प्रोडक्शन टीम को एपिसोड्स को प्रसारित करने हेतु दिशा-निर्देशित करने के लिए। मैंने एक स्प्रेडशीट बना रखी है जिसमें वे सारी जानकारियाँ और दिशा-निर्देश दर्ज होते हैं जिनकी मेरी टीम को ज़रूरत हो सकती है एपिसोड को लाइव दिखाने के लिए। मैंने सोशल मीडिया अपडेट्स तैयार करने और उन्हें जारी करने के लिए भी एक स्प्रेडशीट बना रखी है। साथ ही मैंने एक ऐसा ईमेल-ऑटोमेशन कर रखा है जिससे मेरे सभी ईमेल सब्सक्राइबर्स को नए एपिसोड्स की सूचना पहुँच जाती है।

इस प्रोजेक्ट के पीछे वाले चूल्हे पर चले जाने से मेरी बहुत सारी 'आगे के चूल्हे वाली रचनात्मक ऊर्जा' बचने लगी है, जिसे मैं अब अन्य रचनात्मक कामों

में लगा पा रहा हूँ। जब यह पॉडकास्ट वाला काम आगे के चूल्हे वाला प्रोजेक्ट था, तब यह आलम था कि जिस सुबह मेरे एपिसोड का प्रसारण होना होता था उस सुबह मेरी आगे के चूल्हे वाली पूरी रचनात्मक ऊर्जा इसी काम में खर्च हो जाती थी। मैं पूरा समय व्यस्त रहता था एपिसोड के प्रसारण में, सोशल मीडिया पर इसका प्रचार-प्रसार करने में, तथा यह सुनिश्चित करने में कि यह सभी पॉडकास्ट डायरेक्ट्रीज़ में दिखाया जा रहा है।

अब जबकि मेरा पॉडकास्ट पीछे वाले चूल्हे का प्रोजेक्ट हो गया है, तो मेरी आगे वाले चूल्हे की ऊर्जा दूसरे प्रोजेक्ट्स पर काम करने के लिए उपलब्ध रहने लगी है। अब किसी भी एपिसोड के प्रसारण वाली सुबह मुझे कोई हड़बड़ी नहीं होती। बल्कि सच तो यह है कि मैं इसके बारे में सोचता तक नहीं हूँ। जब दोपहर होने को आती है तब कहीं जाकर मैं खुद से कहता हूँ, "अरे हाँ! आज तो वो एपिसोड प्रसारित हुआ है, है ना?" अब उस एपिसोड को प्रसारित करने की जद्दोजहद में लगे रहने की बजाए मैं अपनी पूरी सुबह, अपना क्रिएटिव स्वीट स्पॉट, किसी आगे वाले चूल्हे के प्रोजेक्ट पर बिताता हूँ।

समान रचनात्मक कार्यों के भिन्न-भिन्न संस्करण तैयार करने के लिए किन्हीं विशिष्ट चरणों (स्टेप्स) के दोहराव से भी रचनात्मक ऊर्जा की बचत होती है, क्योंकि इससे क्रियाओं का क्रम हमारी स्मृति में बैठ जाता है। डेविड रॉक अपनी पुस्तक 'योर ब्रेन एट वर्क' में लिखते हैं, "आपका बेसल गैन्गिलया आपके चारों ओर के वातावरण में मौजूद पैटर्न्स का संज्ञान लेता है, उन्हें स्मृति में दर्ज कर लेता है, और फिर ज़रूरत पड़ने पर दोहराता है।" किसी भी काम को करने के लिए हम जो रूटीन अपनाते हैं, वह भी एक पैटर्न है। तो जब मैं बारम्बार खुद से कहता हूँ कि 'अन्वेषण मनःस्थिति में रहकर साक्षात्कार सुनो और जो भी बात महत्वपूर्ण या दिलचस्प लगे उसे नोट करते चलो,' तो मेरा बेसल गैन्गिलया इसे एक पैटर्न मानकर याद कर लेता है। इसके चलते एक समय बाद मुझे सचेतन रूप से खुद को यह निर्देश देने की ज़रूरत ही नहीं रहती। मेरे 'पहचान' वाले भाग की पटकथा लिखने की तैयारी करने बैठते ही मेरा बेसल गैन्गिलया इस निर्देश को दोहरा देता है। हमारा किसी रूटीन को तीन बार दोहराना भी पर्याप्त होता है दिमाग में दर्ज हो जाने के लिए। पैटर्न्स के दिमाग में दर्ज हो जाने और काम पड़ने पर दोहराए जाने की इस प्रक्रिया को रॉक 'हार्डवायरिंग' कहते हैं।

हमारा दिमाग हार्डवायरिंग में इतना माहिर है कि अक्सर हमें पता ही नहीं चलता कि हम किसी पैटर्न को दोहरा रहे हैं। सबकुछ ऑटोमेटिक मोड पर चलता रहता है। इसे परखने के लिए कई प्रयोग हुए हैं। ऐसे ही एक प्रयोग में प्रतिभागियों के दो दल बनाए गए। दोनों दलों के सामने ढेर सारे बटनों वाले कीबोर्ड रखे गए। दोनों दलों के लोगों को बारम्बार कई सारे बटन दबाने थे। बटन उसी क्रम में दबाए जाने थे जिस क्रम में कहा जाए। एक दल को हर बार एक ही क्रम में दबाने के लिए कहा गया। जबकि दूसरे दल को हर बार एक अलग क्रम में दबाने को। पाया गया कि जिस दल के लोगों को बारम्बार एक ही क्रम में बटन दबाने थे, उनकी गति उस दूसरे दल के लोगों की तुलना में 10% अधिक थी जिन्हें हर बार एक अलग क्रम में बटन दबाने थे। लेकिन इसमें जो सबसे आश्चर्यजनक बात थी वो यह कि जिस दल के प्रतिभागियों को हर बार एक ही क्रम दिया गया, उन्हें खुद यह पता नहीं चल रहा था कि उन्हें हर बार एक ही क्रम दिया जा रहा है, क्योंकि क्रम इतना ज़्यादा जटिल था। लेकिन तब भी उन लोगों की बटनों को दबाने की गति 10% अधिक रही! इस पर रॉक कहते हैं, “भले प्रतिभागी सचेतन रूप से उस पैटर्न को न पहचान पाए हों, पर उनके बेसल गैन्लिया ने इसे स्पष्ट रूप से पहचाना था, याद रखा था, और दोहराया था।”

जब हम रचनात्मक प्रणालियों का उपयोग करते हैं तो हम बिल्कुल एक जैसे कपकेक्स नहीं बनाते, लेकिन हम ऐसे केक्स भी नहीं बनाते जो अपने आप में अद्वितीय हों, बिल्कुल यूनिक हों। रचनात्मक प्रणालियाँ तैयार करने के लिए ज़रूरी है कि हम हर रचनात्मक काम को पूरी तरह अद्वितीय बनाने की चाहत को सर न उठाने दें। आपको अपनी रचनात्मकता के साथ कुछ समझौते करने पड़ते हैं।

रचनात्मक समझौते

समझौते करने की बात ज़्यादातर लोगों को अच्छी नहीं लगती। उन्हें लगता है कि इससे उन्हें मनचाही चीज़ नहीं मिलेगी। लेकिन यह सच नहीं है। आप वही पाएँगे जो आप चाहेंगे। एक अच्छे समझौते के तहत आप कम मनचाही चीज़ की कीमत पर अधिक मनचाही चीज़ हासिल करते हैं।

रचनात्मक प्रणालियाँ विकसित करते समय आपको रचनात्मक प्रक्रिया के कुछ हिस्सों का मानकीकरण करना पड़ता है। प्रक्रिया के ये हिस्से कभी बदलते नहीं हैं। यह समझौता आपको अपने हाथ बंधे होने का अहसास करा सकता है, बशर्ते आप इसे इस तरह देखें तो। लेकिन यदि आप इसे अधिक मनचाही चीज़ को

पाने की कीमत के तौर पर स्वीकार कर लें, तो आप देख पाएँगे कि इस समझौते की वजह से आपको ऊर्जा और समय की बहुत बचत हो रही है।

पहलेपहल जब कारें बननी शुरू हुईं तो हर कार हस्तनिर्मित होती थी। इसके चलते दो कारें एक जैसी होते हुए भी काफी भिन्नता रखती थीं। चूँकि सभी पुर्जे हस्तनिर्मित होते थे, इसलिए एक कार का पुर्जा दूसरी कार में फिट नहीं हो पाता था। उन पुर्जों के आकार-प्रकार में छोटी-मोटी भिन्नताएँ रह जाती थीं। पुर्जों की आपस में तुलना करने पर तो ये भिन्नताएँ ज़्यादा अंतर पैदा करती हुई नहीं मालूम होती थीं, लेकिन जब कारों की तुलना होती थी तो बड़ा भारी अंतर पैदा हो जाता था। मालूम चलता था कि एक ही मॉडल की एक कार दूसरी कार की तुलना में छोटी या बड़ी है। ऐसा इसलिए होता था क्योंकि यदि किसी कार का एक पुर्जा छोटा हो गया, तो फिर बाकी के पुर्जे भी उसी हिसाब से छोटे रखने पड़ेंगे। इसके चलते पूरी कार ही छोटी हो जाती थी।

अब जो कारें बनती हैं उनमें एक कार के पुर्जे को दूसरी कार में लगाना संभव होता है। अब उत्पादन प्रक्रिया मानकीकृत हो चुकी है, इसलिए कार डिज़ाइन करने वाले लोगों को इस बात की चिंता नहीं करनी पड़ती कि अंतिम उत्पाद कैसा बनेगा। वे जब वे कार डिज़ाइन करते हैं तो उत्पादन प्रक्रिया को ध्यान में रखकर ही करते हैं। आज बनने वाली कारों में वह पहले वाला 'हस्त-निर्मित' अहसास भले न हो, पर अब वे पहले की तुलना में बेहद सस्ती हो गई हैं।

पॉडकास्ट तैयार करने के काम को आगे वाले चूल्हे से उतारकर पीछे वाले चूल्हे पर रखने के लिए मुझे ढेर सारे समझौते करने पड़े। शुरू-शुरू में मैं चाहता था कि हरेक एपिसोड को अलग ढंग से व्यवस्थित करूँ। मतलब, इस एपिसोड में मैंने परिचयात्मक संगीत (इंट्रो म्यूजिक) जिस जगह से शुरू किया है, ज़रूरी नहीं कि अगले एपिसोड में भी वहीं से करूँ। इस एपिसोड में मुझे जहाँ सही लग रहा है, वहाँ से शुरू कर रहा हूँ। आगे के एपिसोड्स में जहाँ से सही लगेगा, वहाँ से करूँगा। लेकिन समय और ऊर्जा की बचत के लिहाज़ से मजबूरन मुझे परिचयात्मक संगीत (इंट्रो म्यूजिक) की जगह का मानकीकरण करना पड़ा।

पर इस काम के मामले में सबसे कठिन समझौता था - हर हफ्ते एक एपिसोड शूट करने के साथ ही उसके परिचय वाले भाग को भी रिकॉर्ड कर लेने का लाभ गँवाना। आपको पता ही है कि मैं हर हफ्ते एक साक्षात्कार रिकॉर्ड करता हूँ, पर उसे प्रसारण के लिए तैयार करने का काम तथा उसके परिचय वाले भाग की रिकॉर्डिंग

मैं हर हफ्ते नहीं करता। यह काम मैं महीने में एक बार करता हूँ। यानी कि चारों एपिसोड्स को तैयार करने का काम और चारों परिचय वाले भागों की रिकॉर्डिंग महीने में एक बार एक साथ करता हूँ। मतलब बैचिंग। लेकिन यदि मैं परिचय वाले भाग की रिकॉर्डिंग हर हफ्ते कर पाता, तो उसका लाभ यह होता कि उस सप्ताह मेरी जो भी निजी सूचनाएँ होतीं या बिज़नेस के प्रचार-प्रसार से संबंधित कोई बात होती तो मैं उसे उस सप्ताह के परिचय में शामिल कर लेता। लेकिन महीने में एक बार के नियम के चलते ऐसा संभव नहीं हो पाता। तब तक वह सूचना या सामग्री एक महीना पुरानी होकर अपनी प्रासंगिकता खो चुकी होती है।

इस समझौते की यह कीमत तो चुकानी ही पड़ेगी, लेकिन इसके बदले में जो मिल रहा है वो कहीं ज़्यादा कीमती है। मैं कम ऊर्जा खर्च करके ज़्यादा काम कर पाता हूँ। आप कह सकते हैं कि इससे तो गुणवत्ता पर बुरा असर पड़ता होगा। लेकिन मेरा मानना है कि कई मायनों में इससे गुणवत्ता बढ़ी है। इस समझौते ने मुझे पहले से अधिक व्यवस्थित ढंग से काम करने को मजबूर किया है। बजाए इसके कि मैं किसी भी परिचय में कोई भी सूचना या घोषणा डालने की सोचूँ, अब मैंने विशिष्ट सूचनाओं के लिए महीने के कुछ विशिष्ट सप्ताहों के परिचय वाले भागों में विशिष्ट समयावधियाँ आरक्षित कर ली हैं। कुछ सप्ताहों में मैं अपने पॉडकास्ट के प्रशंसकों व समर्थकों का धन्यवाद अदा करता हूँ। कुछ हफ़्तों में उन श्रोताओं का धन्यवाद करता हूँ जिन्होंने मेरे एपिसोड्स को सोशल मीडिया पर शेयर किया होता है। और कुछ हफ़्तों में मैं अपने श्रोताओं द्वारा तैयार की गई चीज़ें दिखाता हूँ।

आप किस तरह के समझौते कर सकते हैं, यह इस बात पर निर्भर करता है कि आप क्या काम कर रहे हैं। यदि मैं व्यापार-व्यवसाय के समाचार सुनाने वाला कोई पॉडकास्ट चला रहा होता, तब महीने भर के एपिसोड्स की महीने में एक बार बैचिंग करने की कोई तुक ही नहीं होती। तब मैं अलग तरह से समझौते करता, जैसे कि कौन सी खबर कवर करनी है यह तय करने की अपनी प्रक्रिया का मानकीकरण करता, क्योंकि तब मेरे लिए यह सुनिश्चित करना ज़्यादा ज़रूरी होता कि जो भी खबर मैं कवर कर रहा हूँ वो साप्ताहिक उत्पादन-चक्र में बासी नहीं हो जाएगी।

यदि ध्यान से न किया जाए तो ज़रूरत से ज़्यादा मानकीकरण फायदे की बजाए घाटे का सौदा भी साबित हो सकता है। आपने कभी न कभी LEGO ब्रिक्स से कुछ बनाने की कोशिश तो ज़रूर की होगी, और यह भी महसूस किया होगा कि आप उससे बिल्कुल वैसी चीज़ नहीं बना सकते जैसी आप चाहते हैं,

क्योंकि उसमें कुछ निश्चित आकार-प्रकार के ही ब्लॉक होते हैं, इसलिए आपको जो भी बनाना है उन्हीं से बनाना होता है। इसीलिए मानकीकरण करते समय यह लक्ष्य सामने रखना चाहिए कि वे ही समझौते किए जाएँ जो आपकी उत्पादन प्रक्रिया को अधिक सुचारू तो बनाएँ, लेकिन यह उस उत्पाद की आत्मा की कीमत पर न हो जो आप बनाना चाह रहे हैं। यदि आप अपने लिए समझौतों का चयन समझदारी से करें तो वे उल्टा आपकी रचनात्मकता में वृद्धि कर सकते हैं। कवि रॉबर्ट फ्रॉस्ट का कथन है कि मुक्त छंद में लिखना बिना नेट बाँधे टेनिस खेलने जैसा है। फ्रॉस्ट के दिमाग में ज़्यादा अच्छे रचनात्मक विचार आते थे, क्योंकि वह कविता की सीमाओं में बंधकर सोचते थे।

चूँकि आप अपनी प्रक्रिया के मानकीकरण के लिए अमानक संचालन प्रक्रिया का उपयोग कर रहे हैं, इसलिए आपको एक ही बार में यह तय करने की ज़रूरत नहीं है कि कौन-कौन से समझौते किए जाने चाहिए। जब तक आप बारम्बार एक जैसे रचनात्मक कार्य करते रहते हैं, तब तक आपको यह तय करने के नए-नए अवसर मिलते रहते हैं कि आपके लक्ष्यों के हिसाब से आपके लिए कौन-कौन से समझौते सबसे अच्छे रहेंगे।

जब मैंने अपने पॉडकास्ट एपिसोड्स तैयार करने के लिए ऐसी रचनात्मक प्रणालियाँ तैयार कर लीं जिनकी मदद से मैं अब इस काम को पीछे वाले चूल्हे पर रखकर भी उतने ही अच्छे से कर सकता था, तब मैंने अपनी आगे वाले चूल्हे की ऊर्जा को एक साप्ताहिक ईमेल न्यूज़लैटर तैयार करने में लगाना शुरू कर दिया। शुरुआत में मेरे साथ भी वही दिक्कत पेश आई जो अन्य लेखकों के साथ आती है। मेरे पास सब्सक्राइबर्स की लम्बी फेहरिस्त तो थी, पर मैं उन्हें नियमित तौर पर अच्छी और काम की सामग्री उपलब्ध नहीं करा पा रहा था। पॉडकास्ट तैयार करते समय मैं यह सीख चुका था कि किस तरह रचनात्मक प्रणालियों का उपयोग करके आसानी से और नियमित तौर पर सामग्री तैयार की जा सकती है। तो मैंने उन्हीं सारी बातों पर अमल करते हुए एक नियमित न्यूज़लैटर तैयार करना भी सीख लिया।

लेकिन मैं भली-भाँति दोहराई जा सकने वाली न्यूज़लैटर प्रणाली की अपनी चाहत को अपनी प्रगति के रास्ते में नहीं आने देना चाहता था। मेरे पास सोचने और करने के लिए बहुत कुछ था, और मैं हर एक चीज़ को परफेक्ट बनाने की कोशिश में रचनात्मक अवरोधों का शिकार होना नहीं चाहता था।

'पायलट्स' के साथ ऊँची उड़ान भरें

तो देवियो और सज्जनो! मेरा 'लव मंडेज़' नामक यह न्यूज़लैटर 'पायलट्स' के साथ शुरू हुआ था। आपने टेलीविज़न प्रोडक्शन में 'पायलट्स' के इस्तेमाल के बारे में तो ज़रूर सुना होगा। टेलीविज़न प्रोडक्शन में 'पायलट' का मतलब होता है किसी कार्यक्रम का एक 'नमूना' या 'सैंपल' एपिसोड, जिसे यह परखने के लिए बनाया जाता है कि उस कार्यक्रम को दर्शकों का कैसा प्रतिसाद मिलेगा। इसी प्रतिसाद के आधार पर फिर तय होता है कि आगे और एपिसोड्स बनाने हैं या नहीं। आप रचनात्मक प्रणालियाँ विकसित करना शुरू करने के लिए भी 'पायलट्स' को इसी तरह उपयोग कर सकते हैं।

मेरे न्यूज़लेटर के किसी भी सब्सक्राइबर को यह नहीं पता था कि मेरे शुरू के कुछ संस्करण 'पायलट' संस्करण थे। यहाँ तक कि उन शुरुआती संस्करणों का नाम भी 'लव मंडेज़' नहीं था। इस काम के लिए एक रचनात्मक प्रणाली विकसित करते समय मुझे पता था कि मुझे कुछ चीज़ों के साथ प्रयोग करके देखने पड़ेंगे। जैसे कि मुझे यह तय करना था कि न्यूज़लैटर निकालने के लिए सप्ताह का कौन सा दिन सही रहेगा। मुझे न्यूज़लैटर के लिए संदर्भ सामग्री का एक भरोसेमंद स्रोत चाहिए था। फिर मुझे दोहराया जा सकने वाला एक ऐसा प्रारूप चाहिए था जिसकी मदद से मैं उस संदर्भ सामग्री को अंतिम उत्पाद में बदल सकूँ।

सही दिन का चुनाव मैंने सिलसिलेवार छँटनी की प्रक्रिया से किया। गुरुवार का दिन पहले से ही मेरे पॉडकास्ट एपिसोड्स के लिए आरक्षित था, और सप्ताह का मध्य भाग – मंगलवार और बुधवार – मैं नए उत्पादों की लॉन्चिंग के समय ईमेल्स भेजने के लिए सुरक्षित रखना चाहता था। (मंगलवार और बुधवार को ही सबसे ज़्यादा उत्पादों की लॉन्चिंग क्यों होती है इस बारे में हम पिछले अध्याय में पढ़ चुके हैं।) शुक्रवार और रविवार को पहले से ही कुछ ऐसे सुप्रसिद्ध न्यूज़लेटर्स निकल रहे थे जिनका पाठक वर्ग भी वही था हो मेरा था, उदाहरण के लिए : टिम फेरिस का 'फाइव-बुलेट फ्राइडेज़', तथा पॉल जार्विस का 'द संडे डिस्पैचेज़'।

अपने साप्ताहिक न्यूज़लैटर के पहले कुछ पायलट संस्करणों को मैंने मन ही मन नाम दिया था 'फ्राइडे नाईट हाइलाइट्स'। सालोंसाल में मैंने जो सैकड़ों किताबें पढ़ीं थीं, और पढ़कर उनसे मैंने जो महत्वपूर्ण, दिलचस्प और काम की बातें निकाली थीं, ऐसी तकरीबन 15,000 से भी अधिक बातें मेरे कंप्यूटर में इकट्ठी थीं। पहले कुछ पायलट संस्करणों के लिए सामग्री तैयार करने को मैंने इन्हीं

बातों का सहारा लिया। मैंने हर संस्करण में पाठकों के साथ इनमें से कोई एक बात साझा की, साथ ही उस बात पर अपने विचार भी प्रस्तुत किए। जैसा कि मेरे मन ही मन सोचे गए नाम 'फ्राइडे नाईट हाइलाइट्स' से समझा जा सकता है, मैंने ये पहले-पहले संस्करण शुक्रवार रात को भेजे। मेरे किसी भी सब्सक्राइबर को खबर नहीं थी कि क्या हो रहा था। उन्होंने नियमित रूप से ईमेल्स प्राप्त करने के लिए साइन-अप किया था, लेकिन तब तक मैं इसके लिए कोई तयशुदा शिड्यूल नहीं बना पाया था।

इन पायलट न्यूज़लेटर्स को बनाते समय मैंने एक अमानक संचालन प्रक्रिया दस्तावेज़ (डॉक्यूमेंट) भी बना रखा था, जिसमें मैं अपने विचार दर्ज कर रहा था। मैं खुद से कुछ इस तरह के प्रश्न कर रहा था : *क्या मैं हर हफ्ते एक 'काम की बात' साझा करता रह सकता हूँ? क्या सिर्फ ये पढ़ी-पढ़ाई बातें साझा करना पर्याप्त होगा? मैं कैसे हरेक न्यूज़लैटर के विभिन्न घटकों को इस प्रकार वर्गीकृत करूँ जिससे कि वे एक स्प्रेडशीट में फिट हो सकें?*

इन प्रश्नों से जूझकर मैंने तय किया कि न्यूज़लैटर के नाम में 'हाइलाइट्स' शब्द को शामिल करना इसके दायरे को बहुत सीमित कर देगा। उदाहरण के तौर पर, कई बार मैं इन पढ़ी-पढ़ाई बातों की बजाए अपने खुद के विचार साझा करने का तमन्नाई रहता था। चूँकि मैंने पहले कुछ संस्करण पायलट संस्करणों के तौर पर बनाए थे, इसलिए मुझे बाद में न्यूज़लैटर का प्रारूप बदलने की सुविधा हासिल हो पाई।

अब इस न्यूज़लैटर का काम भी पीछे वाले चूल्हे पर आ गया है। अब मैं महीने में एक बार वे सभी काम की बातें और अपने विचार एकत्रित करता हूँ जिन्हें मैं आगामी चार संस्करणों में साझा करना चाहता हूँ। फिर इन सारी बातों और अन्य ज़रूरी जानकारियों को स्प्रेडशीट में दर्ज कर देता हूँ। मेरी टीम स्प्रेडशीट में दर्ज इस जानकारी की सहायता से प्रक्रिया तथा प्रारूप संबंधी सभी मानकों का ध्यान रखते हुए न्यूज़लैटर तैयार करने और भेजने का काम करती है।

जब कभी भी मेरे पास आगे वाले चूल्हे की ऊर्जा बच जाती है, तो मैं इसका उपयोग अपने न्यूज़लेटर में कुछ बदलाव लाने का प्रयास करने में करता हूँ। मैं नियमित रूप से समय निकालकर अपनी अमानक संचालन प्रक्रिया में होने वाले बदलावों को लिखता हूँ और उनके आधार पर अपनी रचनात्मक प्रणाली को अद्यतन करता हूँ, ताकि अपने न्यूज़लैटर में उत्तरोत्तर सुधार कर सकूँ। आप जब मेरे न्यूज़लैटर को पढ़ेंगे, तब तक शायद यह आज की तुलना में काफी बदल चुका

होगा। इसे प्राप्त करने के लिए आप kdv.co/newsletter पर जाकर साइन-अप कर सकते हैं।

पॉडकास्ट तैयार करने की प्रक्रिया के ही समान न्यूज़लैटर तैयार करने की प्रक्रिया को भी मैंने न्यूनतम रचनात्मक खुराक के आधार पर कई सारे दोहराए जा सकने वाले कार्यों में बाँट रखा है। मुझे पता है कि यदि मैं इन आसान से कार्यों को कर लूँगा तो बहुत थोड़ी सी मेहनत में महीने भर के न्यूज़लैटर तैयार हो जाएँगे।

डॉक्टर डेविड रॉक के साथ अपने साक्षात्कार को नियत समय पर सफलतापूर्वक पूरा करने के लिए आवश्यक मानसिक दृढ़ता प्रदर्शित करने के दो हफ्ते बाद ही मैं खुद से पूछ रहा था, "आखिर मैं यहाँ कैसे पहुँच गया?!" इस समय मैं शिकागो के एक लॉन्ड्रोमैट के एक गंदे-से बाथरूम में कपड़े बदल रहा था।

मैं एक गंदे लॉन्ड्रोमैट बाथरूम में कपड़े क्यों बदल रहा हूँ?

मैं वहाँ कैसे पहुँचा इसका सीधा-सादा सा उत्तर यह है : नौ दिन पनामा सिटी में, दो दिन बोगोटा में, और एक लम्बा सप्ताहांत अपने वीज़ा आवेदन पर निर्णय की प्रतीक्षा में बिताने के बाद अंततः मेरे वकील का फोन आया। "आपका आवेदन खारिज हो गया है," उसने एक ठण्डी साँस छोड़ते हुए कहा। क्यों खारिज हो गया था, इसका पता इस बार भी हम दोनों में से किसी को नहीं चल पाया था।

मैंने एक बार फिर अपनी महिला मित्र को गुडबाय कहा। साल में चौथी बार। यह इस साल की मेरी चौथी आपातकालीन यात्रा होने वाली थी। मुझे अब साल के बचे हुए सात हफ्ते कोलंबिया से बाहर बिताने थे, और मेरा कल ही निकलना ज़रूरी था।

अगले दिन मैंने शिकागो के लिए उड़ान भरी। वहाँ मैं जब पहले से बुक किए हुए मकान में पहुँचा तो मेरी हालत खराब हो गई। वहाँ जो हुआ उससे अच्छा तो यह होता कि पनामा सिटी में जो विशालकाय मशीन मेरे मकान की बगल वाली ज़मीन की खुदाई कर रही थी, वो मेरे कमरे में ही खोद लेती। मैं तब भी उतना परेशान नहीं हुआ होता जितना यहाँ हो रहा था। यहाँ मैं अन्दर आकर जिस सोफे पर बैठा, वह खटमलों से भरा हुआ था। उसकी दरारों में लाखो-करोड़ों खटमल भरे हुए थे, जो मेरे बैठने पर निकल-निकलकर पूरे कमरे में फ़ैल गए।

मेरे अगले चौबीस घंटे अपने साथ लाई हुई हर एक चीज़ को उन खटमलों से मुक्त कराने, यानी कि कीटाणुरहित कराने में बीते। इसके लिए मुझे अपने कपड़ों

को किसी इंडस्ट्रियल-स्ट्रेंग्थ वाले ड्रायर में डालने की ज़रूरत थी। ऐसे हाई-हीट वाले ड्रायर केवल लॉन्ड्रोमैट्स में पाए जाते हैं – उन्हीं लॉन्ड्रोमैट्स में जो गंदे-संदे बाथरूमों के लिए बदनाम हैं। और चूँकि मैं एक भी खटमल या उनके एक भी अंडे के बाकी रह जाने का जोखिम मोल लेने को तैयार नहीं था, इसलिए मुझे उन कपड़ों को भी ड्रायर में डालना पड़ा जो मैं पहने हुए था। उन कपड़ों को उतारने के लिए ही मुझे बाथरूम में जाना पड़ा।

और यही इस प्रश्न का तात्कालिक उत्तर है कि "आखिर मैं यहाँ कैसे पहुँच गया?!" यही वह वजह थी जिसके चलते मैं उस गंदे बाथरूम में जाने के लिए मजबूर हुआ था। बाथरूम में मैं जब अपना पैंट हाथ में लिए अपने ही जूतों के ऊपर खड़ा था, ताकि गीले फर्श के स्पर्श से मेरे मोज़े गीले न हो जाएँ, तब सामने लगे खरोंचों और तरह-तरह की 'रचनात्मक कलाकृतियों' से अलंकृत शीशे में खुद को देखकर मैं इस बात पर गहराई से सोचने को मजबूर हो गया कि "आखिर मैं यहाँ कैसे पहुँच गया?!" आखिर वे कौन से निर्णय थे जिन्होंने मुझे इस स्थिति में पहुँचाया था, जहाँ मुझे ऐसा महसूस हो रहा था कि ईश्वर या नियति मेरी हस्ती मिटा देने पर आमादा थी? और वे कौन से मूल्य थे जिन्होंने मुझे उन निर्णयों पर पहुँचाया था?

आखिर में मैं इस नतीजे पर पहुँचा कि जो भी हुआ था या हो रहा था, वो अच्छा था। यदि मुझे दुबारा मौका मिले तब भी मैं अपना कोई भी निर्णय नहीं बदलूँगा - सिवाए एक के। निश्चय ही मैं उस खटमलों वाले मकान की जगह कोई दूसरा मकान चुनना पसंद करूँगा। मुझ पर सृजन की, रचनात्मक कार्य करने की धुन सवार थी। चौबीसों घंटे मेरे दिमाग में तरह-तरह के रचनात्मक विचारों का जमावड़ा रहता था, और वे सब के सब साकार होने के लिए आतुर थे। और जो जीवन मैं अभी जी रहा था, वही एकमात्र रास्ता था जिस पर चलकर मैं उन सारे विचारों को लगातार साकार करता रह सकता था। मुझे ऐसा आरामदायक जीवन चाहिए भी नहीं जहाँ मैं यह सब न कर पाऊँ, ऐसा जीवन जीने की मेरी कतई कोई इच्छा नहीं है।

मुझे अभी भी वह दिन याद है जब मैं अपनी बनाई हुई लय में वापस आया था – निर्बाध गति से चलती हुई साप्ताहिक-चर्या की लय में। उस लय में जिसमें मैं पूरी कुशलता से एक मनःस्थिति से दूसरी मनःस्थिति में स्थानांतरित होता था, रचनात्मक चक्रों में चलते हुए और अपने काम को रचनात्मकता के चार चरणों से

गुज़ारते हुए अंतिम परिणति तक पहुँचाता था, और भली-भाँति निर्मित रचनात्मक प्रणालियों के उपयोग से अपनी रचनात्मक ऊर्जा का अधिकतम सदुपयोग सुनिश्चित करता था।

उस रात जब मैं सोने के लिए बिस्तर पर लेटा तो इस रचनात्मक आनंद तक पहुँचने की पूरी यात्रा मेरी मानसिक आँखों के सामने चलचित्र की भाँति चलने लगी : पहली पुस्तक लिखने के दौरान भोगा गया मानसिक त्रास, रचनात्मक प्रक्रिया को ठीक तरह से समझने के लिए किया गया अनुसंधान, दो साल तक कोलंबिया में बसने के लिए किए गए प्रयास, और इसके बाद एक साल से वीज़ा के चक्कर में झेली जा रही नारकीय यातना।

शिकागो में उस लॉन्ड्रोमैट के गंदे बाथरूम में कपड़े बदलते हुए मैं सोच रहा था कि अब ज़िन्दगी में इससे ज़्यादा बुरा और कुछ नहीं हो सकता; बदकिस्मती की इन्तेहा मैंने देख ली है। लेकिन मैं गलत था। इन्तेहा तो तब हुई जब मुझे 39 साल की उम्र में साल के बचे हुए छः सप्ताह फीनिक्स में अपने माता-पिता के साथ गुज़ारने पड़े – सेवानिवृत्त लोगों के समुदाय का हिस्सा बनकर।

पर अब वह सब पीछे छूट गया था। अब उसको लेकर कोई शिकायत नहीं थी मन में। महत्वपूर्ण बात यह थी कि यह सबकुछ झेलते हुए भी मैं लगातार आगे बढ़ता रहा था। और इसमें उन मन-प्रबंधन तकनीकों का बहुत बड़ा योगदान था जो मैंने विकसित कीं, और उन रचनात्मक प्रणालियों का भी जो मैंने तैयार कीं। इन्हीं की बदौलत सृजन का मेरा सिलसिला निर्बाध रूप से जारी रहा। इन सारे उतार-चढ़ावों से गुज़रते हुए भी मैं कभी अपने पॉडकास्ट का एक भी एपिसोड समय पर प्रसारित करने से चूका नहीं।

और आखिरकार मुझे कोलंबिया में रहने के लिए तीन साल का वीज़ा भी मिल गया। आखिरकार मुझे इस चिंता से मुक्ति मिल ही गई कि मैं बार-बार अपना घर छोड़कर कहाँ भटकता फिरूँ। मेरा मनमयूर उन उपलब्धियों के बारे में सोच-सोचकर नाचने लगा जो मैं अगले तीन साल में, और अगले तीस सालों में हासिल कर सकता था। मैंने अपनी रचनात्मकता को साध लिया था, और अब मैं एक निर्बाध जीवन जी रहा था, निर्बाध रूप से सृजन पथ पर अग्रसर था।

आप शायद यकीन नहीं करेंगे, पर उस रात – 3 जुलाई 2019 की रात - अपने बिस्तर पर बैठकर मैंने ऊँचे स्वर में यह स्वघोष किया था कि "मुझे इस ज़िन्दगी से प्यार है!" एक बार नहीं बल्कि दो बार मैंने कहा था, "मुझे इस ज़िन्दगी से प्यार है!" मैं खुद को बेहद हल्का महसूस कर रहा था – एकदम तनावरहित।

उस रात मैं जितनी गहरी नींद सोया, उतनी गहरी नींद मुझे पिछले एक साल से नहीं आई थी।

मैंने 'आप शायद यकीन नहीं करेंगे' इसलिए कहा क्योंकि यह घटना इतने त्रासद समय पर घटी थी कि स्वाभाविक तौर पर आपको यह लग सकता है कि मैं मनगढ़ंत बात कर रहा हूँ। हालात बद से बदतर होने जा रहे थे। और इसकी शुरुआत अगले दिन से ही होने वाली थी।

अध्याय 7

उथल-पुथल और अफरा-तफरी के बीच सृजन

"इस बात को विनम्रतापूर्वक स्वीकार किया जाना चाहिए कि सच्चा आविष्कार, सच्ची रचनात्मकता शून्यता से नहीं अपितु उथल-पुथल और अव्यवस्था से उत्पन्न होती है।"

—मैरी शेली

4 जुलाई 2019 – मेडेलिन में एक और खूबसूरत दिन शुरू हो रहा है। मैं सोकर उठा और अपना अल्फ़ास्मार्ट लेकर बिस्तर पर ही बैठ गया – सौ शब्द लिखने की अपनी आदत के मुताबिक़। फिर मैडिटेशन। और फिर लेखन-सत्र की शुरुआत। चार घंटे बीत गए। मैं अब भी शब्दों के संसार में खोया था। पर अब वापस इस भौतिक संसार में लौटने का समय हो गया था।

इन लम्बे लेखन-सत्रों के दौरान मेरी एकाग्रता इतनी गहरी होती है कि मेरी ज्ञानेन्द्रियाँ मानो काम करना बंद ही कर देती हैं। न मुझे कुछ सुनाई देता है, न कुछ दिखाई देता है, और न ही कुछ महसूस होता है। मेरा पूरा अस्तित्व विचारमय हो जाता है; मैं माध्यम बन जाता हूँ विचारों के धाराप्रवाह ढंग से लैपटॉप की स्क्रीन पर उतरते जाने का। पिछले एक साल में (वीज़ा संबंधी समस्याओं का सामना करते हुए बीते एक साल में) यह पहला मौका है जब मैं इतने इत्मीनान से अपने तयशुदा रूटीन के मुताबिक़ काम कर पा रहा हूँ।

अब यह किताब (जो अभी आपके हाथ में है, और जिसे मैं 'रचनात्मक ऊर्जा के दोषरहित प्रबंधन के लिए की जाने वाली हर चीज़ का सिद्धांत' कहता हूँ) अपने अंतिम पड़ाव पर आ पहुँची है। मैं इसके आख़िरी अध्यायों पर काम शुरू करने वाला हूँ। यह किताब मेरी निजी हैंडबुक है, जो एक निर्बाध रचनात्मक जीवन जीने

में मेरी सहायता करती है। यह वह फिसलपट्टी है जिस पर बैठते ही आप तेजी से अपनी रचनात्मक नियति की ओर फिसलने लगते हैं।

मेरे लिए एक लम्बे और गहन एकाग्रता भरे लेखन-सत्र के बाद के ये शुरुआती पल बिल्कुल वैसे ही होते हैं जैसे सुबह सोकर उठने के तुरंत बाद उनींदेपन के कुछ पल। मुझे अपने पैरों के नीचे टाइल्स की ठंडक महसूस होने लगती है, हवा का अपने हाथों के रोमकूपों को सहलाना महसूस होने लगता है, बाहर सड़क पर चल रहे वाहनों के हॉर्न तथा इंजनों का हल्का-हल्का शोर और घूम-घूमकर सामान बेचते फेरी वालों के लाउडस्पीकर्स की आवाज़ें सुनाई देने लगती हैं, और फिर मैं पूरी तरह जाग जाता हूँ।

दोपहर के भोजन का समय हो गया है और मेरे पेट में चूहे कबड्डी खेलने लगे हैं। खाना बनाने के लिए रसोई की ओर जाते हुए मेरे मुँह में पानी आने लगा है।

इसके अगले पल जो हुआ, उसके बारे में मैं अब भी अक्सर सोचता हूँ। मैं उस पल की बात कर रहा हूँ जिस पल मैंने रसोई में पहुँचकर टेबल पर रखा अपना फोन उठाया और नोटिफिकेशंस देखने के लिए उसे ऑन किया।

वह पल मेरी 'आनंदमय अज्ञानता' का अंतिम पल था।

इसके बाद मुझे जो याद है वो यह कि मैं एंडियन फुटहिल्स की घुमावदार सड़कों पर तेजी से भागा जा रहा था। मैं लगातार और यथासंभव विनम्रता से अपने टैक्सी ड्राईवर को 'तेज़, और तेज़' चलने के लिए कह रहा था। और वह बेचारा भी अपने पूरे वाहन-संचालन कौशल का परिचय देते हुए बसों, ट्रकों और धीमी गति से चलने वाली कारों को खतरनाक तरीके से ओवरटेक करते हुए अंधाधुंध टैक्सी भगाए जा रहा था। इस चक्कर में अभी-अभी हम इस डबल-लेन सड़क के एक अंधे मोड़ पर एक ट्रेक्टर को ओवरटेक करके आगे निकलने के चक्कर में सामने से आ रहे एक वाहन से टकराते-टकराते बचे थे। ड्राईवर ने हवा में मुक्का जमाते हुए अपनी इस दिलेरी और हुनरमंदी का जश्न भी मनाया था। हालाँकि तब भी मैं बिल्कुल आख़िरी मिनट पर हवाईअड्डे पहुँच पाया था। दौड़ते-भागते बड़ी मुश्किल से मैंने काउंटर पर जाकर उस आख़िरी उड़ान का टिकट खरीदा जो मुझे मेरे गंतव्य तक ले जाने वाली थी।

मेरे फीनिक्स पहुँचने तक वह आईसीयू में पहुँच चुकी थीं। मैं हौले से उनके सिरहाने पहुँचा और उस दृश्य को साक्षात देखने लगा जो बारह घंटे लम्बी यात्रा के दौरान हर पल मेरी मानसिक आँखों के सामने घूमता रहा था। उनके गले में और

हाथों में कई सारी नलियाँ लगी हुई थीं। उनके मुँह पर एक श्वास-यंत्र लगा हुआ था जिसकी मदद से उनकी साँस आ-जा रही थी, और साँसों के आने-जाने का हिसाब उस यंत्र से जुड़ी एक स्क्रीन पर नज़र आ रहा था। एक पतली-सी नली उनके सर के ऊपरी भाग से अन्दर डाली गई थी। दूसरे सिरे पर वह नली एक पारदर्शी लाल तरल से भरे हुए बैग से जुड़ी थी।

मेरी माँ को अचानक ब्रेन हेमरेज हो गया था, जिसके चलते वे तत्काल गहरे कोमा में चली गई थीं। न्यूरोसर्जन का कहना था कि यदि वे कोमा से बाहर आ पाईं और उनकी किस्मत अच्छी हुई तो दो सालों में वे छड़ी की मदद से दुबारा चलने लायक हो सकती थीं।

फीनिक्स बेहद गर्म है। अन्य देशों में जो कार बैटरियाँ औसतन तीन से पाँच साल चलती हैं, यहाँ वे दो साल में ही खराब हो जाती हैं। यहाँ के गैस पम्प वाले एलसीडी स्क्रीन्स को सूर्य देवता के प्रकोप से बचाने के लिए फ्लैप लगाकर रखते हैं। कभी-कभी इतनी गर्मी होती है कि विमान उड़ान नहीं भर पाते। उन्हें कुछ सवारियाँ और कुछ सामान उतारना पड़ता है।

पोप कैथोलिक हैं, फीनिक्स गर्म है, और यह गर्मी ज़ुलाई में अपने चरम पर रहती है। इन सब बातों के चलते मेरा सुबह का सबसे कीमती रूटीन खतरे में पड़ गया है। न केवल मेरे लिए माँ की हालत के अलावा किसी और चीज़ के बारे में सोचना मुश्किल हो गया है, बल्कि अब मेरे सामने सुबह-सुबह एक ऐसा काम है जो लिखने, ध्यान करने, या किसी भी और चीज़ से ज़्यादा ज़रूरी है।

मुझे पता है (पिछले साल के आख़िरी छः हफ्ते अपने माता-पिता के घर गुज़ारने के चलते) कि मेरे माता-पिता दिन भर में एक बार सैर पर जाना किसी भी हालत में नहीं छोड़ते। लेकिन उस सैर का समय मौसम पर निर्भर करता है। यदि मौसम ठंडा हुआ तो वे दोपहर को जाते हैं। और यदि मौसम गर्म है तो सुबह जितनी जल्दी हो उतनी जल्दी निकल जाते हैं। फीनिक्स में ज़ुलाई का पूरा महीना गर्म रहता है।

तो, फीनिक्स में उस पहली सुबह मैं बिस्तर पर लेटे-लेटे छत को घूर रहा था। मेरे मन में भारी द्वंद्व चल रहा था। मैं इस बात को अच्छी तरह समझ रहा था कि जब आपकी माँ ज़िन्दगी और मौत की लड़ाई लड़ रही हो, तब आपके पास अपनी सुबह की लेखन-दिनचर्या का पालन न कर पाने के लिए दुनिया-जहान के बहाने हो सकते हैं। लेकिन दूसरी ओर मैं यह भी जान रहा था कि बहानों का सहारा लेना

एक फिसलन भरी ढलान पर चलने जैसा है। आज आप कहेंगे कि मेरी माँ कोमा में है। अगले दिन कहेंगे कि मैं रात को ठीक से सो नहीं पाया, सुबह उठते ही मुझे भूख लग आई, या सुबह-सुबह फोन पर एक सन्देश आ गया जिसका तत्काल उत्तर देना ज़रूरी था।

फिर भी, जब आपको पता हो कि आपको सारा दिन अपनी बेहोश माँ के सिरहाने बैठे रहना है; जब आपको पता हो कि भविष्य में होने वाली एक अवश्यंभावी क्षति पर रोते बैठने के अलावा आपके हाथ में और कुछ नहीं है, तब आपको अधिकाधिक व्यायाम और ताज़ी हवा की ज़रूरत होती है। और जब आपके सत्तर-वर्षीय पिता (जो निश्चय ही इस समय मानसिक-भावनात्मक रूप से आपके अधिक टूटे हुए हैं) सुबह की सैर पर जाने के लिए नीचे हॉल में आपका इंतज़ार कर रहे हों, तब उनके साथ जाना किसी भी और काम से कहीं ज़्यादा ज़रूरी हो जाता है। ज़िन्दगी और मौत का सवाल बन जाता है।

तो, जैसे ही मुझे कमरे की खिड़की से सुबह की रोशनी भीतर आती दिखाई दी, मैंने वह किया जो सालों से नहीं किया था। मैंने उठकर अपने एल्फास्मार्ट पर लिखना शुरू नहीं किया। न ही ध्यान किया। और न ही उसके ठीक बाद अपने सबसे महत्वपूर्ण रचनात्मक प्रोजेक्ट – यह किताब – पर काम शुरू किया।

इसकी बजाए, मैं बिस्तर से निकला, वर्कआउट वाले कपड़े पहने, जूते पहने, और नीचे हॉल में पहुँच गया। मेरे पिता अपनी तयशुदा कुर्सी पर बैठकर कॉफ़ी पी रहे थे। उन्हें देखकर कोई भी कह सकता था कि उन पर दुखों का पहाड़ टूट पड़ा था।

मैंने उनसे कहा, "चलिए, सैर करके आते हैं।"

उस रात पापा के सोने के बाद, जब मैं घर की निःस्तब्धता में बिल्कुल अकेला था, मेरे भीतर एक अहसास ने जन्म लिया। वैसे तो यह अहसास उसी समय हो जाना चाहिए था जब वीज़ा रद्द होने के चलते साल भर तक मैं भयानक अनिश्चितता के दौर से गुज़रा था, लेकिन वो कहते हैं न कि 'देर आए, दुरुस्त आए।'

अभी मैं अपने माता-पिता के सपनों के घर में था। मैं तीन हफ्ते पहले भी यहाँ आया था। पहली बार। लेकिन तब यहाँ होने का अहसास बहुत अलग था। यहाँ का माहौल बहुत अलग था। मेरे माता-पिता तीन महीने पहले ही इस घर में रहने आए थे। अभी भी उनका बहुत सारा सामान डिब्बों से बाहर नहीं आ पाया था। घर के बहुत से ऐसे स्थान खाली थे जहाँ कोई फर्नीचर होना चाहिए था, पर

क्या फर्नीचर वहाँ रखा जाना चाहिए यह वे लोग अभी तय नहीं कर पाए थे। दीवारों पर तस्वीरें यूँही लटकी हुई थीं। रसोई में मैंने देखा कि गुलाबी ग्रेनाइट वाले काउंटरटॉप पर कुछ दस्तावेज़ बिखरे पड़े थे। मैं उत्सुकतावश उन्हें देखने लगा।

एक खुले हुए फोल्डर की जेबों में से कई तरह के शेड-कार्ड्स झाँक रहे थे। तीन हफ्ते पहले तक मेरे माता-पिता इस घर के पीछे वाले हिस्से के नवीनीकरण की योजना बनाने में व्यस्त थे। रंग-रोगन की तैयारी हो रही थी। मेरे ज़ेहन में वह लोमहर्षक दृश्य एक बार फिर घूम गया जिसे देख-देखकर मैं आज दिन भर बहुत दुखी होता रहा था : घर के पीछे वाले आँगन में एक पीले रंग की पतली-सी रस्सी से एक चौकौर जगह को घेरा गया था। रस्सी इतनी पतली थी कि हवा में उड़ रही थी, पर जगह-जगह ठुकीं पिनों ने उसे ज़मीन से जोड़ रखा था। मेरे माता-पिता इस जगह अपना एक छोटा-सा तरणताल (स्विमिंग पूल) बनवाने की योजना बना रहे थे।

लेकिन अब नवीनीकरण की सभी योजनाएँ स्थगित की जा चुकी थीं। उस फोल्डर के पास ही एक ब्रोशर पड़ा था जिसमें अलास्का क्रूज की यात्रा से जुड़ीं तमाम जानकारियाँ दर्ज थीं। उस फोल्डर के दाईं ओर रखे थे यात्रा बीमा दावा प्रपत्र (ट्रेवल इंश्योरेंस क्लेम फॉर्म्स) - उस क्रूज़ यात्रा को रद्द करने के लिए जिसकी उन्होंने अगले महीने की बुकिंग करा रखी थी।

अब सबकुछ अधर में था। हम सब दम साधे इस बात के कयास लगा रहे थे कि आगे क्या होने वाला था। क्या माँ कोमा से बाहर आ पाएँगी? अगर आ पाईं तो क्या उनके ठीक होने तक एक लम्बा समय हम सभी को साथ रहना पड़ेगा? या फिर माँ यूँही अचानक सबकुछ छोड़कर चली जाएँगी – हमेशा-हमेशा के लिए? अभी तो कुछ भी कहा नहीं जा सकता था।

उस रात जो अहसास मेरे भीतर जागा, वो था : सबकुछ हमारी योजनानुसार नहीं होता। हम चाहे जितनी भी अच्छी तरह प्लानिंग कर लें, पर भविष्य का कोई ठिकाना नहीं होता। भले मेरे मेरे माता-पिता अपने सेवानिवृत्त जीवन का आनंद उठाने के लिए कितनी ही योजनाएँ बना लें, भले मैं अपने जीवन का ताना-बाना सहज रचनात्मक उत्पादकता के इर्द-गिर्द बुनने की कितनी ही कोशिशें कर लूँ, पर ज़िन्दगी हमारी योजनाओं के मुताबिक़ कहाँ चलती है!

लेखक नसीम निकोलस तालेब उन प्रणालियों के बारे में बात करते हैं जो उथल-पुथल से, अफरा-तफरी से, अराजकता से, अनिश्चितताओं से, संकटों से लाभान्वित होती हैं। वे कहते हैं कि जो चीज़ जितनी ज़्यादा कठोर होती है, उसके

टूटने की संभावना भी उतनी ही अधिक होती है। यदि आप चीनीमिट्टी के कप को ग्रेनाइट के फर्श पर दे मारें तो कप चकनाचूर हो जाएगा। उथल-पुथल से लाभान्वित होने वाली चीज़ में इतना लचीलापन रहता है कि वह न केवल तनाव के कारकों को झेलने में समर्थ होती है, बल्कि उन कारकों को अपने विकास को गति प्रदान करने वाले साधनों में भी बदल लेती है। जब आप जिम में भारी-भारी वज़न उठाते हैं तो उससे आपकी माँसपेशियों में हल्की-सी टूटन होती है, पर जब आपका शरीर उस टूटन को ठीक करके नई माँसपेशियों का निर्माण कर लेता है तो ये नई माँसपेशियाँ पुरानी माँसपेशियों की तुलना में अधिक मज़बूत होती हैं। मतलब, आपकी माँसपेशियाँ उस टूटन से (उथल-पुथल) लाभान्वित होती हैं।

अपनी रचनात्मक ऊर्जा के प्रबंधन के लिए रचनात्मक प्रणालियाँ विकसित करने के मामले में मैं भी चीनीमिट्टी के कप की तरह था। मैं जीवन के हर एक आयाम को नियंत्रित करने का प्रयास कर रहा था। कभी-कभी मुझे इसमें कामयाबी भी मिल जाती थी, लेकिन बारम्बार मिलने वाली असफलताएँ मुझे सिखा रही थीं कि ब्रम्हाण्ड हमेशा मेरी प्रणालियों का सहयोग करने के लिए बाध्य नहीं है।

भले मेरी माँ अभी न मरें, पर कभी न कभी तो ऐसा होगा ही। एक न एक दिन मेरे पिता भी जाएँगे। और आखिर को मेरे साथ भी यह होना ही है। और इन अत्यंत लोमहर्षक एवं अप्रत्याशित अपरिहार्यताओं के बीच अन्य अनगिनत छोटी-छोटी अप्रत्याशित असुविधाएँ भी होंगी। कंप्यूटर क्रैश हो जाएँगे, बरिस्ता वाले मेरी चाय को बहुत ज़्यादा देर तक उबाल देंगे, और वीज़ा आवेदन निरस्त हो जाएँगे।

मैं यह सोच-सोचकर बहुत हलाकान हो रहा था कि यदि मैं अपनी प्रातःकालीन दिनचर्या जारी नहीं रख पाया तो क्या होगा। लेकिन फिर मुझे अहसास हुआ कि ऐसे हलाकान होने से काम नहीं चलने वाला; मुझे लचीला होना होगा। मैं एक 'रचनात्मक जीवन' जीना चाहता था, पर मेरा आग्रह सिर्फ और सिर्फ रचनात्मकता के लिए था। मैं भूल रहा था कि मुझे रचनात्मकता के साथ-साथ जीवन को भी ख़याल में रखना पड़ेगा, क्योंकि दोनों आपस में जुड़े हुए हैं। और जीवन क्या है? एलन सॉन्डर्स के शब्दों में, "जीवन वह है जो तब घटित होता है जब आप अन्य योजनाएँ बनाने में व्यस्त होते हैं।" दूसरे शब्दों में कहें तो चीज़ें योजनानुसार नहीं होतीं। यही योजना है।

यदि मुझे एक रचनात्मक जीवन जीने का तमन्नाई होना था, तो फिर मैं इस हद तक कठोर होना गवारा नहीं कर सकता था कि टूट जाऊँ। मेरी रचनात्मक प्रणाली का 'टूटन-रोधी' होना ज़रूरी था। मुझे खुद में इतनी सामर्थ्य पैदा करना ज़रूरी था कि मैं उथल-पुथल का सामना करते हुए भी सृजन जारी रख सकूँ। बल्कि और अच्छा तो यह होता कि मैं उथल-पुथल को अपनी रचनात्मक प्रक्रिया का हिस्सा बनाना सीख लेता, क्योंकि जब तक जीवन है तब तक उथल-पुथल तो रहेगी ही।

नारकीय परिस्थितियों के बीच भी कैसे आगे बढ़ना जारी रखें

धीरे-धीरे मैंने अपनी बची-खुची रचनात्मक ऊर्जा को संगठित करना शुरू किया। हालाँकि दुःख और चिंता ने मेरी ज़्यादातर ऊर्जा सोख ली थी। मेरे दिमाग में चौबीसों घंटे बस यही ख़याल घूमता रहता था कि माँ का क्या होगा, और एक परिवार के तौर पर हम इन हालत से कैसे निपटेंगे।

और इस मामले में मैं चौबीसों घंटे दिमाग में घूमने वाले इस ख़याल को रोकने के लिए, यानी कि इस 'खुले दरवाज़े' को बंद करने के लिए ज़्यादा कुछ करने की स्थिति में नहीं था। दुःख मन को एकाग्र करने और संज्ञानात्मक कार्य करने की क्षमता ख़त्म कर देता है। बेशक मेरे पास बहुत सारा खाली समय था, जो कि मैं अपनी माँ के सिरहाने बैठे-बैठे बिता रहा था, पर मुझे न खाने का होश था, न नहाने का। और न ही किसी और गतिविधि में मेरा दिल लग रहा था। मैं तो यह भी ध्यान नहीं रख पा रहा था कि पापा ने समय पर खाना खाया है या नहीं, नहाया है या नहीं, वे अपनी दैनिक गतिविधियाँ ठीक तरह कर पा रहे हैं या नहीं। ऐसा लग रहा था जैसे किसी ने मेरी सारी ऊर्जा निचोड़ ली हो।

मेरे लिए इस सत्य को स्वीकाना ही सबसे अच्छा विकल्प था कि अभी मैं उतना काम नहीं कर पाऊँगा जितना आम दिनों में करता हूँ। मेरे लिए अपनी प्राथमिकताओं को पुनर्निर्धारित करना ज़रूरी था, ताकि मैं समझ सकूँ कि मुझे अपनी बची-खुची रचनात्मक ऊर्जा किन कामों में लगानी है। यह पुनर्निर्धारण मुझसे निर्दयी होने की माँग कर रहा था।

सबसे पहले मैंने अपनी कार्यसूची में से ऐसे कामों को खारिज करना शुरू किया जो आगे के चूल्हे वाली ऊर्जा की माँग करते थे। मुझे नहीं पता था कि वर्तमान में जो हालात थे वे कब तक यूँही रहने वाले थे, इसलिए मैं कोई भी ऐसा

काम करने में असमर्थ था जिसे एक ही बार में किए जाने की ज़रूरत हो, या जो मेरे लिए बिल्कुल नया हो, या जिसमें मुझे लोगों से एक तयशुदा समय पर बात करना ज़रूरी हो। मैंने एक संभावित कोचिंग क्लाइंट को अभी थोड़ा समय रुकने के लिए कह दिया, मैंने सभी मीटिंग्स रद्द कर दीं, और ऐसे सभी ईमेल्स को सीधे तौर पर नज़रअंदाज़ करना शुरू कर दिया जो मुझसे कुछ भी चाहते थे।

इसके बाद मेरे पास सिर्फ पीछे वाले चूल्हे के प्रोजेक्ट्स ही रह गए, जिनमें सबसे महत्वपूर्ण था मेरा पॉडकास्ट, जिसका मैं पिछले तीन सालों से लगातार हर हफ्ते एक एपिसोड प्रसारित करता आ रहा था, और इस नियम में अब तक कभी नागा नहीं हुआ था। इसे लेकर एक बार फिर मेरे मन में द्वंद्व खड़ा हो गया था। एक मन कह रहा था कि 'जब माँ मर रही हो तो पॉडकास्ट की चिंता कौन करता है बे?' तो क्या मुझे बिना कुछ कहे-सुने अगले एपिसोड्स बनाने बंद कर देने चाहिए? या फिर मैं अपने श्रोताओं के नाम यह घोषणा करूँ कि मुझे फिलहाल एक ब्रेक की ज़रूरत है? लेकिन क्यों ज़रूरत है इसकी बाबत क्या कहूँगा? यह कि "नमस्कार दोस्तो! मेरी माँ कोमा में है और शायद मरने वाली है, इसलिए फिलहाल मैं नए एपिसोड्स तैयार नहीं कर पाऊँगा। बाय।" लेकिन दूसरा मन कह रहा था कि जब तुम्हारी दुनिया का एक अहम हिस्सा टूटकर बिखर रहा हो, तब तुम बाकी दुनिया को भी कैसे बिखरने दे सकते हो? मैंने इसे ब्रम्हाण्ड द्वारा प्रस्तुत की गई एक चुनौती के तौर पर लेने का निर्णय कर लिया। मैंने खुद से कहा, "ब्रम्हाण्ड ने सोचा था कि वीज़ा-संबंधी समस्याएँ खड़ी करके और खटमलों के बीच पटककर वह मेरी हिम्मत तोड़ देगा और मुझे अपना मनचाहा जीवन नहीं जीने देगा। लेकिन मैंने उसे गलत साबित किया। और अबकी बार उसने पहले से भी ज़्यादा बड़ा आघात दिया है। लेकिन मैं इस बार भी हार नहीं मानूँगा। इस बार भी मैं उसे गलत साबित करके रहूँगा।" मैंने तय कर लिया कि मैं नियमित रूप से नए एपिसोड्स बनाना और उन्हें ठीक समय पर प्रसारित करना जारी रखूँगा।

शुरू-शुरू में मेरी बेहोश माँ के आसपास का माहौल ऐसा रहता था जैसे कोई उत्सव मनाया जा रहा हो। हम उनका पसंदीदा संगीत बजाते थे, उनकी पसंदीदा फ़िल्में देखते थे, और उनके हाथ-पैरों पर लोशन लगाते थे। पारिवारिक पुनर्मिलन जैसा अहसास हो रहा था। लेकिन माँ की देखभाल करने वाली नर्सों के चेहरे कोई और ही कहानी बयाँ कर रहे थे। हमारी गतिविधियाँ देखकर उनके चेहरों पर आधी-अधूरी मुस्कान और चिंता की पूरी-पूरी लकीरें उभर आती थीं, मानो खुद से ही कह

रही हों, "एक बार फिर से वही तमाशा शुरू। अभी कुछ दिन उत्सव, फिर सच्चाई का अहसास।"

दिन गुज़रते जा रहे थे, पर माँ की हालत में कोई सुधार नहीं हो रहा था। सुधार की संभावनाएँ कम से कमतर होती जा रही थीं। डॉक्टरों से कई बार बात करने और ब्रेन हेमरेज पर ढेर सारे शोध-पत्र पढ़ चुकने के बाद मुझे समझ आ चुका था कि इंतज़ार करने के अलावा हमारे हाथ में और कुछ नहीं था। मैंने तय किया कि पॉडकास्ट के लिए कुछ परिचय-पटकथाएँ लिखने का प्रयास किया जाए।

मैंने अपना लैपटॉप उस टेबल पर रखा जिसे मरीजों को खाना परोसने के लिए उपयोग किया जाता है, और अपनी कार्य-प्रबंधन प्रणाली खोली। 'मियाद गुज़र चुके' कामों की एक लम्बी फेहरिस्त मेरे सामने आ गई। इनमें से अधिकांश कामों को मैंने अंदाज़े से आगे की किसी तारीख के लिए पुनर्निर्धारित कर दिया। मैं उम्मीद ही कर सकता था कि उन तारीखों के आने तक मैं ठीक से सोचने-समझने लायक हालत में आ जाऊँगा।

इस पुनर्निर्धारण वाले काम के बाद आखिरकार मैंने उन कार्यों पर ध्यान केन्द्रित किया जो पॉडकास्ट के लिए परिचय-पटकथाएँ लिखने हेतु नियत थे। इनमें से एक कार्य था – '5 मिनट तक परिचय-पटकथा लिखो।' मुझे समझ नहीं आ रहा था कि क्या लिखूँ, पर मैंने एक डॉक्यूमेंट खोला, और जो भी उल्टा-सीधा दिमाग में आया उसे टाइप करता गया।

इस बात को स्वीकारना बेहद कठिन था कि मैंने जो लिखा था, वो बहुत ही खराब था। लेकिन फिर मुझे सुप्रसिद्ध पटकथा लेखक जॉन बोकेनकैंप से सीखा हुआ एक सबक याद आ गया। जॉन एनबीसी की 'द ब्लैकलिस्ट' शीर्षक वाली जेम्स स्पैडर अभिनीत एक रोमांचक अपराध श्रृंखला के निर्माता हैं।

मैंने अध्याय 3 में आपको बताया था कि जॉन 'स्ट्रीम ऑफ़ कॉन्शियसनेस' में लिखते हैं। मतलब, पहला संस्करण लिखते समय वह दिमाग नहीं लगाते, बल्कि जो और जैसा मन में आता जाता है वैसा वे कागज़ पर उतारते जाते हैं। उन्होंने मुझे बताया था कि एक बार उन्होंने कुछ इस तरह के वाक्य लिखे थे, 'बताओ, क्या चल रहा है वहाँ? हमारे सामने एक आदमी है... एक आदमी है, जो खिड़की में से इस औरत को देख रहा है, और हम सोच रहे हैं...।' इस प्रकार अपनी चेतना में आने वाली हर बात, जिसमें उनके अपने विचार भी शामिल होते हैं, को लिख लेने के बाद वे कुछ समय के लिए इसे भूल जाते हैं।

इसी तरीके पर अमल करते हुए मैं भी बस लिखता गया, और बात की बात में केवल एक नहीं बल्कि पूरी चार परिचय-पटकथाओं के पहले संस्करण लिख डाले! मुझे अपनी ऊर्जा वापस आती हुई महसूस हुई। मैं जानता था कि जब कुछ दिनों बाद मैं इन संस्करणों पर दुबारा काम शुरू करूँगा, तब तक पर्याप्त ऊष्मायन घटित हो चुका होगा, जिसके चलते मैं इन पटकथाओं को रिकॉर्ड करने लायक अच्छा बना पाऊँगा। अब मुझे लगने लगा कि मैं पॉडकास्ट एपिसोड्स के समय पर प्रसारित होने के नियम को टूटने से बचा लूँगा।

जिस चीज़ ने मुझे इस मुश्किल वक़्त में भी, जबकि मेरे पास न के बराबर ऊर्जा बची थी, अपने प्रोजेक्ट्स को आगे बढ़ाने में मदद की थी, वो था वह 'ख़ास तरीका' जो मैंने अपने कामों को व्यवस्थित करने के लिए विकसित किया था।

हाँ, यह ठीक है कि मैंने अपने कामों को न्यूनतम रचनात्मक खुराकों में बाँट रखा था। यह भी ठीक है कि उन सभी के बीच पर्याप्त समयांतराल रखा था, ताकि अधिकांश काम मेरी गुप्त प्रतिभा कर दे। लेकिन मैंने अपने कामों को इस तरह व्यवस्थित भी किया था कि मैं जब जिस मनःस्थिति में होता था, तब उसके अनुकूल काम मेरे पास होता था।

कार्यों को मनःस्थिति के हिसाब से व्यवस्थित करें

हममें से अधिकांश लोग अपने कार्यों को प्रोजेक्ट्स के हिसाब से व्यवस्थित करते हैं। यह इस बात के प्रति आश्वस्त होने का अच्छा तरीका है कि प्रोजेक्ट आपके नियंत्रण में है और आप इसे समय से पूरा कर लेंगे। इस तरीके में बस इतना करना होता है कि प्राथमिकता-निर्धारण वाली मनःस्थिति में आकर उन सभी कार्यों पर गौर करें जो प्रोजेक्ट को पूरा करने के लिए किए जाने हैं। फिर यह सुनिश्चित करें कि इन कार्यों को पूरा करने के लिए जो समय-सीमाएँ निर्धारित की हैं वे आपकी पहुँच में हैं। बस, इतने भर से आपका काम चल पड़ेगा।

लेकिन जब आप रचनात्मक प्रणालियों का उपयोग करते हैं, तब कार्यों को प्रोजेक्ट्स के हिसाब से व्यवस्थित करना बेमानी हो जाता है। आपको पता ही होता है कि यदि आप निर्धारित समय-सीमाओं के हिसाब से चलते रहेंगे तो आपका प्रोजेक्ट समय से पूरा हो ही जाएगा। इस बात से कोई फर्क नहीं पड़ता कि कोई कार्य किस परियोजना से जुड़ा है। फर्क इस बात से पड़ता है कि आप उस काम को कर पाते हैं या नहीं। और आप एक समय विशेष पर एक कार्य विशेष को कर

पाएँगे या नहीं, यह पूरी तरह इस बात पर निर्भर करता है कि उस समय आपकी परिस्थितियाँ उस काम के अनुकूल हैं या नहीं। यानी कि वह कार्य उस समय प्रासंगिक है या नहीं।

समय के सापेक्ष कार्य के 'प्रासंगिक' होने की यह अवधारणा 'गेटिंग थिंग्स डन' प्रणाली का महत्वपूर्ण हिस्सा है। इसमें जिन परिस्थितियों की बात की गई है, वे अमूमन भौतिक परिस्थितियाँ होती हैं। कुछ काम ऐसे होते हैं जिन्हें आप सिर्फ घर पर रहकर ही कर सकते हैं; कुछ होते हैं जो केवल दफ्तर में ही किए जा सकते हैं; और कुछ ऐसे भी होते हैं जिन्हें किराने की दुकान में ही किया जा सकता है। जब आपको घर में या दफ्तर में यह याद आता है कि आपको अपनी बिल्ली के लिए खाना खरीदना है, तो आप इस काम को किराना-सूची में दर्ज करके इस काम को 'गैर-प्रासंगिक काम' बनने से रोक देते हैं। इस किराना-सूची की उपयोगिता यही है कि इस सूची में दर्ज सभी काम उसी समय क्रियान्वित किए जाते हैं जब आप किराने की दुकान में जाकर इस सूची को देखते हैं। इस समय इन कामों को करने के लिए उपयुक्त परिस्थितियाँ होती हैं; इस समय ये काम 'प्रासंगिक' होते हैं।

लेकिन जब आप रचनात्मक ऊर्जा का प्रबंधन कर रहे होते हैं, तब केवल भौतिक परिस्थितियाँ मायने नहीं रखतीं; मानसिक परिस्थितियाँ भी किसी काम को प्रासंगिक या गैर-प्रासंगिक बनाने में महत्वपूर्ण भूमिका निभाती हैं। जब आपका रचनात्मक ऊर्जा का प्याला लबालब भरा हो, तब रचनात्मक कार्य ही सबसे अधिक प्रासंगिक होते हैं। लेकिन जब आपका प्याला रीता हुआ हो, तब प्रशासनिक कार्य अधिक प्रासंगिक होते हैं, या बेहतर होता है कि आप एक ब्रेक ले लें और अपनी ऊर्जा के प्याले को पुनः भरने का मौका दें।

समय-प्रबंधन जगत में मानसिक परिस्थितियों पर आधारित प्रासंगिकताओं का कोई अस्तित्व नहीं है। वहाँ तो आप कम से कम समय में ज़्यादा से ज़्यादा काम करने की कोशिश में लगे रहते हैं। लेकिन मन-प्रबंधन जगत में मानसिक परिस्थितियों पर आधारित प्रासंगिकताएँ ही सबकुछ हैं। संभव है कि आप लिखने के लिए उपयुक्त परिस्थितियों में हों – अपनी लिखने की मेज़-कुर्सी पर बैठे हों। संभव है कि समय भी सही हो – कार्य-दिवस और कार्य-घंटों के दौरान। लेकिन इस सबके बावजूद आप तब तक लिख नहीं पाएँगे, जब तक कि लिखने के लिए उपयुक्त मनःस्थिति में नहीं होंगे। कोई भी कार्य तभी प्रासंगिक होता है जब उसे सही मनःस्थिति में किया जाए।

चूँकि मेरा पूरा दिन अस्पताल में माँ के पास बैठे हुए बीतता था, ऐसे में अपने कार्यों को प्रोजेक्ट के हिसाब से व्यवस्थित करना तो व्यर्थ ही था। मेरी मानसिक ऊर्जा अपने निम्नतम स्तर पर थी, इसलिए मैं खुद को कुछ भी कर पाने में असमर्थ पा रहा था। लेकिन अच्छी बात यह थी कि मैं अपने कार्यों को केवल प्रोजेक्ट्स के हिसाब से व्यवस्थित करके नहीं रखता था, मैंने अपने कामों को मनःस्थितियों के हिसाब से भी व्यवस्थित किया हुआ था।

कई सारी कार्य-प्रबंधन प्रणालियों में 'टैग' या 'लेबल' का फीचर दिया होता है। (मैं इसे 'टैग' कहूँगा।) किसी प्रोजेक्ट के लिए कार्यों का निर्धारण करने के साथ-साथ आप हर कार्य के साथ कई सारे टैग जोड़ सकते हैं। आप जब चाहें किसी भी टैग से जुड़े सभी कार्यों को एक साथ एक ही जगह देख सकते हैं।

टैग कार्यों को भौतिक परिस्थितियों की प्रासंगिकता के हिसाब से व्यवस्थित करने हेतु उपयोगी होते हैं। उदाहरण के लिए, मुझे जब अपने पॉडकास्ट के लिए 'परिचय' वाले भागों की रिकॉर्डिंग करनी होती है, तब मैं 'रिकॉर्डिंग' टैग के तहत व्यवस्थित किए गए कार्यों की सूची देखता हूँ। ये वे कार्य होते हैं जिन्हें मैं केवल अपने स्टूडियो में कर सकता हूँ, या फिर अपने पोर्टेबल सेटअप के साथ। इसलिए इन कार्यों को किन्हीं और भौतिक परिस्थितियों में देखना प्रासंगिक नहीं होता।

मैं कार्यों को मनःस्थितियों के हिसाब से व्यवस्थित करने के लिए भी टैग्स का उपयोग करता हूँ। जब भी मैं किसी कार्य का निर्धारण करता हूँ तो यह ज़रूर सोचता हूँ कि यह कार्य किस मनःस्थिति में रहकर किया जा सकेगा – प्राथमिकता-निर्धारण, अन्वेषण, अनुसंधान, सृजन, परिष्करण, प्रशासनिक, या पुनर्भरण? यदि यह काम प्लानिंग से जुड़ा है तो मैं इसके साथ 'प्राथमिकता-निर्धारण' टैग जोड़ देता हूँ। यदि यह काम कुछ खोजने से जुड़ा होता है तो 'अनुसंधान' टैग जोड़ देता हूँ। यहाँ तक कि मेरी रचनात्मक प्रणाली में कार्यों का निर्धारण करने के लिए जो ऑटोमेशन का फीचर है, वह भी प्रत्येक कार्य को मनःस्थिति के हिसाब से ही टैग करता है।

टैग्स

- प्राथमिकता-निर्धारण 4
- सृजन 21
- अन्वेषण 14
- अनुसंधान 12
- परिष्करण 12
- प्रशासनिक 55

इसका फायदा यह है कि मैं जिस समय जिस मनःस्थिति में होता हूँ, उसके अनुकूल कार्यों को ढूँढने में मुझे ज़रा भी दिक्कत नहीं होती। मुझे 'अब क्या करना है' यह तय करने के लिए बारम्बार प्राथमिकता-निर्धारण मनःस्थिति में आने और फिर तय किए गए काम को करने के लिए किसी अन्य मनःस्थिति में जाने की ज़रूरत नहीं पड़ती।

अपनी माँ के सिरहाने बैठे-बैठे मेरे लिए ऐसा कोई भी काम करना असंभव था जिसमें बहुत अधिक मानसिक प्रयासों की आवश्यकता हो। इसलिए प्राथमिकता-निर्धारण और सृजन मनःस्थितियों में किए जाने वाले कार्य तो मेरी पहुँच से बाहर थे।

लेकिन मैं अन्वेषण वाले कार्य अवश्य कर सकता था। चूँकि अन्वेषण मनःस्थिति में रहकर हम किसी रचनात्मक समस्या से जुड़ीं अधिकाधिक बातों (तथ्य, दृष्टिकोण, विचार, व्याख्याएँ, इत्यादि) को एकत्रित कर सकते हैं, इसलिए यह मनःस्थिति किसी भी चीज़ का पहला ड्राफ्ट (संस्करण) लिखने के लिए भी उपयोगी होती है। पहला संस्करण लिखते समय मैं उस विषय पर दिमाग में आने वाले सभी विचारों को जस का तस लिखता जाता हूँ (बिना किसी तरह के सम्पादन या विश्लेषण या तर्क-वितर्क के)। ये विचार और यह संस्करण 'तैयारी' का काम करता है। पहले और दूसरे संस्करण पर काम के बीच जो समयांतराल होता है, वह 'ऊष्मायन' का काम करता है।

एक बार जब मुझे यह यकीन हो गया कि मैं अपना पॉडकास्ट वाला काम जारी रख सकता हूँ, तो मेरे विचार इस पुस्तक पर लौट आए। यदि आप किसी प्रोजेक्ट पर लगभग दशक भर से काम करते आ रहे हों, तो आपके दिमाग में गड्ड सा हो जाता है। फिर इस बात में अंतर करना कठिन हो जाता है कि आप उस काम को थोड़ा और समय देकर उसे और बेहतर बनाने की कोशिश कर रहे हैं, या उसे टाल रहे हैं।

एक सुबह पापा के साथ सैर करके लौटने के बाद मैंने इस पुस्तक के काम पर लौटने का निश्चय कर लिया। मैंने अपनी एल्फास्मार्ट पर 100 शब्द लिखने और ध्यान करने की आदतों का समय बदल लिया था; अब मैं ये दोनों काम सुबह सैर से लौटने के बाद करने लगा था।

तो उस दिन सैर से आने के बाद जब मैं इन दोनों कामों से भी फारिग हो गया, और जब पापा रसोई में बैठकर अपना नाश्ता ख़त्म करने में व्यस्त थे, तब मैंने सोचा कि अभी कुछ देर के लिए पुस्तक पर काम किया जा सकता है।

जो कुछ उपलब्ध है, उसी से काम चलाएँ

नाश्ते के बाद हमें रोज़ की तरह अस्पताल निकलना था, जहाँ मेरा भाई और उसकी पत्नी भी मौजूद होंगे। इसके बाद हमारी वही दिनचर्या शुरू हो जाएगी जो हर दिन होती है। हम लोग अपनी-अपनी कारें पार्किंग में लगाएँगे, 110 डिग्री फेरेनहाईट तापमान से तपे पार्किंग के कोलतार के फर्श पर चलते हुए अस्पताल में प्रवेश करेंगे, फिर गलियारों की भूल-भुलैया से गुज़रते हुए आईसीयू में पहुँचेंगे, और फिर माँ के सिरहाने बैठकर प्रतीक्षा करेंगे किसी चमत्कार के घटित होने की। मैं अपनी तयशुदा जगह पर बैठूँगा, जहाँ से माँ का हाथ अपने हाथ में ले सकूँ। फिर हम आपस में इस आशय की बातें करेंगे कि 'देखा तुमने, अभी ज़रा-सा पैर हिला था! देखो-देखो, उन्होंने ज़रा सी पलकें हिलाईं थीं!' हम कमरे में आने वाली हर नर्स को अपने इन अवलोकनों के बारे में बताएँगे और इनसे जुड़े ढेरों सवाल पूछेंगे, और वे बेचारी फिर से हमें समझाने की कोशिश करेंगी कि ऐसा कुछ भी नहीं है, ये सिर्फ रिफलेक्सेस हैं और माँ अभी भी उतनी ही गहरी बेहोशी में थीं, और यह भी कि हमें अभी और कुछ दिन इंतज़ार करना पड़ेगा यह जानने के लिए कि माँ की बेहोशी मस्तिष्क और मेरुदंड को जोड़ने वाली किसी कोशिका को लगे अस्थाई आघात के कारण थी, या फिर मस्तिष्क को ऐसी क्षति पहुँच चुकी थी जिसे ठीक नहीं किया जा सकता था।

मेरे मन का एक हिस्सा लगातार मुझसे सवाल करता था कि क्या यह सही समय है अपनी पुस्तक के बारे में सोचने का? लेकिन एक दूसरा हिस्सा लगातार मुझे याद दिलाता था कि इस तरह का समय ही तो संसार के प्रति अपने उस योगदान के बारे में सोचने का सबसे उपयुक्त कारण होता है, जो हम जीते-जी कर सकते हैं। कौन जाने कब हमारी ज़िन्दगी में कौन सा भूचाल आ जाए, या ज़िन्दगी ही ख़त्म हो जाए। 'काल करै सो आज कर, आज करै सो अब। पल में परलय होएगी, बहुरि करेगा कब॥'

तो, नाश्ते और अस्पताल के लिए निकलने के बीच जो पंद्रह मिनट का समय मुझे मिल रहा था, उसका उपयोग करने के लिए मैं लैपटॉप खोलकर बैठ तो गया, पर मन में आया कि सिर्फ पंद्रह मिनट में क्या होगा। लेकिन फिर मैंने खुद को खुद की ही वह सलाह याद दिलाई जो मैंने अपनी पुस्तक 'दि हार्ट टु स्टार्ट' के पाठकों को दी थी। उस सलाह के मुताबिक़, 'आपके पास काम के लिए चाहे कितना ही कम समय क्यों न हो, उसमें भी आप कुछ न कुछ प्रगति तो कर ही सकते हैं – बहुत ज़्यादा न सही, थोड़ी-बहुत ही सही।'

यहाँ आने से पहले तक मैं सुबह के लेखन-सत्र में आराम से 1000, 1500, यहाँ तक कि 2000 शब्द तक लिख लेता था। आज पंद्रह मिनट के समय में उतना तो संभव हो नहीं सकता था, यह मैं अच्छी तरह जानता था। इसलिए मैंने खुद से कहा, 'जितना हो जाए उतना कर लो आज, उतना ही कल कर लेना, फिर उतना ही परसों। थोड़ा-थोड़ा करके भी काफी काम हो जाएगा।'

मैंने तय किया कि मैं अब हर दिन 250 शब्द लिखने की कोशिश करूँगा, और इस बात की परवाह नहीं करूँगा कि अच्छा लिख रहा हूँ या खराब। यह मेरे लिए महत्वपूर्ण नहीं था। भले आगे चलकर मुझे इस लिखे हुए को दुबारा लिखना पड़े, लेकिन अभी मुझे सिर्फ 'कुछ करने' से मतलब था, क्योंकि मैंने ज़िन्दगी में यही करना तय किया था और मुझे इसी में जीवन की सार्थकता नज़र आती थी। जब ज़िन्दगी द्वारा दिए जा रहे अनुभव निरर्थक मालूम हो रहे हों, तब जहाँ से और जितनी भी सार्थकता मिल सकती हो, लेने की कोशिश करनी चाहिए।

पंद्रह मिनट बाद, मैं खुद चकित था परिणाम देखकर : मैंने 250 शब्द लिख लिए थे, और बहुत ही आसानी से लिख लिए थे। और सबसे बड़ी बात यह कि इनकी गुणवत्ता उन 1000 या 2000 शब्दों से कहीं ज़्यादा थी जो मैं आदर्श परिस्थितियों में बैठकर लिखता था। आज जो मैंने लिखा था, उसे संपादित करने की आवश्यकता न के बराबर थी।

मैंने मन ही मन सोचा, 'यदि मैं हर सुबह ऐसे ही गुणवत्तापूर्ण 250 शब्द ही लिखता चलूँ तब भी काफी कुछ काम हो सकता है।' लेकिन जब मैं अपनी पहली किताब लिख रहा था, तब भी मैंने ऐसा ही सोचा था। तब भी मुझे यही लगा था कि इसमें कोई बड़ी बात नहीं, इतना तो मैं कर ही लूँगा। लेकिन समय के साथ मुझे मानना पड़ा था कि यह लगभग नामुमकिन था। मेरे दिमाग की बत्ती तभी जल सकती थी जब मैं पहले पर्याप्त तैयारी करूँ।

मैं इस बात को लेकर बेहद परेशान था कि यदि मैं अपनी पूर्व-निर्धारित दिनचर्या पर कायम नहीं रह पाया तो सबकुछ बर्बाद हो जाएगा। लेकिन अब मैं यह देखकर खुद ही हैरान था कि मुझे अपनी दिनचर्या में बदलाव करने में कोई परेशानी नहीं थी। मैंने छः साल लगाकर अपनी रचनात्मक ऊर्जा के प्रबंधन के लिए एक प्रणाली विकसित की थी। अगले दो साल मैंने उस प्रणाली को परफेक्ट बनाने के लिए अपनी ज़िन्दगी को पुनर्व्यवस्थित करने में बिताए थे। और उसके बाद पूरे एक साल तक वीज़ा संबंधी दिक्कतों के चलते उस प्रणाली की अग्नि-परीक्षा ली थी, जिसमें तपकर वह कुंदन बन गई थी, इतनी लचीली हो गई थी कि किसी भी आघात को सह सकती थी। 'तैयारी' और 'ऊष्मायन' मेरे दैनिक जीवन का हिस्सा बन चुके थे। अब मेरे दिमाग की बत्ती आसानी से जल जाती थी।

लेकिन अब उस प्रणाली की सबसे बड़ी परीक्षा की घड़ी थी। दुःख ने मेरी अधिकांश मानसिक ऊर्जा सोख ली थी, और अब जो भी थोड़ी-बहुत ऊर्जा बची थी, उसका यथासंभव दक्षतापूर्वक उपयोग करके मुझे अपने कामकाजी जीवन को बर्बाद होने से बचाना था। लेकिन साथ ही यह भी ज़रूरी था कि मैं उस त्रासदी में भी शामिल रहूँ जो इस समय हमारे परिवार को परेशान किए हुए थी।

मैंने खुद को अपनी पुस्तक 'दि हार्ट टु स्टार्ट' में लिखी यह बात याद दिलाई कि हमारे अनुभव जो स्थितिज उर्जा उत्पन्न करते हैं, उसे ही गतिज ऊर्जा में परिवर्तित करके हम सृजन करते हैं। रे ब्रैडबरी के शब्दों में – "हम सभी रचनात्मक ऊर्जा की प्यालियाँ हैं, जो निरंतर खामोशी से भरी जा रही हैं। सीखने वाली बात यह है कि किस तरह इन प्यालियों को थोड़ा सा झुकाकर उस विलक्षण रचनात्मक ऊर्जा के लिए बाहर बहने का मार्ग बनाया जाए।"

रचनात्मक अवसर

जब जेरी सीनफील्ड और लैरी डेविड 'सीनफील्ड' बना रहे थे तो उनका आग्रह रहता था कि उनके लेखक असल ज़िन्दगी में होने वाली घटनाओं से प्रेरणा लेकर लिखें। उनका मानना था कि ज़िन्दगी उथल-पुथल का एक अंतहीन सिलसिला है, जो हमें एक के बाद एक रचनात्मक अवसर प्रदान करता जाता है। उनकी इस सलाह पर अमल करके उनके लेखकों ने असल ज़िन्दगी की घटनाओं को ही अपने हर एपिसोड का आधार बनाया, जिसके चलते वे एक ऐसा कार्यक्रम बना पाए जो हर किसी को अपने दिल और ज़िन्दगी के बेहद करीब मालूम होता था।

कला जीवन की उथल-पुथल की अभिव्यक्ति है। उथल-पुथल संयोगवश नहीं होती। कोई भी दुर्घटना तभी घटती है जब उसे घटना चाहिए। मतलब, जब आप उस दुर्घटना द्वारा प्रस्तुत रचनात्मक अवसर को भुनाने की स्थिति में होते हैं, तब। हर उथल-पुथल उसी पल में घटित होती है जिस पल में आप उसके द्वारा प्रस्तुत रचनात्मक अवसरों का लाभ लेने की स्थिति में होते हैं।

सेठ गोडिन का यह अवलोकन एकदम सही है कि आज भी न्यूयॉर्क की कई सारी ऊँची इमारतों में वहाँ रहने वालों के इस्तेमाल के लिए पानी का भंडारण छत पर ही किया जा रहा है। क्यों? क्योंकि हर बार किसी के नल खोलने पर पानी को नीचे से ऊपर पम्प करना ऊर्जा की बर्बादी है। इससे अच्छा है कि एक बार में ही सारा पानी पम्प करके ऊपर बनी विशाल टंकी में इकट्ठा कर दो। इसके बाद जब भी कोई नल खोलेगा तो गुरुत्वाकर्षण की शक्ति मुफ्त में ही पानी को टंकी से नल तक पहुँचा देगी।

आप की रचनात्मक प्रणाली में मौजूद इनबॉक्स भी पानी की इन विशाल टंकियों का काम करते हैं। ये उथल-पुथल द्वारा उपलब्ध कराए जाने वाले रचनात्मक अवसरों को इकट्ठा करके रखते हैं और आवश्यकता पड़ने पर आपको उपलब्ध करा देते हैं।

जब आपके पास इस तरह के इनबॉक्स होते हैं तो आपको इस बात की चिंता नहीं करनी पड़ती कि आपके दिमाग में वक़्त-बेवक्त जो शानदार विचार आते हैं, वे कहीं खो न जाएँ। इस तरह के विचारों के आने का कोई तयशुदा समय तो होता नहीं है; ये तो कभी भी और कहीं भी आ सकते हैं - रास्ते में चलते समय, किसी दोस्त के साथ लंच करते समय, या नहाते समय। जब भी ऐसा होता है तो हम

चिंता में पड़ जाते हैं कि जब तक हमें हाथ के काम से फुर्सत मिलेगी, तब तक यह शानदार विचार कहीं दिमाग से निकल न जाए।

चूँकि आप रचनात्मकता के चार चरणों का सम्मान करते हैं, इसलिए जानते हैं कि हाथ का काम छोड़कर इस नए विचार को क्रियान्वित करने में नहीं लगा जा सकता। इसलिए ज़रूरत इस बात की होती है कि फिलहाल इस विचार को कहीं जमा कर दिया जाए, ताकि इसके हमेशा के लिए खो जाने का डर न रहे।

इनबॉक्स रखने के फायदों को मैंने जितनी शिद्दत से इस त्रासदी के समय महसूस किया, उतना पहले कभी नहीं किया था। ये फायदे फीनिक्स की उड़ान के दौरान ही मेरे सामने प्रकट होने शुरू हो गए थे। फीनिक्स की ओर उड़ान भरते समय मैं अपने दिमाग में चीज़ों को साफ़-साफ़ देख पाने की स्थिति में नहीं था। मुझे पता था कि मैं जिस वेदनादायक अनुभव से अभी गुज़र रहा था, उसका मेरे जीवन पर गंभीर और स्थाई प्रभाव पड़ना तय था, लेकिन वह प्रभाव क्या और कैसा होगा यह मुझे ठीक-ठीक समझ नहीं आ रहा था।

चूँकि कला जीवन की ही अभिव्यक्ति होती है, इसलिए मुझे पता था कि यह घटना मेरी कला को किसी न किसी रूप में प्रभावित ज़रूर करेगी – बड़े रूप में न सही, छोटे रूप में ही सही। लेकिन मेरे लिए खुद से यह उम्मीद करना तो अवास्तविक और अस्वाभाविक होता कि भविष्य में मुझे इस वर्तमान अनुभव से जुड़ीं सारी बातें ठीक-ठीक याद रहेंगी। और यह अपेक्षा करना तो और भी ज़्यादा अवास्तविक और अस्वाभाविक होता कि मैं तभी के तभी, उस त्रासद अनुभव से गुज़रते हुए ही, कोई सार्थक रचना कर डालूँ।

विमान में बैठे-बैठे मेरे पास कुछ करने के ज़्यादा विकल्प नहीं थे। मैं काम में मन लगाने की स्थिति में नहीं था। कोई फिल्म देखने के मूड में तो बिल्कुल ही नहीं था। और फीनिक्स पहुँचकर मुझे क्या देखने को मिलेगा यह चूँकि अभी स्पष्ट नहीं था, इसलिए मुझे रोना भी नहीं आ रहा था।

इसलिए मैंने अपना लैपटॉप निकाला और लिखना शुरू कर दिया। अभी तक जो भी हुआ था, वो सब मैंने लिख डाला – बिना इस बात की परवाह किए कि वाक्य कैसे बन रहे थे, शब्द-चयन कैसा था, वर्तनी सही थी या नहीं। मैंने यह भी लिखा कि आगे क्या-क्या हो सकता था और उसे लेकर मेरे मन और मस्तिष्क में क्या-क्या चल रहा था. अगर माँ नहीं रहीं, तब हम क्या करेंगे? अगर उन्हें ठीक होने में सालों लगे, तब हम क्या करेंगे?

मैंने यह सब किसी प्रोजेक्ट वाले फोल्डर में नहीं लिखा था, मैंने इसे एक इनबॉक्स में लिखा था।

मैं अपनी रचनात्मक प्रणाली में कई सारे इनबॉक्स रखता हूँ। साप्ताहिक-समीक्षा के लिए मैंने @thisweek वाला जो नोट बनाया है, वो भी एक इनबॉक्स है। यदि कुछ ऐसा काम मेरे दिमाग में आता है जो साप्ताहिक-समीक्षा के दौरान किया जाना चाहिए, तो उसे मैं इस इनबॉक्स में रख देता हूँ।

जिस समय जितने भी प्रोजेक्ट चल रहे होते हैं, उन सभी के लिए मैं एक-एक इनबॉक्स बनाता हूँ। दिन भर के दौरान इन में से जिस भी प्रोजेक्ट के बारे में जो कुछ भी मेरे दिमाग में आता है, उसे मैं उस प्रोजेक्ट के इनबॉक्स में जमा कर देता हूँ। अमानक संचालन प्रक्रियाओं संबंधी मेरे सभी डाक्यूमेंट्स इनबॉक्स हैं – यदि मेरे दिमाग में किसी प्रक्रिया को बेहतर बनाने के लिए कोई विचार आता है, तो उसे मैं उसके डॉक्यूमेंट में सबसे ऊपर लिख देता हूँ।

दो ऐसे फायदे हैं जिनके चलते इनबॉक्स इतने महत्वपूर्ण हो जाते हैं : पहला फायदा यह कि आप किसी भी गैर-प्रासंगिक काम या विचार को बारम्बार अपना ध्यान भंग करने से रोक सकते हैं। चूँकि आप उस विचार या काम को उस समय समय दे पाने में असमर्थ हैं, इसलिए आपने उसे किसी इनबॉक्स में डाल दिया। दूसरा फायदा यह कि अंततः जब आप इन विचारों या कामों को समय देने की स्थिति में आते हैं, तब ये आपको उपलब्ध हो जाते हैं।

मैंने हर चीज़ के लिए इनबॉक्स बना रखे हैं। मेरे पास एक 'कॉमेडी' करके इनबॉक्स है, जो उन बातों से भरा हुआ है जो मैंने स्वतःस्फूर्त ढंग से कहीं और जिन्हें सुनकर लोग खूब हँसे। मेरे पास एक 'स्पेनिश/अंग्रेजी रोचकता' करके भी इनबॉक्स है, जो उन दिलचस्प चीज़ों से भरा हुआ है जो मैंने स्पैनिश सीखने के दौरान जानीं-समझीं। फिर एक 'गिफ्ट' करके इनबॉक्स है। जब भी मेरा कोई प्रियजन मुझे अपनी किसी समस्या के बारे में बताता है, या यूँही बातों-बातों में अपनी किसी पसंदीदा चीज़ का ज़िक्र करता है, तो मैं उसे गिफ्ट इनबॉक्स में दर्ज कर देता हूँ। फिर जब त्यौहारों पर या उनके जन्मदिन पर उन्हें उपहार देने की बारी आती है तो मुझे ज़्यादा सोचना नहीं पड़ता। मैंने 'कराओके गीत' करके भी एक इनबॉक्स बनाया है। जब मेरा कराओके (एक मशीन, जो लोकप्रिय गीतों की केवल धुनें बजाती है, ताकि गीत के बोल आप खुद गा सकें) के साथ गाने का मन होता है, तो मुझे यह सोचने में दिमाग नहीं खपाना पड़ता कि क्या गाऊँ। मेरे इस

इनबॉक्स में गानों की बहुत ही लम्बी फेहरिस्त है – कुछ गानों के आगे तो मैंने यह भी लिख रखा है कि वे श्रोताओं को पसंद आते हैं या नहीं, और आते हैं तो कितने।

तो फीनिक्स जाते समय विमान में मैंने एक नया इनबॉक्स बनाया, जिसमें मैं इस त्रासद अनुभव से जुड़ीं सभी बातें दर्ज करने वाला था।

आपको यह सोच-सोचकर आश्चर्य हो रहा होगा कि इतने सारे इनबॉक्स हैं और उनमें इतनी सारी चीज़ें दर्ज हैं, तो आखिर मैं उन सबका हिसाब-किताब कैसे रख पाता हूँ। मेरे पास यह सुनिश्चित करने के लिए कई सारे तरीके हैं कि इन इनबॉक्सों और इनमें दर्ज चीज़ों का हिसाब-किताब रखने में मेरी मानसिक ऊर्जा बर्बाद न हो। इनमें से पहले तरीके को मैं कहता हूँ – रचनात्मक झरना।

कल-कल बहता हुआ रचनात्मक झरना

मेरे इनबॉक्स एक कल-कल कर बहते हुए झरने की तरह काम करते हैं। झरने का पानी कल-कल करता हुआ पहाड़ी की ढलान से नीचे उतरता है और पोखरों की एक श्रृंखला में जमा होता जाता है। एक पोखर झरने के शीर्ष पर होता है। पहाड़ों से रिस-रिसकर आता पानी पहले इसी पोखर में इकठ्ठा होता है। इसके भर जाने के बाद पानी क्रमशः नीचे उतरता है और अन्य पोखरों में एकत्रित होता है।

मेरे इस झरने के शीर्ष पर स्थित पोखर है, एक छोटी सी नोटबुक, जिसे मैं हमेशा अपनी जेब में रखता हूँ। जब भी मेरे दिमाग में कोई काम की बात आती है – चाहे यह कोई कहानी हो जिसे मैं अपनी किसी किताब में रखना चाहूँगा, या किसी आगामी यात्रा पर जाते समय साथ ले जाने वाला कोई सामान हो, या फिर कोई वस्तु हो जो मुझे खरीदनी हो – मैं जेब से अपनी यह नोटबुक निकालता हूँ, उस बात को दर्ज कर लेता हूँ, और फिर वापस हाथ के काम में लग जाता हूँ। इसके लिए मुझे अपना फ़ोन निकालने की ज़रूरत नहीं पड़ती, इसलिए ध्यान भटकाने वाले नोटिफिकेशंस को देखने का बहाना मुझे नहीं मिल पाता। इस वजह से मैं विचलन से बच जाता हूँ। इस तरह यह शीर्ष पर स्थित पोखर, यानी कि मेरी पॉकेट नोटबुक मुख्य इनबॉक्स का काम करती है।

जब कोई बात मेरे इस मुख्य इनबॉक्स में जमा हो जाती है तो मैं इस बात के प्रति निश्चिन्त हो जाता हूँ कि अब वह बात कहीं खोएगी नहीं, क्योंकि मैं अपने इस मुख्य इनबॉक्स का नियमित रूप से पुनरावलोकन करता हूँ और इसमें दर्ज सभी

बातों को आगे बढ़ाता रहता हूँ, यानी कि उनके लिए बनाए गए दूसरे इनबॉक्सों में भेजता रहता हूँ।

अपने इस मुख्य इनबॉक्स का पुनरावलोकन करते समय मैं इसमें दर्ज विचारों या कामों पर अमल नहीं कर रहा होता हूँ, मैं बस इन्हें झरने के शीर्ष से नीचे की ओर धकेलकर अन्य पोखरों में भेज रहा होता हूँ। उदाहरण के लिए, मुझे अपने पॉडकास्ट की अमानक संचालन प्रक्रिया में सुधार का कोई विचार सूझा, तो मैंने उसे अपनी पॉकेट नोटबुक में दर्ज कर लिया। अब जब मैं प्राथमिकता-निर्धारण वाली मनःस्थिति में रहकर इस नोटबुक का पुनरावलोकन करूँगा, तो इस विचार को अपने अमानक संचालन प्रक्रिया डॉक्यूमेंट में स्थानांतरित कर दूँगा। चूँकि मेरा यह डॉक्यूमेंट 'अमानक' है, इसलिए सही मायनों में यह एक इनबॉक्स है – यह अविकसित विचारों को संग्रहीत कर सकता है। हर नए विचार को मैं डॉक्यूमेंट में सबसे ऊपर दर्ज कर देता हूँ, ताकि अगली बार जब मैं पॉडकास्ट एपिसोड्स तैयार करूँ तो मुझे यह विचार सबसे पहले दिखाई दे जाए और मैं उसे अपनी प्रक्रिया में शामिल कर लूँ।

साप्ताहिक-समीक्षा के लिए उपयोग होने वाला @thisweek डॉक्यूमेंट एक अन्य पोखर, यानी कि इनबॉक्स है। मैं जितने भी प्रोजेक्ट्स पर काम करता हूँ, उन सभी के लिए मेरे पास एक-एक इनबॉक्स होता है। वैसे ज़रूरी नहीं कि मैं हर बार किसी विचार को नोटबुक में ही दर्ज करूँ। कभी-कभी मैं उन्हें सीधे झरने के उस पोखर (इनबॉक्स) में दर्ज कर लेता हूँ जो उस विचार के लिए उपयुक्त भी हो और उस समय उपलब्ध भी हो। उदाहरण के लिए, यदि मैं कंप्यूटर पर कोई काम कर रहा हूँ और उसी समय मुझे अपने किसी प्रोजेक्ट के संबंध में कोई विचार सूझ जाए तो मैं फटाक से उस प्रोजेक्ट वाला इनबॉक्स खोलूँगा और उस विचार को उसी में दर्ज कर दूँगा। मेरे घर में जगह-जगह इनबॉक्स बिखरे हुए हैं। दीवारों पर वाइट-बोर्ड टंगे हैं, ताकि आते-जाते कुछ सूझ जाए तो तुरंत लिखा जा सके। बाथरूम में एक वॉटरप्रूफ नोटबुक रखी हुई है, ताकि नहाते-नहाते कुछ सूझ जाए तो बाथरूम से बाहर निकलने का इंतज़ार न करना पड़े। इन सभी इनबॉक्सों में दर्ज होने वाले विचारों को मैं मौका मिलते ही उनके लिए निर्धारित इनबॉक्सों में स्थानांतरित कर देता हूँ।

इस तरह मैं इन गैर-प्रासंगिक विचारों के सचेतन मस्तिष्क में खुले दरवाजों को जल्दी से बंद कर देता हूँ - तब तक के लिए जब तक कि उन पर दोबारा काम करने का सही समय न आ जाए। जब वह समय आता है तो मैं खुद को इन विचारों

की न्यूनतम रचनात्मक खुराक देता हूँ, और अपने अवचेतन में इनके लिए दरवाज़े खोल देता हूँ।

यह रचनात्मक झरना तभी सही से काम कर पाता है जबकि आप सभी पोखरों, यानी कि इनबॉक्सों का नियमित रूप से पुनरावलोकन सुनिश्चित करें, ताकि उनमें जमा विचारों को और नीचे वाले पोखरों या इनबॉक्सों में भेजा जाता रहे। यह रचनात्मक झरना ठीक तरह काम करता रहे, इसके लिए आपको चाहिए - कार्य उत्प्रेरक (टास्क ट्रिगर्स)।

कार्य-उत्प्रेरक

उत्प्रेरक का अर्थ होता है कोई ऐसी चीज़ जो किसी ख़ास क्रिया को उत्प्रेरित करती है। इस प्रकार, कार्य-उत्प्रेरक का मतलब हुआ वह चीज़ जो आपको याद दिलाए कि आपको अमुक कार्य करना है। कार्य-उत्प्रेरकों को प्रभावी ढंग से उपयोग करने के लिए ज़रूरी है कि आप उन्हें उपयुक्त जगहों पर लगाएँ। जिन कार्यों के बारे में आपको पता है कि आपको उन्हें करना है, उन कार्यों में कार्य-उत्प्रेरकों को लगाकर आप यह सुनिश्चित कर सकते हैं कि आप उन्हें करना भूलेंगे नहीं।

आपको जानकर हैरानी होगी कि मैं कार्य-उत्प्रेरकों का उपयोग तब से कर रहा हूँ जब स्कूल में पढ़ता था। हालाँकि उस समय मुझे खुद नहीं पता था कि इस तरह की कोई चीज़ होती है और मैं अनजाने में उसका उपयोग कर रहा हूँ। मुझे याद है कि स्कूल में मेरे साथी बच्चे कभी-कभी सही किताब या कॉपी लाना भूल जाते थे, और कुछ तो पूरा बस्ता ही घर भूल आते थे। मुझे यह देखकर बड़ी हैरानी होती थी कि ऐसे कैसे कोई भूल सकता है।

मैं कभी अपना बस्ता ले जाना नहीं भूला, क्योंकि मैं अपना बस्ता दरवाज़े के बगल में ही रखता था। मुझे मालूम था कि स्कूल जाने के लिए निकलूँगा तो दरवाज़े से ही बाहर, तो मुझे बस्ता नज़र आएगा ही आएगा।

मेरे साथ ऐसा भी कभी नहीं हुआ कि मैं सही किताब या कॉपी ले जाना भूल गया हूँ। मैं सही दिन सही पुस्तकें बस्ते में रखना याद दिलाने के लिए कार्य-उत्प्रेरकों का उपयोग करता था। हर रात मंजन करने के बाद मैं अपना बस्ता लेकर बैठ जाता था और यह सुनिश्चित करता था कि जो पुस्तकें कल ले जानी हैं, वे रख ली हैं।

हाँ, मैं कभी-कभी अपना टिफिन ले जाना ज़रूर भूल जाता था, पर यह भी कभी-कभार ही होता था। चक्कर यह था कि टिफिन तो मैं रात को रख नहीं सकता था बैग में, वर्ना वो खराब हो जाता। वह तो मुझे सुबह मंजन करने के बाद रखना होता था, इसलिए कभी-कभार भूल जाता था।

कुछ कार्य-उत्प्रेरक अन्य कार्य-उत्प्रेरकों की तुलना में बेहतर काम करते हैं, क्यों? क्योंकि आदर्श कार्य-उत्प्रेरकों में कुछ विशिष्ट खूबियों का होना ज़रूरी है। आदर्श कार्य-उत्प्रेरक विश्वसनीय, अवसर-विशिष्ट, क्रियान्वयन में आसान, और सीधे-सीधे उस वस्तु से जुड़े होते हैं जिसके माध्यम से वांक्षित क्रिया होनी होती है।

कार्य-उत्प्रेरकों का विश्वसनीय होना बहुत ज़रूरी है, तभी आप निश्चिन्त होकर दूसरे कामों पर ध्यान केन्द्रित कर सकते हैं। यदि ये आपको आपके तय किए हुए समय पर याद दिलाने से चूक जाएँ तो फिर इनके उपयोग का कोई औचित्य ही नहीं रह जाएगा।

कार्य-उत्प्रेरकों का अवसर-विशिष्ट होना इसलिए ज़रूरी है ताकि ये आपको सही अवसर पर, यानी कि सही समय और सही जगह पर ही उस काम की याद दिलाएँ – न वक़्त से पहले और न वक़्त के बाद; और न ही गलत जगह या गलत माहौल में। सॉफ्टवेयर अपडेट के नोटीफिकेशंस के साथ यही परेशान करने वाली बात होती है कि वे अक्सर गलत समय और गलत जगह आते हैं। यदि नोटीफिकेशंस भेजने का यह काम मशीन की बजाए कोई विवेकशील मनुष्य कर रहा होता तो उसे यह बात अच्छी तरह समझ आती कि जब कोई फोन पर बात कर रहा हो तब उसके लिए यह तय करना झुंझलाहट की वजह बन सकता है कि वह अपने फोन के ऑपरेटिंग सिस्टम को अपडेट करे या न करे। यह गलत अवसर है इस काम के लिए।

कार्य-उत्प्रेरकों का क्रियान्वयन में आसान होना ज़रूरी है, अन्यथा आप लम्बे समय तक इनको विश्वसनीय ढंग से अमल में लाने के लिए पर्याप्त ऊर्जा नहीं जुटा पाएँगे।

और अंत में, एक अच्छे कार्य-उत्प्रेरक को उस वस्तु से जुड़ा होना चाहिए जिसकी मदद से वांक्षित क्रिया की जानी होती है। आदर्श स्थिति यही होती है कि जब उत्प्रेरण घटित हो तो आपको उस चीज़ को प्राप्त करने के लिए ज़्यादा कुछ न करना पड़े, जिसके माध्यम से आपको वह कार्य करना है।

मैं अपना बस्ता ले जाना कभी नहीं भूला क्योंकि मैंने उसके लिए जो कार्य-उत्प्रेरक चुना था, उसमें ये सारी खूबियाँ थीं। यह विश्वसनीय था, क्योंकि स्कूल के

लिए घर से निकलना तो उसी दरवाज़े से होता था, इसलिए बैग का नज़र में आना लाज़िमी था। यह अवसर-विशिष्ट था, क्योंकि यह मुझे उसी समय बैग की याद दिलाता था जिस समय मैं स्कूल के लिए निकल रहा होता था। यह क्रियान्वित करने में भी आसान था, क्योंकि मुझे अपने बस्ते को दरवाज़े के पास रखना भर होता था। और अंत में, यह उस वस्तु से जुड़ा था जिसकी मदद से वांक्षित क्रिया होनी थी। मेरे उत्प्रेरण का स्रोत – मेरा बस्ता – ही वह वस्तु थी जिसकी मदद से मुझे यह काम करना होता था।

मेरे दरवाज़े के बगल में बस्ता रखने वाले कार्य-उत्प्रेरक जितना परफेक्ट कार्य-उत्प्रेरक तैयार कर पाना बहुत ही मुश्किल काम है। परफेक्ट कार्य-उत्प्रेरक से मेरा तात्पर्य है - जिसके चलते आपको ज़रा सा भी मानसिक भार वहन न करना पड़े। साथ ही, यह एकदम सरल हो। इसमें ज़्यादा जटिलताएँ न हों।

यहाँ तक कि मेरा दरवाज़े के समीप बस्ते वाला कार्य-उत्प्रेरक भी मुझे थोड़ा-सा मानसिक भार वहन करने के लिए मजबूर करता ही था। मुझे दरवाज़े से गुज़रते समय बस्ते को देखना और उसे उठाना तो याद रखना ही पड़ता था।

अपना टिफिन ले जाना याद रखने के लिए मुझे सबसे ज़्यादा मानसिक भार वहन करना पड़ता था। यही वजह है कि मैं कभी-कभी यह काम करना भूल जाता था। मुझे बाथरूम से निकलकर रसोई में जाना याद रखना पड़ता था, फिर फ्रिज खोलकर वह लंच निकालना याद रखना पड़ता था जो मैंने कल रात को बनाकर रखा था। और ज़ाहिर बात है कि कल रात इसे बनाना भी मुझे याद रखना पड़ा था। इतनी सारी चीज़ें याद रखना एक तेरह-वर्षीय दिमाग पर बहुत अधिक मानसिक भार डालने जैसा था।

इस मानसिक भार को मुझे किसी न किसी तरह तो कम करना ही था। आज का समय होता तो मैं स्मार्टफोन का उपयोग कर लेता। मेरा स्मार्टफोन अलार्म या नोटीफिकेशन के माध्यम से मुझे स्कूल के लिए निकलने से कुछ मिनट पहले याद दिला देता।

लेकिन उस समय तो स्मार्टफोन जैसी किसी चीज़ का अस्तित्व ही नहीं था। मुझे लगता है कि मैं एक ऐसी बड़ी सी घड़ी पहन सकता था जिसे मनमाफिक प्रोग्राम किया जा सकता और जिसमें ढेर सारे अलार्म होते, लेकिन यह कुछ ज़्यादा ही जटिल प्रौद्योगिकी हो जाती (और मुझे लगता है कि यह मुझे स्कूल में सहपाठियों की हँसी का पात्र भी बना देती)। बहरहाल, ऐसी कोई प्रौद्योगिकी न होने के चलते मैंने मंजन करने को ही कार्य-उत्प्रेरक बना लिया। जैसे ही मैं मंजन करना शुरू

करता था, वैसे ही मुझे याद आ जाता था कि मुझे फ्रिज में से लंच निकालकर स्कूल बैग में रखना है। यहाँ मंजन करना उत्प्रेरण का काम करता था, जो लंच निकालकर बैग में रखने की क्रिया को उत्प्रेरित करता था। एक आदत ने दूसरी आदत के लिए उत्प्रेरक का काम किया। 'एटॉमिक हैबिट्स' पुस्तक के लेखक जेम्स क्लियर व्यवहार-विज्ञानी बी.जे. फॉग की अवधारणा 'एंकरिंग' के आधार पर इसे 'हैबिट स्टैकिंग' कहते हैं। हैबिट स्टैकिंग का मतलब होता है – 'आदतों की ढेरी'। यह समाधान इतना सरल था कि इसके लिए कभी-कभार टिफिन भूल जाने का जोखिम लिया जा सकता था।

तो मानसिक बोझ और जटिलता के अलावा एक और कारक है जो किसी भी कार्य-उत्प्रेरक को आदर्श या साधारण बनाता है। यह है – भटकाव का जोखिम। हर बार जब मैं लंच निकालने के लिए बाथरूम से बाहर आकर रसोई में जाता था, तो मुझे 'डोरवे इफ़ेक्ट' से प्रभावित हो जाने का जोखिम उठाना पड़ता था। 'डोरवे इफ़ेक्ट' को हिंदी में कहेंगे – दरवाज़े से गुज़रने पर पड़ने वाला प्रभाव। किसी दरवाज़े से होकर गुज़रने पर चीज़ों को भूल जाने की हमारी प्रवृत्ति 'डोरवे इफ़ेक्ट' कहलाती है। (जी हाँ, यह हकीकत है!) इसके अलावा मुझे फ्रिज का दरवाज़ा भी खोलना पड़ता था। मतलब, एक और 'डोरवे इफ़ेक्ट'। आपने भी महसूस किया होगा कि जब भी हम फ्रिज का दरवाज़ा खोलते हैं तो भूल ही जाते हैं कि क्यों खोला था और कुछ मिनटों तक उसमें भरे सामानों को देखते रहते हैं।

स्मार्टफोन को कार्य-उत्प्रेरक की तरह उपयोग करने पर भटकाव का जोखिम खतरनाक स्तर तक बढ़ जाता है। जैसे ही आप फोन की स्क्रीन की तरफ देखते हैं, वैसे ही ध्यान भटकाने वाले नोटीफिकेशंस आपकी नज़रों में आने लगते हैं। यहाँ तक कि फोन को हाथ लगाना भी कई लोगों के लिए भटकाव का जोखिम पैदा कर देता है। मैं खुद भी इन्हीं लोगों में शामिल हूँ।

इनबॉक्सों का रचनात्मक झरना कार्य-उत्प्रेरकों के माध्यम से ही बहता है। लेकिन रचनात्मक झरना स्वयं भी कार्य-उत्प्रेरकों के सुचारू संचालन में सहायता करता है। दोनों अन्योन्याश्रित हैं। मेरा एक कार्य-उत्प्रेरक वह है जो मुझे अपनी पॉकेट नोटबुक में कुछ दर्ज करने की बात याद दिलाता है। यह उत्प्रेरक है मेरा कुछ सोचना। यानी कि मेरे दिमाग में किसी विचार या काम का आना। कार्य है उसे नोटबुक में दर्ज करना। फिर अन्य उत्प्रेरकों की मदद से मैं नोटबुक में दर्ज इन विचारों या कामों को आगे बढ़ाने में सफल होता हूँ। साप्ताहिक-समीक्षा इन्हीं उत्प्रेरकों में से एक है। साप्ताहिक-समीक्षा स्वयं रविवार दोपहर से उत्प्रेरित होती

है। आपको याद होगा कि साप्ताहिक समीक्षा की मेरी सूची में शामिल कार्यों में से एक कार्य है – इन बॉक्सों की समीक्षा। मेरी पॉकेट नोटबुक इन्हीं इनबॉक्सों में से एक है।

सामान्यतः मैं अपनी पॉकेट नोटबुक में दर्ज विचारों या कामों पर कार्रवाई के लिए 'गेटिंग थिंग्स डन' नियमों को अपनाता हूँ। पहला नियम है - जो काम दो मिनट या उससे कम समय लेने वाला होता है, उसे मैं कर डालता हूँ। लेकिन जिस काम में लम्बा समय लगने का अंदेशा होता है, उसे कार्य-प्रबंधन प्रणाली में दर्ज कर देता हूँ। लेकिन यदि बात किसी काम की न होकर किसी विचार की हो तो उसे मैं रचनात्मक झरने के अगले इनबॉक्स में भेज देता हूँ।

आइए, आपको अपनी पॉकेट नोटबुक में दर्ज उन कुछेक बातों के बारे में बताता हूँ जिन पर मैंने हालिया साप्ताहिक समीक्षा के दौरान निर्णय लिया:

क्रिसमस आने वाला था, और मेरी नोटबुक में कुछ दिलचस्प गिफ्ट आईडियाज़ लिखे हुए थे। मैंने उन सबको 'गिफ्ट' इनबॉक्स में स्थानांतरित कर दिया। अब मैं निश्चिन्त था कि जब भी गिफ्ट्स तलाशने का काम उत्प्रेरित होगा, तो उस तलाश के लिए ज़रूरी संदर्भ सामग्री मेरे पास पहले से मौजूद होगी।

हफ्ते भर के दौरान ऐसी कई सारी चीज़ें मेरे दिमाग में आई थीं जिनके लिए इन्टरनेट पर थोड़ी खोजबीन किए जाने की ज़रूरत थी। लेकिन उस समय मैं अपने हाथ का काम नहीं छोड़ना चाहता था, अपना ध्यान उस काम से हटाना नहीं चाहता था, इसलिए मैंने वे सारी चीज़ें पॉकेट नोटबुक में लिख दीं ताकि साप्ताहिक समीक्षा के दौरान उन सभी चीज़ों के लिए एकसाथ इन्टरनेट पर खोजबीन कर सकूँ। मैंने फटाफट इस काम को पूरा कर लिया।

मेरी नोटबुक में अपनी किसी आगामी पुस्तक के लिए उपयोग योग्य एक शीर्षक भी लिखा हुआ था। मैंने 'पुस्तक शीर्षक' (बुक टाइटल्स) नाम से भी एक इनबॉक्स बना रखा है, जिसमें मैंने शीर्षकों को अलग-अलग श्रेणियों में बाँटकर रखा हुआ है। भई, मैं पुस्तकें लिखता हूँ तो मुझे शीर्षकों की ज़रूरत तो पड़ती है न! तो मैंने उस शीर्षक को अपने उस इनबॉक्स में उसके लिए उपयुक्त श्रेणी में डाल दिया। इस शीर्षक के लिए मैंने कोई कार्रवाई निर्धारित नहीं की थी। इसे बस याद्दाश्त के तौर पर लिख रखा था।

मेरे पास लोकप्रिय कहावतों और मुहावरों को जमा करने के लिए भी एक इनबॉक्स है। इन्हें भी श्रेणीबद्ध करके रखने का प्रयास करता हूँ। (मैं इन कहावतों

और मुहावरों को ठीक तरह समझकर अपने लेखन में इनका सही जगह उपयोग करने की कोशिश करता हूँ। इनसे भाषा का सौन्दर्य बढ़ जाता है।) मेरी नोटबुक में कुछेक कहावतें दर्ज थीं। उन्हें मैंने इस इनबॉक्स में भेज दिया। इनके लिए भी मैंने कोई कार्रवाई निर्धारित नहीं की। इस इनबॉक्स में भी मैं ऐसी ही चीज़ें रखता हूँ जो केवल याद्दाश्त के लिए होती हैं।

आखिर में दो-तीन ऐसे दिलचस्प उद्धरण दर्ज थे जो मैंने कुछ पॉडकास्ट्स में सुने थे और मुझे लगा था कि वे इस पुस्तक के लिए अच्छी संदर्भ-सामग्री सिद्ध हो सकते थे। जैसे ही मैंने इन्हें सुना, तुरंत इनका सार-संक्षेप अपनी नोटबुक में दर्ज कर लिया – इस जानकारी के साथ कि वे किन पॉडकास्ट्स में सुने गए थे और पॉडकास्ट के किस हिस्से में थे (मतलब कितने मिनट से कितने मिनट तक)। मैंने इन उद्धरणों को इन सभी जानकारियों समेत इस पुस्तक की प्रोजेक्ट फाइल के रिसर्च इनबॉक्स में स्थानांतरित कर दिया। मुझे अभी पक्का पता नहीं था कि मैं इन उद्धरणों का उपयोग करूँगा अथवा नहीं, लेकिन इतना पक्का पता था कि यदि मुझे इनका उपयोग करना हुआ तो मुझे ठीक-ठीक पता होगा कि मुझे किन पॉडकास्ट्स के किन हिस्सों को दुबारा सुनना है ताकि मुझे एकदम सटीक उद्धरण पता चल जाए।

आपने देखा कि किस तरह इन विचारों या कामों को अपनी पॉकेट नोटबुक में दर्ज करने से जटिलता और विचलन का जोखिम कम हो गया? नोटबुक का फायदा यह है कि यह हमेशा मेरे साथ रहती है, और इसके साथ ध्यान भटकाने वाले नोटीफिकेशंस का खतरा भी नहीं रहता। आपने देखा कि किस तरह इन विचारों या कामों को दर्ज करने, पुनरावलोकित करने, तथा इन पर वांक्षित कार्रवाई करने से ज़ुड़े उत्प्रेरकों ने मुझे नोटबुक में दर्ज सारी चीज़ों पर सहजता से काम करने में सहायता की? मैं दिमाग में आने वाले सभी महत्वपूर्ण विचारों या कामों को दर्ज करने में भी सफल हुआ और उन्हें – साप्ताहिक समीक्षा जैसे नियमित कार्यों की सहायता से – रचनात्मक झरने के नीचे के पोखरों में भेजने में भी।

पहले पहल जब मैंने अपने मन में आने वाले हर विचार या कार्य को लिखना शुरू किया, तो मुझे यह बड़ा तनाव पैदा करने वाला काम लगा। मुझे हरदम यह चिंता रहने लगी कि इतने सारे विचार या कार्य इकट्ठे होते जा रहे हैं, मैं इन सब पर काम कैसे कर पाऊँगा! मुझे लगने लगा कि इन्हें दर्ज करना बंद कर देना चाहिए।

लेकिन फिर मुझे समझ आया कि मेरी चिंता की वजह मेरी गलत मानसिकता थी। चूँकि मैं उन सभी विचारों या कार्यों को लिख रहा था, इसलिए मेरा मन खुद-ब-खुद उन सभी पर काम करने की बाध्यता महसूस करने लगा था। बाध्यता की यह भावना मुझे उन कार्यों पर ध्यान केन्द्रित नहीं करने दे रही थी जो मैं करना चाहता था।

यह समझ में आते ही मैंने मन से बाध्यता वाली भावना निकाल दी। इसके बाद दिमाग में आने वाले सभी गैर-प्रासंगिक विचारों या कार्यों को दर्ज करना मेरे लिए बेहद फायदेमंद साबित हुआ। इससे इनके लिए चेतन मस्तिष्क में खुले दरवाज़े बंद हो गए और मेरी जो चैतन्य मानसिक ऊर्जा इन पर बर्बाद हो रही थी, वो बचने लगी। साथ में यह फायदा अलग से हुआ कि इन्हें नोटबुक में लिख देने और फिर नीचे के इनबॉक्सों में पहुँचाने के क्रम में (न्यूनतम रचनात्मक खुराक के रूप में) अवचेतन मस्तिष्क में इनके दरवाज़े खुलने लगे, जिससे इन्हें ऊष्मायन मिलने लगा।

आगे वाले चूल्हे की रचनात्मक ऊर्जा और पीछे वाले चूल्हे की रचनात्मक ऊर्जा वाली अवधारणा तो आप समझ ही चुके हैं। चलिए अब ऐसी ही एक अन्य अवधारणा से आपको परिचित कराता हूँ, जो आपकी यह समझने में मदद करेगी कि दिमाग में वक़्त-बेवक्त आने वाले विचारों को दर्ज करते चलना कितना फायदेमंद होता है – तब भी जबकि हमें न पता हो कि उनका हमारे लिए क्या उपयोग है और हम उनका क्या करेंगे।

मेडेलिन के मेरे घर में जो स्टोव है, वो मूलतः गैस स्टोव है। लेकिन इस स्टोव के मुख्य चूल्हे के पीछे बाईं ओर एक और चूल्हा है। पर यह गैस चूल्हा नहीं है; यह इलेक्ट्रिक चूल्हा है। बिजली से चलने वाला। गैस चूल्हे की बजाए बिजली से चलने वाला चूल्हा आपको ऊष्मा पर अधिक नियंत्रण उपलब्ध कराता है। ख़ास तौर से, यह आपको लम्बे समय तक मंद-मंद ऊष्माप पर धीरे-धीरे पकाने की सुविधा देता है। अंग्रेज़ी में इसे 'सिमर' कहते हैं।

धीमी आँच पर धीरे-धीरे पकने वाले रचनात्मक कार्य

हमने पहले चर्चा की थी कि जो आगे के चूल्हे वाले प्रोजेक्ट होते हैं, वे आपकी सर्वोत्तम रचनात्मक ऊर्जा चाहते हैं। जबकि पीछे वाले चूल्हे पर रखे प्रोजेक्ट्स

को विश्वसनीय रचनात्मक प्रणालियों की मदद से न्यूनतम ऊर्जा में पूरा किया जा सकता है।

लेकिन जो धीमी आँच पर पकने वाले रचनात्मक प्रोजेक्ट होते हैं (सिमर प्रोजेक्ट्स), वे तो पूरी तरह से बैकग्राउंड में ही पक रहे होते हैं। कभी-कभार आप उनका ढक्कन खोलकर एक नज़र देख लेते हैं उन्हें, बस। ज़्यादा हुआ तो एक बार करछी हिला दी - वो भी इसलिए कि खुद के हाथ-पैर हिल जाएँ ज़रा। बल्कि इनके साथ तो यह सुविधा है कि आप इन्हें पकता छोड़कर कई-कई दिनों के लिए कहीं चले जाएँ तो भी कोई दिक्कत नहीं। लौटकर आप पाएँगे कि वे वैसे ही आराम से पक रहे हैं।

सिमर प्रोजेक्ट्स आगे वाले चूल्हे और पीछे वाले चूल्हे पर रखे प्रोजेक्ट्स से इस मायने में अलग हैं कि इनका पूरा होना लाज़िमी नहीं होता। वे भविष्य में कभी पूरे हो भी सकते हैं और नहीं भी हो सकते। बस इतना है कि आपकी संदर्भ-सामग्री कहीं संग्रहीत है, जिसे ज़रूरत पड़ने पर आप हासिल कर सकते हैं। साथ ही अवचेतन में कुछ गैर-प्रासंगिक विचारों के दरवाज़े खुले हुए हैं। यदि सही रचनात्मक अवसर आया, तो आप उसे भुनाने के लिए तैयार हैं। यहाँ छत की टंकी पानी से नहीं भरी है, यह भरी है कॉम्प्लेक्स मोल सॉस से जो बरसों से मंद आँच पर धीरे-धीरे पक रहा है।

'मास्टरक्लास' पर अपनी कक्षा में मैल्कम ग्लैडवेल ने बताया था कि एक बार एक कहानी की पड़ताल के सिलसिले में उनका किसी दूरदराज के कस्बे में जाना हुआ था। वहाँ जाकर उन्होंने जो देखा-जाना और समझा, वह उन्हें बहुत दिलचस्प लगा, लेकिन जल्दी ही उन्हें अहसास हो गया कि वह कहानी उनके काम की नहीं थी। इसके पंद्रह साल बाद, जब वह अपनी पुस्तक 'आउटलायर्स' पर काम कर रहे थे, अचानक उन्हें अपनी वह अनुसंधान-यात्रा (या शायद उसे अन्वेषण-यात्रा कहना ज़्यादा सही होगा) याद हो आई। उस दौरान किए गए साक्षात्कारों की रिकॉर्डिंग्स अभी भी उनके पास सुरक्षित थीं, जिन्हें आखिरकार उन्होंने काम में ले ही लिया। पंद्रह साल पहले उन्होंने जो जाना-समझा था, उसे उपयोगी बनने के लिए डेढ़ दशक तक मंद-मंद आँच पर पकते रहने की ज़रूरत पड़ी थी। लेकिन यह भी हो सकता था कि यह कभी उपयोगी बनता ही नहीं।

मैं अपने सभी 'सिमर प्रोजेक्ट्स' को 'R&D' नाम के फ़ोल्डर्स में रखता हूँ। कंपनियों के पास अपने 'अनुसंधान एवं विकास विभाग' (R&D डिपार्टमेंट्स) हैं, जो विभिन्न परियोजनाओं पर संसाधन खर्च करते हैं। इनमें से कुछ परियोजनाएँ

उपयोगी सिद्ध होती हैं, तो कुछ नहीं भी होतीं। अमेज़ॅन अपना पूरा संभावित मुनाफा अनुसंधान और विकास पर खर्च करने के लिए प्रसिद्ध है।

जब मैंने ये 'R&D' फ़ोल्डर्स बनाने शुरू नहीं किए थे, तब मैं हमेशा खुद को इस बात के लिए कोसता था कि मैं अपने सभी विचारों को अंजाम तक पहुँचाना तो दूर की बात है, उनकी खोज-खबर भी नहीं रख पाता हूँ। हर बार जब मैं किसी प्रोजेक्ट पर काम करने के लिए फाइल्स में जाता था तो मुझे ऐसे अनगिनत प्रोजेक्ट्स के फोल्डर दिखाई पड़ते थे जो कभी किसी अंजाम तक नहीं पहुँचे। और तब मैं खुद से कहता था, "एक और प्रोजेक्ट? एक और फोल्डर? पर क्या फायदा? बाकी प्रोजेक्ट्स की तरह तुम इसे भी अधूरा छोड़ दोगे।"

पर अब मैंने ऐसे 'सिमर प्रोजेक्ट्स' के लिए 'R&D' फ़ोल्डर्स बना लिए हैं, और मैं इन प्रोजेक्ट्स को तब तक इन्हीं फ़ोल्डर्स में रहने देता हूँ जब तक यह पक्का न हो कि मैं उन पर आगे काम करने वाला हूँ। इससे न केवल मुझे व्यवस्थित रहने में मदद मिलती है, बल्कि मेरा मानसिक संतुलन भी बना रहता है। अब मैं कभी अंजाम तक न पहुँचने की संभावना वाले विचारों पर दुखी होकर अपनी ऊर्जा व्यर्थ गँवाने से बच जाता हूँ। अब वे सभी प्रक्रिया का हिस्सा हैं। अब जब भी मेरे दिमाग में इन 'R&D' प्रोजेक्ट्स से जुड़ा कोई विचार आता है तो मैं उसे उसके लिए नियत फ़ोल्डर में दर्ज करना नहीं भूलता हूँ, और फिर उसे अनिश्चित काल के लिए धीमी-धीमी आँच पर पकने को छोड़ देता हूँ।

जब तक माँ की खराब सेहत के चलते मैं उनके पास रहा, लगातार अपने विचारों और घटनाओं को लिख-लिखकर एक इनबॉक्स में जमा करता रहा। इस दौरान मैंने एल्फास्मार्ट पर हर दिन सौ शब्द लिखने की अपनी आदत को इस इनबॉक्स को भरने की आदत में बदल दिया था। मैं इस पर एक फाइल खोलकर सबकुछ उसमें लिखता जाता था – जो भी मन में आए। और हर दिन लिखता था। बाद में मैंने इसे अपने नोट्स के डेटाबेस में स्थानांतरित कर दिया।

चीज़ें किसी वजह से नहीं होतीं, पर होती हैं

यह कहानी का वह भाग है जहाँ आकर मुझे आपसे कहना चाहिए कि आखिरकार वह चमत्कार घटित हुआ जिसका हम सब बेचैनी से इंतज़ार कर रहे थे – अंततः माँ ने आँखें खोलीं, उठकर बैठीं, और हम लोगों से बातें करने लगीं। कहानियाँ

जीवन का आइना होती हैं। कहानियों में सुखान्त ज़्यादा अच्छा लगता है। लेकिन जीवन में सुखान्त हमेशा नहीं होते।

कुछ लोग कहते हैं कि 'जो होता है, अच्छे के लिए होता है।' मुझे लगता है कि इसके जवाब में हमें उन लोगों के मुँह पर खींच के एक मुक्का ज़माना चाहिए। और बदले में जब वे पूछें कि बिना बात के क्यों मारा, तो उन्हें उन्हीं की बात याद दिलाई जाए कि 'जो होता है, अच्छे के लिए होता है।'

किसी प्रियजन को खोने में कुछ भी अच्छा नहीं होता। लेकिन मैं इतना ज़रूर कहूँगा कि मेरी माँ की मृत्यु ने मेरे लिए उन छः सप्ताहों को नए मायने दे दिए थे जो मैंने पिछले साल वीज़ा संबंधी समस्याओं और खटमलों वाली त्रासदी के बाद उनके साथ बिताए थे।

जीवन में मिलने वाले वाला हर अनुभव कुछ सीखने का, जीवन के गहरे अर्थों को समझने का, और कमोबेश उस सीख-समझ को दूसरों तक पहुँचाने का एक अवसर होता है। कम से कम इतना तो हमें करना ही चाहिए यह दुनिया छोड़कर जाने से पहले। फीनिक्स में दो महीने के आपातकालीन प्रवास के बाद मेडेलिन लौटते समय मेरे दिमाग में यही सब चल रहा था।

अपनी माँ को खोने के अनुभव से सीखे गए सबकों पर मेरा मंथन अभी जारी है। सबसे अच्छी बात यह रही कि फीनिक्स जाने से लेकर मेडेलिन लौटने तक की सारी बातों और अनुभवों को दर्ज करने के लिए मेरे पास एक जगह थी। भले ही मैं इन सब बातों को भविष्य में किसी रचनात्मक प्रोजेक्ट में उपयोग न कर पाऊँ, पर कम से कम इस अपूरणीय क्षति से उबरने में तो ये मेरी मदद ज़रूर करेंगी।

इन दो महीनों के दौरान तमाम त्रासदियों से गुज़रते हुए भी मैं अपने पॉडकास्ट और न्यूज़लेटर को हर सप्ताह प्रसारित करने में सफल रहा था। बेशक आप कह सकते हैं कि ऐसे समय में पॉडकास्ट और न्यूज़लेटर की परवाह कौन करता है, लेकिन मैं कहूँगा कि ऐसे त्रासद समय में अपने जीवन के कम से कम एक महत्वपूर्ण हिस्से को बरकरार रख पाना मेरे लिए सुकून देने वाली बात थी। यह संभव हुआ था मेरी रचनात्मक प्रणालियों की वजह से, और अपनी बची-खुची पीछे वाले चूल्हे की ऊर्जा को उन कामों में लगाने की वजह से जो मेरी उस समय की मनःस्थिति से मेल खाते थे।

मैंने इस किताब के लिए प्रतिदिन 250 शब्द लिखने की अपनी आदत भी बरकरार रखी। शब्द संख्या भले ही कम थी, पर यह आदत आश्चर्यजनक रूप से

बेहद प्रभावी सिद्ध हुई। प्रतिदिन 250 शब्दों की गति से 50,000 शब्दों की एक किताब लिखने में 200 दिन लगते हैं। और यदि आप केवल कार्यदिवसों पर ही यह काम करें, तब पूरा एक साल लगेगा।

इस पुस्तक के पहले के संस्करण लिखते समय मैं प्रतिदिन कहीं अधिक शब्द लिखने का लक्ष्य लेकर चल रहा था। लेकिन अब मुझे समझ आता है कि मैं ज़्यादा शब्दों का लक्ष्य इसलिए इसलिए रख रहा था क्योंकि मैं भयभीत था। मैं भयभीत था कि कहीं पुस्तक पूरी करने से पहले ही न मर जाऊँ। मैं भयभीत था कि अगर मैं पुस्तक पूरी नहीं कर पाया तो मैं किस मुँह से खुद को लेखक कहूँगा। मैं भयभीत था कि मैं यह सोचकर खुद को छल रहा हूँ कि मैं इस पुस्तक को पूरी कर लूँगा।

लेकिन हकीकत यह है कि रचनात्मक कामों में हड़बड़ी नहीं चलती। प्रतिदिन लिखे जाने वाले शब्दों की संख्या को सीमित करने से हुआ यह कि मेरी गुप्त प्रतिभा के काम करने के लिए थोड़ी अतिरिक्त ऊर्जा बचने लगी। इससे मेरी रोज़मर्रा की ज़िन्दगी ज़्यादा मज़ेदार हो गई, जिसके चलते मेरे लेखन की गुणवत्ता बढ़ गई। अपनी रचनात्मक प्रणालियों को परीक्षाओं की कसौटियों पर कसते हुए मैंने यह समझा है कि अच्छी प्रणालियाँ इत्मीनान से चलने की, सुस्ताने की, चीज़ों को थोड़ा ढीला छोड़ने की, खुद के साथ रियायत बरतने की, थोड़ी खाली जगह छोड़ने की गुंजाइश कम नहीं करती हैं, बल्कि और बढ़ाती हैं। जो प्रणाली जितनी अधिक जटिल और परस्पर कसी हुई होती है, उसके मामले में यह बात उतनी ही अधिक सच होती है कि यदि एक भी चीज़ गलत हो जाए तो पूरी प्रणाली औंधे मुँह गिर पड़ती है। प्रणालियाँ ऐसी होनी चाहिए जो थोड़ा रचनात्मक ईंधन बचा रहने दें, न कि उसकी आख़िरी बूँद तक चूस लें।

मेडेलिन लौटने के बाद पहले ही दिन से मैंने अपनी सुबह की दिनचर्या बदल दी। मैंने अल्फ़ास्मार्ट पर 100 शब्द लिखे। मैंने ध्यान भी किया। लेकिन उसके बाद कोने में जमी अपनी टेबल पर बैठकर लिखना शुरू नहीं किया। इसकी बजाए मैं नहाने चला गया। नहा-धोकर, तैयार होकर, मैं घर से बाहर निकल आया। सुबह की ताज़ी हवा ने जब मुझे छुआ तो ऐसा लगा मानो मेरे भीतर नवजीवन का संचार हो गया हो। यह हवा न तो शिकागो की हवा की तरह खून जमा देने वाली थी, और न ही फीनिक्स की हवा की तरह चमड़ी को जला देने वाली। यह तो माँ के स्पर्श की तरह सुहानी थी।

मैं टहलते-टहलते एक कैफ़े में जा पहुँचा। मैंने चाय बुलवाई और अपने 'एकाग्रता-पोषक' टेबलेट तथा कीबोर्ड को टेबल पर अपने सामने जमा लिया।

फिर मैं इत्मीनान से अपने चारों ओर चल रहीं दुनियावी हलचलों का जायजा लेने लगा। आज मुझे यहाँ की हर चीज़ कुछ अलग-सी मालूम हो रही थी। ऐसा लग रहा था मानो अब से पहले मैंने उन्हें देखा ही न हो। और वाकई ऐसा ही था। मैं चार साल मेडेलिन में गुज़ार चुका था, पर आज तक कभी किसी कार्यदिवस पर इतनी सुबह बाहर नहीं निकला था। इससे पहले की मेरी हर सुबह तो मनचाहा रचनात्मक उत्पादन प्राप्त करने के प्रयासों की भेंट चढ़ती आई थी। यही वजह थी कि मैंने पहले कभी ऊँची-ऊँची इमारतों को सुबह-सुबह के सूरज की रोशनी में इस तरह चमकते नहीं देखा था। मैंने आज से पहले कभी कोलंबियन लोगों को सुबह-सुबह कैफ़े में बैठकर बतियाते और पेस्ट्रीज़ का नाश्ता करते नहीं देखा था, कामकाजी कपड़ों में सजे लोगों को बसों से उतरकर सोद्देश्य कदमों के साथ अपने-अपने कार्यस्थलों की ओर बढ़ते नहीं देखा था। वाकई, यह सुबह शानदार थी!

मैंने एक प्रतिभावान पियानोवादक के से आत्मविश्वास के साथ अपनी उंगलियाँ कीबोर्ड पर रखीं। आज मैं बिल्कुल भी भयभीत नहीं था। मुझे पता था कि मैं यह कर लूँगा। हेल्महोल्ट्ज़ के शब्दों में कहूँ तो 'मैं अपनी समस्या को हर तरफ से उलट-पुलटकर देख चुका था।' इस पुस्तक के सभी 'मोड़ और घुमाव' मेरी 'मानसिक आँखों के सामने' उपस्थित थे। पिछले चार सालों में मैंने अपनी ऊर्जा को प्रबंधित करने और सही चर्याओं (शिड्यूल्स) को विकसित तथा क्रियान्वित करने के लिए जो भी प्रयास किए थे, वे सब इस 'दिमाग की बत्ती जलने वाले पल' के लिए 'तैयारी' सिद्ध हो रहे थे।

मैंने 250 शब्द लिखे। इसमें सिर्फ पंद्रह मिनट लगे। इसके बाद बाकी का दिन मैंने दूसरे कामों में बिताया।

उपसंहार

सन 2020 की शुरुआत में अपने ब्लॉग की इनकम रिपोर्ट में मैंने लिखा था, "मैं उम्मीद करता हूँ कि इस साल किसी बड़ी आपदा का सामना नहीं करना पड़ेगा।" साल भर तक वीज़ा-संबंधी समस्याओं से जूझने, उसके बाद अपनी माँ के चले जाने का सदमा झेलने, और उसके बाद अपने पिता को इस हादसे से उबरने में मदद करने के बाद मैं एक बार फिर से 'सामान्य' जीवन जीने के लिए तैयार था। मैंने अपने ब्लॉग पर आगे लिखा था, "लेकिन मैं जानता हूँ कि यह ज़िन्दगी है, और इस पर मेरा कोई नियंत्रण नहीं है।"

जैसे ही मेरी दुनिया पटरी पर लौटने को हुई, वैसे ही दुनिया की गाड़ी पटरी से उतरने लगी; दुनिया में ऐसी अफरा-तफरी मच गई जैसी एक लम्बे समय से नहीं देखी गई थी। अभी जब मैं यह लिख रहा हूँ, तब हम कोरोना महामारी के अंतिम दौर से गुज़र रहे हैं। मैं उम्मीद करता हूँ कि यदि आप इस पुस्तक को 2020 के कुछेक साल बाद पढ़ रहे होंगे, तब तो कोरोना महामारी अतीत की बात हो चुकी होगी।

महीनों तक घर में क्वेरंटाइन रहना मेरे लिए मुश्किल भरा रहा था, लेकिन पिछले दो सालों के दौरान मेरे जीवन में जो घटनाएँ घटीं थीं उनके मुकाबले तो यह कुछ भी नहीं था। लेकिन साथ ही मैं यह भी जानता हूँ कि उन लाखों लोगों के लिए यह किसी भी तरह से आसान नहीं रहा, जिनका जीवन और कामकाज प्रत्यक्ष या अप्रत्यक्ष रूप से इस महामारी से प्रभावित हुआ था।

जब कोरोना महामारी की शुरुआत हुई, उस समय मेरी कई बहु-वर्षीय परियोजनाएँ एकसाथ पूरी होने को थीं। मैंने हाल ही में कोलम्बिया में अपना पहला अनफर्निश्ड अपार्टमेंट लिया था, और मैं आपको बताऊँ कि ऐसा मकान-मालिक तलाश कर पाना कोई छोटी-मोटी बात नहीं थी जो किसी विदेशी पर भरोसा करने को तैयार हो। अभी-अभी ही मैंने अपनी महिला-मित्र के साथ इस अपार्टमेंट में रहना शुरू किया था। और यही वह समय था जब मैंने इस पुस्तक के आख़िरी अध्यायों पर काम शुरू किया था। पिछले कई वर्षों की मेहनत से मैंने अपने निजी

और कामकाजी जीवन में जो परिस्थितियाँ निर्मित की थीं, वे कोरोना महामारी का सफलतापूर्वक सामना करने के लिए आदर्श थीं।

इस दौरान कई सारे लोगों को पहली बार घर से काम करने का मौका मिला था, और इसलिए पहली ही बार उन्हें अपने समय पर पूरा नियंत्रण हासिल हुआ था। उन्हें ही तय करना था कि वे कब क्या करेंगे। जब दुनिया में चहुँओर हाहाकार मचा हो तब अपने काम पर ध्यान केन्द्रित करने की भावनात्मक चुनौती तो थी ही, साथ ही लोगों को यह भी समझ नहीं आ रहा था कि 'घर से काम' की इस नई व्यवस्था के दौरान (जबकि घड़ी उन्हें हर पल निर्देश न दे रही हो कि कब क्या करना है) कैसे अपनी प्राथमिकताएँ निर्धारित करें, कैसे खुद को प्रेरित रखें, और कैसे अपनी चिंतन-प्रक्रिया में स्पष्टता लाएँ। अचानक से उनके पास इतना सारा समय तो आ गया था, पर इस समय का मनचाहा उपयोग करने के लिए आवश्यक ऊर्जा की उन्हें बड़ी कमी महसूस हो रही थी।

अपनी रचनात्मक ऊर्जा का प्रबंधन शुरू करने की शुरुआत समय को लेकर अपने दृष्टिकोण पर पुनर्विचार से करें। घड़ी-आधारित समय को तभी अपनाएँ जब वाकई ज़रूरी हो। बाकी समय घटना-आधारित समय के मुताबिक़ जीएँ। इतने घंटों में इतना काम करना है, ऐसी मानसिकता न रखें। इसकी बजाए समय की इन इकाइयों को अपनी ऊर्जा के उन गतिविधियों में आवंटन हेतु एक मोटा-मोटा अनुमान मानें जो आपको आपके लक्ष्यों की ओर ले जाती हों।

अपना क्रिएटिव स्वीट स्पॉट (रचनात्मक कार्य के लिए आदर्शतम समय) तलाशें। दिन की कोई ऐसी समयावधि तलाशें जिसे आप केवल और केवल 'सृजन' मनःस्थिति में रहकर गुज़ार सकते हों। हो सकता है कि मेरी तरह आप भी सुबह सोकर उठने के तुरंत बाद सबसे ज़्यादा रचनात्मक महसूस करते हों खुद को। यदि ऐसा है तो 'पहले घंटे के नियम' के साथ प्रयोग करके देखें। याद रखें, क्रिएटिव स्वीट स्पॉट वह समय नहीं होता है जब आपका दिमाग सबसे ज़्यादा तेज़ चलता हो या सबसे ज़्यादा सजग रहता हो। और यही तो इस समय की खासियत है। यह वह समय होता है जिसे आप अपसारी चिंतन करके अंतर्दृष्टियाँ प्राप्त करने के लिए उपयोग करना चाहते हैं। बाद में आपके पास इन अंतर्दृष्टियों को अभिसारी चिंतन के माध्यम से अंतिम उत्पादों में बदलने का अवसर होता ही है।

जब भी आपका सामना किसी मुश्किल रचनात्मक समस्या से हो, तो उसे रचनात्मकता के चार चरणों से गुज़ारकर हल करें। यदि आपके 'दिमाग की बत्ती'

नहीं जल पा रही है, तो जान लीजिए कि आपको 'तैयारी' और 'ऊष्मायन' में अधिक समय निवेश करने की आवश्यकता है। किसी शानदार विचार के दिमाग में आते ही उसे क्रियान्वित करने या अंतिम उत्पाद में बदलने की हड़बड़ी मत दिखाइए, पहले इस बात का 'सत्यापन' कर लीजिए कि जो मौलिक विचार आपके पास है वह उपयोगी भी है अथवा नहीं।

इस बात पर गौर करना शुरू कीजिए कि कौन सा काम करते समय आप किस मनःस्थिति में होते हैं। इन सात मनःस्थितियों को याद रखें : प्राथमिकता-निर्धारण, अन्वेषण, अनुसंधान, सृजन, परिष्करण, प्रशासनिक, तथा पुनर्भरण। इस बात को पहचान पाने में आपको थोड़ा अभ्यास लगेगा कि आपके काम के कौन से हिस्से के लिए कौन सी मनःस्थिति सबसे उपयुक्त है। एक बार में एक मनःस्थिति में महारत हासिल करें। सृजन मनःस्थिति से शुरू करें। फिर प्राथमिकता-निर्धारण को अपनी प्राथमिकता बनाएँ। एक-एक कर बाकी मनःस्थितियों का भी अभ्यास करें। आप पाएँगे कि अक्सर ये मनःस्थितियाँ एक-दूसरे में गड्डमड्ड सी होती हैं, इसलिए पर्याप्त लचीलापन रखें। कार्य के उपकरणों तथा कार्यस्थल के वातावरण और परिस्थितियों का ध्यान रखें। ये दोनों ही बातें आपकी मनःस्थिति को प्रभावित करती हैं। जब कोई विचार विकसित होने की शुरुआती अवस्था में हो तब आपको 'एकाग्रता-पोषक' उपकरणों का उपयोग करना चाहिए, और जब क्रियान्वयन वाली अवस्था आए तब 'भटकाव-पोषक' उपकरण चुनना चाहिए।

अपने काम और आसपास की दुनिया की लयों (रिदम्स) में रचनात्मक-चक्र खोजिए। आप जितनी अच्छी तरह अपने काम को दोहराव योग्य प्रोजेक्ट्स में विभाजित कर पाएँगे, उतनी ही आपकी रचनात्मक-चक्रों को पहचानने और उनकी शक्ति का दोहन करने की क्षमता बढ़ेगी। अपने लिए एक साप्ताहिक-चर्या तैयार करने का प्रयास करें, और लम्बे चक्रों (जैसे कि मासिक-चक्र या वार्षिक-चक्र) में दिखाई पड़ने वाले पैटर्न्स पर ध्यान दें।

एक बार जब आपकी रचनात्मक-चक्रों में काम करने में महारत हो जाए, तब फिर आप रचनात्मक प्रणालियाँ विकसित करना शुरू कर सकते हैं। अमानक संचालन प्रक्रियाओं के लिए डाक्यूमेंट्स बनाएँ और उनका उपयोग करें। रचनात्मक परियोजनाओं पर काम करते हुए कौन-कौन से समझौते किए जा सकते हैं, इस बारे में प्रयोग करें। क्या आप ऐसी सीमाएँ तय कर सकते हैं जो आपके विचारों की गुणवत्ता को कम किए बिना आपकी रचनात्मक प्रणाली को दोहराव-योग्य बना सकती हों? रचनात्मक प्रणालियों के निर्माण का एक लाभ यह है कि आप पीछे

वाले चूल्हे (बैक-बर्नर) की ऊर्जा का उपयोग करने में समर्थ हो जाते हैं, जिसके चलते एक तरफ तो आपके कुछ प्रोजेक्ट्स बिना अधिक सक्रिय प्रयास के खुद-ब-खुद चलते रहते हैं, वहीं दूसरी ओर आपकी आगे वाले चूल्हे (फ्रंट-बर्नर) की ऊर्जा या तो एक ही बार में पूरे किए जाने वाले प्रोजेक्ट्स को और या फिर नई प्रणालियों के निर्माण के लिए उपलब्ध हो जाती है।

और आखिर में, ऐसी रचनात्मक प्रणालियाँ विकसित करें जो न केवल ज़िन्दगी की उथल-पुथल को झेल सकें, बल्कि उनसे लाभान्वित भी होती हों। ऐसी प्रणालियों का कोई लाभ नहीं जो तभी ठीक तरह काम करती हों जब परिस्थितियाँ पूरी तरह अनुकूल हों, क्योंकि अनिश्चितता ही जीवन की एकमात्र सुनिश्चितता है। जब उथल-पुथल से सामना हो तो इनबॉक्सों के रचनात्मक झरने के साथ तैयार रहें। इस दौरान जो भी रचनात्मक अवसर सामने आएँ, उन्हें इन इनबॉक्सों में जमा करके रख लें, ताकि उपयुक्त समय आने पर इन्हें विकसित किया जा सके। कार्य-उत्प्रेरकों की एक श्रृंखला निर्मित करें, ताकि इस बात के प्रति आश्वस्त हुआ जा सके कि आप किसी भी काम को उसके नियत समय पर करना नहीं भूलेंगे। अपने कार्य-उत्प्रेरकों को विश्वसनीय, अवसर-विशिष्ट, क्रियान्वयन में आसान, और सीधे-सीधे उस वस्तु से संबद्ध बनाएँ जिसके माध्यम से वांक्षित कार्रवाई होनी है। सातों मनःस्थितियों के साथ पर्याप्त अभ्यास के बाद अब आपको अपने कार्यों को प्रोजेक्ट्स के हिसाब से नहीं बल्कि मनःस्थितियों के मुताबिक़ व्यवस्थित करना चाहिए।

आप जानते ही हैं कि शिकागो के एक लॉन्ड्रोमैट के गंदे से बाथरूम में कपड़े बदलते समय मैंने खुद से यह सवाल किया था कि "आखिर मैं यहाँ कैसे पहुँच गया?!" लेकिन मैं आपको बताऊँ कि यह इकलौता अवसर नहीं था जब मैंने खुद से यह सवाल किया था, बल्कि सच तो यह है कि मैं लगभग हर दिन खुद से यह सवाल करता रहा हूँ।

स्टीवन प्रेसफील्ड ने अपनी एक किताब में लिखा है कि उनका एक दोस्त था जो अक्सर उनसे कहता था कि 'हम अपने जीवन के योजनाकार नहीं बन सकते।' जब हम अपने जीवन में इतनी सारी अप्रत्याशित घटनाएँ घटती देखते हैं तो उस दोस्त की बात बिल्कुल सही लगती है। उस दोस्त के शब्दों में, "एक दिन अचानक आप किसी से मिलते हैं, और फिर आप पाते हैं कि आपने किसी दूसरे देश में रहना और किसी दूसरी भाषा में बात करना शुरू कर दिया है।" मेरे जीवन का भी यही

सार है। मैं दिन के समय सारी दुनिया के लिए अंग्रेज़ी में लिखता हूँ, और रात में अपनी जीवन-साथी (महिला मित्र) से स्पेनिश में बतियाता हूँ। मैंने जो एक छोटा सा प्रयोग शुरू किया था, उसने मेरा पूरा जीवन ही बदल दिया है। आज जब मैं खुद को कोलंबिया के प्राकृतिक सौन्दय से समृद्ध ग्रामीण क्षेत्र में बैठकर 'अरेपा' बनाने के लिए ताज़ी चुनी हुईं चॉकलेट बीन्स को पीसते देखता हूँ, या मेडेलिन में अपनी इमारत के ऊपर से उड़कर जाते किसी विशालकाय स्कार्लेट मैकॉ को देखता हूँ, या कभी सुबह उठकर आसपास के पर्वतों पर बरसते बादलों को देखता हूँ तो अक्सर हैरान हो जाता हूँ कि कहाँ से चला था और कहाँ आ गया!

मैं जब पहली बार इस देश में रहने आया था तब मेरे पास केवल तीन सूटकेस थे। मेरे पास बस उतना ही सामान था, क्योंकि मैं उससे ज़्यादा कुछ अपने पास रखना नहीं चाहता था। लेकिन अब मेरे पास उससे बहुत ज़्यादा सामान है। कोने में रखी हुई वह लिखने की मेज़ तो है ही, उसके साथ एक ऑफिस चेयर भी आ गई है। किताबों की अलमारी है, पलंग है, खाना खाने की मेज़ है, एक अंग्रेज़ी के L आकर का सोफा है, और संख्या में दिनोंदिन बढ़ते जाते पौधे हैं। मैं अब किसी वेकेशन रेंटल कंपनी को एकमुश्त राशि का भुगतान नहीं करता। हालाँकि विडंबना यह है कि अभी भी मुझे बिजली, पानी और इन्टरनेट के बिलों के 'ऑटोमेटिक-पेमेंट' का वह अधिकार नहीं मिला है जो कोलंबिया के नागरिकों को मिलता है। मुझे अभी भी ये बिल खुद भरने पड़ते हैं, और कभी-कभी तो इसके लिए मुझे बैंक भी जाना पड़ जाता है।

मैंने जब यह रोमांचक यात्रा शुरू की थी, तब मुझे लगता था कि मैं अंततः सामान्य जीवन में लौट आऊँगा। लेकिन मालूम हुआ कि सामान्य जीवन तो वह है जो कोलंबिया में जिया जाता है। सौभाग्य से, मेरे पास इस सामान्य जीवन को रचनात्मक क्रियाशीलता से भरा-पूरा रखने में मदद के लिए यह पुस्तक और इसमें दर्ज अंतर्दृष्टियाँ हैं। मुझे आशा है कि यह पुस्तक आपको भी निजी और कामकाजी जीवन में आने वाले इस भूकंपीय बदलाव को प्रबंधित करने में उतनी ही सहायता पहुँचाएगी।

लेखक के बारे में

डेविड केडेवी एक ऐसे लेखक हैं, जिन्हें "मस्तिष्क के प्रबंधन" के लिए दुनिया भर में जाना जाता है। वह अपनी पुस्तक 'समय-प्रबंधन नहीं, मन-प्रबंधन' में समझाते हैं कि ख़ुद की प्रगति के लिए केवल समय प्रबंधन की ज़रूरत नहीं है, बल्कि इससे आगे कुछ और है। वह है, मस्तिष्क का प्रबंधन। डेविड लिखते हैं, दिमाग़ी हलचल ही व्यक्ति की प्रगति-उन्नति में पहली और बड़ी बाधा है।

इस कला को रचनात्मकता से लोगों के जीवन में ढालने के लिए वह दुनिया में सर्वाधिक पढ़े जाने वाले लेखकों में शुमार हो चुके हैं। उनकी पुस्तकें सर्वाधिक बिक्री का रिकॉर्ड बना रही हैं, जो रचनात्मक शैली के जरिए लोगों के जीवन की उत्पादकता बढ़ाने में मदद कर रही हैं।

डेविड व्यवहार वैज्ञानिक डैन एरीली के उत्पादकता ऐप टाइमफुल के डिजाइन सलाहकार थे। जहाँ उन्होंने गूगल कैलेंडर में लाखों लोगों द्वारा उपयोग की जाने वाली सुविधाओं को "मस्तिष्क के प्रबंधन" सिद्धांतों के साथ जोड़कर लागू किया। इसके बेहद सकारात्मक परिणाम प्राप्त हुए। इसके बाद वह इसी दिशा में आगे बढ़ते गए। फिलहाल डेविड कोलंबिया में निवास करते हैं। उनसे ट्विटर या इंस्टाग्राम @kadavy पर जुड़ा जा सकता है।

LIST OF TITLES WITH ISBN NO.

ISBN	TITLE
9788194914129	1984
9789390575220	1984 & Animal Farm (2In1)
9789390575572	1984 & Animal Farm (2In1): The International Best-Selling Classics
9789390575848	35 Sonnets
9789390575329	A Clergyman's Daughter
9789390575923	A Study In Scarlet
9789390896097	A Tale Of Two Cities
9789390896837	Abide in Christ
9789390896202	Abraham Lincoln
9789390896912	Absolute Surrender
9789390896608	African American Classic Collection
9789390575305	Aldous Huxley: The Collected Works
9789390896141	An Autobiography of M. K. Gandhi
9789390575886	Animal Farm
9789390575619	Animal Farm & The Great Gatsby (2In1)
9789390575626	Animal Farm & We
9789390896158	Anna Karenina
9789390575534	Antic Hay
9789390896165	Antony & Cleopatra
9789390896172	As I Lay Dying
9789390896226	As You like it
9789390575671	At Your Command
9789390575350	Awakened Imagination
9789390575114	Be What You Wish
9789390896233	Believe In yourself
9789390896998	Best of Charles Darwin: The Origin of Species & Autobiography
9789390896684	Best Of Horror : Dracula And Frankenstein
9789390575503	Best Of Mark Twain (The Adventures of Tom Sawyer AND The Adventures of Huckleberry Finn)
9789390896769	Black History Collection
9789390575756	Brave New World, Animal Farm & 1984 (3in1)

9789390896240	Brother Karamzov
9789390575053	Bulleh Shah Poetry
9789390575725	Burmese Days
9789390896257	Bushido
9789390896066	Can't Hurt Me
9788194914112	Chanakya Neeti: With The Complete Sutras
9789390896042	Crime and Punishment
9789390575527	Crome Yellow
9789390575046	Down and Out in Paris and London
9789390896844	Dracula
9789390575442	Emersons Essays: The Complete First & Second Series (Self-Reliance & Other Essays)
9789390575749	Emma
9789390575817	Essential Tozer Collection - The Pursuit of God & The Purpose of Man
9789390896578	Fascism What It Is and How to Fight It
9789390575688	Feeling is the Secret
9789390575190	Five Lessons
9789390575954	Frankenstein
9789390575237	Franz Kafka: Collected Works
9789390575282	Franz Kafka: Short Stories
9789390575060	George Orwell Collected Works
9789390575077	George Orwell Essays
9789390575213	George Orwell Poems
9788194914150	Greatest Poetry Ever Written Vol 1
9788194914143	Greatest Poetry Ever Written Vol 1
9789390896301	Gulliver's Travel
9789390575961	Gunaho Ka Devta
9789390575893	H. P. Lovecraft Selected Stories Vol 1
9789390575978	H. P. Lovecraft Selected Stories Vol 2
9789390896059	Hamlet
9789390575022	His Last Bow: Some Reminiscences of Sherlock Holmes
9789390896134	History of Western Philosophy
9789390575121	Homage To Catalonia

9789390896219	How to develop self-confidence and Improve public Speaking
9789390896295	How to enjoy your life and your Job
9789390575633	How to own your own mind
9789390896318	How to read Human Nature
9789390896325	How to sell your way through the life
9789390896370	How to use the laws of mind
9789390896387	How to use the power of prayer
9789390896028	How to win friends & Influence People
9788194824176	How To Win Friends and Influence People
9789390896103	Humility The Beauty of Holiness
9789390896653	Imperialism the Highest Stage of Capitalism
9789390575084	In Our Time
9789390575169	In Our Time & Three Stories and Ten poems
9789390575145	James Allen: The Collected Works
9789390896189	Jesus Himself
9789390575480	Jo's Boys
9789390896394	Julius Caesar
9789390575404	Keep the Aspidistra Flying
9789390896400	Kidnapped
9789390896424	King Lear
9789390575824	Lady Susan
9789390896455	Law of Success
9789390896264	Lincoln The Unknown
9789390575565	Little Men
9789390575640	Little Women
9788194914174	Lost Horizon
9789390896462	Macbeth
9789390896929	Man Eaters of Kumaon
9789390896523	Man The Dwelling Place of God
9789390896349	Man The Dwelling Place of God
9789390575909	Mansfield Park
9788194914136	Manto Ki 25 Sarvshreshth Kahaniya
9789390896509	Marxism, Anarchism, Communism
9789390575664	Mathematical Principles of Natural Philosophy

9788194914198	Meditations
9789390575800	Mein Kampf
9789390575794	Memory How To Develop, Train, And Use It
9789390896486	Mind Power
9789390896585	Money
9789390575039	Mortal Coils
9789390575770	My Life and Work
9789390896035	Narrative of the Life of Frederick Douglass
9789390575152	Neville Goddard: The Collected Works
9789390575985	Northanger Abbey
9789390896530	Notes From Underground
9789390896547	Oliver Twist
9789390575459	On War
9789390575541	One, None and a Hundred Thousand
9789390896554	Othelo
9789390575435	Out Of This World
9789390575015	Persuasion
9789390575510	Prayer The Art Of Believing
9789390575091	Pride and Prejudice
9789390896561	Psychic Perception
9789390575381	Rabindranath Tagore - 5 Best Short Stories Vol 2
9789390575367	Rabindranath Tagore - Short Stories (Masters Collections Including The Childs Return)
9789390575374	Rabindranath Tagore 5 Best Short Stories Vol 1 (Including The Childs Return
9789390896622	Romeo & Juliet
9789390896127	Sanatana Dharma
9789390575596	Seedtime & Harvest
9789390896639	Selected Stories of Guy De Maupassant
9789390575206	Self-Reliance & Other Essays
9789390575176	Sense and Sensibility
9789390575299	Shyamchi Aai
9789390896738	Socialism Utopian and Scientific
9789390896646	Success Through a Positive Mental Attitude
9789390575428	The Adventures of Huckleberry Finn

9789390575183	The Adventures of Sherlock Holmes
9789390575343	The Adventures of Tom Sawyer
9789390896691	The Alchemy Of Happiness
9789390575862	The Art Of Public Speaking
9789390896288	The Autobiography Of Charles Darwin
9788194914181	The Best of Franz Kafka: The Metamorphosis & The Trial
9789390575008	The Call Of Cthulhu and Other Weird Tales
9789390575107	The Case-Book of Sherlock Holmes
9789390896110	The Castle Of Otranto
9789390896745	The Communist Manifesto
9789390575589	The Complete Fiction of H. P. Lovecraft
9789390575497	The Complete Works of Florence Scovel Shinn
9789390896820	The Conquest of Breard
9789390896813	The Diary of a Young Girl
9789390896332	The Diary of a Young Girl The Definitive Edition of the Worlds Most Famous Diary
9789390575701	The Great Gatsby, Animal Farm & 1984 (3In1)
9789390575312	The Greatest Works Of George Orwell (5 Books) Including 1984 & Non-Fiction
9789390575992	The Hound of Baskervilles
9789390896707	The Idiot
9789390896714	The Invisible Man
9789390575657	The Knowledge of the holy
9789390575558	The Law & the Promise
9789390896721	The Law Of Attraction
9789390896776	The Leader in you
9789390896363	The Life of Christ
9789390896196	The Man-Eating Leopard of Rudraprayag
9789390896783	The Master Key to Riches
9789390575268	The Memoirs Of Sherlock Holmes
9789390896479	The Midsummer Night's Dream
9789390575466	The Mill On The Floss
9789390896790	The Miracles of your mind
9789390896660	The Mutual Aid A Factor in Evolution
9789390896448	The Origin of Species

9789390896905	The Peter Kropotkin Anthology The Conquest of Bread & Mutual Aid A Factor of Evolution
9789390896806	The Picture of Dorian Gray
9789390896271	The Picture of Dorian Gray
9789390575275	The Power Of Awareness
9789390896356	The Power of Concentration
9788194824169	The Power of Positive Thinking
9789390575411	The Power of the Spoken Word
9788194914105	The Power Of Your Subconscious Mind
9789390896899	The Power of Your Subconscious Mind
9789390896417	The Principles of Communism
9789390575787	The Psychology Of Mans Possible Evolution
9789390896615	The Psychology of Salesmanship
9789390575732	The Pursuit of God
9789390575398	The Pursuit of Happiness
9789390896851	The Quick and Easy Way to effective Speaking
9789390575947	The Return Of Sherlock Holmes
9789390575138	The Road To Wigan Pier
9789390896981	The Root of the Righteous
9789390575855	The Science Of Being Well
9788194914167	The Science Of Getting Rich, The Science Of Being Great & The Science Of Being Well (3In1)
9789390896011	The Screwtape Letters
9789390896073	The Screwtape Letters
9789390575336	The Secret Door to Success
9789390575695	The Secret Of Imagining
9789390896868	The Secret Of Success
9789390896431	The Seven Last Words
9789390575930	The Sign of the Four
9789390896004	The Sonnets
9789390896516	The Souls of Black Folk
9789390896875	The Sound and The Fury
9789390575244	The State and Revolution
9789390896882	The Story of My Life
9789390896936	The Story Of Oriental Philosophy

9789390896752	The Strange Case of Dr. Jekyll and Mr. Hyde
9789390896943	The Tempest
9789390575916	The Valley Of Fear
9789390575879	The Wind in the willows
9789390896080	The Wind in the willows
9789390575763	Their eyes were watching gofd
9789390575831	Three Stories
9789390896950	Twelfth Night
9789390896592	Twelve Years a Slave
9789390896677	Up from Slavery
9789390896974	Value Price and Profit
9789390896967	Wake Up and Live
9789390896493	With Christ in the School of Prayer
9789390575602	Your Faith is Your Fortune
9789390575473	Your Infinite Power To Be Rich
9789390575251	Your Word is Your Wand
9789390575718	Youth
9789391316099	A Christmas Carol
9789391316105	A Doll's House
9789391316501	A Passage to India
9789391316709	A Portrait of the Artist as a Young Man
9789391316112	A Tale of Two Cities
9789391316747	A Tear and a Smile
9789391316167	Agnes Gray
9789391316174	Alice's Adventures in Wonderland
9789391316136	Anandamath
9789391316181	Anne Of Green Gables
9789391316754	Anthem
9789391316198	Around The World in 80 Days
9789391316013	As A Man Thinketh
9789391316242	Autobiography of a Yogi
9789391316266	Beyond Good and Evil
9789391316761	Bleak House
9789391316778	Chitra, a Play in One Act
9789391316310	David Copperfield

9789391316075	Demian
9789391316785	Dubliners
9789391316051	Favourite Tales from the Arabian Nights
9789391316235	Gitanjali
9789391316068	Gravity
9789391316150	Great Speeches of Abraham Lincoln
9789391316662	Guerilla Warfare
9789391316839	Kim
9789391316822	Mother
9789391316211	My Childhood
9789391316846	Nationalism
9789391316327	Oliver Twist
9789391316853	Pygmalion
9789391316334	Relativity: The Special and the General Theory
9789391316389	Scientific Healing Affirmation
9789391316341	Sons and Lovers
9789391316587	Tales from India
9789391316372	Tess of The D'Urbervilles
9789391316396	The Awakening and Selected Stories
9789391316402	The Bhagvad Gita
9789391316303	The Book of Enoch
9789391316228	The Canterville Ghost
9789391316907	The Dynamic Laws of Prosperity
9789391316006	The Great Gatsby
9789391316860	The Hungry Stones and Other Stories
9789391316433	The Idiot
9789391316440	The Importance of Being Earnest
9789391316297	The Light of Asia
9789391316914	The Madman His Parables and Poems
9789391316457	The Odyssey
9789391316921	The Picture of Dorian Gray
9789391316464	The Prince
9789391316938	The Prophet
9789391316945	The Republic
9789391316518	The Scarlet Letter

9789391316143	The Seven Laws of Teaching
9789391316525	The Story of My Experiments with Truth
9789391316532	The Tales of the Mother Goose
9789391316549	The Thirty Nine Steps
9789391316594	The Time Machine
9789391316600	The Turn of the Screw
9789391316983	The Upanishads
9789391316617	The Yellow Wallpaper
9789391316426	The Yoga Sutras of Patanjali
9789391316990	Ulysses
9789391316624	Utopia
9789391316679	Vanity Fair
9789391316020	What Is To Be Done
9789391316686	Within A Budding Grove
9789391316693	Women in Love